寧夏大學民族學一流學科建設經費資助出版
（NXYLXK2017A02）

寧夏大學圖書館藏古籍書目

劉志軍
李海燕 編纂

國家圖書館出版社

圖書在版編目（CIP）數據

寧夏大學圖書館藏古籍書目/劉志軍，李海燕編纂．— 北京：國家圖書館出版社，2023.6

ISBN 978-7-5013-7660-5

Ⅰ．①寧…　Ⅱ．①劉…　②李…　Ⅲ．①院校圖書館—古籍—圖書目録—銀川　Ⅳ．①Z838

中國版本圖書館CIP數據核字（2022）第218163號

書　　名　寧夏大學圖書館藏古籍書目
著　　者　劉志軍　李海燕　編纂
責任編輯　張愛芳　袁宏偉　靳　諾
責任校對　王明義　張慧楠
封面設計　王銘基

出版發行　國家圖書館出版社（北京市西城區文津街7號　100034）
（原書目文獻出版社　北京圖書館出版社）
010-66114536　63802249　nlcpress@nlc.cn（郵購）
網　　址　http://www.nlcpress.com
排　　版　北京九章文化有限公司
印　　裝　北京金康利印刷有限公司
版次印次　2023年6月第1版　2023年6月第1次印刷

開　　本　787×1092　1/16
印　　張　35.125
書　　號　ISBN 978-7-5013-7660-5
定　　價　360.00圓

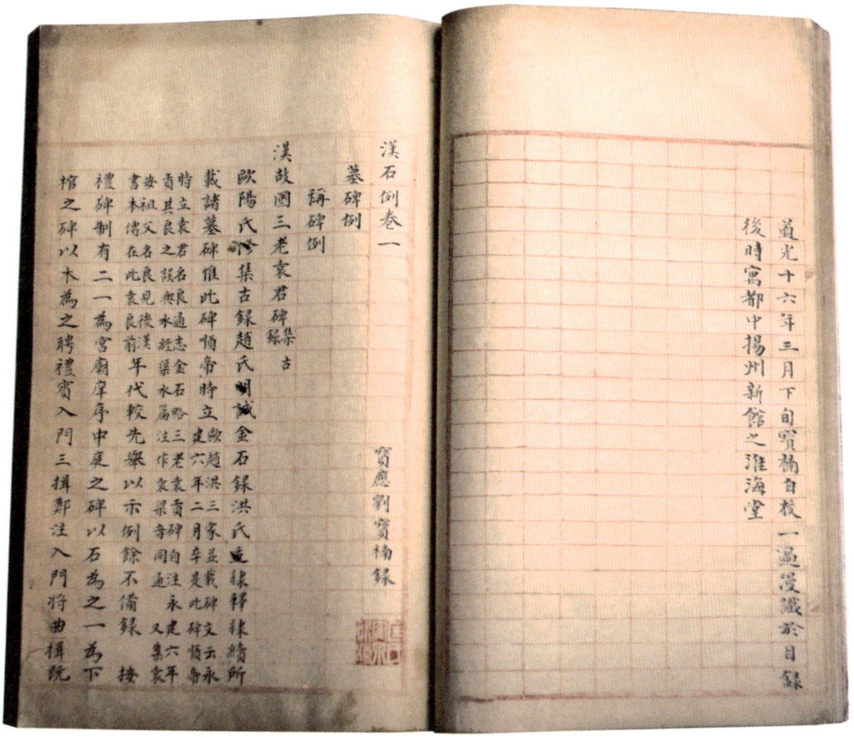

漢石例六卷　（清）劉寶楠録　清道光十六年（1836）稿本（目録題字及卷端）

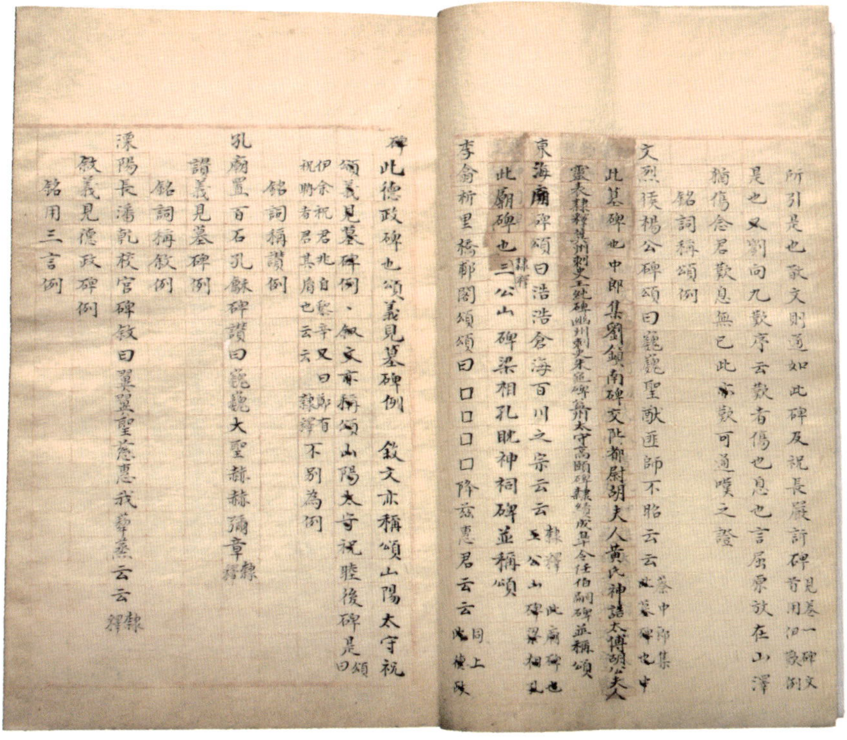

漢石例六卷　（清）劉寶楠録　清道光十六年（1836）稿本（墨筆修改痕迹）

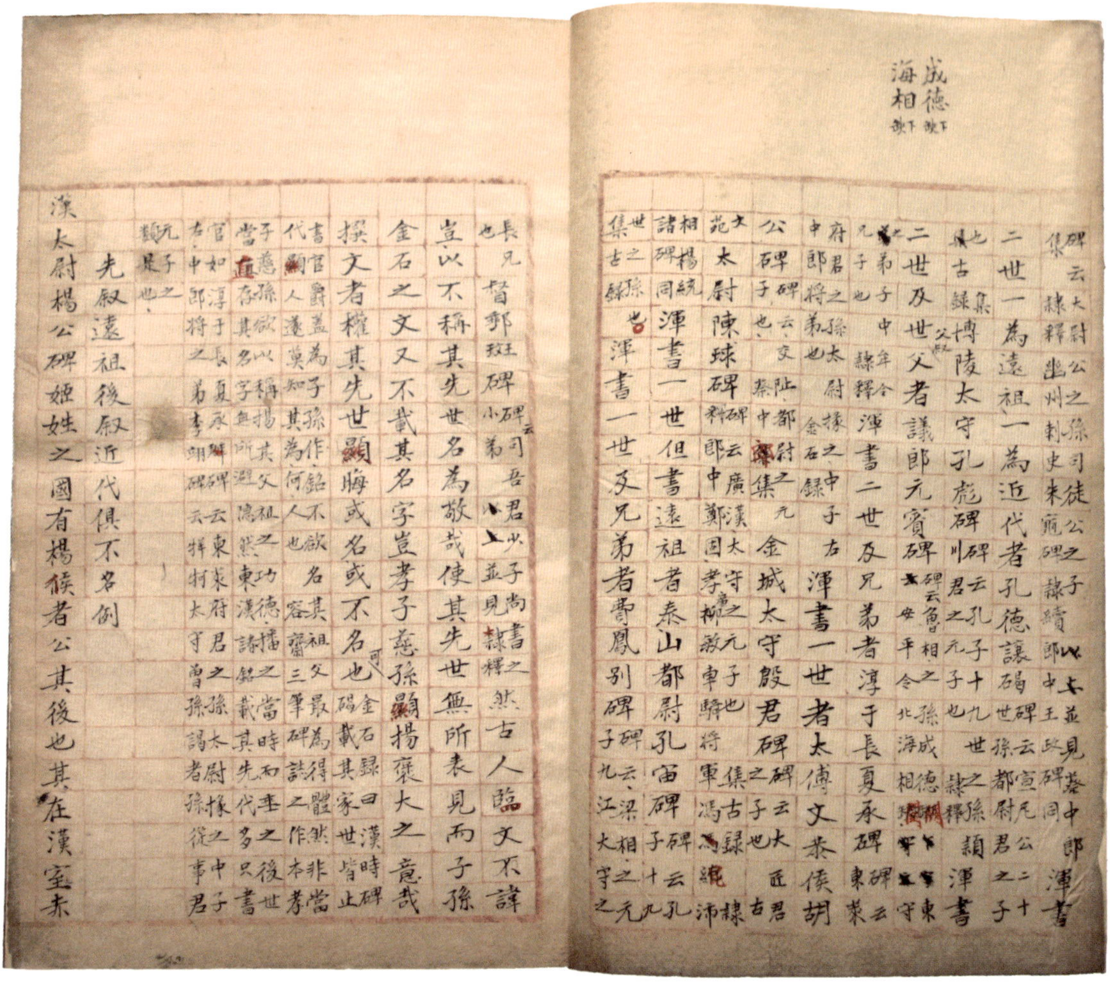

成德缺下
海相缺下

碑云太尉公之孫司徒公之子 集 隸釋幽州刺史朱龜碑 隸續郎中王政碑同 以上並見蔡中郎渾書
二世一為遠祖一為近代者孔德讓碣碑云宣尼公二十世孫都尉君之子
也 集古錄 博陵太守孔彪碑碑云孔子十九世之孫 川君之元子也 隸釋 頡渾書
二世及世父者議郎元賓碑碑云魯相之孫成德[illegible]東 [illegible]安平令北海相[illegible]守
[illegible]之弟子 元子也 中 隸釋 渾書二世及兄弟者淳于長夏承碑碑云東萊
府君之孫太尉掾之中子 中郎將之弟也 金石錄 右渾書一世者太傅文恭侯胡
公碑碑云交阯都尉之元子也 蔡中郎集 金城太守殷君碑碑云大匠君之子也 古
文范 太尉陳球碑碑云廣漢太守之元子也 郡郎中鄭固孝廉敘東騎將軍馮緄 集古錄 沛隸
相楊統碑 諸碑同 渾書一世但書遠祖者泰山都尉孔宙碑碑云孔子十九
世之孫 集古錄 渾書一世及兄弟者鄭鳳別碑碑云梁相之元子 九江大守之元

長兄也 督郵斑碑碑云司吾君少子尚書之小弟 以上並見隸釋 然古人臨文不諱
豈以不稱其先世名為敬哉使其先世無所表見而子孫
金石之文又不載其名字豈孝子慈孫顯揚褒大之意哉
撰文者權其先世顯晦或名或不名也 可 金石錄曰漢時碑碣載其家世皆止
書官爵蓋為子孫作銘不欲名其祖父最為得體然非當代顯人遂莫知其為何人也 容齋三筆 碑誌之作本孝
子慈孫欲以稱揚其父祖之功德播之當時而垂之後世當直存其名字無所避隱然東漢諸銘載其先代多只書
官如淳于長夏承碑云東萊府君之孫太尉掾之中子右中郎將之弟李翊碑云拜將太守曾孫謁者孫從事君
元子是也 類也

先敘遠祖後敘近代俱不名例

漢太尉楊公碑姬姓之國有楊侯者公其後也其在漢室來

漢石例六卷　（清）劉寶楠録　清道光十六年（1836）稿本（朱筆修改痕迹）

河東先生集十五卷 （宋）柳開撰　附行狀一卷　清乾隆六十年（1795）蘭溪文印堂刻本（牌記）

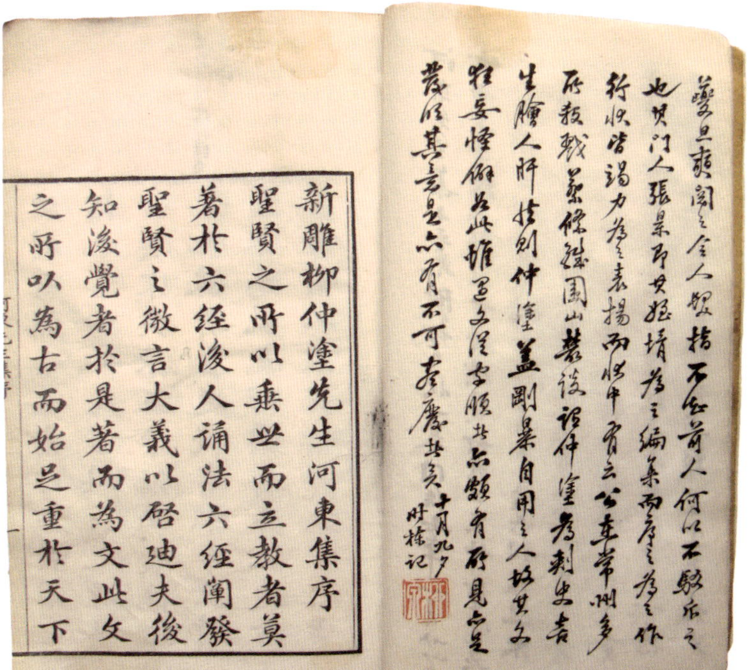

河東先生集十五卷 （宋）柳開撰　附行狀一卷　清乾隆六十年（1795）蘭溪文印堂刻本（題跋）

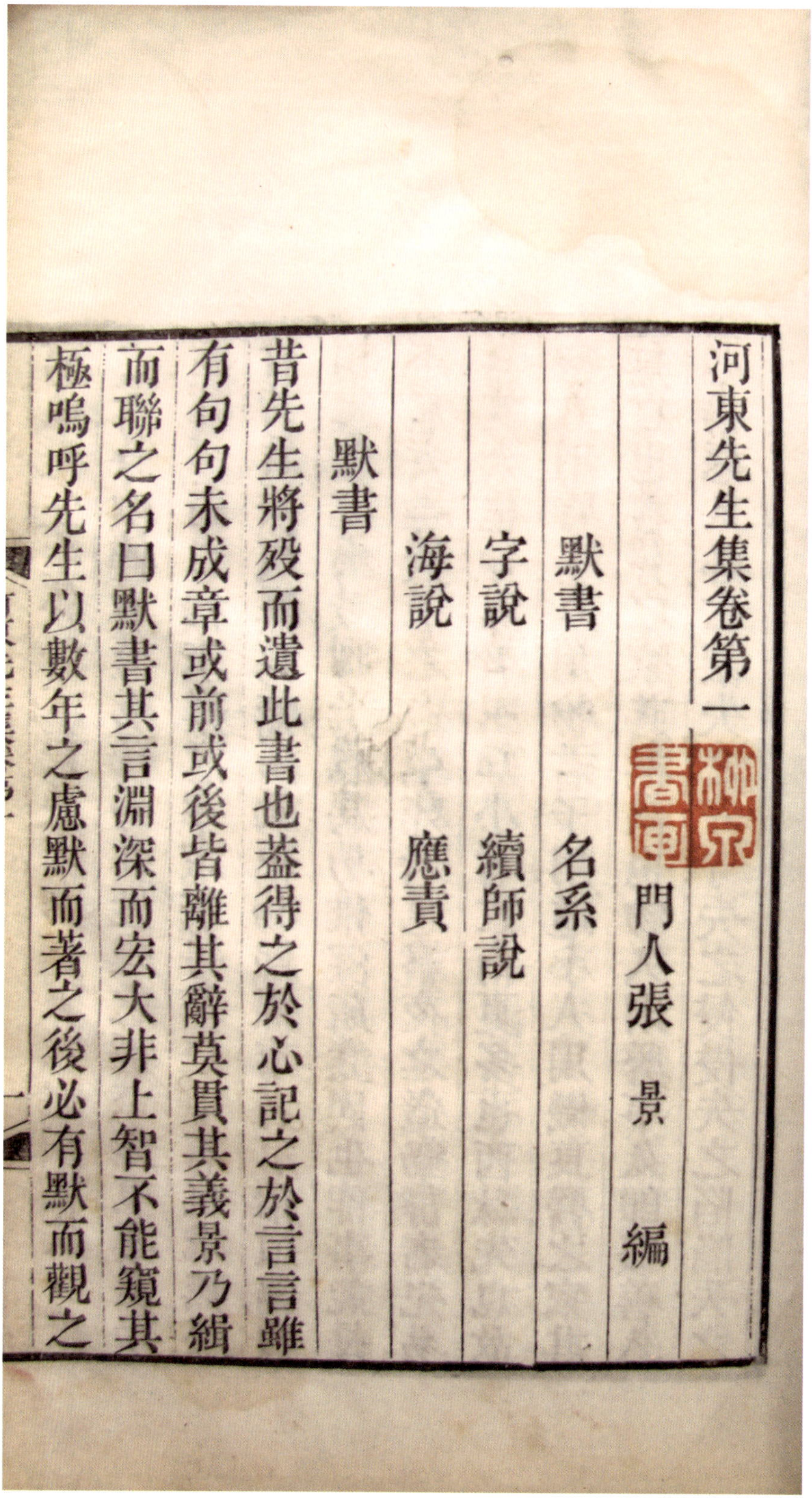
河東先生集卷第一

門人張　景　編

默書　名系

字說　續師說

海說　應責

默書

昔先生將殁而遺此書也葢得之於心記之於言言雖有句句未成章或前或後皆離其辭莫貫其義景乃緝而聯之名曰默書其言淵深而宏大非上智不能窺其極嗚呼先生以數年之慮默而著之後必有默而覩之

河東先生集十五卷　（宋）柳開撰　附行狀一卷　清乾隆六十年（1795）蘭溪文印堂刻本（卷端及鈐印）

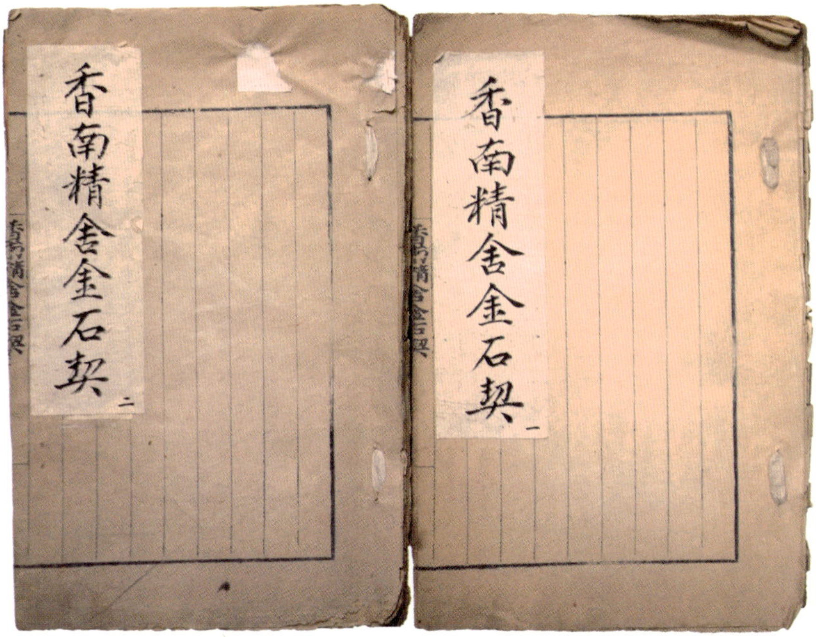

香南精舍金石契不分卷 （清）崇恩輯　清中期稿本（題簽）

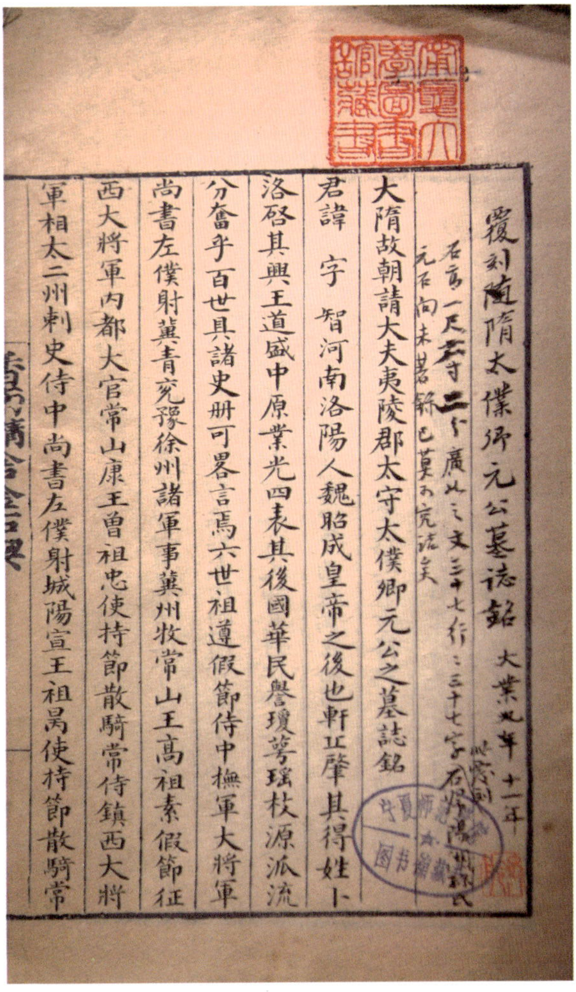

香南精舍金石契不分卷 （清）崇恩輯　清中期稿本（卷端及崇恩藏書印）

香南精舍金石契不分卷（清）崇恩輯　清中期稿本（紅箋一）

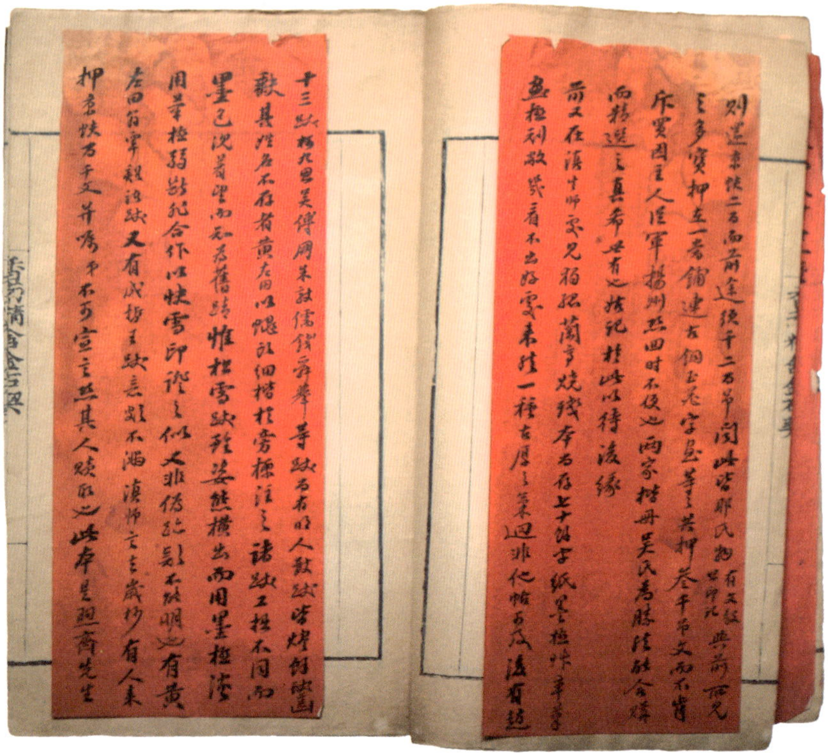

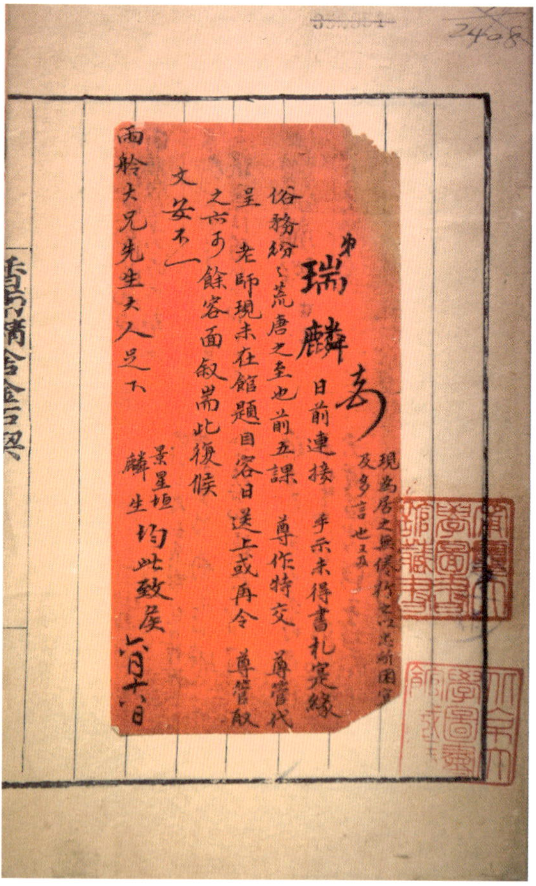

香南精舍金石契不分卷　（清）崇恩輯　清中期稿本（紅箋二）

序　一

從2007年至2021年，十餘年裏，寧夏大學圖書館對館藏古籍進行了整理。寧夏地理面積小，人口少，古籍存藏數量相對較少，但古籍整理工作者“傳承前人智慧、賡續文化薪火”的責任與擔當并不少。他們在古籍整理的不斷實踐中，充分認識到古籍的重要性，對古籍形成敬畏之心，對古聖先賢滋生慕追之意，對文化賡續熔鑄使命之責，彙集成古籍整理中不畏艱辛、兢兢業業的精神。

寧夏大學圖書館藏大部分古籍是1958年建校之初由北京大學圖書館等院校捐贈（藏書章分別有北京法政專門學校、國立新民學院、國立西南聯合大學圖書館、燕京大學圖書館、外交部立法政專門學校圖書館等），亦有少數古籍爲私人捐贈。自建館以來，歷經幾代圖書館人的努力，六十餘年的積累，館藏資源得到極大豐富。現寧夏大學圖書館藏古籍3031部，四萬餘册，約占全區古籍總量的43%，約占寧夏高校古籍總量的97.5%。其中《漢石例》《香南精舍金石契》《河東先生集》經國務院批准，分別入選第二、第三、第六批次的《國家珍貴古籍名録》（編號04352/08156/12743）。故而館藏古籍無論是版本價值還是學術價值，在全區都占有一席之地。

經過整理發現，寧夏大學圖書館藏古籍就版本年代而言，其上限爲明嘉靖，下限爲清末民初。有少數古籍在收録過程中，因版本斷代失誤而誤收爲善本。

館藏古籍涉及經、史、子、集、新學、叢書六個類别。依照《古籍定級標準》的“三性九條”原則，館藏古籍善本多屬三級古籍，少數屬四級古籍，均具有較强的歷史文物性、學術資料性及藝術代表性。

就版本類别來看，絶大多數是刻本，亦有活字本和套印本，其活字印本多是清康乾時期的武英殿活字印本。如史部地理類《［乾隆］欽定皇輿西域圖志》，館藏三部，其中兩部係清乾隆四十七年（1782）武英殿活字印本；套印本以清道光十四年（1834）芸葉盦六色套印《杜工部集》最爲出色，其批語用五色套印，其中紫色爲明王世貞評語，藍色爲明王慎中評語，朱色爲清王士禛評語，緑色爲清邵長蘅評語，黄色爲清宋犖評語，再加上正文的黑色共計六色，展卷一睹滿目琳琅，不失爲套印本中上乘之作。亦有少量稿本，這方面的代表是清崇恩輯《香南精舍金石契》，是書爲藍格抄本，版心有“香南精舍金石契”字樣。

就刻書機構而言，有内府刻本、官刻本、坊刻本和家刻本。

就裝幀形式而言，因寧夏大學圖書館藏古籍多爲明嘉靖至清末民初，故在裝幀形式上鮮有變化，多爲綫裝。但亦有例外，如元陳澔撰《禮記集傳》（是書依目録來看爲十卷本，寧夏大學圖書館藏爲殘本，僅存卷一至四），明嘉靖刻本，其裝幀形式爲蝴蝶裝，且迄今未有散葉情况出現，保存完好。

就刊刻形态來看，有初刻本、重刻本，大多數爲重刻本；就印刷序次來看，有初印本、後印本、重修本、增修本、遞修本等；從印刷色彩來看，有朱印本、墨印本。其中有少量古籍的御製序采用朱色刷印，而非傳統意義上的朱印本。

從開本來看，館藏清乾隆七年（1742）刻本《韵府群玉》、清乾隆十六年（1751）清綺軒刻《清綺軒詞選》等爲袖珍本。從版式上看，館藏多爲白口本。

寧夏大學成立六十四年以來，歷届校領導都非常重視古籍的保護與利用，特别是隨着國家對古籍保護事業的日益重視，以及弘揚優秀傳統文化的迫切需要，校黨委對古籍保護和整理工作提出了更高的要求。當前，寧夏大學正處於“雙一流”建設和“部區合建”叠加的歷史機遇期，作爲自治區收藏古籍最多的單位，適時編纂出版自己的館藏古籍目録，不僅是學校古籍建設工作中一件令人欣喜和值得紀念的事情，亦可填補寧夏高校没有典藏古籍目録的空白。今後，在此基礎之上，學校圖書館還將逐步實現館藏古籍的數字化，爲校内外讀者利用館藏古籍提供更大的便利。

習近平總書記指出，中華優秀傳統文化是中華民族的突出優勢，中華民族偉大復興需要以中華文化發展繁榮爲條件，必須大力弘揚中華優秀傳統文化。要很好地傳承和弘揚傳統文化，要講清楚中華優秀傳統文化的歷史淵源、發展脉絡、基本走向，講清楚中華文化的獨特創造、價值理念、鮮明特色，增强文化自信和價值觀自信。系統梳理傳統文化資源，讓收藏在禁宫裏的文物、陳列在廣闊大地上的遺産、書寫在古籍裏的文字都活起來。《寧夏大學圖書館藏古籍書目》的出版，不僅能够展現出我國古籍的文化價值，更能够顯現和豐富寧夏大學獨特的文化底藴，提高寧夏大學在全國的知名度和美譽度，爲繁榮寧夏地方文化和建設美麗新寧夏發揮應有的作用。我們期待着會有更多屬於寧夏大學的優秀文化資源可以向世界展現。

寧夏大學黨委書記

2021年10月

序　二

我是1977年到寧夏大學圖書館工作的。從1990年9月到2002年底，我由擔任分管業務的副館長到館長，2002年底，因年齡（57歲）原因，以正處級調研員身份退居二綫。在二十世紀八十年代，我在北京大學圖書館函授上課期間，學習過古籍目録與整理的課程。另外，我是寧夏高校圖書館工作委員會新當選的秘書長，同時也是教育部1999年聘任的全國高校圖工委委員，所以寧夏教育廳高教處的領導希望我能繼續留任。由于繼任的圖書館領導熱情挽留，加之自己還想爲寧夏地區高校的圖書館事業做一點工作，就繼續以研究館員的身份在圖書館古籍閲覽室工作，并擔負寧夏高校圖工委秘書處（秘書處設在古籍室的辦公室）的領導工作。此時，寧夏大學圖書館的普通圖書書目資料庫建設工程已經大體完成，普通圖書的編目與流通借閲、書目查詢全面實現了電腦管理，總體上可以説已進入了當時全國高校圖書館先進管理的行列。反觀古籍圖書的歸類整理工作則相對比較落後。

寧夏大學圖書館古籍室的藏書，來源大致分爲三個部分，其中有相當一部分是建校初期北京大學和其他一些大學、專科學校捐贈的，大概有明清古籍約2300部，三萬餘册，民國時期影印本圖書（如《古今圖書集成》）約百部，萬餘册。這批書籍的前期分類著録工作，基本上是由圖書館的一位前輩——劉之樾老先生用他大半生的精力獨立完成的。他用規範的毛筆小楷爲每部古籍（包括民國時期的綫裝書及影印本）書寫著録了分類目録卡、書名目録卡及題簽（每部圖書一張，内容與書名目録相同，空白部分夾在書中，記録圖書基本信息的内容露在書外），爲工作人員和讀者利用這些古籍提供了方便，更爲後來館藏古籍的整理工作奠定了堅實的基礎。另外兩部分爲1997年四校合并時，原寧夏工學院圖書館的一些古籍（數量不大）和寧夏教育學院圖書館在建校之初從北京購回的幾十包古籍，這兩部分古籍連登記造册的工作都没有做。

近幾年，寧夏大學的歷届領導對圖書館的古籍管理和利用工作都是非常重視的，每次有上級領導來校視察，圖書館的古籍室是必須要看的地方。古籍數量和保管條件也隨着辦學環境的提升逐步有所提高。

在日常接待教師和研究生查閲古籍的空餘時間裏，我把原工學院圖書館的這部分古籍做了分類、著録，并歸入了寧夏大學圖書館的古籍系列；把原教育學院圖書館的古籍根據書名粗略地做了判斷，暫按經、史、子、集、叢分成五类，排列在書架上。

大概有八九百部，上萬册之多。我在上架時發現其中有些古籍的版本（如《杜工部集》六色套印本）在原寧夏大學圖書館的藏書中還没見到過。隨着寧夏大學辦學規模的不斷擴大，文科研究生的數量快速增加，加上研究生導師的嚴格要求（論文引用文獻，一定要查找原文），在研究生入學教育中，還安排了如何利用圖書館文獻（包括古籍）的内容，由我給研究生們介紹我館古籍利用的一些基本知識。這幾年中，每年到圖書館利用古籍的師生人次相當於過去幾十年的數量之和。2006年6月底，我正式辦理退休手續。圖書館安排劉志軍同志來接續我的工作。在我離開寧夏大學圖書館的十幾年裏，劉志軍同志在圖書館領導的關心支持下，從2007年開始，積極參與由國家古籍保護中心牽頭的全國性的古籍普查、編目和古籍鑒定學習培訓活動，在不斷地提升專業學術水準的過程中，不僅完成了對原教育學院古籍的整理工作，還對原寧夏大學圖書館分編過的古籍著録款目逐一做了核查。現在，寧夏大學圖書館藏古籍數量已達到了3031部，四萬餘册，占寧夏全區古籍總量的43%，占寧夏高校古籍總量的97.5%，而且在區内外專家的參與和指導下，對原館藏古籍的版本、成書年代，特别是其中的善本古籍，依據相關標準反復核實，糾正了原有編目中的誤判之處。如有的古籍版本斷代，檢查出原著録時間早於實際刊刻時間等。在對每種古籍認真校勘後，可以看出，寧夏大學圖書館藏古籍，在全區高校範圍内，不僅數量多，而且學術價值高，版本形式全，研究開發價值大。經過十幾年的艱辛努力，劉志軍同志充分利用館藏古籍資源，編纂成《寧夏大學圖書館藏古籍書目》。該書目的編輯完成，爲寧夏大學古籍書目資料庫和古籍全文資料庫的建立奠定了堅實的基礎，使古籍檢索定位更精準，便於工作人員更加快捷地爲讀者服務，爲開展古籍保護和研究工作、爲館藏古籍價值的最大化利用提供了指引和便利，進而爲有效挖掘專題和特色古籍資源建立專題和特色全文資料庫，爲校内外讀者在查找所需文獻時提供方便。

至此，寧夏大學圖書館包含全部圖書類文獻的書目資料庫建設工作完成，劉志軍同志在開展古籍整理方面取得實質性成果。

我爲寧夏大學圖書館在古籍整理和利用方面的成就感到欣慰，也對劉志軍同志主編的《寧夏大學圖書館藏古籍書目》即將付梓表示衷心的祝賀！期望寧夏大學圖書館在古籍保護和文獻資源開發利用方面取得更大的成就！

是爲序。

寧夏大學圖書館原館長

2021年10月

前　　言

中華優秀傳統文化是中華文明的智慧結晶和精華所在，是中華民族的根和魂。黨的十八大以來，習近平總書記高度重視中華優秀傳統文化，指出要保護好、傳承好、利用好中華優秀傳統文化，挖掘其豐富内涵，以利於更好地堅定文化自信、凝聚民族精神。古籍是中華文化的重要載體，是幾千年中華文明和歷史的見證。

寧夏大學圖書館從建館至今經過六十餘年的纍積，古籍藏量四萬餘册，藏量在全國範圍内雖算不上多，但在整個寧夏地區却是首屈一指。在重視古籍藏書建設的基礎上，積極向社會揭示館藏，更好地爲學術研究和讀者服務就成爲圖書館義不容辭的責任。編製一部詳盡完善的古籍目録一直是寧夏大學圖書館幾代古籍工作者的夙願。1983年，寧夏大學圖書館組織人員首次對館藏古籍進行整理，撰寫了簡單的目録卡片；1989年，完成了《寧夏大學圖書館綫裝古籍善本書目》的編寫工作，經油印内部發行；2007年9月，原人文學院胡玉冰教授的研究生李又曾、王艷秀、蘇會儉、佟玲等對館藏古籍進行調查登記，前後歷時兩年完成調查，填寫了調查登記表并形成報告，以此完成了他們的畢業論文。這三次古籍整理工作於我館古籍整理編目有開創奠基之功，自當永記。然而，因諸多因素之限制，這些書目尚未能詳盡反映館藏古籍的全貌。因此，全面、系統地揭示館藏，編寫一部詳盡完善的館藏古籍書目就顯得尤爲必要。

2007年，國務院頒布了《關於進一步加强古籍保護工作的意見》，“中華古籍保護計劃”開始實施，國家古籍保護中心牽頭在全國範圍内開始有組織、有計劃、有統一規範的古籍普查登記工作。爲貫徹落實意見精神，根據寧夏古籍保護中心關於全區古籍普查登記工作的統籌部署及安排，2011年寧夏大學圖書館的古籍普查登記工作拉開帷幕。此次普查，明確了普查規範及著録規則，在普查時逐册翻檢原書，將每部古籍的題名、卷數、著者、版本等基本信息在“全國古籍普查登記平臺”中進行著録。這是寧夏大學圖書館自建館以來，開展的最全面詳盡、細緻、規範的古籍普查登記工作，筆者全程參與了此次古籍普查登記工作。經整理，寧夏大學圖書館藏古籍三千餘部，四萬餘册，善本古籍 232部3644 册。其中不乏一些精刻佳槧、稀有稿抄、域外漢籍、古舊方志等等。尤爲欣慰的是，通過此次整理發現的館藏清道光十六年（1836）稿本《漢石例》、清中期稿本《香南精舍金石契》、徐時棟舊藏清乾隆六十年（1795）蘭溪文印堂刻本《河東先生集》分别入選第二、第三、第六批《國家珍貴古籍名録》。

此次古籍普查登記及整理工作意義重大。不但摸清了家底、瞭解了古籍存藏現狀，而且直接促進了館藏古籍存藏環境的改善。圖書館因此申請專項經費購置了一批樟木書櫃存放所有古籍，爲入選《國家珍貴古籍名録》的三部古籍購置了保險櫃，并將善本古籍與普通古籍分庫存放，實行分級分類保護，使得館藏古籍得到有效保護。

雖然古籍普查工作已取得階段性成果，但是寧夏大學作爲國家“雙一流”建設高校，其圖書館作爲寧夏地區古籍藏量最多的單位，如何將這些珍藏在“深閨”的古籍在保護好的基礎上進一步做好傳承推廣和開發利用一直是筆者不斷思考的問題。今年作爲“十四五”的關鍵之年，爲貫徹落實黨中央關於古籍工作的意見精神，推動我館古籍工作再上新臺階，筆者對原古籍普查目録進行了再次審核校對，對著録中存在的錯誤描述據原書進行了校勘，著録失範之處依相關要求進行了調整，對著録不完整的信息作了必要的補充完善，對叢書子目著録及存缺卷情况進行了一一核對，并參照《中國古籍總目》排序規則進行排序，最終這部《寧夏大學圖書館藏古籍書目》（以下簡稱《書目》）得以編纂完成。

《書目》主要收録館藏以中國古典裝幀形式裝訂、刻印或抄寫於1912年以前的書籍。每部古籍著録其序號、題名、卷數、著者、版本、册數、行款、版式、存缺卷等信息。《書目》的編纂，一方面是對寧夏大學圖書館古籍館藏建設的一次總結，可爲研究館藏古籍提供寶貴的第一手資料，方便教學科研人員及讀者查考利用，實現藏用并舉；另一方面筆者在對館藏古籍的全面梳理過程中，發現了一些稀有稿抄本、名人批校題跋本、稀見地方文獻等，爲今後館藏古籍整理研究及開發利用提供綫索，亦可服務於寧夏大學“211工程”及“雙一流”學科建設，爲在新時代進一步宣傳寧夏大學特色館藏及提升寧夏大學形象提供有力依據。

本書的編纂，是1958年建校以來寧夏大學圖書館的一件大事。《書目》如今終於要與讀者諸君見面了，這其中，除了編者對古籍工作的熱愛與努力外，還要感謝校領導及館領導一直以來對古籍工作的高度重視和大力支持；感謝老一輩圖書館人劉之樾、劉玉梅等同志前期奠定的基礎；感謝新一代圖書館人莊青、才波、陸風紅、馬謙等同志在此書編纂時給予的協助；感謝寧夏回族自治區古籍保護中心同仁在古籍普查時給予的指導與幫助。同時，《書目》得以順利出版，國家圖書館出版社各位編輯付出不少心血，在此一并致謝！

由於編者水準有限，疏漏不當之處在所難免，尚祈方家指正。

劉志軍　李海燕

2022年3月

凡　例

一、本書收録範圍爲寧夏大學圖書館收藏的産生於1912年以前，具有文物價值、學術價值和藝術價值的文獻典籍，包括漢文古籍、域外古籍和少數民族文字古籍。本書目共收録3031部古籍。

二、本書目的編排，分爲經、史、子、集、新學、類叢六部。類目設置以及每部類内書目的編排順序，基本依據《中國古籍總目》。

三、著録款目包括總順序號、題名、卷數、著者、版本、册數、行款、版式、存缺卷、叢書子目、索書號。

四、一部古籍一條款目，複本亦單獨著録。

五、叢書題名按《中國叢書綜録》著録。叢書中子目信息著録，依照同一種叢書、相同子目的，衹保留其中一種子目信息，不重複著録；同一種叢書若存缺卷信息不同，則每種按實際情況著録。子目全者，題名處不著録具體種數卷數；不全者，則在版式信息後著録存幾種幾卷，具體存缺卷信息隨子目著録。

六、索書號前帶“*”爲本館自選善本書目。

七、本書目後附有“書名字頭筆畫索引”“書名筆畫索引”“著者字頭筆畫索引”“著者筆畫索引”。書名索引係本書目所著録各書名（不包括子目書名）的綜合索引；著者索引係本書目所著録各著者（不包括子目著者）的綜合索引。兩種索引前皆編有字頭筆畫檢字，以便讀者。

目　録

經　部

史　部

子　部

集　部

新學部

類叢部

經　　部

叢編類

0001

仿宋相臺五經附考證

（□）□□輯

清光緒二年（1876）江南書局刻本

十五册

八行十七字，小字雙行同

白口，四周雙邊

存四種六十三卷

子目：

周易十卷附考證　（三國魏）王弼（晋）韓康伯注　略例　（三國魏）王弼撰　（唐）邢疇注　（唐）陸德明音義

尚書十三卷附考證（缺卷一至五）（漢）孔安國傳　（唐）陸德明音義

毛詩二十卷附考證（缺卷七至二十）（漢）毛亨傳　（漢）鄭玄箋　（唐）陸德明音義

禮記二十卷附考證　（漢）鄭玄注（唐）陸德明音義

19/013

0002

鄭氏遺書

（漢）鄭玄撰

清光緒十年（1884）常熟鮑氏刻後知不足齋叢書本

一册

十二行二十四字，小字雙行同

黑口，左右雙邊

存三種四卷

子目：

駁五經异議一卷補遺一卷　（清）王復輯　（清）武億校

箴膏肓一卷　（清）王復輯　（清）武億校

起廢疾一卷　（清）王復輯　（清）武億校

55.1/005

0003

鄭氏佚書

（漢）鄭玄撰　（清）袁鈞輯

清光緒十四年（1888）浙江書局刻本

九册

十行二十一字，小字雙行同

白口，左右雙邊

存二十二種七十卷

子目：

尚書注九卷

尚書中候注一卷

尚書大傳注三卷　（清）袁堯年校補

尚書五行傳注一卷　（清）袁堯年校補

尚書略説注一卷　（清）袁堯年校補

詩譜三卷

三禮目録一卷

喪服變除一卷

魯禮禘祫義一卷

答臨碩難禮一卷

箴膏肓一卷

釋廢疾一卷

發墨守一卷

春秋傳服氏注十二卷　（漢）服虔撰

孝經注一卷

論語注十卷

孔子弟子目録一卷

駁五經异義十卷　（清）袁堯年補輯

六藝論一卷

鄭志八卷　（三國魏）鄭小同編

鄭記一卷

鄭君紀年一卷　（清）陳鱣撰　（清）袁鈞訂正

55.1/009

0004

十三經古注

（明）金蟠　（明）葛鼒校

明崇禎十二年（1639）永懷堂刻清同治八年（1869）浙江書局補刻本
二册
九行二十五字，小字雙行同
白口，四周單邊
存兩種二十九卷
子目：
論語二十卷 （三國魏）何晏集解
孝經九卷 （漢）鄭玄注
19/007

0005
十三經注疏附考證
（清）□□輯
清同治十年（1871）廣東書局刻本
一百六册
十行二十一字，小字雙行同
白口，左右雙邊
存十一種三百十四卷
子目：
春秋左傳注疏六十卷附考證 （晋）杜預注 （唐）陸德明音義 （唐）孔穎達疏
論語注疏二十卷附考證 （三國魏）何晏集解 （唐）陸德明音義 （宋）邢昺疏
毛詩注疏三十卷附考證 （漢）毛亨傳 （漢）鄭玄箋 （唐）陸德明音義 （唐）孔穎達疏
周禮注疏四十二卷附考證 （漢）鄭玄注 （唐）陸德明音義 （唐）賈公彦疏
春秋穀梁傳注疏二十卷附考證 （晋）范寧集解 （唐）陸德明音義 （唐）楊士勛疏
孝經注疏九卷附考證 （唐）玄宗李隆基注 （唐）陸德明音義 （宋）邢昺疏
孟子注疏十四卷附考證 （漢）趙岐注 （宋）孫奭音義并疏
儀禮注疏十七卷附考證 （漢）鄭玄注 （唐）陸德明音義 （唐）賈公彦疏
禮記注疏六十三卷附考證 （漢）鄭玄注 （唐）陸德明音義 （唐）孔穎達疏
爾雅注疏十一卷附考證 （晋）郭璞注 （唐）陸德明音義 （宋）邢昺疏
春秋公羊傳注疏二十八卷附考證 （漢）何休注 （唐）陸德明音義 （唐）徐彦疏
19/005-2

0006
蜚雲閣凌氏叢書
（清）凌曙撰
清嘉慶、道光間江都凌氏蜚雲閣刻本
二十四册
十一行二十二字
白口，左右雙邊
子目：
四書典故覈八卷
春秋公羊禮疏十一卷
公羊禮説一卷
公羊問答二卷
春秋繁露注十七卷
禮論略抄一卷
19/011

0007
蜚雲閣凌氏叢書
（清）凌曙撰
清嘉慶、道光間江都凌氏蜚雲閣刻本
三册
十一行二十二字
白口，左右雙邊
存三種十四卷
子目：
春秋公羊禮疏十一卷
公羊禮説一卷
公羊問答二卷
45/510

0008
鄭君粹言三卷説文粹言疏證二卷
（清）潘任撰
清光緒二十年（1894）虞山潘氏木活字印希鄭堂叢書本
一册
十行二十四字，小字雙行同
黑口，左右雙邊
183.1/018

0009
皇清經解依經分訂十六部
（清）阮元輯
清光緒十六年（1890）湖南船山書局刻本
四百册
十一行二十四字，小字雙行同
白口，左右雙邊
子目：
詩經一百二十卷
詩本音十卷　（清）顧炎武撰
毛詩稽古編三十卷　（清）陳啓源撰
詩説三卷附録一卷　（清）惠周惕撰
毛鄭詩考正四卷　（清）戴震撰
杲溪詩經補注二卷　（清）戴震撰
毛詩故訓傳三十卷　（清）段玉裁訂
詩經小學四卷　（清）段玉裁撰
毛詩補疏五卷　（清）焦循撰
毛詩紬義二十四卷　（清）李黼平撰
三家詩异文疏證二卷　（清）馮登府撰
詩經群解彙編
詩經雜録
周禮五十三卷
禮説十四卷　（清）惠士奇撰
周禮疑義舉要七卷　（清）江永撰
周官禄田考三卷　（清）沈彤撰
周禮軍賦説四卷　（清）王鳴盛撰
水地小記一卷　（清）程瑶田撰
溝洫疆理小記一卷　（清）程瑶田撰
考工記圖二卷　（清）戴震撰
考工創物小記四卷　（清）程瑶田撰
考工記車制圖考二卷　（清）阮元撰
磬折古義一卷　（清）程瑶田撰
聲律小記一卷　（清）程瑶田撰
周禮漢讀考六卷　（清）段玉裁撰
周禮群解彙編
周禮雜録
儀禮四十卷
儀禮章句十七卷　（清）吴廷華撰
儀禮小疏八卷　（清）沈彤撰
儀禮喪服文足徵記十卷　（清）程瑶田撰
儀禮漢讀考一卷　（清）段玉裁撰
儀禮釋官九卷　（清）胡匡衷撰
儀禮群解彙編
儀禮雜録
大戴記二十六卷
大戴禮記補注十三卷　（清）孔廣森撰
大戴禮記正誤一卷　（清）汪中撰
曾子注釋四卷　（清）阮元撰
夏小正疏義四卷　（清）洪震煊撰
孔子三朝記二卷　（清）洪震煊撰
大戴記群解彙編一卷
大戴記雜録一卷
禮記十四卷
禮記補疏三卷　（清）焦循撰
撫本禮記鄭注考异二卷　（清）張敦仁撰
深衣考誤一卷　（清）江永撰
宗法小記一卷　（清）程瑶田撰
禮記注疏考證一卷　（清）齊召南撰
大學考异一卷　（清）翟灝撰
中庸考异一卷　（清）翟灝撰
禮記群解彙編五卷

禮記雜録一卷
春秋一百十卷
春秋毛氏傳三十六卷 （清）毛奇齡撰
春秋説十五卷 （清）惠士奇撰
學春秋隨筆十卷 （清）萬斯大撰
春秋正辭十一卷春秋舉例一卷春秋要指一卷 （清）莊存與撰
春秋簡書刊誤二卷 （清）毛奇齡撰
春秋屬辭比事記四卷 （清）毛奇齡撰
春秋异文箋十三卷 （清）趙坦撰
春秋地理考實四卷 （清）江永撰
春秋大事表十卷 （清）顧棟高撰
春秋群解彙編二卷
春秋雜録一卷
左傳國語九十七卷
左傳杜解補正三卷 （清）顧炎武撰
左氏春秋考證二卷 （清）劉逢禄撰
春秋左傳注疏考證三卷 （清）齊召南撰
春秋名字解詁二卷 （清）王引之撰
左傳群解彙編十一卷
左傳雜録一卷
國語群解彙編一卷
國語雜録一卷
公羊傳二十八卷
春秋公羊通義十三卷 （清）孔廣森撰
春秋公羊何氏釋例十卷 （清）劉逢禄撰
春秋公羊何氏解詁箋一卷 （清）劉逢禄撰
公羊禮説一卷 （清）凌曙撰
春秋公羊傳注疏考證一卷 （清）齊召南撰
公羊群解彙編一卷
公羊雜録一卷
穀梁傳六卷
穀梁廢疾申何二卷 （清）劉逢禄撰
春秋穀梁傳注疏考證一卷 （清）齊召南撰
穀梁群解彙編二卷
春秋雜録一卷
論語四十四卷
論語稽求篇七卷 （清）毛奇齡撰
鄉黨圖考十卷 （清）江永撰
論語補疏二卷 （清）焦循撰
論語述何二卷 （清）劉逢禄撰
論語偶記一卷 （清）方觀旭撰
論語考异二十卷 （清）翟灝撰
論語群解彙編一卷
論語雜録一卷
孝經三卷
孝經義疏一卷 （清）阮福撰
孝經群解彙編一卷
孝經雜録一卷
爾雅五十四卷
爾雅正義二十卷 （清）邵晋涵撰
爾雅義疏二十卷 （清）郝懿行撰
廣雅疏證十卷 （清）王念孫撰
爾雅群解彙編三卷
爾雅雜録一卷
孟子四十九卷
孟子正義三十卷 （清）焦循撰
孟子生卒年月考一卷 （清）閻若璩撰
孟子考异十四卷 （清）翟灝撰
孟子群解彙編三卷
孟子雜録一卷
群籍各種二十二門一百二十卷
疇人傳九卷 （清）阮元撰
觀象授時十四卷 （清）秦蕙田撰
經書算學天文考一卷 （清）陳懋齡撰
天文雜録一卷
地理雜録一卷
聖賢雜録附雜人一卷
王侯雜録一卷
輔佐雜録并詳官名一卷
政治雜録一卷

禮經釋例十三卷　（清）凌廷堪撰
禮制雜録一卷
樂律雜録一卷
祭祀雜録一卷
禮説四卷　（清）凌曙撰
喪紀雜録一卷
倫常雜録一卷
人事雜録一卷
性理雜録一卷
身體雜録一卷
經傳釋詞十卷　（清）王引之撰
經義述聞一卷　（清）王引之撰
五經异義疏證三卷　（清）陳壽祺撰
經典雜録一卷
説文解字注十五卷　（清）段玉裁撰
説文雜録一卷
音論一卷　（清）顧炎武撰
六書音均表五卷　（清）段玉裁撰
音均雜録一卷
武備雜録一卷
釋宫小記一卷　（清）程瑶田撰
燕寢考三卷　（清）胡培翬撰
禮經宫室答問二卷　（清）洪頤煊撰
宫室雜録一卷
弁服釋例八卷　（清）任大椿撰
釋繒一卷　（清）任大椿撰
服飾雜録一卷
積古齋鍾鼎彝器款識二卷　（清）阮元撰
器具雜録一卷
九穀考四卷　（清）程瑶田撰
庶物雜録一卷
易經一百四十卷
易音三卷　（清）顧炎武撰
仲氏易　（清）毛奇齡撰
易説六卷　（清）惠士奇撰
周易述二十一卷　（清）惠棟撰
易章句十二卷　（清）焦循撰
易通釋二十卷　（清）焦循撰
易圖略八卷　（清）焦循撰
周易補疏二卷　（清）焦循撰
周易述補四卷　（清）江藩撰
周易虞氏義九卷　（清）張惠言撰
周易虞氏消息二卷　（清）張惠言撰
周易鄭氏義二卷　（清）張惠言撰
周易荀氏九家義一卷　（清）張惠言撰
易義别録十四卷　（清）張惠言撰
虞氏易禮二卷　（清）張惠言撰
易經群解彙編三卷
易經雜録一卷
書經一百五十九卷
古文尚書撰异三十二卷　（清）段玉裁撰
尚書集注音疏十三卷尚書經師系表一卷　（清）江聲撰
尚書今古文注疏三十九卷　（清）孫星衍撰
尚書注疏考證一卷　（清）齊召南撰
尚書小疏一卷　（清）沈彤撰
尚書補疏二卷　（清）焦循撰
古文尚書考二卷　（清）惠棟撰
尚書地理今釋一卷　（清）蔣廷錫撰
尚書釋天六卷　（清）盛百二撰
禹貢三江考三卷　（清）程瑶田撰
禹貢錐指二十卷例略圖一卷　（清）胡渭撰
尚書後案三十一卷　（清）王鳴盛撰
書經群解彙編
書經雜録

19/009

0010

皇清經解一千四百八卷

（清）阮元輯

清道光九年（1829）廣東學海堂刻咸豐十一年（1861）增刻本

二百三十五册

十一行二十四字，小字雙行同

白口，左右雙邊
缺七十六卷（卷二百九十三至三百三十九、卷一千一百五十一至一千一百七十九）

19/009-2

0011

皇清經解

（清）阮元輯 （清）嚴杰重輯
清光緒十一年（1885）上海點石齋石印本
二十四册
三十三行字數不等，小字雙行不等
白口，四周單邊
子目：
左傳杜解補正三卷 （清）顧炎武撰
音論一卷 （清）顧炎武撰
易音三卷 （清）顧炎武撰
詩本音十卷 （清）顧炎武撰
日知録二卷 （清）顧炎武撰
四書釋地一卷續一卷又續一卷三續一卷 （清）閻若璩撰
孟子生卒年月考一卷 （清）閻若璩撰
潛邱劄記二卷 （清）閻若璩撰
禹貢錐指二十卷例略圖一卷 （清）胡渭撰
學禮質疑二卷 （清）萬斯大撰
學春秋隨筆十卷 （清）萬斯大撰
毛詩稽古編三十卷 （清）陳啓源撰
仲氏易三十卷 （清）毛奇齡撰
春秋毛氏傳三十六卷 （清）毛奇齡撰
春秋簡書刊誤二卷 （清）毛奇齡撰
春秋屬辭比事記四卷 （清）毛奇齡撰
經問十四卷補一卷 （清）毛奇齡撰
論語稽求篇七卷 （清）毛奇齡撰
四書賸言四卷補二卷 （清）毛奇齡撰
詩説三卷附録一卷 （清）惠周惕撰
湛園札記一卷 （清）姜宸英撰
經義雜記十卷 （清）臧琳撰
解舂集二卷 （清）馮景撰
尚書地理今釋一卷 （清）蔣廷錫撰
易説六卷 （清）惠士奇撰
禮説十四卷 （清）惠士奇撰
春秋説十五卷 （清）惠士奇撰
白田草堂存稿一卷 （清）王懋竑撰
周禮疑義舉要七卷 （清）江永撰
深衣考誤一卷 （清）江永撰
春秋地理考實四卷 （清）江永撰
群經補義五卷 （清）江永撰
鄉黨圖考十卷 （清）江永撰
儀禮章句十七卷 （清）吴廷華撰
觀象授時十四卷 （清）秦蕙田撰
經史問答七卷 （清）全祖望撰
質疑一卷 （清）杭世駿撰
注疏考證六卷 （清）齊召南撰
尚書注疏考證一卷
禮記注疏考證一卷
春秋左傳注疏考證二卷
春秋公羊傳注疏考證一卷
春秋穀梁傳注疏考證一卷
周官禄田考三卷 （清）沈彤撰
尚書小疏一卷 （清）沈彤撰
儀禮小疏八卷 （清）沈彤撰
春秋左傳小疏一卷 （清）沈彤撰
果堂集一卷 （清）沈彤撰
周易述二十一卷 （清）惠棟撰
古文尚書考二卷 （清）惠棟撰
春秋左傳補注六卷 （清）惠棟撰
九經古義十六卷 （清）惠棟撰
春秋正辭十一卷春秋舉例一卷春秋要指一卷 （清）莊存與撰
鍾山札記一卷 （清）盧文弨撰
龍城札記一卷 （清）盧文弨撰
尚書集注音疏十三卷尚書經師系表一卷 （清）江聲撰
尚書後案三十一卷 （清）王鳴盛撰
周禮軍賦説四卷 （清）王鳴盛撰
十駕齋養新録三卷餘録一卷 （清）錢大昕撰
潛研堂文集六卷 （清）錢大昕撰

四書考异三十六卷　（清）翟灝撰
尚書釋天六卷　（清）盛百二撰
讀書脞録二卷續編二卷　（清）孫志祖撰
弁服釋例八卷　（清）任大椿撰
釋繒一卷　（清）任大椿撰
爾雅正義二十卷　（清）邵晋涵撰
宗法小記一卷　（清）程瑶田撰
儀禮喪服文足徵記十卷　（清）程瑶田撰
釋宫小記一卷　（清）程瑶田撰
考工創物小記四卷　（清）程瑶田撰
磬折古義一卷　（清）程瑶田撰
溝洫疆理小記一卷　（清）程瑶田撰
禹貢三江考三卷　（清）程瑶田撰
水地小記一卷　（清）程瑶田撰
解字小記一卷　（清）程瑶田撰
聲律小記一卷　（清）程瑶田撰
九穀考四卷　（清）程瑶田撰
釋草小記一卷　（清）程瑶田撰
釋蟲小記一卷　（清）程瑶田撰
禮箋三卷　（清）金榜撰
毛鄭詩考正四卷　（清）戴震撰
杲溪詩經補注二卷　（清）戴震撰
考工記圖二卷　（清）戴震撰
戴東原集二卷　（清）戴震撰
古文尚書撰异三十二卷　（清）段玉裁撰
毛詩故訓傳三十卷　（清）段玉裁訂
詩經小學四卷　（清）段玉裁撰
周禮漢讀考六卷　（清）段玉裁撰
儀禮漢讀考一卷　（清）段玉裁撰
説文解字注十五卷　（清）段玉裁撰
六書音均表五卷　（清）段玉裁撰
經韵樓集六卷　（清）段玉裁撰
廣雅疏證十卷　（清）王念孫撰　（清）王引之述
讀書雜志二卷　（清）王念孫撰
春秋公羊通義十二卷叙一卷　（清）孔廣森撰
禮學卮言六卷　（清）孔廣森撰
大戴禮記補注十三卷　（清）孔廣森撰
經學卮言六卷　（清）孔廣森撰
溉亭述古録二卷　（清）錢塘撰
群經識小八卷　（清）李惇撰
經讀考异八卷　（清）武億撰
尚書今古文注疏三十九卷　（清）孫星衍撰
問字堂集一卷　（清）孫星衍撰
儀禮釋官九卷　（清）胡匡衷撰
禮經釋例十三卷　（清）凌廷堪撰
校禮堂文集一卷　（清）凌廷堪撰
劉氏遺書一卷　（清）劉台拱撰
述學二卷　（清）汪中撰
經義知新記一卷　（清）汪中撰
大戴禮記正誤一卷　（清）汪中撰
曾子注釋四卷　（清）阮元撰
十三經注疏校勘記二百四十八卷　（清）阮元撰
　周易校勘記九卷略例校勘記一卷釋文校勘記一卷
　尚書校勘記二十卷釋文校勘記二卷
　毛詩校勘記七卷釋文校勘記三卷
　周禮校勘記十二卷釋文校勘記二卷
　儀禮校勘記十七卷釋文校勘記一卷
　禮記校勘記六十三卷釋文校勘記四卷
　春秋左傳校勘記三十六卷釋文校勘記六卷
　春秋公羊傳校勘記十一卷釋文校勘記一卷
　春秋穀梁傳校勘記十二卷釋文校勘記一卷
　論語校勘記十卷釋文校勘記一卷
　孝經校勘記三卷釋文校勘記一卷
　爾雅校勘記六卷釋文校勘記二卷
　孟子校勘記十四卷音義校勘記二卷
考工記車制圖解二卷　（清）阮元撰
積古齋鍾鼎彝器款識二卷　（清）阮元撰
疇人傳九卷　（清）阮元撰

揅經室集七卷 （清）阮元撰
撫本禮記鄭注考异二卷 （清）張敦仁撰
易章句十二卷 （清）焦循撰
易通釋二十卷 （清）焦循撰
易圖略八卷 （清）焦循撰
孟子正義三十卷 （清）焦循撰
周易補疏二卷 （清）焦循撰
尚書補疏二卷 （清）焦循撰
毛詩補疏五卷 （清）焦循撰
禮記補疏三卷 （清）焦循撰
春秋左傳補疏五卷 （清）焦循撰
論語補疏二卷 （清）焦循撰
周易述補四卷 （清）江藩撰
拜經日記八卷 （清）臧庸撰
拜經文集一卷 （清）臧庸撰
瞥記一卷 （清）梁玉繩撰
經義述聞二十八卷 （清）王引之撰
經傳釋詞十卷 （清）王引之撰
周易虞氏義九卷 （清）張惠言撰
周易虞氏消息二卷 （清）張惠言撰
虞氏易禮二卷 （清）張惠言撰
周易鄭氏義二卷 （清）張惠言撰
周易荀氏九家義一卷 （清）張惠言撰
易義別録十四卷 （清）張惠言撰
五經异義疏證三卷 （清）陳壽祺撰
左海經辨二卷 （清）陳壽祺撰
左海文集二卷 （清）陳壽祺撰
鑑止水齋集二卷 （清）許宗彦撰
爾雅義疏十九卷 （清）郝懿行撰
春秋左傳補注三卷 （清）馬宗璉撰
春秋公羊經何氏釋例十卷 （清）劉逢禄撰
公羊春秋何氏解詁箋一卷 （清）劉逢禄撰
發墨守評一卷 （清）劉逢禄撰
穀梁廢疾申何二卷 （清）劉逢禄撰
左氏春秋考證二卷 （清）劉逢禄撰
箴膏肓評一卷 （清）劉逢禄撰
論語述何二卷 （清）劉逢禄撰
燕寢考三卷 （清）胡培翬撰
研六室雜著一卷 （清）胡培翬撰
春秋异文箋十三卷 （清）趙坦撰
寶甓齋札記一卷 （清）趙坦撰
寶甓齋文集一卷 （清）趙坦撰
夏小正疏義四卷异字記一卷釋音一卷 （清）洪震煊撰
秋槎雜記一卷 （清）劉履恂撰
吾亦盧稿四卷 （清）崔應榴撰
論語偶記一卷 （清）方觀旭撰
經書算學天文考一卷 （清）陳懋齡撰
四書釋地辨證二卷 （清）宋翔鳳撰
毛詩紬義二十四卷 （清）李黼平撰
公羊禮説一卷 （清）凌曙撰
禮説四卷 （清）凌曙撰
孝經義疏一卷 （清）阮福撰
經傳考證八卷 （清）朱彬撰
甓齋遺稿一卷 （清）劉玉麐撰
説緯一卷 （清）王崧撰
經義叢抄三十卷 （清）嚴杰輯
國朝石經考异一卷 （清）馮登府撰
漢石經考异一卷 （清）馮登府撰
魏石經考异一卷 （清）馮登府撰
唐石經考异一卷 （清）馮登府撰
蜀石經考异一卷 （清）馮登府撰
北宋石經考异一卷 （清）馮登府撰
三家詩异文疏證二卷 （清）馮登府撰

18/002

0012

皇清經解

（清）阮元輯 （清）嚴杰重輯
清光緒十一年（1885）上海點石齋石印本
二十三册
三十三行字數不等，小字雙行不等
白口，四周單邊
存一百七十八卷（卷一至一百五十五、卷一百六十八至一百九十）

19/009-3

0013
十三經注疏校勘記
（清）阮元撰　（清）盧宣旬摘録
清光緒二十四年（1898）蘇州官書坊刻本
五十六册
十行十八字，小字雙行二十四字
黑口，左右雙邊
子目：
周易校勘記九卷略例校勘記一卷釋文校勘記一卷
尚書校勘記二十卷釋文校勘記二卷
毛詩校勘記七卷釋文校勘記三卷
周禮校勘記十二卷釋文校勘記二卷
儀禮校勘記十七卷釋文校勘記一卷
禮記校勘記六十三卷釋文校勘記四卷
春秋左傳校勘記三十六卷釋文校勘記六卷
春秋公羊傳校勘記十一卷釋文校勘記一卷
春秋穀梁傳校勘記十二卷釋文校勘記一卷
論語校勘記十卷釋文校勘記一卷
孝經校勘記三卷釋文校勘記一卷
爾雅校勘記六卷釋文校勘記二卷
孟子校勘記十四卷音義校勘記二卷
19/006

0014
十四經通考
（清）式楹日撰
清刻本
四册
十行二十字，小字雙行同
下黑口，四周雙邊
存四種七卷
子目：
四書類亚聖年譜一卷
春秋類一卷
尚書類一卷
禮記類四卷
217/20

0015
十三經注疏校勘記識語四卷
（清）汪文臺撰
清光緒三年（1877）江西書局刻本
二册
十行十八字
黑口，左右雙邊
1/016

0016
古經解彙函
（清）鍾謙鈞等輯
清同治十二年（1873）粤東書局刻本
六十六册
十行二十一字，小字雙行同
白口，左右雙邊
子目：
鄭氏周易注三卷補遺一卷　（漢）鄭玄撰　（宋）王應麟輯　（清）惠棟增補　（清）孫堂重校并輯補遺
陸氏周易述一卷　（三國吴）陸績撰　（明）姚士粦輯　（清）孫堂增補
周易集解十七卷　（唐）李鼎祚撰
周易口訣義六卷　（唐）史徵撰
易緯八種　（漢）鄭玄撰
易緯乾坤鑿度二卷
易緯乾鑿度二卷
易緯稽覽圖二卷
易緯辨終備一卷
易緯通卦驗二卷
易緯乾元序制記一卷
易緯是類謀一卷
易緯坤靈圖一卷
尚書大傳三卷附序録一卷辨僞一卷　（漢）伏勝撰　（漢）鄭玄注　（清）陳壽祺輯校并撰序録辨僞
韓詩外傳十卷附校注拾遺一卷　（漢）韓嬰撰　（清）周廷寀校注　校注拾遺　（清）周元校撰
毛詩草木鳥獸蟲魚疏二卷　（三國

吴）陸璣撰 （清）丁晏校正
春秋繁露十七卷附録一卷 （漢）董仲舒撰 （清）盧文弨校
春秋釋例十五卷 （晋）杜預撰 （清）莊述祖 （清）孫星衍校
春秋啖趙集傳纂例十卷 （唐）陸淳撰
春秋微旨三卷 （唐）陸淳撰
春秋啖趙二先生集傳辯疑十卷 （唐）陸淳撰
論語集解義疏十卷 （三國魏）何晏集解 （南朝梁）皇侃義疏
論語筆解二卷 （唐）韓愈 （唐）李翱撰
鄭志三卷補遺一卷 （三國魏）鄭小同編 （清）王復輯 （清）武億校
小學彙函
  輶軒使者絶代語釋别國方言十三卷校正補遺一卷 （漢）揚雄撰 （晋）郭璞注 （清）盧文弨校
  釋名八卷 （漢）劉熙撰 （清）吴志忠校
  廣雅十卷 （三國魏）張揖撰 （隋）曹憲音
  匡謬正俗八卷 （唐）顔師古撰
  急就篇四卷 （漢）史游撰 （唐）顔師古注 （宋）王應麟補注
  説文解字十五卷 （漢）許慎撰 （宋）徐鉉等校定
  説文解字繫傳四十卷附校勘記三卷 （南唐）徐鍇撰
  説文解字篆韵譜五卷附録一卷 （南唐）徐鍇撰
  大廣益會玉篇三十卷 （宋）陳彭年等重修
  干禄字書一卷 （唐）顔元孫撰
  五經文字三卷 （唐）張參撰
  新加九經字樣一卷 （唐）唐玄度撰
  大宋重修廣韵五卷 （宋）陳彭年等重修
  廣韵五卷 （宋）陳彭年等重修

19/003

0017

古經解彙函

（清）鍾謙鈞等輯
清同治十二年（1873）粵東書局刻本
六十四册
十行二十一字，小字雙行同
白口，左右雙邊

19/003 部二

0018

皇清經解縮版編目十六卷

陶治元輯
清光緒十七年（1891）上海鴻寶齋石印本
二册
二十四行七十字，小字雙行同
白口，四周單邊

19/012

0019

皇清經解續編

王先謙輯
清光緒十四年（1888）南菁書院刻本
三百二十册
十一行二十四字，小字雙行同
白口，左右雙邊
子目：
  九經誤字一卷 （清）顧炎武撰
  周易稗疏四卷 （清）王夫之撰
  詩經稗疏四卷 （清）王夫之撰
  春秋稗疏二卷 （清）王夫之撰
  四書稗疏三卷 （清）王夫之撰
  春秋占筮書三卷 （清）毛奇齡撰
  續詩傳鳥名三卷 （清）毛奇齡撰
  白鷺洲主客説詩一卷 （清）毛奇齡撰
  郊社禘祫問一卷 （清）毛奇齡撰
  大小宗通繹一卷 （清）毛奇齡撰
  孝經問一卷 （清）毛奇齡撰
  禮記偶箋三卷 （清）萬斯大撰

尚書古文疏證九卷（缺卷三）（清）閻若璩撰
易圖明辨十卷 （清）胡渭撰
春秋長曆十卷 （清）陳厚耀撰
儀禮釋宫增注一卷 （清）江永撰
儀禮釋例一卷 （清）江永撰
春秋大事表六十六卷輿圖一卷 （清）顧棟高撰
天子肆獻祼饋食禮纂二卷 （清）任啓運撰
朝廟宫室考并圖一卷附田賦考 （清）任啓運撰
易例二卷 （清）惠棟撰
易漢學八卷 （清）惠棟撰
明堂大道録八卷 （清）惠棟撰
禘説二卷 （清）惠棟撰
晚書訂疑三卷 （清）程廷祚撰
卦氣解一卷 （清）莊存與撰
周官記五卷 （清）莊存與撰
周官説二卷 （清）莊存與撰
周官説補三卷 （清）莊存與撰
儀禮管見十七卷 （清）褚寅亮撰
爾雅補郭二卷 （清）翟灝撰
鄭氏儀禮目録校證一卷 （清）胡匡衷撰
深衣釋例三卷 （清）任大椿撰
詩聲類十二卷詩聲分例一卷 （清）孔廣森撰
經傳小記一卷 （清）劉台拱撰
國語補校一卷 （清）劉台拱撰
逸周書雜志四卷 （清）王念孫撰
爾雅古義二卷 （清）錢坫撰
爾雅釋地四篇注一卷 （清）錢坫撰
車制考一卷 （清）錢坫撰
群經義證八卷 （清）武億撰
釋服二卷 （清）宋綿初撰
孟子四考四卷 （清）周廣業撰
　孟子逸文考一卷
　孟子异本考一卷
　孟子古注考一卷
　孟子出處時地考一卷
毛詩考證四卷 （清）莊述祖撰
毛詩周頌口義三卷 （明）莊述祖撰
五經小學述二卷 （清）莊述祖撰
詩書古訓十卷 （清）阮元撰
春秋左傳詁二十卷 （清）洪亮吉撰
左通補釋三十二卷 （清）梁履繩撰
周易述補五卷 （清）李林松撰
易圖條辨一卷 （清）張惠言撰
虞氏易事二卷 （清）張惠言撰
虞氏易言二卷 （清）張惠言撰
虞氏易候一卷 （清）張惠言撰
儀禮圖六卷 （清）張惠言撰
讀儀禮記二卷 （清）張惠言撰
書序述聞一卷 （清）劉逢禄撰
尚書今古文集解三十卷附校勘記一卷 （清）劉逢禄撰　校勘記（清）劉葆楨 （明）劉翰藻撰
卦本圖考一卷 （清）胡秉虔撰
尚書大傳輯校三卷 （清）陳壽祺撰
禹貢鄭注釋二卷 （清）焦循撰
群經宫室圖二卷 （清）焦循撰
隸經文四卷 （清）江藩撰
説文聲類十六卷聲類出入表一卷（清）嚴可均撰
周易考异二卷 （清）宋翔鳳撰
尚書略説二卷 （清）宋翔鳳撰
尚書譜一卷 （清）宋翔鳳撰
大學古義説二卷 （清）宋翔鳳撰
論語説義十卷 （清）宋翔鳳撰
孟子趙注補正六卷 （清）宋翔鳳撰
小爾雅訓纂六卷 （清）宋翔鳳撰
過庭録五卷 （清）宋翔鳳撰
毛詩傳箋通釋三十二卷 （清）馬瑞辰撰
毛詩後箋三十卷 （清）胡承珙撰（清）陳奂補
儀禮古今文疏義十七卷 （清）胡承珙撰
讀書叢録一卷 （清）洪頤煊撰
爾雅匡名二十卷 （清）嚴元照撰
周官故書考四卷 （清）徐養原撰
儀禮古今文异同疏證五卷 （清）徐養原撰

論語魯讀考一卷 （清）徐養原撰
頑石廬經説十卷 （清）徐養原撰
周禮學二卷 （清）王聘珍撰
儀禮學一卷 （清）王聘珍撰
易經异文釋六卷 （清）李富孫撰
詩經异文釋十六卷 （清）李富孫撰
春秋左傳异文釋十卷 （清）李富孫撰
春秋公羊傳异文釋一卷 （清）李富孫撰
春秋穀梁傳异文釋一卷 （清）李富孫撰
夏小正分箋四卷 （清）黄模撰
夏小正异義二卷 （清）黄模撰
春秋左氏古義六卷 （清）臧壽恭撰
春秋左氏傳補注十二卷 （清）沈欽韓撰
春秋左氏傳地名補注十二卷 （清）沈欽韓撰
儀禮經注疏正譌十七卷 （清）金曰追撰
周易虞氏略例一卷 （清）李鋭撰
論語孔注辨僞二卷 （清）沈濤撰
國語發正二十一卷 （清）汪遠孫撰
説文諧聲譜九卷 （清）張成孫撰
春秋穀梁傳時月日書法釋例四卷 （清）許桂林撰
求古録禮説十五卷補遺一卷 （清）金鶚撰
鄉黨正義一卷 （清）金鶚撰
説文解字音均表十七卷首一卷 （清）江沅撰
儀禮正義四十卷 （清）胡培翬撰 （清）楊大堉補
禘祫問答一卷 （清）胡培翬撰
實事求是齋經義二卷 （清）朱大韶撰
十三經詁答問六卷 （清）馮登府撰
左傳舊疏考正八卷 （清）劉文淇撰
春秋朔閏异同二卷 （清）羅士琳撰
春秋左傳賈服注輯述二十卷 （清）李貽德撰
喪禮經傳約一卷 （清）吴卓信撰
詩毛氏傳疏三十卷 （清）陳奂撰
釋毛詩音四卷 （清）陳奂撰
毛詩説一卷 （清）陳奂撰
毛詩傳義類一卷 （清）陳奂撰
鄭氏箋考徵一卷 （清）陳奂撰
公羊逸禮考徵一卷 （清）陳奂撰
周禮注疏小箋五卷 （清）曾釗撰
大戴禮注補十三卷 （清）汪照撰
癸巳類稿六卷 （清）俞正燮撰
癸巳存稿四卷 （清）俞正燮撰
尚書餘論一卷 （清）丁晏撰
禹貢錐指正誤一卷 （清）丁晏撰
詩譜考正一卷 （清）丁晏撰
孝經徵文一卷 （清）丁晏撰
齊詩翼氏學四卷 （清）迮鶴壽撰
公羊禮疏十一卷 （清）凌曙撰
公羊問答二卷 （清）凌曙撰
春秋繁露注十七卷 （清）凌曙撰
周易姚氏學十六卷 （清）姚配中撰
春秋公羊傳曆譜十一卷 （清）包慎言撰
論語古注集箋二十卷 （元）潘維城撰
虞氏易消息圖説一卷 （清）胡祥麟撰
大誓答問一卷 （清）龔自珍撰
春秋决事比一卷 （清）龔自珍撰
輪輿私箋二卷附圖一卷 （清）鄭珍撰 附圖 （清）鄭知同繪
儀禮私箋八卷 （清）鄭珍撰
巢經巢經説一卷 （清）鄭珍撰
禹貢圖一卷 （清）陳澧撰
東塾讀書記十卷 （清）陳澧撰
春秋古經説二卷 （清）侯康撰
穀梁禮證二卷 （清）侯康撰
説文聲讀表七卷 （清）苗夔撰
學禮管釋十八卷 （清）夏炘撰
開有益齊經説五卷 （明）朱緒曾撰
穀梁大義述三十卷 （清）柳興恩撰
春秋釋一卷 （清）黄式三撰
考工記考辨八卷 （清）王宗涑撰

逸周書集訓校釋十卷逸文一卷（清）朱右曾撰
詩地理徵七卷（清）朱右曾撰
喪服會通説四卷（清）吴嘉賓撰
讀儀禮録一卷（清）曾國藩撰
論語正義二十四卷（清）劉寶楠撰（清）劉恭冕注
釋穀四卷（清）劉寶楠撰
今文尚書經説考三十八卷（清）陳喬樅撰
尚書歐陽夏侯遺説考一卷（清）陳喬樅撰
三家詩遺説考（清）陳壽祺撰（清）陳喬樅述
　魯詩遺説考二十卷
　齊詩遺説考十二卷
　韓詩遺説考十七卷
毛詩鄭箋改字説四卷（清）陳喬樅撰
詩經四家异文考五卷（清）陳喬樅撰
齊詩翼氏學疏證二卷（清）陳喬樅撰
禮堂經説二卷（清）陳喬樅撰
禮記鄭讀考六卷（清）陳壽祺撰（清）陳喬樅述
爾雅經注集證三卷（清）龍啓瑞撰
公羊義疏七十六卷（清）陳立撰
白虎通疏證十二卷（清）陳立撰
禮經通論一卷（清）邵懿辰撰
周易爻辰申鄭義一卷（清）何秋濤撰
禹貢鄭氏略例一卷（清）何秋濤撰
書古微十二卷（清）魏源撰
詩古微十七卷（清）魏源撰
讀書偶識十卷附一卷（清）鄒漢勛撰
劉貴陽經説一卷（清）劉書年撰
穀梁補注二十四卷（清）鍾文烝撰
周易舊疏考正一卷（清）劉毓崧撰
尚書舊疏考正一卷（清）劉毓崧撰
讀易漢學私記一卷（明）陳壽熊撰
孟子音義考證二卷（清）蔣仁榮撰
達齋叢説一卷（清）俞樾撰
周易互體徵一卷（清）俞樾撰
九族考一卷（清）俞樾撰
詩名物證古一卷（清）俞樾撰
士昏禮對席圖一卷（清）俞樾撰
禮記异文箋一卷（清）俞樾撰
禮記鄭讀考一卷（清）俞樾撰
玉佩考一卷（清）俞樾撰
鄭君駁正三禮考一卷（清）俞樾撰
春秋名字解詁補義一卷（清）俞樾撰
論語鄭義一卷（清）俞樾撰
續論語駢枝一卷（清）俞樾撰
群經平議三十五卷（清）俞樾撰
　周易平議二卷
　尚書平議四卷
　周書平議一卷
　毛詩平議四卷
　周禮平議二卷
　考工記世室重屋明堂考一卷
　儀禮平議二卷
　大戴禮記平議二卷
　小戴禮記平議四卷
　春秋公羊傳平議一卷
　春秋穀梁傳平議一卷
　春秋左傳平議三卷
　春秋外傳國語平議二卷
　論語平議二卷
　孟子平議二卷
　爾雅平議一卷
古書疑義舉例七卷（清）俞樾撰
禹貢説一卷（清）倪文蔚撰
周易釋爻例一卷（清）成蓉鏡撰
尚書曆譜二卷（清）成蓉鏡撰
禹貢班義述三卷（清）成蓉鏡撰
春秋日南至譜一卷（清）成蓉鏡撰
何休注訓論語述一卷（清）劉恭冕撰
禮記天算釋一卷（清）孔廣牧撰
先聖生卒年月日考二卷（清）孔廣牧撰

禮説略三卷 （清）黄以周撰
經説略二卷 （清）黄以周撰
漢孳室文抄二卷 （清）陶方琦撰
昏禮重别論對駁義二卷 （清）劉壽曾撰
隸經賸義一卷 （明）林兆豐撰
毛詩譜一卷 （清）鄭玄撰 （清）胡元儀輯
駁春秋名字解詁一卷 （清）胡元玉撰
經述三卷 （清）林頤山撰

19/009.2-3

0020

皇清經解續編二百九卷

王先謙輯
清光緒十五年（1889）上海蜚英館石印本
三十二册
三十三行七十二字，小字雙行同
白口，四周雙邊

19/009.2-2

0021

通志堂經解

（清）納蘭成德（性德）輯
清同治十二年（1873）粵東書局刻本
五百二十册
十一行二十字
白口，左右雙邊
子目：
易
子夏易傳十一卷 （周）卜商撰
易數鈎隱圖三卷遺論九事一卷 （宋）劉牧撰
横渠先生易説三卷 （宋）張載撰
易學一卷 （宋）王湜撰
紫巖居士易傳十卷 （宋）張浚撰
漢上易傳十一卷周易卦圖三卷周易叢説一卷 （宋）朱震撰
易璇璣三卷 （宋）吴沆撰
周易義海撮要十二卷 （宋）李衡撰
易小傳六卷 （宋）沈該撰
復齋易説六卷 （宋）趙彦肅撰
古周易一卷 （宋）吕祖謙等編
童溪王先生易傳三十卷 （宋）王宗傳撰
易裨傳一卷外篇一卷 （宋）林至撰
易圖説三卷 （宋）吴仁傑撰
易學啓蒙通釋二卷圖一卷 （宋）胡方平撰
周易玩辭十六卷 （宋）項安世撰
三易備遺十卷 （宋）朱元昇撰
東谷鄭先生易翼傳二卷 （宋）鄭汝諧撰
丙子學易編一卷 （宋）李心傳撰
易學啓蒙小傳一卷古經傳一卷 （宋）税與權撰
水村易鏡一卷 （宋）林光世撰
晦菴先生朱文公易説二十三卷 （宋）朱鑑輯
大易緝説十卷 （元）王申子撰
周易輯聞六卷易雅一卷筮宗一卷 （宋）趙汝楳撰
周易傳義附録十四卷首一卷 （宋）董楷撰
學易記九卷首一卷 （元）李簡撰
讀易私言一卷 （元）許衡撰
俞氏易集説十三卷 （元）俞琰撰
周易本義附録纂注十五卷 （元）胡一桂撰
周易發明啓蒙翼傳三卷外篇一卷 （元）胡一桂撰
周易本義通釋十二卷輯録雲峰文集易義一卷 （元）胡炳文撰
易纂言十二卷首一卷 （元）吴澄撰
周易本義集成十二卷首一卷 （元）熊良輔撰
周易經傳集程朱解附録纂注（一名周易會通）十四卷首一卷附一卷 （元）董真卿撰
易圖通變五卷 （宋）雷思齊撰

易象圖説内篇三卷外篇三卷（元）張理撰
大象易數鈎深圖三卷（元）張理撰
周易參易十二卷（元）梁寅撰
合訂删補大易集義粹言八十卷（清）納蘭成德（性德）撰

書

書古文訓十六卷（宋）薛季宣撰
三山拙齋林先生尚書全解四十卷（宋）林之奇撰
程尚書禹貢論二卷後論一卷山川地理圖二卷（宋）程大昌撰
尚書説七卷（宋）黄度撰
增修東萊書説三十五卷首一卷（宋）吕祖謙撰（宋）時瀾修定
書疑九卷（宋）王柏撰
書集傳或問二卷（宋）陳大猷撰
杏溪傳氏禹貢集解二卷（宋）傳寅撰
尚書詳解十三卷（宋）胡士行撰
尚書表注二卷（宋）金履祥撰
尚書纂傳四十六卷（元）王天與撰
書蔡氏傳輯録纂注六卷首一卷（元）董鼎撰
書纂言四卷（元）吴澄撰
書蔡氏傳旁通六卷（元）陳師凱撰
尚書句解十三卷（元）朱祖義撰
書集傳纂疏六卷首一卷（元）陳櫟撰
尚書通考十卷（元）黄鎮成撰
王耕野先生讀書管見二卷（元）王充耘撰
定正洪範集説一卷首一卷（元）胡一中撰

詩

毛詩指説一卷（唐）成伯璵撰
詩本義十五卷鄭氏詩譜補亡一卷（宋）歐陽修撰
李迂仲黄實夫毛詩集解四十二卷首一卷（宋）李樗（宋）黄櫄講義（宋）吕祖謙釋音
毛詩名物解二十卷（宋）蔡卞撰
詩説一卷（宋）張耒撰
詩疑二卷（宋）王柏撰
詩傳遺説六卷（宋）朱鑑撰
逸齋詩補傳三十卷篇目一卷（宋）范處義撰
詩集傳名物抄八卷（元）許謙撰
詩經疑問七卷附編一卷（元）朱倬撰　附編（宋）趙悳撰
詩解頤四卷（明）朱善撰

春秋

春秋尊王發微十二卷附録一卷（宋）孫復撰
春秋皇綱論五卷（宋）王晳撰
春秋劉氏傳十五卷（宋）劉敞撰
春秋權衡十七卷（宋）劉敞撰
劉氏春秋意林二卷（宋）劉敞撰
春秋年表一卷
春秋名號歸一圖二卷（後蜀）馮繼先撰
春秋臣傳三十卷（宋）王當撰
西疇居士春秋本例二十卷（宋）崔子方撰
木訥先生春秋經筌十六卷（宋）趙鵬飛撰
石林先生春秋傳二十卷（宋）葉夢得撰
止齋先生春秋後傳十二卷（宋）陳傅良撰
春秋集解三十卷（宋）吕祖謙撰
左氏傳説二十卷（宋）吕祖謙撰
春秋左氏傳事類始末五卷附録一卷（宋）章冲撰
春秋提綱十卷（元）陳則通撰
春秋王霸列國世紀編三卷（宋）李琪撰
春秋通説十三卷（宋）黄仲炎撰
春秋集注十一卷綱領一卷（宋）張洽撰
春秋或問二十卷（宋）吕大圭撰

春秋五論一卷 （宋）吕大圭撰
則堂先生春秋集傳詳説三十卷綱領一卷 （宋）家鉉翁撰
春秋類對賦一卷 （宋）徐晋卿撰
春秋諸國統紀六卷 （元）齊履謙撰
春秋本義三十卷首一卷 （元）程端學撰
春秋或問十卷 （元）程端學撰
春秋集傳十五卷 （元）趙汸撰 （明）倪尚誼補續
春秋屬辭十五卷 （元）趙汸撰
春秋師説三卷附録二卷 （元）趙汸撰
春秋左氏傳補注十卷 （元）趙汸撰
春秋諸傳會通二十四卷首一卷 （元）李廉撰
春秋集解釋義大成十二卷首一卷 （元）俞皋撰
清全齋讀春秋編十二卷 （元）陳深撰
春秋春王正月考一卷辨疑一卷 （明）張以寧撰

三禮

新定三禮圖二十卷 （宋）聶崇義集注
東巖周禮訂義八十卷首一卷 （宋）王與之撰
鬳齋考工記解二卷 （宋）林希逸撰
儀禮圖十七卷旁通圖一卷附儀禮本經十七卷 （宋）楊復撰
禮記集説一百六十卷 （宋）衛湜撰
禮經會元四卷 （宋）葉時撰
太平經國之書十一卷首一卷 （宋）鄭伯謙撰
夏小正戴氏傳四卷 （宋）傅崧卿注
儀禮集説十七卷 （元）敖繼公撰
儀禮逸經傳一卷 （元）吴澄撰
經禮補逸九卷附録一卷 （元）汪克寬撰
禮記陳氏集説補正三十八卷 （清）納蘭成德（性德）撰

孝經

孝經注解一卷 （唐）玄宗李隆基注 （宋）司馬光指解 （宋）范祖禹説
孝經大義一卷 （元）董鼎撰
孝經一卷 （元）吴澄校定
晦菴先生所定古文孝經句解一卷 （元）朱申撰

論語

南軒先生論語解十卷 （宋）張栻撰
論語集説十卷 （宋）蔡節撰

孟子

南軒先生孟子説七卷 （宋）張栻撰
孟子集疏十四卷 （宋）蔡模撰
孟子音義二卷 （宋）孫奭撰

四書

大學纂疏一卷中庸纂疏一卷論語纂疏十卷孟子纂疏十四卷 （宋）趙順孫撰
大學集編一卷中庸集編一卷論語集編十卷孟子集編十四卷 （宋）真德秀撰
大學通一卷中庸通一卷論語通十卷孟子通十四卷 （元）胡炳文撰
大學章句或問通證一卷中庸章句或問通證一卷論語集注通證二卷孟子集注通證二卷 （元）張存中撰
大學章句纂箋一卷大學或問纂箋一卷中庸章句纂箋一卷中庸或問纂箋一卷論語集注纂箋十卷孟子集注纂箋十四卷 （元）詹道傳撰
四書通旨六卷 （元）朱公遷撰
四書辨疑十五卷 （元）陳天祥撰

大學集説啓蒙一卷中庸集説啓蒙一卷　（元）景星撰
總經解
經典釋文三十卷　（唐）陸德明撰
公是先生七經小傳三卷　（宋）劉敞撰
六經奥論六卷首一卷　（宋）鄭樵撰
六經正誤六卷　（宋）毛居正撰
熊先生經説七卷　（元）熊朋來撰
十一經問對五卷　（元）何异孫撰
五經蠡測六卷　（明）蔣悌生撰
19/008

0022
吴氏遺著五卷
（清）吴凌雲撰
清光緒十七年（1891）廣雅書局刻本
二册
十一行二十四字，小字雙行同
黑口，四周單邊
1/019

0023
五經文萃五卷二集五卷
（清）□□輯
清刻本
十册
九行二十五字
白口，四周單邊雙邊兼有
1/027

0024
希鄭堂叢書（潘氏叢書）
（清）潘任撰
清光緒二十年（1894）虞山潘氏木活字印本
一册
十行二十四字，小字雙行同
黑口，左右雙邊
存四種六卷
子目：
博約齋經説三卷
孝經鄭注考證一卷
周禮札記一卷
雙桂軒答問一卷
1/020

0025
御纂七經
（清）聖祖玄燁撰
清光緒二十九年（1903）慎記書莊石印本
二十四册
二十四行五十四字，小字雙行同
白口，四周單邊
子目：
欽定春秋傳説彙纂三十八卷首二卷　（清）王掞等撰
御纂周易折中二十二卷首一卷　（清）李光地等撰
欽定書經傳説彙纂二十一卷首二卷書序一卷　（清）王頊齡等撰
欽定詩經傳説彙纂二十一卷首二卷詩序二卷　（清）王鴻緒等撰
欽定三禮義疏　（清）允祿等撰
欽定禮記義疏八十二卷首一卷
欽定周官義疏四十八卷首一卷（缺卷一至十）
欽定儀禮義疏四十八卷首二卷
19/014

0026
重刊宋本十三經注疏附校勘記
（清）阮元輯
清同治十二年（1873）南昌府學刻本
十二册
十行十八字，小字雙行二十四字
黑口，左右雙邊
存三種八十卷
子目：
周易兼義九卷附音義一卷注疏校勘記九卷釋文校勘記一卷（存周易兼義卷三至九，音義一卷，注疏

校勘卷三至九，釋文校勘記一卷）（三國魏）王弼　（晉）韓康伯注　（唐）孔穎達正義　（唐）陸德明音義

論語注疏解經二十卷附校勘記二十卷（存論語注疏解經卷一至七、十一至十六，校勘記卷一至七、十一至十六）（三國魏）何晏集解　（宋）邢昺疏

爾雅注疏十卷附校勘記十卷（爾雅注疏卷一至四，校勘記卷一至四）（晉）郭璞注　（宋）邢昺校定　（□）□□音

19/005-4

0027

重刊宋本十三經注疏附校勘記

（清）阮元撰　（清）盧宣旬摘録

清光緒二十九年（1902）上海點石齋石印本

二十八册

二十行四十六字，小字雙行同

白口，四周雙邊

子目：

周易兼義四卷附經典釋文一卷注疏校勘記四卷　（三國魏）王弼注　（唐）孔穎達正義　（唐）陸德明撰

附釋音尚書注疏四卷附校勘記四卷（唐）孔穎達等撰

附釋音周禮注疏六卷附校勘記六卷（唐）賈公彦等撰　（唐）陸德明釋文

儀禮注疏八卷附校勘記八卷　（唐）賈公彦等撰

附釋音禮記注疏十二卷附校勘記十二卷　（唐）孔穎達等撰

附釋音春秋左傳注疏十二卷附校勘記十二卷　（唐）孔穎達等撰（唐）陸德明釋文

監本附音春秋公羊注疏四卷附校勘記四卷　（漢）何休撰　（唐）陸德明音義

監本附音春秋穀梁傳注疏四卷附校勘記四卷　（晉）范寧集解（唐）楊士勛疏

論語注疏解經四卷附校勘記四卷（三國魏）何晏集解　（宋）邢昺疏

孝經注疏二卷附校勘記二卷　（宋）邢昺注疏

爾雅疏二卷附校勘記二卷　（宋）邢昺校定

孟子注疏解經四卷附校勘記四卷（宋）孫奭疏

十三經注疏校勘記識語四卷　（清）汪文臺撰

19/005-3

0028

重刊宋本十三經注疏附校勘記

（清）阮元撰　（清）盧宣旬摘録

清光緒十三年（1887）上海脉望仙館石印本

三十二册

二十行三十六字，小字雙行四十八字

白口，四周單邊

19/005

易類

傳説之屬

0029

易緯乾鑿度二卷易緯稽覽圖二卷易緯辨終備一卷

（漢）鄭玄注

清同治十三年（1874）江西書局刻武英殿聚珍版書本

一册

九行二十一字，小字雙行同

白口，四周雙邊

11/021

0030

易緯乾鑿度二卷易緯稽覽圖二卷易緯辨終備一卷

（漢）鄭玄注

清同治十三年（1874）江西書局刻武英殿聚珍版書本

一册

九行二十一字，小字雙行同

白口，四周雙邊

11/021 部二

0031

易緯通卦驗二卷易緯乾元序制記一卷易緯是類謀一卷易緯坤靈圖一卷

（漢）鄭玄注

清同治十三年（1874）江西書局刻武英殿聚珍版書本

一册

九行二十一字，小字雙行同

白口，四周雙邊

11/022

0032

鄭氏周易三卷

（漢）鄭玄撰　（宋）王應麟輯　（清）惠棟增補

清乾隆二十一年（1756）德州盧氏雅雨堂刻本

一册

十行二十一字，小字雙行同

白口，四周單邊

*11/004

0033

汲冢周書十卷

（晉）孔晁注

詩傳孔氏傳一卷

（周）端木賜撰

子貢詩傳一卷

（周）端木賜撰

詩説一卷

（漢）申培撰

清刻本

一册

白口，左右雙邊

缺六卷（汲冢周書卷一至六）

183.1/019

0034

周易廓二十四卷

（清）陳世鎔撰

清咸豐元年（1851）獨秀山莊刻本

六册

九行二十一字

白口，左右雙邊

11–1/008

0035

易大義補一卷

（清）桂文燦撰

清光緒十九年（1893）刻經學叢書本

一册

十行二十字，小字雙行同

黑口，左右雙邊

11/013

0036

易釋四卷

（清）黄式三撰

清光緒廣雅書局刻本

一册

十一行二十四字，小字雙行同

黑口，四周單邊

11/006

0037

御纂周易折中二十二卷首一卷

（清）李光地等撰

清刻御纂七經本

六册
八行十八字，小字雙行二十二字
白口，無版框
存十二卷（卷十一至二十二）
11/001-4

0038
御纂周易折中二十二卷首一卷
（清）李光地等撰
清康熙五十四年（1715）刻本
十册
八行十八字，小字雙行二十二字
白口，四周雙邊
*11/001

0039
御纂周易折中二十二卷首一卷
（清）李光地等撰
清同治六年（1867）刻御纂七經本
十册
十一行二十四字，小字雙行同
白口，左右雙邊
11/001-2

0040
御纂周易折中二十二卷首一卷
（清）李光地等撰
清光緒十四年（1888）江南書局刻御纂七經本
十册
十一行二十四字，小字雙行同
白口，左右雙邊
11/001-3

0041
周易虞氏略例一卷
（清）李鋭撰
周易倚數録二卷附圖一卷
（清）楊履泰撰
清光緒刻聚學軒叢書本
一册
十一行二十一字，小字雙行同
黑口，左右雙邊
11/011

0042
易經詳説五十卷
（清）冉覲祖撰
清光緒七年（1881）大梁書局刻本
五十册
十行二十二字
白口，四周雙邊
11/002

0043
周易孔義集説二十卷
（清）沈起元撰
清光緒八年（1882）江蘇書局刻本
八册
十行二十二字
白口，四周雙邊
11/009

0044
周易通論月令二卷
（清）姚配中撰
清光緒刻聚學軒叢書本
一册
十一行二十一字，小字雙行同
黑口，左右雙邊
11/010

0045
周易兼義九卷經典釋文一卷
（三國魏）王弼注 （唐）孔穎達正義
注疏校勘記九卷釋文校勘記一卷
（清）阮元撰 （清）盧宣旬摘録
清同治十二年（1873）江西書局刻重刊宋本十三經注疏本
八册
十行十八字，小字雙行二十四字
黑口，左右雙邊
11/12

0046
周易九卷
（三國魏）王弼注　（明）金蟠訂
清永懷堂刻十三經古注本
二册
九行二十五字，小字雙行同
白口，左右雙邊
缺二卷（卷一至二）
11/008-2

0047
易經八卷
（宋）程頤傳
清光緒九年（1883）江南書局刻本
三册
九行十七字，小字雙行同
白口，左右雙邊
11/008

0048
郭氏傳家易説十一卷總論一卷
（宋）郭雍撰
清同治十三年（1874）江西書局刻武英殿聚珍版書本
八册
九行二十一字，小字雙行同
白口，四周雙邊
11/018

0049
周易要義十卷首一卷
（宋）魏了翁撰
清光緒十二年（1886）江蘇書局刻本
四册
九行十八字，小字雙行同
黑口，四周雙邊
11/005

0050
誠齋易傳二十卷
（宋）楊萬里撰
清光緒二十一年（1895）湖北官書處刻本
八册
九行二十一字
白口，四周單邊雙邊兼有
11/007

0051
周易四卷筮儀一卷圖説一卷卦歌一卷
（宋）朱熹本義
清光緒二十一年（1895）刻本
四册
十一行二十三字，小字雙行同
白口，左右雙邊
11/002

0052
周易本義四卷圖説一卷
（宋）朱熹撰
清同治十三年（1874）江西書局刻本
二册
九行十七字，小字雙行同
白口，四周單邊
11/003

0053
周易本義四卷圖説一卷
（宋）朱熹撰
清同治十三年（1874）江西書局刻本
二册
九行十七字，小字雙行同
白口，四周單邊
11/003 部二

圖説之屬

0054
易圖條辨一卷虞氏易事二卷
（清）張惠言撰
清光緒十四年（1888）南菁書院刻本
一册
十一行二十四字，小字雙行同
白口，左右雙邊
11/017

文字音義之屬

0055
易音三卷
（清）顧炎武撰
清光緒思賢講舍刻音學五書本
一册
九行二十一字，小字雙行同
下黑口，四周單邊
183.1/015

專著之屬

0056
易象意言一卷
（宋）蔡淵撰
易緯乾坤鑿度二卷
（漢）鄭玄注
清同治十三年（1874）江西書局刻武英殿聚珍版書本
一册
九行二十一字，小字雙行同
白口，四周雙邊
11/019

0057
易象意言一卷
（宋）蔡淵撰
易緯乾坤鑿度二卷
（漢）鄭玄注
清同治十三年（1874）江西書局刻武英殿聚珍版書本
一册
九行二十一字，小字雙行同
白口，四周雙邊
11/019部二

0058
易象意言一卷
（宋）蔡淵撰
易緯乾坤鑿度二卷
（漢）鄭玄注
清同治十三年（1874）江西書局刻武英殿聚珍版書本
一册
九行二十一字，小字雙行同
白口，四周雙邊
11/019–2

書類

傳説之屬

0059
尚書大傳七卷
（漢）伏勝撰 （漢）鄭玄注 王闓運補注
清刻本
一册
十一行二十三字，小字雙行同
黑口，左右雙邊
12/008

0060
附釋音尚書注疏二十卷
（漢）孔安國傳 （唐）陸德明音義 （唐）孔穎達疏
尚書注疏校勘記二十卷
（清）阮元撰 （清）盧宣旬摘録
清同治十二年（1873）江西書局刻重刊宋本十三經注疏本
十册
十行十七字，小字雙行二十三字
黑口，左右雙邊
12/007

0061
附釋音尚書注疏二十卷
（漢）孔安國傳 （唐）陸德明音義 （唐）

孔穎達疏

尚書注疏校勘記二十卷

（清）阮元撰　（清）盧宣旬摘録

清光緒十三年（1887）上海點石齋石印本

二册

二十行四十六字，小字雙行同

白口，四周雙邊

12/007-2

0062

尚書注疏二十卷

（漢）孔安國傳　（唐）孔穎達疏　（唐）陸德明音義

清同治十三年（1874）湖南書局刻本

八册

九行二十一字，小字雙行同

白口，左右雙邊

12/007-3

0063

書經六卷

（宋）蔡沈集傳

清光緒十三年（1887）京都聚珍堂書坊刻本

四册

九行十七字，小字雙行同

白口，四周單邊

12/001

0064

書經六卷

（宋）蔡沈集傳

清同治十三年（1874）江西書局刻本

四册

九行十七字，小字雙行同

白口，四周單邊

12/013

0065

書經六卷

（宋）蔡沈集傳

清同治十三年（1874）江西書局刻本

四册

九行十七字，小字雙行同

白口，四周單邊

12/013部二

0066

狀元尚書六卷

（宋）蔡沈集傳

清光緒十六年（1890）吴氏瀚清閣刻本

四册

九行十七字，小字雙行同

白口，左右雙邊

12/003

0067

尚書表注二卷

（宋）金履祥撰

清雍正、乾隆間金華金氏刊光緒十三年（1887）鎮海謝駿德補刻率祖堂叢書本

一册

十一行二十六字，小字雙行同

白口，左右雙邊

*12/018

0068

融堂書解二十卷

（宋）錢時撰

清同治十三年（1874）江西書局刻武英殿聚珍版書本

四册

九行二十一字

白口，四周單邊

12/017

0069

尚書要義二十卷

（宋）魏了翁撰

清光緒十年（1884）江蘇書局刻本

六册

九行十八字，小字雙行同

黑口，四周雙邊

12/014

0070
尚書詳解二十六卷首一卷
（宋）夏僎撰
清乾隆三十九年（1774）武英殿木活字印本
二十四册
九行二十一字，小字雙行同
白口，四周雙邊
*12/001

0071
書經詳說七十六卷
（清）冉覲祖撰
清光緒七年（1881）大梁書局刻本
五十册
十行二十二字，小字雙行同
白口，四周雙邊
12/016

0072
欽定書經圖說五十卷
（清）孫家鼐等輯
清光緒三十一年（1905）石印本
十六册
十行二十四字，小字雙行同
白口，四周雙邊
12/015

0073
欽定書經圖說五十卷
（清）孫家鼐等輯
清光緒三十一年（1905）石印本
八册
十行二十四字，小字雙行同
白口，四周雙邊
存二十卷（卷一至二十）
12/015-2

0074
欽定書經傳說彙纂二十一卷首二卷書序一卷
（清）王頊齡等撰
清同治七年（1868）刻本
十二册
十一行二十四字，小字雙行同
白口，左右雙邊
12/003-2

0075
欽定書經傳說彙纂二十一卷首二卷書序一卷
（清）王頊齡等撰
清同治七年（1868）刻本
十二册
十一行二十四字，小字雙行同
白口，左右雙邊
12/003-2部二

0076
欽定書經傳說彙纂二十一卷首二卷書序一卷
（清）王頊齡等撰
清同治十一年（1872）江西書局刻御纂七經本
十六册
八行二十二字，小字雙行同
白口，四周雙邊
12/003

0077
欽定書經傳說彙纂二十一卷首二卷書序一卷
（清）王頊齡等撰
清光緒十四年（1888）江南書局刻御纂七經本
十二册
八行二十一字，小字雙行同
白口，四周雙邊
12/003-3

0078
書古微十二卷首一卷
（清）魏源撰
清光緒四年（1878）淮南書局刻本
四册
十行二十一字，小字雙行同

白口，左右雙邊

12/005

分篇之屬

0079

禹貢指南四卷

（宋）毛晃撰

清同治十三年（1874）江西書局刻武英殿聚珍版書本

一册

九行二十一字

白口，四周雙邊

291/024

0080

禹貢錐指二十卷略例一卷圖一卷

（清）胡渭撰

清咸豐十年（1860）補刻皇清經解本

十册

十一行二十四字，小字雙行同

白口，左右雙邊

12/04

專著之屬

0081

尚書古今文注疏三十卷

（清）孫星衍撰

清光緒十一年（1885）朱氏槐廬家塾刻平津館叢書本

八册

九行二十一字，小字雙行同

白口，四周雙邊

12/002

0082

尚書古文疏證八卷

（清）閻若璩撰

清嘉慶元年（1796）吴人驥刻本

八册

十一行二十字

白口，左右雙邊

12/006

詩類

傳説之屬

0083

毛詩要義二十卷

（宋）魏了翁撰

清光緒十二年（1886）江蘇書局刻本

十二册

九行十八字

黑口，四周雙邊

13/013

0084

毛詩要義二十卷

（宋）魏了翁撰

清光緒十二年（1886）江蘇書局刻本

十二册

九行十八字

黑口，四周雙邊

13/013部二

0085

詩緝三十六卷

（宋）嚴粲撰

明味經堂刻本

十二册

九行十八字，小字雙行同

白口，四周雙邊

13–1/001

0086

詩經八卷詩序辨説一卷

（宋）朱熹集傳

清光緒九年（1883）湖南書局刻本
五册
九行十七字，小字雙行同
白口，四周單邊
13/003

0087
詩經八卷
（宋）朱熹集傳
清光緒七年（1881）江蘇書局刻本
四册
九行十七字，小字雙行同
白口，四周單邊
13/003-2

0088
詩經八卷
（宋）朱熹集傳
清同治十三年（1874）江西書局刻本
四册
九行十七字，小字雙行同
白口，四周單邊
13/003-3

0089
詩經八卷
（宋）朱熹集傳
清同治二年（1863）書業德刻本
四册
九行十七字，小字雙行同
白口，左右雙邊
13/003-4

0090
詩經八卷
（宋）朱熹集傳
清光緒二十二年（1896）金陵書局刻本
四册
九行十七字，小字雙行同
白口，左右雙邊
13/003-5

0091
詩經八卷
（宋）朱熹集傳
清狀元閣刻本
六册
九行十七字，小字雙行同
白口，左右雙邊
13/003-6

0092
詩經八卷
（宋）朱熹集傳
清光緒二十一年（1895）湖北官書處刻本
三册
九行十七字，小字雙行同
白口，左右雙邊
13/003-7

0093
詩經八卷
（宋）朱熹集傳
清文苑山房刻本
八册
九行十七字，小字雙行同
白口，四周單邊
13/003-8

0094
詩經八卷
（宋）朱熹集傳
清八旗官學刻本
一册
九行十七字，小字雙行同
白口，四周單邊
存二卷（卷一至二）
13/003-9

0095
詩經八卷
（宋）朱熹集傳
清光緒三十一年（1905）上海掃葉山房鉛印本

四册
九行二十一字，小字雙行二十五字
白口，四周雙邊
13/04

0096
詩經八卷
（宋）朱熹集傳
清刻本
一册
十二行二十一字，小字雙行同
黑口，左右雙邊
存四卷（卷一至四）
13/018

0097
詩經八卷
（宋）朱熹集傳
清光緒六年（1880）北京聚珍堂刻本
四册
九行十七字，小字雙行同
白口，四周單邊
07/1–4

0098
詩經八卷圖一卷
（宋）朱熹集傳
清宣統三年（1911）上海章福記石印本
四册
十一行二十四字，小字雙行三十六字
白口，四周雙邊
13/03

0099
詩經二十卷
（漢）毛亨傳　（漢）鄭玄箋　（明）金蟠訂
清永懷堂刻本
三册
九行二十五字，小字雙行同
白口，左右雙邊
13/016

0100
詩經二十卷
（漢）毛亨傳　（漢）鄭玄箋　（明）金蟠訂
清永懷堂刻本
一册
九行二十五字，小字雙行同
白口，左右雙邊
存五卷（卷十六至二十）
13/016–2

0101
毛詩注疏二十卷
（漢）毛亨撰　（漢）鄭玄箋　（唐）陸德明音義　（唐）孔穎達疏
校勘記二十卷
（清）阮元撰　（清）盧宣旬摘録
清同治十三年（1874）湖南書局刻本
十七册
九行二十一字，小字雙行同
白口，左右雙邊
13/015

0102
毛詩注疏三十卷附考證
（漢）毛亨撰　（漢）鄭玄箋　（唐）陸德明音義　（唐）孔穎達疏
清刻本
三册
八行十七字，小字雙行同
白口，四周雙邊
存十四卷（卷四至十七）
13/015–2

0103
毛詩注疏三十卷
（漢）毛亨撰　（漢）鄭玄箋　（唐）陸德明音義　（唐）孔穎達疏
清刻本
一册
十二行二十四字
白口，左右雙邊

存一卷（卷二十三）

13/015-3

0104

附釋音毛詩注疏二十卷

（漢）毛亨撰 （漢）鄭玄箋 （唐）陸德明音義 （唐）孔穎達疏

毛詩注疏校勘記二十卷

（清）阮元撰 （清）盧宣旬摘録

清同治十二年（1873）江西書局刻本

二十四册

十行十八字，小字雙行二十三字

黑口，左右雙邊

13/011

0105

毛詩詁訓傳三十卷

（漢）鄭玄箋 （唐）孔穎達疏 （唐）陸德明音義

清光緒刻本

九册

十二行二十四字

白口，左右雙邊

存十卷（卷三、卷二十一至二十五、卷二十七至三十）

316/23-2

0106

毛詩詁訓傳三十卷

（漢）鄭玄箋 （唐）孔穎達疏 （唐）陸德明音義

清光緒刻本

十二册

十二行二十四字

白口，左右雙邊

存十四卷（卷十七至三十）

316/23

0107

詩毛氏傳疏三十卷

（清）陳奂撰

清道光二十七年（1847）吴門南園陳氏掃葉山莊刻本

十册

十行二十一字，小字雙行同

黑口，左右雙邊

13/014

0108

詩經繹傳八卷圖一卷

（清）陳抒孝纂録 （清）汪基增訂

清雍正十一年（1733）三多齋刻本

四册

九行二十五字，小字雙行同

白口，左右雙邊

13/005

0109

御纂詩義折中二十卷

（清）傅恒等撰

清乾隆二十年（1755）刻本

十册

八行二十字，小字雙行同

白口，四周雙邊

13/019

0110

毛詩訂詁八卷附録二卷

（清）顧棟高撰

清光緒二十二年（1896）江蘇書局刻本

四册

十六行二十七字，小字雙行同

黑口，左右雙邊

13/017

0111

鄭氏詩箋禮注异義考一卷

（清）桂文燦撰

清咸豐七年（1857）刻經學叢書本

一册

十行二十字

黑口，四周單邊

1/011

0112
嚴氏詩緝補義八卷
（清）劉燦撰
清嘉慶十六年（1811）鎮海劉氏墨莊刻本
十六册
九行二十一字，小字雙行同
白口，左右雙邊
13/010

0113
毛詩傳箋通釋三十二卷
（清）馬瑞辰撰
清光緒廣雅書局刻廣雅叢書本
三册
十一行二十四字，小字雙行同
黑口，四周單邊
存十卷（卷七至十四、二十五至二十六）
183.1/014

0114
詩經詳説九十四卷
（清）冉觀祖撰
清光緒七年（1881）大梁書局刻本
六十册
十行二十二字，小字雙行同
白口，四周雙邊
13/012

0115
詩廣傳五卷
（清）王夫之撰
清同治四年（1865）湘鄉曾氏金陵刻本
二册
十行二十二字
黑口，左右雙邊
13/028

0116
欽定詩經傳説彙纂二十一卷首二卷詩序二卷
（清）王鴻緒等撰
清同治七年（1868）刻本
十六册
十一行二十四字，小字雙行同
白口，左右雙邊
13/007

0117
欽定詩經傳説彙纂二十一卷首二卷詩序二卷
（清）王鴻緒等撰
清同治七年（1868）刻本
十六册
十一行二十四字，小字雙行同
白口，左右雙邊
13/007部二

0118
欽定詩經傳説彙纂二十一卷首二卷詩序二卷
（清）王鴻緒等撰
清光緒十四年（1888）江南書局刻本
十二册
十一行二十四字，小字雙行同
白口，左右雙邊
13/007-2

0119
欽定詩經傳説彙纂二十一卷首二卷詩序二卷
（清）王鴻緒等撰
清光緒十四年（1888）江南書局刻本
十六册
十一行二十四字，小字雙行同
白口，左右雙邊
13/007-2部二

0120
欽定詩經傳説彙纂二十一卷首二卷詩序二卷
（清）王鴻緒等撰
清同治十一年（1872）江西書局刻本
二十册
八行十八字，小字雙行二十二字
白口，四周雙邊
13/007-3

0121
欽定詩經傳説彙纂二十一卷首二卷詩序二卷
（清）王鴻緒等撰
清同治十年（1871）湖北崇文書局刻本
六册
八行二十二字，小字雙行同
白口，四周雙邊
缺十七卷（欽定詩經傳説彙纂卷五至二十一）
13/007-4

0122
詩經不分卷
（清）吴汝綸輯評
清光緒二十年（1894）都門印書局鉛印本
二册
九行十七字，小字雙行同
白口，四周單邊
13/026

0123
新增詩經補注備旨精萃八卷首一卷
（清）鄒聖脉輯
清光緒十四年（1888）京都老二酉堂刻本
八册
行數不等字數不等，小字雙行不等
白口，四周單邊雙邊兼有
13/001

三家詩之屬

0124
韓詩外傳十卷
（漢）韓嬰撰
清光緒三年（1877）湖北崇文書局刻本
二册
十二行二十四字
黑口，四周雙邊
13/006-2

0125
韓詩外傳十卷
（漢）韓嬰撰
毛詩草木鳥獸蟲魚疏二卷
（三國吴）陸璣撰
清刻本
一册
十行二十一字，小字雙行同
白口，左右雙邊
缺六卷（韓詩外傳卷一至六）
13/006-3

0126
韓詩遺説考十七卷
（清）陳壽祺撰　（清）陳喬樅述
清光緒十四年（1888）南菁書院刻皇清經解續編本
四册
十一行二十四字
白口，左右雙邊
13/024

0127
三家詩補遺三卷
（清）阮元撰
清光緒二十八年（1902）長沙葉氏刻觀古堂彙刻書本
一册
十一行二十二字，小字雙行同
黑口，左右雙邊
13/027

0128
詩古微上編三卷首一卷
（清）魏源撰
清光緒十三年（1887）刻本
二册
十行二十二字，小字雙行同
白口，左右雙邊

缺一卷（卷三）

183.1/008

詩序之屬

0129

詩序辨説一卷

（宋）朱熹撰

清刻本

一册

九行十七字，小字雙行同

白口，左右雙邊

13/020

文字音義之屬

0130

毛詩吻訂十卷附録一卷

（清）苗夔撰

清咸豐元年（1851）刻本

一册

九行十八字，小字雙行同

下黑口，四周雙邊

缺五卷（卷一至五）

183.1/027

專著之屬

0131

詩集傳附釋一卷

（清）丁晏撰

清光緒二十年（1894）廣雅書局刻本

一册

十一行二十四字

黑口，四周單邊

13/022

0132

詩章句考一卷詩樂存亡譜一卷詩經集傳校勘記一卷詩古韵表廿二部集説二卷

（清）夏炘撰

清咸豐三年（1853）刻本

一册

九行二十四字，小字雙行同

白口，四周雙邊

13/002

周禮類

傳説之屬

0133

附釋音周禮注疏四十二卷

（漢）鄭玄注　（唐）賈公彦疏　（唐）陸德明釋文

校勘記四十二卷

（清）阮元撰　（清）盧宣旬摘録

清同治十二年（1873）江西書局刻重刊宋本十三經注疏本

二十册

十行十七字，小字雙行二十三字

黑口，左右雙邊

141/003

0134

附釋音周禮注疏四十二卷

（漢）鄭玄注　（唐）賈公彦疏　（唐）陸德明釋文

校勘記四十二卷

（清）阮元撰　（清）盧宣旬摘録

清同治十二年（1873）江西書局刻重刊宋本十三經注疏本

二十册

十行十七字，小字雙行二十三字

黑口，左右雙邊

141/003 部二

0135
附釋音周禮注疏四十二卷
（漢）鄭玄注 （唐）賈公彦疏 （唐）陸德明釋文
清同治十二年（1873）江西書局刻本
十二册
十行十七字，小字雙行二十三字
黑口，左右雙邊
缺十三卷（卷三十至四十二）
141/003 部三

0136
欽定周官義疏四十八卷首一卷
（清）允禄等撰
清同治十一年（1872）江西書局刻本
三十二册
八行十八字，小字雙行二十二字
白口，四周雙邊
141/002

0137
欽定周官義疏四十八卷首一卷
（清）允禄等撰
清同治七年（1868）浙江書局刻本
二十四册
八行十八字，小字雙行二十二字
白口，四周雙邊
141/002-2

分篇之屬

0138
考工記析疑四卷
（清）方苞撰
清刻本
一册
十行十九字
下黑口，四周單邊
3105/003

儀禮類

傳説之屬

0139
儀禮十七卷
（漢）鄭玄注
儀校一卷儀校續一卷
（清）黄丕烈撰
清同治九年（1870）湖北崇文書局刻本
二册
十四行二十四字，小字雙行不等
白口，左右雙邊
142/004

0140
儀禮十七卷
（漢）鄭玄注
清永懷堂刻本
四册
九行二十五字，小字雙行同
白口，左右雙邊
142/004-2

0141
儀禮十七卷儀校一卷儀校續一卷
（漢）鄭玄注 （清）黄丕烈校録續校
清同治九年（1870）湖北崇文書局刻本
二册
十四行二十四字，小字雙行不等
白口，左右雙邊
142/001

0142
儀禮十七卷附監本正誤一卷
（漢）鄭玄注 （清）張爾岐句讀
清同治十三年（1874）湖南書局刻本
四册
九行二十四字，小字雙行同
白口，左右雙邊
142/008

0143
儀禮注疏八卷
（漢）鄭玄注　（唐）賈公彦疏　（唐）陸德明音義
校勘記八卷
（清）阮元撰
清光緒三十年（1904）上海點石齋石印本
三册
二十行四十六字，小字雙行同
白口，四周雙邊
142/002

0144
儀禮注疏十七卷
（漢）鄭玄注　（唐）賈公彦疏　（唐）陸德明音義
校勘記十七卷
（清）阮元撰
清同治十三年（1874）湖南書局刻本
十一册
九行二十一字，小字雙行同
白口，左右雙邊
142/002-2

0145
儀禮注疏十七卷
（漢）鄭玄注　（唐）賈公彦疏　（唐）陸德明音義
校勘記十七卷
（清）阮元撰
清同治十二年（1873）江西書局刻本
十六册
九行二十一字，小字雙行同
白口，左右雙邊
142/002-3

0146
儀禮注疏十七卷
（漢）鄭玄注　（唐）賈公彦疏　（唐）陸德明音義
校勘記十七卷
（清）阮元撰
清同治十二年（1873）江西書局刻本
十六册
九行二十一字，小字雙行同
白口，左右雙邊
142/002-3 部二

0147
儀禮析疑十七卷
（清）方苞撰
清乾隆十一年（1746）刻本
六册
十行十九字，小字雙行同
下黑口，四周單邊
缺二卷（卷十三至十四）
142/012

0148
儀禮章句十七卷
（清）吴廷華撰
清光緒二十三年（1897）蘇州書局刻本
四册
十行二十一字，小字雙行同
白口，左右雙邊
142/006

0149
儀禮章句十七卷
（清）吴廷華撰
清光緒二十三年（1897）蘇州書局刻本
一册
十行二十一字，小字雙行同
白口，左右雙邊
存五卷（卷一至五）
142/006-2

0150
欽定儀禮義疏四十八卷首二卷
（清）允祿等纂
清江西書局刻本
四十册
十一行二十四字，小字雙行同
白口，左右雙邊
142/007

0151
欽定儀禮義疏四十八卷首二卷
（清）允禄等纂
清光緒十四年（1888）江南書局刻本
二十四册
十一行二十四字，小字雙行同
白口，左右雙邊
142/007–2

0152
欽定儀禮義疏四十八卷
（清）允禄等纂
清刻御纂七經本
十八册
十一行二十四字，小字雙行同
白口，左右雙邊
缺十八卷（卷一至十八）
142/007–3

0153
儀禮釋宫一卷
（宋）李如圭撰
清刻本
一册
十行二十字，小字雙行同
白口，四周雙邊
142/005

0154
儀禮集説十七卷
（元）敖繼公撰
清通志堂刻本
一册
十一行二十字，小字雙行不等
白口，左右雙邊
存二卷（卷一至二）
142/011

圖研之屬

0155
儀禮圖六卷
（清）張惠言述
清同治九年（1870）湖北崇文書局刻本
三册
十六行字數不等，小字雙行不等
白口，四周雙邊
142/003 部二

0156
儀禮圖六卷
（清）張惠言述
清同治九年（1870）湖北崇文書局刻本
三册
十六行字數不等，小字雙行不等
白口，四周雙邊
142/003 部三

禮記類

傳説之屬

0157
禮記二十卷
（漢）鄭玄注
清光緒十七年（1891）味經書院刻本
十册
九行十七字，小字雙行同
白口，四周雙邊
143/002

0158
禮記二十卷
（漢）鄭玄注
清刻本
一册
九行十七字，小字雙行同

白口，左右雙邊
存一卷（卷三）
30/147

0159
禮記二十卷
（漢）鄭玄注
清乾隆四十八年（1783）武英殿仿宋刻本
五册
八行十七字，小字雙行同
白口，四周雙邊
143/007-3

0160
禮記四十九卷
（漢）鄭玄注　（明）金蟠校
清永懷堂刻本
八册
九行二十五字，小字雙行同
白口，左右雙邊
143/013

0161
附釋音禮記注疏六十三卷
（漢）鄭玄注　（唐）孔穎達疏　（唐）陸德明釋文
清乾隆六十年（1795）刻本
十六册
十行十七字，小字雙行二十三字
白口，左右雙邊
*143/003

0162
附釋音禮記注疏六十三卷
（漢）鄭玄注　（唐）孔穎達疏　（唐）陸德明釋文
校勘記六十三卷
（清）阮元撰　（清）盧宣旬摘録
清同治十二年（1873）江西書局刻本
三十二册
十行十七字，小字雙行二十三字
黑口，左右雙邊
143/003-2

0163
附釋音禮記注疏六十三卷
（漢）鄭玄注　（唐）孔穎達疏　（唐）陸德明釋文
校勘記六十三卷
（清）阮元撰　（清）盧宣旬摘録
清同治十二年（1873）江西書局刻本
三十二册
十行十七字，小字雙行二十三字
黑口，左右雙邊
143/003-2 部二

0164
禮記注疏六十三卷
（漢）鄭玄注　（唐）孔穎達疏　（唐）陸德明音義
清同治十二年（1873）湖南書局刻本
二十册
十行十七字，小字雙行二十三字
黑口，左右雙邊
143/003-3

0165
禮記注疏六十三卷
（漢）鄭玄注　（唐）孔穎達疏　（唐）陸德明音義
明虞山毛氏汲古閣刻本
二十册
九行二十一字，小字雙行同
白口，左右雙邊
*143/001

0166
附釋音禮記注疏十二卷校勘記十二卷
（漢）鄭玄注（唐）孔穎達疏　（唐）陸德明釋文
清光緒十三年（1887）上海點石齋石印本
四册
二十行四十六字，小字雙行同
白口，四周雙邊
06/1-4

0167
禮記要義三十三卷
（宋）魏了翁撰
清光緒十二年（1886）江蘇書局刻本
八册
九行十八字
黑口，四周雙邊
143/005

0168
禮記要義三十三卷
（宋）魏了翁撰
清光緒十二年（1886）江蘇書局刻本
八册
九行十八字
黑口，四周雙邊
143/005部二

0169
禮記要義三十三卷
（宋）魏了翁撰
清光緒十二年（1886）江蘇書局刻本
八册
九行十八字
黑口，四周雙邊
143/005部三

0170
禮經會元四卷
（宋）葉時撰
清刻本
二册
十行二十五字，小字雙行同
黑口，四周雙邊
141/006

0171
禮經會元四卷
（宋）葉時撰 （清）許元淮輯
清乾隆五十二年（1787）桐柏山房刻本
四册
九行二十字，小字雙行同
白口，左右雙邊
*141/001

0172
禮記二十卷
（宋）鄭玄注
釋文一卷
（唐）陸德明撰
撫本禮記鄭注考异二卷
（清）張敦仁撰
清嘉慶十一年（1806）陽城張氏刻本
八册
十行十六字，小字雙行二十四字
白口，四周雙邊
143/001

0173
禮記十卷
（元）陳澔集説
清同治十三年（1874）江西書局刻本
十册
九行十七字，小字雙行同
白口，四周單邊
143/007

0174
禮記十卷
（元）陳澔集説
清同治十三年（1874）江西書局刻本
十册
九行十七字，小字雙行同
白口，四周單邊
143/007-2

0175
禮記集傳十卷
（元）陳澔撰
明嘉靖刻本
四册
九行十七字，小字雙行同

白口，左右雙邊
存四卷（卷一至四）
*143-1/001

0176
禮記詳說一百七十八卷
（清）冉覲祖撰
清光緒七年（1881）大梁書局刻本
一百四十册
十行二十二字，小字雙行同
白口，四周雙邊
143/009

0177
禮記六十一卷附尚書顧命解一卷
（清）孫希旦集解
清咸豐十年（1860）瑞安孫氏刻本
二十册
十三行二十二字，小字雙行同
黑口，左右雙邊
缺六卷（卷二十一至二十六）
143-2/007

0178
禮記節本十卷
（清）汪基撰
清宣統元年（1909）上海會文學社石印本
五册
十三行二十六字，小字雙行同
白口，四周單邊
缺一卷（卷十）
143/012

0179
禮記章句四十九卷
（清）王夫之撰
清同治四年（1865）湘鄉曾氏刻船山遺書本
十四册
十行二十二字，小字雙行同
黑口，左右雙邊
143/011

0180
欽定禮記義疏八十二卷首一卷
（清）允禄等纂
清刻本
三十二册
十一行二十四字，小字雙行同
白口，左右雙邊
143/008

0181
欽定禮記義疏八十二卷首一卷
（清）允禄等纂
清江西書局刻本
四十八册
十一行二十四字，小字雙行同
白口，左右雙邊
143/008 部二

0182
欽定禮記義疏八十二卷首一卷
（清）允禄等纂
清光緒十四年（1888）江南書局刻本
四十册
十一行二十四字，小字雙行同
白口，左右雙邊
143/008 部三

分篇之屬

0183
深衣釋例三卷
（清）任大椿撰
清光緒十四年（1888）南菁書院刻皇清經解續編本
一册
十一行二十四字
白口，左右雙邊
143/014

0184
禮記合纂大成十卷
（□）□□撰
清石印本
六册
十四行二十七字，小字雙行不等
白口，四周單邊
143-1/007-2

0185
王制訂一卷古學考一卷
廖平撰
清光緒二十三年（1897）尊經書局刻四益館叢書本
一册
十行二十二字
白口，四周單邊左右雙邊兼有
281/034

大戴禮記類

傳説之屬

0186
大戴禮記補注十三卷序録一卷
（清）孔廣森撰
清同治十三年（1874）淮南書局刻本
四册
十行二十字，小字雙行同
白口，左右雙邊
143/006

0187
大戴禮記補注十三卷
（清）孔廣森撰
清光緒九年（1883）刻本
一册
十行二十二字，小字雙行同
黑口，四周單邊
存七卷（卷七至十三）
143/006-2

分篇之屬

0188
夏小正四卷
（清）任兆麟注
清乾隆五十一年（1786）忠敏家塾刻本
一册
九行十七字，小字雙行同
白口，左右雙邊
*143/004

0189
夏小正正義一卷
（清）王筠撰
清光緒七年（1881）福山王氏刻天壤閣叢書本
一册
八行十五字，小字雙行同
黑口，四周單邊
143/010

三禮總義類

通禮之屬

0190
讀禮通考一百二十卷
（清）徐乾學撰
清光緒七年（1881）江蘇書局刻本
三十二册
十三行二十一字，小字雙行三十一字
白口，左右雙邊
142/009

0191
五禮通考二百六十二卷總目二卷首四卷
（清）秦蕙田撰 （清）方觀承訂
清光緒六年（1880）江蘇書局刻本
一百册
十三行二十一字，小字雙行三十二字
白口，左右雙邊
144/001

通論之屬

0192
禮書一百五十卷
（宋）陳祥道撰
清嘉慶九年（1804）福清郭氏校經堂刻本
十二册
九行二十一字，小字雙行同
白口，四周雙邊
存六十七卷（卷八十四至一百五十）
144/002

0193
三禮義證十二卷
（清）武億撰
清道光二十三年（1843）授堂刻本
二册
十一行二十三字，小字雙行同
白口，左右雙邊
14/001

雜禮之屬

0194
司馬氏書儀十卷
（宋）司馬光撰
清同治七年（1868）江蘇書局刻本
一册
十一行十九字，小字雙行二十四字
白口，左右雙邊
183.1/002

樂類

類編之屬

0195
古樂經傳五卷
（清）李光地撰
清雍正五年（1727）教忠堂刻本
四册
九行二十字
白口，左右雙邊
*310.3/001

律吕之屬

0196
律吕通今圖説一卷律易一卷
（清）繆闐撰
清咸豐十一年（1861）刻本
一册
十二行二十四字
黑口，四周雙邊
3013/005

0197
學樂録四卷
（清）李塨撰
清刻本
一册
十二行二十五字
黑口，左右雙邊
3103/002

樂理之屬

0198
聲律通考十卷
（清）陳澧撰
清咸豐十年（1860）刻番禺陳氏東塾叢書本
二册
十一行二十八字
黑口，左右雙邊
3013/003

春秋左傳類

傳説之屬

0199
春秋左傳注疏六十卷
（晋）杜預注 （唐）孔穎達疏 （唐）陸德明音義
清同治十三年（1874）湖南書局刻本
二十册
九行二十一字，小字雙行同
白口，左右雙邊
151/006

0200
附釋音春秋左傳注疏六十卷
（晋）杜預注 （唐）孔穎達疏 （唐）陸德明音義
校勘記六十卷
（清）阮元撰 （清）盧宣旬摘録
清同治十二年（1873）江西書局刻本
三十二册
十行十七字，小字雙行二十三字
黑口，左右雙邊
151/007

0201
附釋音春秋左傳注疏六十卷
（晋）杜預注 （唐）孔穎達疏 （唐）陸德明音義
勘記六十卷
（清）阮元撰 （清）盧宣旬摘録
清同治十二年（1873）江西書局刻本
三十二册
十行十七字，小字雙行二十三字
黑口，左右雙邊
151/007部二

0202
附釋音春秋左傳注疏六十卷
（晋）杜預注 （唐）孔穎達疏 （唐）陸德明音義
存三十卷（卷三十一至六十）
校勘記六十卷
（清）阮元撰 （清）盧宣旬摘録
清刻本
十四册
十行十七字，小字雙行二十三字
黑口，左右雙邊
存三十卷（卷三十一至六十）
151/007部三

0203
附釋音春秋左傳注疏十二卷
（晋）杜預注 （唐）孔穎達疏 （唐）陸德明音義
存十卷（卷一至十）
校勘記十二卷
（清）阮元撰 （清）盧宣旬摘録
清光緒十三年（1887）上海點石齋石印本
一册
二十行四十六字，小字雙行同
白口，四周雙邊
存十卷（卷一至十）
151/007部四

0204
曲江書屋新訂批注左傳快讀十八卷首一卷
（晋）杜預注 （唐）陸德明音義 （清）

李紹崧選訂
清文奎堂刻本
十二册
十行十六字，小字雙行三十二字
白口，四周單邊
缺四卷（卷六至八、十八）
151/012

0205
曲江書屋新訂批注左傳快讀十八卷首一卷
（晋）杜預注　（唐）陸德明音義　（清）李紹崧選訂
清宣統元年（1909）上海書局石印本
五册
十三行二十二字，小字雙行不等
白口，四周單邊
缺七卷（卷六、十三至十八）
151/016

0206
春秋左傳二十卷
（晋）杜預集解　（宋）林堯叟注釋　（唐）陸德明音義
清道光二十二年（1842）刻本
十二册
十行二十字，小字雙行同
白口，左右雙邊
151-1/005

0207
春秋經傳集解三十卷
（晋）杜預撰　（唐）陸德明音義
清刻本
九册
八行十七字，小字雙行同
白口，四周雙邊
存十六卷（卷一至二、十七至三十）
15/04

0208
春秋經傳集解三十卷
（晋）杜預撰　（唐）陸德明音義
春秋年表一卷
（宋）岳珂刊補
春秋名號歸一圖二卷
（五代）馮繼先撰
清同治十三年（1874）江西書局刻本
十六册
九行十七字，小字雙行同
白口，四周單邊
151/003

0209
春秋經傳集解三十卷
（晋）杜預撰　（唐）陸德明音義
春秋年表一卷
（宋）岳珂刊補
春秋名號歸一圖二卷
（五代）馮繼先撰
清同治十三年（1874）江西書局刻本
十六册
九行十七字，小字雙行同
白口，四周單邊
151/003 部二

0210
春秋經傳集解三十卷
（晋）杜預撰　（唐）陸德明音義
春秋年表一卷
（宋）岳珂刊補
春秋名號歸一圖二卷
（五代）馮繼先撰
清同治十三年（1874）江西書局刻本
十六册
九行十七字，小字雙行同
白口，四周單邊
151/003 部三

0211
春秋經傳集解三十卷
（晋）杜預撰　（唐）陸德明音義
清宣統二年（1910）學部圖書局石印本
十五册
九行十七字，小字雙行同

白口，四周單邊

151/003-2

0212

春秋經傳集解三十卷春秋年表一卷春秋名號歸一圖二卷

（晋）杜預撰　（唐）陸德明音義　（宋）林堯叟附注　（清）馮李驊增訂

清刻本

九册

八行十七字，小字雙行同

白口，四周雙邊

存十七卷（卷三至十六，年表一卷，春秋名號歸一圖二卷）

15/001

0213

春秋左氏傳述義二卷

（隋）劉炫述

清刻本

一册

九行二十字，小字雙行同

黑口，四周雙邊

151/010

0214

東萊先生左氏博議二十五卷

（宋）吕祖謙撰

清道光十八年（1838）錢塘瞿氏清吟閣刻本

六册

十行二十二字

黑口，四周單邊

21/112

0215

東萊先生左氏博議二十五卷

（宋）吕祖謙撰

清刻本

四册

十行二十二字，小字雙行同

黑口，四周單邊

存二十卷（卷一至二十）

21/112-2

0216

東萊先生左氏博議二十五卷

（宋）吕祖謙撰　（清）胡鳳丹校

清同治七年（1868）胡氏退補齋刻本

六册

九行二十字，小字雙行同

白口，四周雙邊

21/112-3

0217

增批輯注東萊博議四卷

（宋）吕祖謙撰　劉鍾英輯注

清宣統二年（1910）上海會文堂石印本

一册

十六行三十八字，小字雙行不等

白口，左右雙邊

151/014-2

0218

東萊博議四卷增補虚字注釋一卷

（宋）吕祖謙撰　（清）張文炳評點

清刻本

一册

九行二十一字，小字雙行同

下黑口，左右雙邊

缺三卷（東萊博議卷一至三）

183.1/012

0219

增修東萊書説三十五卷首一卷

（宋）吕祖謙撰　（宋）時瀾修定

清同治八年（1869）胡氏退補齋刻本

八册

九行二十字，小字雙行同

白口，四周雙邊

12-1/001

0220
春秋述義拾遺八卷首一卷末一卷
（清）陳熙晋撰
清光緒十七年（1891）廣雅書局刻本
二册
十一行二十四字
黑口，四周單邊
15/007

0221
左繡三十卷首一卷
（清）馮李驊輯　（清）陸浩評輯
清刻本
八册
八行二十字，小字雙行同
白口，左右雙邊
缺十五卷（卷十六至三十）
195/001

0222
春秋大事表五十卷附春秋輿圖一卷附録一卷
（清）顧棟高輯
清同治十二年（1873）山東丁氏尚志堂刻本
十五册
十一行二十五字
白口，四周雙邊
存二十五卷（卷一至二十五）
15/009-2

0223
春秋大事表五十卷首一卷輿圖一卷附録一卷
（清）顧棟高輯
清乾隆十三年（1748）錫山顧氏萬卷樓刻本
二十四册
十一行二十五字
白口，四周單邊
*15/009

0224
春秋左氏傳賈服注輯述二十卷
（清）李貽德撰
清光緒八年（1882）江蘇書局刻本
五册
十行二十五字，小字雙行同
白口，左右雙邊
缺四卷（卷四至七）
151/013

0225
左傳事緯十二卷
（清）馬驌撰
清刻本
十册
九行二十二字，小字雙行同
白口，左右雙邊
151/009

0226
春秋左傳注疏校勘記六十卷
（清）阮元撰
清同治十三年（1874）湖南書局刻本
七册
九行二十一字，小字雙行同
白口，左右雙邊
151/008

0227
左傳易讀六卷
（清）司徒修輯注
清光緒十四年（1888）善成堂刻本
六册
十四行二十五字，小字雙行不等
白口，四周雙邊
151/011

0228
春秋左傳杜注三十卷首一卷
（清）姚培謙撰
清同治十三年（1874）湖南書局刻本
十册

十一行二十二字，小字雙行同
黑口，左右雙邊

151/004

0229
春秋左傳杜注三十卷首一卷
（清）姚培謙撰
清刻本
十册
十一行二十二字，小字雙行同
黑口，左右雙邊
缺七卷（卷五至七、二十七至三十）

151/004–2

釋例之屬

0230
春秋釋例十五卷
（晋）杜預撰　（清）莊述祖校　（清）孫星衍校
清同治十二年（1873）粵東書局刻古經解彙函本
一册
十行二十一字，小字雙行同
白口，左右雙邊
存一卷（卷一）

151/015

0231
太史張天如詳節春秋綱目左傳句解六卷
（清）韓菼重訂
清善成堂刻本
六册
十一行二十四字，小字雙行同
白口，四周雙邊

151/001

文字音義之屬

0232
春秋左傳音訓不分卷
（清）楊國楨撰
清刻本
八册
九行二十四字，小字雙行同
白口，四周單邊

27/134

摘句之屬

0233
重訂批點綱目左傳詳節句解三十五卷首一卷
（宋）朱申注釋　（明）孫鑛批點
清道光元年（1821）刻本
八册
十一行二十一字，小字雙行同
白口，四周單邊

32/155

專著之屬

0234
春秋世族譜不分卷
（清）陳厚耀撰
清光緒十二年（1886）邵武徐氏刻本
一册
十行字數不等，小字雙行不等
白口，左右雙邊

275/006

春秋公羊傳類

傳説之屬

0235
春秋公羊注疏二十八卷
（漢）何休注
清同治十三年（1874）湖南書局刻本
八册
九行二十一字，小字雙行同
白口，左右雙邊
152/002

0236
春秋公羊傳二十八卷
（漢）何休注　（明）金蟠訂
清永懷堂刻本
三册
九行二十五字，小字雙行同
白口，左右雙邊
152/001-2

0237
春秋公羊傳二十八卷
（漢）何休注　（明）金蟠訂
清永懷堂刻本
三册
九行二十五字，小字雙行同
白口，左右雙邊
152/001-2 部二

0238
春秋公羊傳十一卷
（漢）何休注　（唐）陸德明音義
校刊記一卷
（清）丁寶楨撰
清光緒十七年（1891）思賢書局刻本
六册
九行十七字，小字雙行同
白口，左右雙邊
152/001

0239
監本附音春秋公羊注疏二十八卷
（漢）何休注　（唐）陸德明音義
校勘記二十八卷
（清）阮元撰　（清）盧宣旬摘録
清同治十二年（1873）江西書局刻本
十册
十行十七字，小字雙行二十三字
黑口，左右雙邊
152/003

0240
監本附音春秋公羊注疏二十八卷
（漢）何休注　（唐）陸德明音義
校勘記二十八卷
（清）阮元撰　（清）盧宣旬摘録
清同治十二年（1873）江西書局刻本
十册
十行十七字，小字雙行二十三字
黑口，左右雙邊
152/003 部二

專著之屬

0241
何氏公羊春秋十論一卷續十論一卷再續十論一卷附庸尊卑表一卷六書舊義一卷
廖平撰
清鉛印本
一册
十行二十字
黑口，左右雙邊
152/004

春秋穀梁傳類

傳説之屬

0242
春秋穀梁注疏二十卷
（晋）范寧集解　（唐）楊士勛疏　（唐）陸德明音義
清同治十三年（1874）湖南書局刻本
五册
九行十七字，小字雙行同
白口，四周雙邊
153/004

0243
春秋穀梁傳二十卷
（晋）范寧集解　（明）金蟠校
清永懷堂刻本
三册
九行十七字，小字雙行同
白口，四周雙邊
153/003

0244
春秋穀梁傳十二卷附校勘記一卷
（晋）范寧集解　（唐）陸德明音義
清光緒十七年（1891）思賢書局刻本
四册
九行十七字，小字雙行同
白口，四周雙邊
153/002

0245
監本附音春秋穀梁注疏二十卷
（晋）范寧集解　（唐）楊世勛疏　（唐）陸德明音義
校勘記二十卷
（清）阮元撰　（清）盧宣旬摘録
清同治十二年（1873）江西書局刻本
六册
十行十七字，小字雙行二十三字
黑口，左右雙邊
153/005

0246
監本附音春秋穀梁注疏二十卷
（晋）范寧集解　（唐）楊世勛疏　（唐）陸德明音義
校勘記二十卷
（清）阮元撰　（清）盧宣旬摘録
清同治十二年（1873）江西書局刻本
六册
十行十七字，小字雙行二十三字
黑口，左右雙邊
153/005 部二

0247
穀梁春秋經傳古義疏十一卷
廖平撰
清光緒二十六年（1900）日新書局刻本
六册
十行二十一字，小字雙行同
黑口，四周雙邊
存八卷（卷一至八）
23/119

春秋總義類

傳説之屬

0248
春秋三傳十六卷首一卷
（晋）杜預注
陸氏三傳釋文音義十六卷
（唐）陸德明音義
清刻本
八册

九行十七字，小字雙行同
白口，四周雙邊
缺十七卷（春秋三傳卷九至十六，陸氏三傳釋文音義卷八至十六）
15/012

0249
春秋比事目錄四卷
（清）方苞撰
清刻本
一册
十行二十五字，小字雙行同
白口，四周雙邊
15/005

0250
春秋通論四卷
（清）方苞撰
清刻本
一册
十行二十五字
黑口，四周雙邊
15/004

0251
春秋直解十二卷
（清）方苞撰
清刻本
五册
十行十九字
下黑口，四周雙邊
缺一卷（卷三）
151/015

0252
春秋或問六卷
（清）郜坦撰
清光緒二年（1876）淮南書局刻本
一册
十二行二十四字
白口，左右雙邊
15/010

0253
春秋集古傳注二十六卷首一卷
（清）郜坦撰
清光緒二年（1876）淮南書局刻本
四册
十二行二十四字，小字雙行同
白口，左右雙邊
15/003

0254
春秋詳説五十六卷
（清）冉覲祖撰
清光緒七年（1881）大梁書局刻本
四十册
十行二十二字，小字雙行同
白口，四周雙邊
15/002

0255
春秋四傳詁經十五卷首一卷
（清）萬斛泉撰
清光緒三十四年（1908）刻本
十四册
十行二十二字，小字雙行同
白口，左右雙邊
18/1-10

0256
欽定春秋傳説彙纂三十八卷首二卷
（清）王掞等纂
清同治十一年（1872）江西書局刻本
二十四册
八行二十二字，小字雙行同
白口，四周雙邊
15/001

0257
欽定春秋傳説彙纂三十八卷首二卷
（清）王掞等纂
清光緒十四年（1888）江南書局刻本
十六册
十一行二十四字，小字雙行同

白口，左右雙邊
15/001-2

0258
欽定春秋傳説彙纂三十八卷首二卷
（清）王掞等纂
清同治九年（1870）浙江楊昌濬刻本
二十册
十一行二十四字，小字雙行同
白口，左右雙邊
15/001-3

0259
欽定春秋傳説彙纂三十八卷首二卷
（清）王掞等纂
清光緒十四年（1888）江南書局刻本
十六册
十一行二十四字，小字雙行同
白口，左右雙邊
缺四卷（卷二十二至二十五）
15/001-4

0260
春秋屬辭辨例編六十卷首二卷
（清）張應昌撰
清同治十二年（1873）江蘇書局刻本
三十二册
十二行二十六字，小字雙行同
下黑口，左右雙邊
15/008

0261
春秋屬辭辨例編六十卷首二卷
（清）張應昌撰
清同治十二年（1873）江蘇書局刻本
三十三册
十二行二十六字，小字雙行同
下黑口，左右雙邊
15/008部二

0262
春秋屬辭辨例編六十卷首二卷
（清）張應昌撰
清同治十二年（1873）江蘇書局刻本
九册
十二行二十六字，小字雙行同
下黑口，左右雙邊
存十七卷（卷二十至三十六）
15/008部三

文字音義之屬

0263
尚書隸古定釋文八卷
（清）李遇孫撰　劉世珩輯
尚書隸古定經文二卷
（宋）薛季宣撰　劉世珩輯
春秋三家异文覈一卷
（清）朱駿聲撰　劉世珩輯
清光緒貴池劉氏刻聚學軒叢書本
三册
十一行二十一字，小字雙行同
黑口，左右雙邊
12/019

專著之屬

0264
春秋繁露十七卷
（漢）董仲舒撰
清光緒八年（1882）淮南書局刻本
二册
十二行二十四字
黑口，左右雙邊
151/005

0265
春秋繁露十七卷首一卷
（漢）董仲舒撰
清光緒三年（1877）湖北崇文書局刻本
二册
十二行二十四字，小字雙行同

黑口，左右雙邊

151/005-2

0266

董子春秋繁露十七卷附録一卷

（漢）董仲舒撰

清光緒二年（1876）浙江書局刻二十二子本

二册

九行二十一字，小字雙行同

白口，左右雙邊

151/005-3

0267

春秋繁露十七卷首一卷

（漢）董仲舒撰

清光緒三年（1877）湖北崇文書局刻本

二册

十二行二十四字，小字雙行同

黑口，左右雙邊

缺四卷（卷九至十二）

151/005-4

0268

春秋世族輯略二卷列國輯略一卷

（清）王文源撰

清道光二十五年（1845）紹林陳氏敏求軒刻本

二册

十行二十五字，小字雙行不等

黑口，左右雙邊

25/002.2

孝經類

傳説之屬

0269

孝經注疏九卷

（唐）玄宗李隆基注　（宋）邢昺疏

校勘記九卷

（清）阮元撰　（清）盧宣旬摘録

清嘉慶二十年（1815）江西南昌府學刻同治十二年（1873）江西書局重修本

二册

十行十七字，小字雙行二十三字

黑口，左右雙邊

16/003

0270

孝經注疏九卷

（唐）玄宗李隆基注　（宋）邢昺疏

校勘記九卷

（清）阮元撰　（清）盧宣旬摘録

清嘉慶二十年（1815）江西南昌府學刻同治十二年（1873）江西書局重修本

二册

十行十七字，小字雙行二十三字

黑口，左右雙邊

16/003 部二

0271

孝經注疏九卷

（唐）玄宗李隆基注　（宋）邢昺校

孝經注疏音義一卷

（唐）陸德明撰

清同治十三年（1874）湖南書局刻本

一册

九行二十一字，小字雙行同

白口，左右雙邊

16/003-2

0272

孝經刊誤一卷

（宋）朱熹撰

清刻本

一册

十行二十字，小字雙行同

白口，四周雙邊

16/004

0273
孝經集解一卷
（清）桂文燦撰
清刻本
一册
十行二十字，小字雙行同
黑口，左右雙邊
16/002

0274
孝經詳説六卷
（清）冉覲祖撰
清光緒七年（1881）大梁書局刻本
五册
十行二十二字，小字雙行同
白口，四周雙邊
16/005

四書類

大學之屬

傳説

0275
大學講義一卷
（明）芮城撰
清光緒七年（1881）平陵書院刻本
一册
十行二十二字，小字雙行同
白口，四周雙邊
173/006

0276
古本大學輯解二卷
（清）楊亶驊撰
清刻本
一册
十行二十二字，小字雙行同
黑口，四周單邊
173/004

中庸之屬

傳説

0277
中庸順講一卷
（明）芮城撰
清光緒七年（1881）平陵書院刻本
一册
十行二十二字，小字雙行同
白口，四周雙邊
174/003

0278
中庸順講一卷
（明）芮城撰
清光緒七年（1881）平陵書院刻本
一册
十行二十二字，小字雙行同
白口，四周雙邊
174/003部二

0279
中庸衍義十七卷
（明）夏良勝撰
清同治十年（1871）刻本
十二册
十行二十字，小字雙行同
白口，四周單邊
174/001

論語之屬

傳說

0280
論語注疏二十卷
（三國魏）何晏集解　（唐）陸德明音義　（宋）邢昺疏
清同治十年（1871）刻本
三册
十行二十一字，小字雙行同
白口，左右雙邊
171/001

0281
論語十卷
（宋）朱熹集注
清聚珍堂刻本
二册
九行十七字，小字雙行同
白口，四周雙邊
171/001

0282
論語十卷
（宋）朱熹集注
清上海醉六堂刻本
二册
九行十七字，小字雙行同
白口，左右雙邊
171/001-3

0283
論語十卷
（宋）朱熹集注
清朱墨套印本
二册
九行十七字，小字雙行同
白口，左右雙邊
171/02

0284
論語注疏解經二十卷
（三國魏）何晏集解　（宋）邢昺疏
校勘記二十卷
（清）阮元撰
清光緒十三年（1887）上海點石齋刻本
一册
二十行四十六字，小字雙行同
白口，四周雙邊
171/002

0285
論語注疏解經二十卷
（三國魏）何晏集解　（宋）邢昺疏
校勘記二十卷
（清）阮元撰
清同治十三年（1874）江西書局刻本
六册
十行十八字，小字雙行二十三字
黑口，左右雙邊
171/004

0286
論語補注三卷
（清）劉開撰
清同治七年（1868）桐城劉氏刻本
一册
九行十九字
白口，四周雙邊
437-49/022

0287
戴氏注論語二十卷
（清）戴望撰
清同治十年（1871）刻本
二册
十二行二十四字，小字雙行同
黑口，左右雙邊
171/003

文字音義

0288
朱子論語集注訓詁考二卷
（清）潘衍桐輯
清光緒十六年（1890）刻本
一册
十行二十字，小字雙行同
黑口，四周雙邊
171/005

孟子之屬

傳説

0289
孟子注疏解經十四卷
（漢）趙岐注　（宋）孫奭疏
校勘記十四卷
（清）阮元撰　（清）盧宣旬摘録
清同治十二年（1873）江西書局刻重刊宋本十三經注疏本
八册
十行字數不等，小字雙行二十三字
黑口，左右雙邊
172/003

0290
孟子注疏解經十四卷
（漢）趙岐注　（宋）孫奭疏
校勘記十四卷
（清）阮元撰　（清）盧宣旬摘録
清同治十二年（1873）江西書局刻重刊宋本十三經注疏本
八册
十行字數不等，小字雙行二十三字
黑口，左右雙邊
172/003 部二

0291
孟子注疏解經十四卷
（漢）趙岐注　（宋）孫奭疏
校勘記十四卷
（清）阮元撰　（清）盧宣旬摘録
清光緒十三年（1887）上海點石齋石印本
一册
二十行四十六字，小字雙行同
白口，四周雙邊
172/003-2

0292
孟子注疏解經十四卷
（漢）趙岐注　（宋）孫奭疏
校勘記十四卷
（清）阮元撰　（清）盧宣旬摘録
清光緒十三年（1887）上海點石齋石印本
一册
二十行四十六字，小字雙行同
白口，四周雙邊
172/003-3

0293
孟子注疏解經十四卷
（漢）趙岐注　（宋）孫奭疏
存二卷（卷一、十二）
校勘記十四卷
（清）阮元撰　（清）盧宣旬摘録
清同治十三年（1874）湖南書局刻本
二册
二十行四十六字，小字雙行同
白口，四周雙邊
存二卷（卷一、十二）
172/003-4

0294
孟子十四卷
（漢）趙岐注　（明）金蟠訂
明崇禎十二年（1639）永懷堂刻清同治八年（1869）浙江書局校修印十三經古注本
二册

九行二十五字，小字雙行同
白口，四周單邊
172/003-4

0295
孟子雜記四卷
（明）陳士元撰
清嘉慶十七年至二十四年（1812—1819）蕭山陳氏湖海樓刻本
二册
十行二十字，小字雙行同
黑口，左右雙邊
172/008

0296
孟子雜記四卷
（明）陳士元撰
清嘉慶十七年至二十四年（1812—1819）蕭山陳氏湖海樓刻本
一册
十行二十字，小字雙行同
黑口，左右雙邊
172/008-2

0297
孟子七卷
（宋）朱熹集注
清光緒二十一年（1895）湖北官書處刻本
三册
九行十七字，小字雙行同
白口，四周雙邊
172/002

0298
孟子七卷
（宋）朱熹集注
清刻本
三册
九行十七字，小字雙行同
白口，四周單邊
172/002-2

0299
孟子七卷
（宋）朱熹集注
清刻本
一册
九行十七字，小字雙行同
白口，四周雙邊
存二卷（卷六至七）
172/002-3

0300
孟子要略五卷
（宋）朱熹撰　（清）劉傳瑩輯　（清）曾國藩重編
清光緒十四年（1888）山東書局刻本
一册
十行二十四字，小字雙行同
黑口，四周雙邊
172/001

0301
孟子要略五卷
（宋）朱熹撰　（清）劉傳瑩輯　（清）曾國藩重編
清道光二十九年（1849）漢陽劉氏刻朱子遺書本
一册
十行二十四字，小字雙行同
黑口，左右雙邊
172/001-2

0302
孟子要略五卷
（宋）朱熹撰　（清）劉傳瑩輯　（清）曾國藩重編
清道光二十九年（1849）漢陽劉氏刻朱子遺書本
一册
十行二十四字，小字雙行同
黑口，左右雙邊
172/001-2部二

0303
孟子要略五卷
（宋）朱熹撰（清）劉傳瑩輯（清）曾國藩重編
清道光二十九年（1849）漢陽劉氏刻朱子遺書本
一册
十行二十四字，小字雙行同
黑口，左右雙邊
172/001–2 部三

0304
孟子要略五卷
（宋）朱熹撰（清）劉傳瑩輯（清）曾國藩重編
清道光二十九年（1849）漢陽劉氏刻朱子遺書本
一册
十行二十四字，小字雙行同
黑口，左右雙邊
172/001–3

0305
孟子要略五卷
（宋）朱熹撰（清）劉傳瑩輯（清）曾國藩重編
清道光二十九年（1849）漢陽劉氏刻朱子遺書本
一册
十行二十四字，小字雙行同
黑口，左右雙邊
172/001–3 部二

0306
孟子趙注考證一卷
（清）桂文燦撰
清光緒十九年（1893）刻經學叢書本
一册
十行二十字，小字雙行同
黑口，左右雙邊
172/006

0307
孟子趙注補正六卷附孟子劉注一卷
（清）宋翔鳳撰
清光緒十七年（1891）廣雅書局刻本
一册
十一行二十四字，小字雙行同
黑口，四周單邊
172/005

0308
孟子微八卷
康有爲撰
清光緒二十七年（1901）萬木草堂鉛印本
一册
十三行二十六字
上黑口，四周單邊
存四卷（卷一至四）
183.1/010

總義之屬

傳說

0309
四書集注十九卷
（宋）朱熹集注
清光緒二十年（1894）金陵書局刻本
六册
九行十七字，小字雙行同
白口，左右雙邊
17/002–2

0310
四書集注十九卷
（宋）朱熹集注
清同治十一年（1872）醴陵聚奎閣刻本
六册
九行十七字，小字雙行同
白口，左右雙邊
17/002–3

0311
四書章句集注十九卷
（宋）朱熹集注
清光緒四年（1878）聚珍堂刻本
六册
九行十七字，小字雙行同
白口，四周雙邊
17/002-4

0312
四書集注十九卷
（宋）朱熹集注
清廣雅書局刻本
五册
九行十七字，小字雙行同
黑口，左右雙邊
缺二卷（大學一卷，中庸一卷）
17/08

0313
四書集注十九卷
（宋）朱熹集注
清臨桂毓蘭書屋謝氏家塾刻本
六册
八行十七字，小字雙行同
白口，左右雙邊
17/07

0314
四子書十九卷
（宋）朱熹集注
清刻本
四册
九行十七字，小字雙行同
白口，左右雙邊
缺七卷（大學卷一，中庸卷一，論語卷一至五）
17/006-3

0315
四書章句便蒙十九卷
（宋）朱熹章句
清道光二十二年（1842）寶恕堂刻本
十二册
九行十八字，小字雙行同
白口，左右雙邊
缺七卷（孟子卷一至七）
17-1/002

0316
四書章句十九卷
（宋）朱熹章句
朝鮮刻本
二十册
十行十八字，小字雙行同
白口，左右雙邊
17/004

0317
四書章句十九卷
（宋）朱熹撰
清光緒三年（1877）江蘇書局刻本
三册
九行十七字，小字雙行同
白口，左右雙邊
缺十卷（論語卷一至十）
17/004部二

0318
大學章句一卷中庸章句一卷
（宋）朱熹注
清光緒二十一年（1895）湖北官書處刻本
一册
九行十七字，小字雙行同
白口，四周雙邊
183.1/001

0319
大學章句一卷中庸章句一卷
（宋）朱熹注
清光緒二十一年（1895）湖北官書處刻本
一册
九行十七字，小字雙行同
白口，四周雙邊
183.1/001-2

0320
奎壁四書十九卷
（宋）朱熹集注
清光緒善成堂刻本
六册
九行十七字，小字雙行同
白口，左右雙邊
17/005

0321
新訂四書補注備旨十卷
（明）鄧林撰 （清）鄧煜編次
清同治十三年（1874）會元樓刻本
八册
上欄二十二行四字中欄二十二行十字
下欄十一行三十二字，小字雙行同
白口，四周單邊
17/002

0322
新訂四書補注備旨十卷
（明）鄧林撰 （清）鄧煜編次
清末李光明莊刻本
六册
上欄二十二行四字中欄二十二行十字
下欄十一行三十二字，小字雙行同
白口，四周單邊
17/002-2

0323
欽定四書文不分卷
（清）方苞編
清刻本
十二册
九行二十五字
白口，左右雙邊
17/003

0324
四書朱子异同條辨四十卷
（清）李沛霖 （清）李禎訂
清康熙四十四年（1705）近譬堂刻本
三十六册
九行二十一字，小字雙行同
白口，左右雙邊
*17/001

0325
四書反身録八卷
（清）李顒撰
清道光十一年（1831）浙江書局刻本
四册
九行二十字，小字雙行同
白口，四周雙邊
31/030

0326
四書玩注詳説一百六十卷首一卷
（清）冉覲祖撰
清光緒八年（1882）大梁書局刻本
一百四十五册
十行二十二字，小字雙行同
白口，四周雙邊
17/007

0327
四書翼注論文三十八卷
（清）張甄陶撰
清嘉慶十五年（1810）浙湖竹下書堂刻本
十二册
十一行二十二字，小字雙行同
白口，左右雙邊
17-1/001

0328
大中講義三卷
（清）朱用純撰
清光緒二年（1876）江蘇書局刻本
三册
十行二十二字，小字雙行同
白口，四周雙邊
17/005-2

0329
四子書不分卷
（□）□□撰
清江南製造總局刻本
二册
十二行二十一字
下黑口，左右雙邊
17/006部二

0330
四子書不分卷
（□）□□撰
清江南製造總局刻本
二册
十二行二十一字
下黑口，左右雙邊
17/006-2

0331
四書味根録三十七卷首二卷
（清）金澂撰
清光緒十二年（1886）上海同文書局石印本
四册
二十行三十三字，小字雙行不等
白口，四周單邊
17/09

文字音義

0332
監本四書章句十九卷
（宋）朱熹撰
清光緒十五年（1889）京都善成東記刻本
六册
九行十七字，小字雙行同
白口，左右雙邊
17/001

0333
監本四書章句十九卷
（宋）朱熹撰
清同治十三年（1874）江西書局刻本
一册
九行十七字，小字雙行同
白口，四周單邊
存二卷（大學一卷，中庸一卷）
17/001-2

專著

0334
孔經新義四種
劉次源撰
清宣統元年（1909）永興劉氏鉛印本
四册
十三行三十二字，小字雙行同
白口，四周雙邊
子目：
大學發微
禮運發微
中庸發微
論語發微
183.1/006

類編之屬

0335
四書大全
（明）胡廣纂　（清）汪份增訂
清康熙四十二年（1703）文盛致和堂刻本
二十四册
九行二十一字，小字雙行同
白口，左右雙邊
子目：
大學章句大全一卷
大學或問一卷
中庸章句大全一卷
中庸或問一卷
論語集注大全二十卷
孟子集注大全十四卷
17-1/003

0336
學庸脉解串珠六卷
（清）臧志仁修
清光緒元年（1875）金陵經雅堂刻本
二册
十行二十五字，小字雙行同
白口，四周單邊
17/009

小學類

訓詁之屬

爾雅

0337
小爾雅一卷
（漢）孔鮒撰 （清）朱駿聲約注
清刻本
一册
九行二十一字，小字雙行同
黑口，四周雙邊
1/015

0338
爾雅經注三卷音釋一卷
（晋）郭璞注
集證三卷
（清）龍啓瑞撰
清光緒七年（1881）刻本
一册
十行二十一字，小字雙行同
黑口，左右雙邊
181/027

0339
爾雅注疏十一卷
（晋）郭璞注 （宋）邢昺疏
清光緒八年（1882）崇德書院刻本
六册
九行二十一字，小字雙行同
白口，左右雙邊
191/001

0340
爾雅注疏十一卷
（晋）郭璞注 （宋）邢昺疏
清光緒八年（1882）崇德書院刻本
六册
九行二十一字，小字雙行同
白口，左右雙邊
181/009

0341
爾雅疏十卷
（晋）郭璞注 （宋）邢昺校定
校勘記十卷
（清）阮元撰 （清）盧宣旬摘録
清同治十二年（1873）江西書局刻本
六册
十行十七字，小字雙行二十三字
黑口，左右雙邊
181/009-2

0342
爾雅三卷
（晋）郭璞注 （唐）陸德明音釋
清光緒十二年（1886）湖北官書處刻本
三册
九行十七字，小字雙行同
白口，四周雙邊
191/04

0343
爾雅十一卷
（晋）郭璞注 （明）金蟠訂
明崇禎十二年（1639）永懷堂刻、清同治八年（1869）浙江書局補刻十三經古注本
三册
九行二十五字，小字雙行同

白口，左右雙邊

181/014

0344

爾雅十一卷

（晋）郭璞注　（明）金蟠訂

明崇禎十二年（1639）永懷堂刻、清同治八年（1869）浙江書局補刻十三經古注本

三册

九行二十五字，小字雙行同

白口，左右雙邊

181/014部二

0345

爾雅義疏二十卷

（清）郝懿行撰

清光緒十四年（1888）湖北官書處刻本

八册

九行二十一字，小字雙行同

黑口，左右雙邊

191/06

0346

爾雅郭注義疏二十卷

（清）郝懿行撰

清光緒十年（1884）榮縣蜀南閣刻本

八册

九行二十一字，小字雙行同

黑口，左右雙邊

缺二卷（卷四至五）

181/025

0347

爾雅六卷

（清）姜兆錫注疏參義

清雍正十年（1732）寅清樓刻本

二册

十行二十五字，小字雙行同

白口，四周單邊

181/026

0348

爾雅注疏校勘記十一卷

（清）阮元撰

清同治十三年（1874）湖南書局刻本

二册

九行二十一字，小字雙行同

白口，左右雙邊

181/010

0349

爾雅直音二卷

（清）孫偘輯

清乾隆六十年（1795）張心閣刻本

一册

十行十五字，小字雙行不等

白口，左右雙邊

*181/001

0350

爾雅直音二卷

（清）孫偘輯

清光緒六年（1880）福山王懿榮天壤閣刻本

一册

四行十字

上黑口，左右雙邊

存一卷（卷一）

*181/001–2

群經總義類

石經之屬

0351

魏三體石經遺字考一卷

（清）孫星衍輯

琴操二卷補遺一卷

（漢）蔡邕撰　（清）孫星衍補遺

清光緒十一年（1885）朱氏槐廬家塾刻

平津館叢書本
一册
十一行二十字，小字雙行同
白口，左右雙邊
1/021

傳説之屬

0352
茶香室經説十六卷
（清）俞樾撰
清光緒十九年（1893）味腴書屋石印本
一册
二十行五十七字，小字雙行同
白口，四周雙邊
1/005

0353
春秋王制尚書周禮九州疆域大小考一卷
黄鎔撰
清光緒三十四年（1908）刻本
一册
十行二十五字，小字雙行同
白口，四周單邊
1/008

0354
今古學考二卷附分撰兩戴記章句凡例一卷
廖平撰
清光緒十二年（1886）成都四益館刻本
一册
十行二十字，小字雙行同
黑口，左右雙邊
183.1/007

0355
經解入門八卷
（清）江藩纂
清光緒二十年（1894）上海宏文書局石印本
二册
十二行三十字，小字雙行同
白口，四周雙邊
1/007

0356
經義述聞三十二卷
（清）王引之撰
清道光七年（1827）北京壽藤書屋刻本
二十四册
十行二十一字，小字雙行同
白口，四周雙邊
1/003

0357
經義述聞三十二卷
（清）王引之撰
清道光七年（1827）北京壽藤書屋刻本
二十四册
十行二十一字，小字雙行同
白口，四周雙邊
1/003部二

0358
鄭志三卷附録一卷
（漢）鄭玄撰　（三國魏）鄭小同編
清光緒十年（1884）常熟鮑氏刻後知不足齋叢書本
一册
十行二十字，小字雙行同
白口，左右雙邊
1/001

群經之屬

0359
經學教科書十六卷
（清）儲丙鶉編
清英商育文書局石印本
四册

八行十五字，小字雙行同
白口，四周雙邊
缺三卷（卷一至三）
55.2/003

0360
五經詳説首一卷
（清）冉覲祖撰
清光緒七年（1881）大梁書局刻本
一册
十行二十二字
白口，四周雙邊
183.1/020

0361
公是先生七經小傳三卷
（宋）劉敞撰
清康熙通志堂刻本
一册
十一行二十字，小字雙行不等
白口，左右雙邊
*1/001

0362
經話甲編二卷
廖平撰
清光緒二十三年（1897）尊經書局刻本
二册
十一行二十一字，小字雙行同
黑口，四周單邊
1/020

0363
群經凡例不分卷
廖平撰
清光緒二十三年（1897）尊經書局刻本
二册
十行二十二字，小字雙行同
白口，左右雙邊
1/014

0364
群經質二卷
（清）陳僅撰
清光緒十一年（1885）四明文則樓陳氏木活字印本
二册
九行十九字，小字雙行同
白口，四周雙邊
1/012

0365
新學僞經考十四卷
康有爲撰
清光緒十七年（1891）廣州康氏萬木草堂刻本
六册
十行二十字
黑口，左右雙邊
1/004-2

0366
欽定七經綱領七卷附一卷
（清）學部圖書局編
清宣統元年（1909）學部圖書局鉛印本
一册
十四行三十一字
白口，四周雙邊
1/009

0367
目耕帖三十一卷
（清）馬國翰編
清光緒九年（1883）長沙嫏嬛館刻本
二十册
九行二十字
白口，四周雙邊
34/166-185

0368
目耕帖三十一卷
（清）馬國翰編

清光緒九年（1883）長沙嫏嬛館刻玉函山房輯佚書本
五册
九行二十字
白口，四周雙邊
存九卷（卷六至十四）
398.1/040

文字音義之屬

0369
經傳釋詞十卷
（清）王引之撰
清嘉慶二十四年（1819）刻本
二册
十行二十一字，小字雙行同
白口，四周雙邊
181/020

0370
經傳釋詞十卷
（清）王引之撰
清嘉慶二十四年（1819）刻本
四册
十行二十一字，小字雙行同
白口，四周雙邊
*181/020

0371
經傳釋詞十卷
（清）王引之撰
清嘉慶二十四年（1819）刻本
四册
十行二十一字，小字雙行同
白口，四周雙邊
*181/020-2

0372
經典釋文三十卷
（唐）陸德明撰
經典釋文考證三十卷
（清）盧文弨撰
清同治八年（1869）湖北崇文書局刻本
十二册
十一行二十二字，小字雙行同
黑口，四周雙邊
1/002-2

0373
經典釋文三十卷
（唐）陸德明撰
經典釋文考證三十卷
（清）盧文弨撰
清同治八年（1869）湖北崇文書局刻本
七册
十一行二十二字，小字雙行同
黑口，四周雙邊
缺十三卷（經典釋文卷一至十三）
1/002-3

0374
經典釋文三十卷
（唐）陸德明撰
經典釋文考證三十卷
（清）盧文弨撰
清同治八年（1869）湖北崇文書局刻本
五册
十一行二十二字，小字雙行同
黑口，四周雙邊
存三十卷（經典釋文卷十八至三十，考證卷十四至三十）
1/002-4

0375
經典釋文考證三十卷
（清）盧文弨撰
清同治八年（1869）湖北崇文書局刻本
一册
十一行二十二字，小字雙行同
黑口，四周雙邊
存十七卷（卷十四至三十）
1/002-5

0376
經典釋文序録不分卷
（唐）陸德明撰
清刻本
一册
十一行二十四字，小字雙行同
黑口，四周單邊
1/002：2

0377
經讀考异八卷補一卷句讀叙述二卷補一卷附翟晴江四書考异内句讀一卷
（清）武億撰
清道光二十三年（1843）偃師武氏刻授堂遺書本
二册
十行二十一字
白口，左右雙邊
1/018

0378
經籍籑詁一百六卷首一卷
（清）阮元撰
清嘉慶十七年（1812）刻本
四十八册
八行二十字，小字雙行同
白口，左右雙邊
181/018

0379
經籍籑詁一百六卷首一卷
（清）阮元撰
清光緒六年（1880）淮南書局補刻本
四十八册
八行二十字，小字雙行同
白口，左右雙邊
181/018-2

0380
經籍籑詁一百六卷補遺一百六卷首一卷
（清）阮元撰
清光緒六年（1880）淮南書局補刻本
二十四册
八行二十字，小字雙行同
白口，左右雙邊
存六十八卷（卷首、卷一至十五、十七至二十六、三十八至五十三、六十三、六十八至七十、七十五至九十、九十九至一百、一百三至一百六）
181/018-3

0381
九經補韵一卷
（宋）楊伯嵒撰
清光緒十年（1884）常熟鮑氏後知不足齋刻本
一册
十行二十字，小字雙行同
白口，左右雙邊
1/023

0382
六經正誤六卷
（宋）毛居正撰
清康熙通志堂刻本
二册
十行二十字
白口，左右雙邊
*1/010

0383
群經平議三十五卷
（清）俞樾撰
清刻本
一册
十行二十一字，小字雙行同
黑口，左右雙邊
存三卷（卷三十至三十二）
183.1/018

0384
群經義證八卷
（清）武億撰
清道光二十三年（1843）授堂刻本

一册
十一行二十三字
黑口，左右雙邊
183.1/003

0385
十三經集字摹本不分卷
（清）彭玉雯纂 （清）萬青銓校正
清道光二十九年（1849）刻本
十册
行數不等字數不等
黑口，四周雙邊
18/06

0386
十三經集字一卷
（清）李鴻藻等輯
清光緒八年（1882）琉璃廠善成堂刻本
一册
十行十四字，小字雙行同
白口，左右雙邊
182/041

0387
十三經集字一卷
（清）李鴻藻等輯
清光緒二十年（1894）文興堂刻本
一册
十行十四字
白口，左右雙邊
18/04

0388
十一經音訓
（清）楊國楨撰
清光緒三年（1877）湖北崇文書局刻本
二十六册
行數不等字數不等，小字雙行不等
白口，四周單邊
子目：
易經音訓不分卷
書經音訓不分卷
詩經音訓不分卷
周禮音訓不分卷
儀禮音訓不分卷
禮記音訓不分卷
春秋左傳音訓不分卷
春秋公羊傳音訓不分卷
春秋穀梁傳音訓不分卷
孝經音訓不分卷
爾雅音訓不分卷
1/015

0389
五經文字三卷
（唐）張參撰
清光緒九年（1883）常熟鮑氏後知不足齋刻本
三册
五行字數不等，小字雙行不等
白口，四周單邊
1/022

0390
五經小學述二卷
（清）莊述祖撰
清光緒十六年（1890）尊經書局刻本
一册
十行二十一字，小字雙行同
黑口，四周單邊
1/028

小學類

類編之屬

0391
澤存堂五種
（清）張士俊輯
清康熙張氏澤存堂刻本
十六册

十行二十字，小字雙行同
白口，左右雙邊
子目：
大宋重修廣韵五卷 （宋）陳鵬年等重修
大廣益會玉篇三十卷 （宋）陳鵬年等重修
佩觿三卷 （後周）郭忠恕撰
群經音辨七卷 （宋）賈昌朝撰
字鑑五卷 （元）李文仲撰
*19/001

文字之屬

説文

0392
説文解字句讀三十卷
（漢）許慎撰 （清）王筠撰
清同治四年（1865）刻本
十六册
十行二十四字，小字雙行同
白口，四周雙邊
182/019

0393
説文解字句讀三十卷
（漢）許慎撰 （清）王筠撰
清同治四年（1865）刻本
十四册
十行二十四字，小字雙行同
白口，四周雙邊
182/019-2

0394
説文解字三十二卷
（漢）許慎撰 （清）段玉裁注
清同治十一年（1872）湖北崇文書局刻本
十八册
九行二十二字，小字雙行同
白口，四周雙邊
182/017

0395
説文解字三十二卷
（漢）許慎撰 （清）段玉裁注
清同治十一年（1872）湖北崇文書局刻本
十八册
九行二十二字，小字雙行同
白口，四周雙邊
182/017-2

0396
説文解字三十二卷
（漢）許慎撰 （清）段玉裁注
清同治六年（1867）蘇州保息局刻本
十六册
九行二十二字，小字雙行同
白口，左右雙邊
182/017-3

0397
説文解字校録十五卷説文刊誤一卷説文玉篇校録一卷
（漢）許慎撰 （清）鈕樹玉校
清光緒十一年（1885）江蘇書局刻本
十四册
七行二十二字，小字雙行同
黑口，左右雙邊
182/018

0398
説文解字校録十五卷説文刊誤一卷説文玉篇校録一卷
（漢）許慎撰 （清）鈕樹玉校
清光緒十一年（1885）江蘇書局刻本
十四册
七行二十二字，小字雙行同
黑口，左右雙邊
182/018部二

0399
説文解字十五卷
（漢）許慎撰 （宋）徐鉉校定
清光緒十一年（1885）上海同文書局石印本
二册
十四行二十七字，小字雙行同
白口，四周雙邊
182/002-3

0400
説文解字十五卷
（漢）許慎撰 （宋）徐鉉校定
清嘉慶陽湖孫氏平津館刻小學彙函本
四册
十行字數不等，小字雙行二十二字
白口，左右雙邊
182/004-5

0401
説文解字十五卷
（漢）許慎撰 （宋）徐鉉校定
清初虞山毛氏汲古閣刻本
八册
七行七字，小字雙行二十二字
白口，左右雙邊
*182/002-1

0402
説文解字十五卷
（漢）許慎撰 （宋）徐鉉校定
清乾隆三十八年（1773）朱氏椒華吟舫刻本
八册
七行七字，小字雙行二十二字
白口，左右雙邊
*182/004-2

0403
説文解字十五卷
（漢）許慎撰 （宋）徐鉉校定
清光緒七年（1881）淮南書局翻刻汲古閣本
五册
七行字數不等
白口，左右雙邊
182/004：3

0404
説文引經考證七卷附説文引經互异説一卷
（清）陳瑑撰
清同治十三年（1874）湖北崇文書局刻本
二册
十行二十三字
白口，四周雙邊
182/022

0405
説文古語補正二卷
（清）程炎撰 （清）傅雲龍補正
清光緒十一年（1885）紅餘籀室刻本
一册
十行十九字，小字雙行同
黑口，四周單邊
存一卷（卷一）
182/027

0406
許氏説文解字雙聲疊韵譜一卷
（清）鄧廷楨撰
清光緒七年（1881）常熟鮑氏後知不足齋刻本
一册
九行二十字，小字雙行同
白口，左右雙邊
182/034

0407
説文解字注三十二卷
（清）段玉裁撰
説文通檢十四卷首一卷末一卷
（明）黎永椿編
清光緒十四年（1888）上海蜚英館石印本
六册

十八行四十四字，小字雙行同
白口，四周雙邊
182–1/17

0408
説文辨疑一卷
（清）顧廣圻撰
清光緒三年（1877）湖北崇文書局刻本
一册
九行二十一字
白口，四周雙邊
192/19

0409
説文解字義證五十卷
（清）桂馥撰
清同治九年（1870）湖北崇文書局刻本
三十二册
十行二十三字，小字雙行同
白口，四周雙邊
182/020

0410
説文解字義證五十卷
（清）桂馥撰
清同治九年（1870）湖北崇文書局刻本
三十二册
十行二十三字，小字雙行同
白口，四周雙邊
182/020 部二

0411
説文解字義證五十卷
（清）桂馥撰
清同治九年（1870）湖北崇文書局刻本
三十二册
十行二十三字，小字雙行同
白口，四周雙邊
182/020 部三

0412
説文解字義證五十卷
（清）桂馥撰
清刻本
十一册
十行二十三字，小字雙行同
白口，四周雙邊
存十七卷（卷三至四、二十二至三十、三十五至四十）
182/020 部四

0413
説文管見三卷
（清）胡秉虔撰
清光緒刻聚學軒叢書本
一册
十一行二十一字，小字雙行同
黑口，左右雙邊
182/024

0414
説文管見三卷
（清）胡秉虔撰
清光緒七年（1881）申江望益山房書局刻本
一册
九行十九字，小字雙行同
黑口，左右雙邊
182/024–2

0415
説文字原集注十六卷表一卷表説一卷
（清）蔣和撰
清乾隆五十二年（1787）刻本
八册
六行二十四字，小字雙行二十一字
黑口，四周雙邊
*182/001

0416
説文通檢十四卷首一卷末一卷
（清）黎永椿撰
清光緒十四年（1888）上海蜚英館石印本
一册
二十一行四十九字，小字雙行同

白口，四周雙邊

182/028

0417

說文通檢十四卷首一卷末一卷

（清）黎永椿撰

清光緒二年（1876）崇文書局刻本

二册

十行二十二字，小字雙行同

白口，左右雙邊

182/028-2

0418

說文通檢十四卷首一卷末一卷

（清）黎永椿撰

清光緒二年（1876）崇文書局刻本

二册

十行二十二字，小字雙行同

白口，左右雙邊

182/028-2部二

0419

說文聲讀表七卷

（清）苗夔撰

清道光二十二年（1842）福山王氏刻天壤閣叢書本

二册

九行二十字，小字雙行同

黑口，四周單邊

182/035

0420

段氏說文注訂八卷

（清）鈕樹玉撰

清同治十三年（1874）湖北崇文書局刻本

二册

九行二十二字，小字雙行同

白口，四周雙邊

182/018：2

0421

說文新附考六卷續考一卷

（清）鈕樹玉撰

清同治十三年（1874）湖北崇文書局刻本

二册

十行二十三字，小字雙行同

白口，四周雙邊

182/018：3

0422

說文解字斠詮十四卷

（清）錢坫撰

清光緒九年（1883）淮南書局刻本

六册

七行字數不等，小字雙行二十五字

白口，左右雙邊

182/025

0423

說文解字斠詮十四卷

（清）錢坫撰

清光緒九年（1883）淮南書局刻本

六册

七行字數不等，小字雙行二十五字

白口，左右雙邊

182/025部二

0424

說文解字群經正字二十八卷目録一卷

（清）邵瑛撰

清嘉慶十七年（1812）餘姚邵氏桂隱書屋刻本

十册

十一行二十二字

白口，左右雙邊

182/021

0425

說文五翼八卷

（清）王煦撰

清刻本
一册
九行二十一字，小字雙行同
黑口，四周單邊
存四卷（卷五至八）
183.1/016

0426
説文釋例二十卷
（清）王筠撰
清道光十七年（1837）刻本
十册
九行二十二字，小字雙行同
黑口，左右雙邊
182/019：2

0427
説文釋例二十卷
（清）王筠撰
清同治四年（1865）刻本
十二册
九行二十二字，小字雙行同
白口，四周雙邊
182/019：2部二

0428
説文繫傳校録三十卷
（清）王筠撰
清咸豐七年（1857）刻本
四册
十行字數不等，小字雙行二十四字
白口，四周雙邊
182/019：3

0429
説文繫傳校録三十卷
（清）王筠撰
清咸豐七年（1857）刻本
二册
十行字數不等，小字雙行二十四字
白口，四周雙邊
182/019：3部二

0430
説文古籀補十四卷附録一卷
（清）吴大澂撰
清光緒二十四年（1898）刻本
二册
八行字數不等，小字雙行不等
白口，四周單邊
182/058

0431
説文聲類十六卷
（清）嚴可均撰
清光緒十四年（1888）南菁書院刻皇清經解續編本
二册
十一行二十四字，小字雙行同
白口，左右雙邊
182/060

0432
説文校議十五卷
（清）姚文田　（清）嚴可均撰
清同治十三年（1874）歸安姚氏刻本
六册
十行二十四字
白口，左右雙邊
182/014

0433
説文校議十五卷
（清）姚文田　（清）嚴可均撰
清同治十三年（1874）歸安姚氏刻本
八册
十行二十四字
白口，左右雙邊
*182/014部二

0434
説文逸字二卷
（清）鄭珍撰
附録一卷
（清）鄭知同撰

清咸豐八年（1858）福山王氏刻天壤閣叢書本
二册
十二行二十二字，小字雙行同
黑口，左右雙邊
182/026

0435
說文逸字辨證二卷
（清）鄭珍撰 （清）李楨辨證
清光緒十一年（1885）畹蘭室刻本
二册
九行二十二字，小字雙行同
黑口，四周雙邊
182/023

0436
說文通訓定聲十八卷古今韵準一卷分部東韵一卷説雅一卷
（清）朱駿聲撰 （清）朱鏡蓉參訂
清道光二十八年（1848）刻本
三十二册
十行十五字，小字雙行三十字
白口，四周雙邊
182/057

0437
說文校定本二卷
（清）朱士端撰
四聲等子一卷
（□）□□撰
清姚覲元刻咫進齋叢書本
一册
十三行二十二字，小字雙行同
黑口，左右雙邊
183.1/009

0438
復古編二卷
（宋）張有撰
校正一卷
（清）葛鳴陽撰
附録一卷曾樂軒稿一卷
（宋）張維撰
安陸集一卷
（宋）張先撰
清光緒八年（1882）淮南書局刻本
三册
行數不等字數不等，小字雙行不等
黑口，四周單邊
182/056

0439
復古編二卷
（宋）張有撰
校正一卷
（清）葛鳴陽撰
附録一卷曾樂軒稿一卷
（宋）張維撰
安陸集一卷
（宋）張先撰
清刻本
二册
行數不等字數不等，小字雙行不等
黑口，四周單邊
182/056-2

0440
說文解字通釋四十卷附校勘記三卷
（五代）徐鍇傳釋
清道光十九年（1839）壽陽祈氏刻本
七册
十行十一字，小字雙行二十二字
白口，左右雙邊
*182/031

0441
說文字原一卷六書正譌五卷
（元）周伯琦編 （明）胡正言篆
明崇禎七年（1634）胡正言十竹齋刻本
六册
五行六字，小字雙行十八字
白口，四周單邊
*182/001

0442
惠氏讀説文記十五卷
（清）惠棟撰
清咸豐二年（1852）江都李氏半畝園刻本
六册
十行二十一字，小字雙行同
黑口，左右雙邊
182/006

總 義

0443
學林十卷
（宋）王觀國撰
清嘉慶十四年（1809）蕭山陳氏湖海樓刻本
十行二十四字，小字雙行同
黑口，左右雙邊
182/062

字 書

字 典

0444
六書故三十三卷
（宋）戴侗撰
清乾隆四十九年（1784）綿州李鼎元師竹齋刻本
十六册
七行十七字，小字雙行同
白口，四周單邊
*182/002

0445
字彙十二卷首一卷
（明）梅膺祚音釋
清乾隆四十年（1775）文盛堂刻本
十三册
八行字數不等，小字雙行不等
白口，四周單邊
13/008

0446
字原徵古四卷
（清）曾廷枚撰
清嘉慶八年（1803）曾廷枚家刻本
二册
十行十九字，小字雙行同
黑口，左右雙邊
*182/040

0447
字林考逸八卷附録一卷
（清）任大椿撰
字林考逸補本一卷
（清）陶方琦撰
字林考逸補附録一卷
（清）諸可寶撰
清光緒十六年（1890）江蘇書局刻本
四册
十行二十二字，小字雙行同
白口，左右雙邊
182/042

0448
字林考逸八卷附録一卷
（清）任大椿撰
字林考逸補本一卷
（清）陶方琦撰
字林考逸補附録一卷
（清）諸可寶撰
清光緒十六年（1890）江蘇書局刻本
四册
十行二十二字，小字雙行同
白口，左右雙邊
182/042部二

0449
御製增訂清文鑑三十二卷
（清）傅恒等編
清刻本
四十八册
行數不等字數不等

白口，四周雙邊

181/022

0450

三合便覽不分卷

（清）敬齋輯 （清）富俊增輯

清乾隆四十五年（1780）刻本

十二册

行數不等字數不等，小字雙行不等

白口，四周雙邊

181/006

0451

經韵集字析解二卷補遺一卷韵字一卷拾遺補注一卷

（清）彭良敞集注 （清）熊守謙參訂

清刻本

二册

八行十六字，小字雙行三十二字

白口，四周雙邊

192/28

0452

經韵集字析解二卷附編一卷

（清）彭良敞集注 （清）熊守謙參訂

清道光刻本

四册

八行十六字，小字雙行三十二字

白口，四周雙邊

*182/032

0453

問奇典注六卷

（清）唐英增釋

清嘉慶二十三年（1818）牧野張昞雄楚樓刻本

六册

五行字數不等，小字雙行不等

白口，四周雙邊

182/059

0454

正字略一卷

（清）王筠撰

清道光十四年（1834）四友堂刻本

一册

六行字數不等，小字雙行不等

白口，四周雙邊

182/050

0455

字典考證十二集三十六卷

（清）奕繪等輯

清愛日堂刻本

八册

十行二十一字，小字雙行同

白口，左右雙邊

182/045

0456

字典考證十二集三十六卷

（清）奕繪等輯

清愛日堂刻本

八册

十行二十一字，小字雙行同

白口，左右雙邊

182/045 部二

0457

字典考證十二集三十六卷

（清）奕繪等輯

清愛日堂刻本

四册

十行二十一字，小字雙行同

白口，四周雙邊

182/045 部三

0458

字典考證十二集三十六卷

（清）奕繪等輯

清光緒二年（1876）湖北崇文書局刻本

六册

十行二十一字
白口，四周雙邊
182/045-2

0459
康熙字典十二集三十六卷凡例一卷總目一卷檢字一卷辨似一卷等韻一卷備考一卷補遺一卷
（清）張玉書等纂
清光緒三十二年（1906）上海商務印書館石印本
六册
二十一行三十一字，小字雙行六十二字
白口，四周雙邊
182/003

0460
康熙字典十二集三十六卷凡例一卷總目一卷檢字一卷辨似一卷等韻一卷備考一卷補遺一卷
（清）張玉書等纂
清光緒十六年（1890）上海鴻寶齋石印本
六册
二十行二十九字，小字雙行五十八字
白口，四周雙邊
182/003-2

0461
康熙字典十二集三十六卷凡例一卷總目一卷檢字一卷辨似一卷等韻一卷備考一卷補遺一卷
（清）張玉書等纂
清光緒三十年（1904）上海文盛堂書局石印本
六册
二十一行三十一字，小字雙行六十二字
白口，四周雙邊
182/003-3

0462
康熙字典十二集三十六卷凡例一卷總目一卷檢字一卷辨似一卷等韻一卷備考一卷補遺一卷
（清）張玉書等纂
清光緒二十四年（1898）上海文盛堂書局石印本
六册
二十一行三十一字，小字雙行六十二字
白口，四周雙邊
182/003-4

0463
康熙字典十二集三十六卷總目一卷檢字一卷辨似一卷等韻一卷備考一卷補遺一卷
（清）張玉書等纂
清光緒元年（1875）湖北崇文書局刻本
四十册
八行十二字，小字雙行四十八字
白口，四周雙邊
182/003-4

0464
康熙字典十二集三十六卷凡例一卷總目一卷檢字一卷辨似一卷等韻一卷備考一卷補遺一卷
（清）張玉書等纂
清光緒十四年（1888）上海圖書集成局鉛印本
十二册
十八行二十七字，小字雙行五十四字
白口，四周雙邊
182/003-5

0465
康熙字典四十卷
（清）張玉書等纂
日本明治二十五年（1892）日本博文館石印本
六册

十三行二十七字，小字雙行同
白口，四周雙邊
182/003-6

0466
康熙字典十二集三十六卷總目一卷檢字一卷辨似一卷等韵一卷備考一卷補遺一卷
（清）張玉書等纂
清光緒十三年（1887）上海積山書局石印本
六册
十六行二十四字，小字雙行四十八字
白口，四周雙邊
182/003-7

0467
康熙字典十二集三十六卷總目一卷檢字一卷辨似一卷等韵一卷備考一卷補遺一卷
（清）張玉書等纂
清石印本
三册
二十一行三十一字，小字雙行六十二字
白口，四周雙邊
182/003-8

0468
康熙字典十二集三十六卷總目一卷檢字一卷辨似一卷等韵一卷備考一卷補遺一卷
（清）張玉書等纂
清道光七年（1827）刻本
四十册
八行十二字，小字雙行二十四字
白口，四周雙邊
182/003-9

0469
康熙字典辰集三卷巳集三卷申集三卷酉集三卷戌集三卷亥集三卷
（清）張玉書等纂
日本文久三年（1863）刻本
三册
八行十二字，小字雙行二十四字
白口，四周雙邊
182/003-10

0470
康熙字典十二集三十六卷備考一卷補遺一卷
（清）張玉書等纂
清鉛印本
五册
十六行二十四字，小字雙行四十八字
白口，四周雙邊
缺六卷（子集上中下，丑集上中下）
182/003-11

0471
康熙字典十二集三十六卷備考一卷補遺一卷
（清）張玉書等纂
清道光七年（1827）刻本
八册
八行十二字，小字雙行二十四字
白口，四周雙邊
存八卷（戌集上中下，亥集上中下，備考一卷，補遺一卷）
192/003

正字

0472
增廣字學舉隅四卷
（清）龍啓瑞撰　（清）鐵珊輯
清同治十三年（1874）蘭州郡署刻本
四册
行數不等字數不等
白口，四周雙邊
192/18

字體

0473
全韵玉篇二卷
（南朝梁）顧野王撰
清朝鮮刻本
四册

十行十五字，小字雙行三十字
白口，左右雙邊
183/002

0474
隸篇十五卷續十五卷再續十五卷
（清）翟雲升撰
清道光十八年（1838）刻本
十册
十四行二十五字
白口，左右雙邊
182/048

0475
隸辨八卷
（清）顧藹吉撰
清刻本
八册
十二行字數不等，小字雙行二十字
白口，四周單邊
13/77–84

0476
字學舉隅不分卷
（清）龍啓瑞撰
清同治十一年（1872）刻本
一册
行數不等字數不等，小字雙行不等
白口，左右雙邊
182/061

0477
六書通十卷
（清）閔齊伋撰　（清）畢宏述纂訂
清光緒四年（1878）留耕堂刻本
六册
八行十二字，小字雙行二十四字
白口，四周雙邊
182/008

0478
新加九經字樣一卷
（唐）唐玄度撰
漢石經殘字考一卷
（清）翁方綱撰
清光緒九年（1883）常熟鮑氏後知不足齋刻本
一册
十行二十字，小字雙行同
白口，四周單邊
1/024

0479
干禄字書一卷
（唐）顔元孫撰
清光緒八年（1882）常熟鮑氏後知不足齋刻本
一册
四行七字，小字雙行十四字
白口，左右雙邊
182/013

訓蒙

0480
倉頡篇三卷
（清）李斯撰　（清）孫星衍輯
倉頡篇續本一卷
（清）任大椿輯
倉頡篇補本二卷
（清）陶方琦輯
清光緒十六年（1890）江蘇書局刻本
二册
十行二十二字，小字雙行同
白口，左右雙邊
182/039

0481
倉頡篇三卷
（秦）李斯撰　（清）孫星衍輯
倉頡篇續本一卷
（清）任大椿輯
倉頡篇補本二卷
（清）陶方琦輯
清光緒十六年（1890）江蘇書局刻本
二册
十行二十二字，小字雙行同

白口，左右雙邊

182/039-2

0482

文字蒙求四卷

（清）王筠撰

清刻本

一册

六行字數不等，小字雙行二十二字

白口，四周單邊

182/019：4

0483

文字蒙求四卷

（清）王筠撰

清上海鴻章書局石印本

一册

七行字數不等，小字雙行二十七字

白口，四周單邊

182/019：4-2

0484

文字蒙求四卷

（清）王筠撰

清刻本

一册

六行字數不等，小字雙行二十二字

白口，四周單邊

存二卷（卷三至四）

182/019：4-3

0485

急就篇四卷

（漢）史游撰 （唐）顔師古注 （宋）王應麟補注

清光緒六年（1880）福山王氏刻天壤閣叢書本

二册

十行二十一字，小字雙行同

黑口，四周單邊

182/054-2

0486

急就篇四卷

（漢）史游撰 （唐）顔師古注 （宋）王應麟補注

清刻本

一册

十行二十一字

白口，左右雙邊

存二卷（卷一至二）

183.1/004

0487

重校蒙學堂字課圖説（有圖）四卷檢字一卷類字一卷

（清）劉樹屏編

清石印本

八册

行數不等字數不等，小字雙行不等

下黑口，四周單邊

192/14

0488

皇象本急就章一卷

（漢）史游纂 （清）鈕樹玉校

説文解字索隱一卷補例一卷

（清）張度撰

清光緒元和江氏刻靈鶼閣叢書本

一册

十一行二十三字，小字雙行同

黑口，左右雙邊

182/054

0489

養蒙針度五卷首一卷

（清）潘子聲撰

清光緒八年（1882）善成堂刻本

二册

九行十二字，小字雙行二十四字

白口，左右雙邊

192/001

譯文

0490
御製滿珠蒙古漢字三合切音清文鑑三十一卷
（清）阿桂等編
清刻本
五册
九行字數不等，小字雙行不等
白口，四周雙邊
181/023

訓詁之屬

群雅

0491
釋名八卷
（漢）劉熙撰
清長洲吴氏璜川書屋刻小學彙函本
一册
十行二十一字，小字雙行同
白口，左右雙邊
181/033

0492
廣雅疏證十卷
（清）王念孫撰　（清）王引之述
博雅音十卷
（隋）曹憲撰　（清）王念孫校
清光緒五年（1879）淮南書局刻本
八册
十行二十一字，小字雙行同
白口，左右雙邊
181/016

字詁

0493
班馬字類五卷
（宋）婁機撰
清光緒十七年（1891）思賢書局刻本
二册
六行十一字，小字雙行二十二字
白口，左右雙邊
182/052

0494
清文彙書十二卷
（清）李延基撰
清京都隆福寺三槐堂刻本
十二册
八行字數不等，小字雙行不等
白口，四周雙邊
181/005

0495
金壺精粹不分卷
（清）楊慶麟編訂
清光緒二年（1876）京師松竹齋刻本
二册
八行十四字，小字雙行二十八字
白口，左右雙邊
182/051

0496
匡謬正俗八卷
（唐）顔師古撰
清雅雨堂刻本
一册
十行二十一字
白口，左右雙邊
181/031

方言

0497
方言十三卷
（漢）揚雄撰　（晋）郭璞解
揚子法言一卷
（漢）揚雄撰
清光緒元年（1875）湖北崇文書局刻子

書百家本
一册
十二行二十四字
黑口，四周雙邊
31/065

0498
輶軒使者絶代語釋别國方言十三卷首一卷
（漢）揚雄撰 （晋）郭璞注
續方言二卷
（清）杭世駿輯
續方言補一卷
（清）程際盛輯
清光緒十七年（1891）思賢講舍刻本
三册
十一行二十四字，小字雙行同
黑口，左右雙邊
181/004–2 部二

0499
輶軒使者絶代語釋别國方言十三卷首一卷
（漢）揚雄撰 （晋）郭璞注
清光緒十七年（1891）思賢講舍刻本
一册
十一行二十四字，小字雙行同
黑口，左右雙邊
缺七卷（卷七至十三）
181/004–2 部三

0500
輶軒使者絶代語釋别國方言十三卷首一卷
（漢）揚雄撰 （晋）郭璞注
續方言二卷
（清）杭世駿輯
續方言補一卷
（清）程際盛輯
清光緒十七年（1891）思賢講舍刻本
二册
十一行二十四字，小字雙行同
黑口，左右雙邊
181/004–3

0501
輶軒使者絶代語釋别國方言箋疏十三卷
（清）錢繹撰
清光緒十六年（1890）廣雅書局刻本
四册
十一行二十四字，小字雙行同
黑口，四周單邊
181/011

0502
輶軒使者絶代語釋别國方言箋疏十三卷
（清）錢繹撰
清光緒紅蝠山房刻本
一册
十行二十字，小字雙行同
白口，四周單邊
存三卷（卷七至九）
181/011–2

音韵之屬

0503
音學五書三十八卷
（清）顧炎武撰
清光緒十一年（1885）四明觀稼樓刻本
十二册
八行十二字，小字雙行二十四字
白口，左右雙邊
子目：
音論三卷
詩本音十卷
易音三卷
唐韵正二十卷
古音表二卷
19/001

0504
音學五書三十八卷
（清）顧炎武撰
清光緒十一年（1885）湘陰郭氏岵瞻堂

刻本
十二册
九行二十一字，小字雙行同
下黑口，左右雙邊
19/001-2

等韻

0505
四聲切韻表一卷附校刊記一卷
（清）江永撰
清刻本
一册
十行二十二字，小字雙行同
黑口，四周雙邊
183/003：2部二

古今韻説

0506
古韻發明不分卷切字肆考不分卷
（清）張畊撰
清道光六年（1826）滕陽張氏芸心堂刻本
四册
十行二十四字，小字雙行同
白口，四周雙邊
183/015

0507
古今詩韻釋義五卷
（明）龔大器撰
清刻本
十册
十行十五字，小字雙行三十字
白口，四周雙邊
183/006

0508
轉注古音略五卷
（明）楊慎撰
清刻本
一册
九行二十字，小字雙行同
白口，左右雙邊
存一卷（卷五）
183.1/011

0509
六書音韻表五卷
（清）段玉裁撰
清刻本
一册
十行二十字，小字雙行二十九字
白口，四周單邊
183/020

0510
詩聲類十二卷
（清）孔廣森撰
清光緒十四年（1888）江陰南菁書院刻本
一册
十一行二十四字
白口，左右雙邊
183/023

0511
古今韻略五卷例言一卷
（清）邵長蘅撰　（清）宋犖閲定
清康熙三十五年（1696）刻本
四册
九行十四字，小字雙行二十八字
黑口，四周單邊
*183/002

0512
古今韻準一卷行述一卷
（清）朱駿聲撰
清道光二十八年（1848）刻本
一册
八行二十字，小字雙行同
白口，四周雙邊
183/011

韵書

0513
韵徵十六卷
（清）安吉撰
清道光十八年（1838）刻本
四册
七行字數不等，小字雙行二十四字
白口，左右雙邊
181/013

0514
剔弊廣增分韵五方元音三卷首一卷
（清）樊騰鳳撰 （清）趙培梓新編
清上海會文堂石印本
四册
行數不等字數不等，小字雙行不等
白口，四周雙邊
193/04

0515
剔弊廣增分韵五方元音二卷首一卷
（清）樊騰鳳撰 （清）趙培梓新編
清刻本
一册
十行二十五字，小字雙行同
白口，四周單邊
14/85

0516
韵詁五卷
（清）方濬頤輯
清刻本
五册
八行十五字，小字雙行三十字
白口，左右雙邊
183/012

0517
字類標韵六卷
（清）華綱輯 （清）王庭楨重訂
清光緒八年（1882）刻本
二册
九行十五字，小字雙行三十字
白口，四周雙邊
182/038

0518
字類標韵六卷
（清）華綱輯 （清）王庭楨重訂
清光緒八年（1882）刻本
二册
九行十五字，小字雙行三十字
白口，四周雙邊
193/08

0519
增注字類標韵六卷
（清）華綱鑒定 （清）范多玨重訂
清光緒二年（1876）刻本
二册
九行十四字，小字雙行二十八字
白口，四周雙邊
182/044

0520
詩韵檢字一卷
（清）黄本驥編
清道光二十八年（1848）刻三長物齋本
一册
十行二十一字，小字雙行同
白口，四周雙邊
183/028

0521
重斠唐韵考五卷
（清）紀容舒撰 （清）錢熙祚斠 （清）錢恂重斠
清光緒五年（1879）定州王氏謙德堂刻畿輔叢書本
二册
十行二十二字，小字雙行同

黑口，左右雙邊

183/019

0522

唐韵四聲正一卷

（清）江有誥撰

清抄本

一册

行數不等字數不等

白口，無版框

183/009

0523

先秦韵讀不分卷

（清）江有誥撰

清刻本

一册

十行二十一字

白口，左右雙邊

183.1/005

0524

韵岐五卷

（清）江昱輯

清光緒七年（1881）刻本

二册

九行字數不等，小字雙行二十二字

白口，左右雙邊

183/008

0525

音韵闡微十八卷

（清）李光地等修

清光緒七年（1881）淮南書局刻本

五册

八行十二字，小字雙行二十四字

白口，四周雙邊

193/05

0526

康熙甲子史館新刊古今通韵十二卷首一卷

（清）毛奇齡撰

清康熙二十四年（1685）刻本

六册

十行二十字，小字雙行同

白口，四周單邊

*183/004

0527

詩韵合璧五卷附汪立名論古韵通轉一卷

（清）湯文潞編

清石印本

四册

十一行十二字，小字雙行二十四字

白口，四周雙邊

缺一卷（卷四）

183/024

0528

詩韵合璧五卷

（清）湯文潞編

虛字韵藪一卷

（清）潘維城輯　（清）朱月坡增訂

清光緒十三年（1887）廣百宋齋鉛印本

五册

行數不等字數不等，小字雙行不等

白口，四周雙邊

183/024-2

0529

詩韵合璧五卷

（清）湯文潞編

虛字韵藪一卷

（清）潘維城輯

清光緒十一年（1885）文英堂書坊刻本

五册

十一行十二字，小字雙行二十四字

白口，四周雙邊

183/024-3

0530

詩韵集成不分卷

（清）余照輯

清光緒二十九年（1903）上海文瑞樓石印本

二册

十五行十八字，小字雙行三十六字
白口，四周單邊
442/002

0531
詩韵集成十卷
（清）余照輯
清刻本
二册
九行字數不等，小字雙行二十五字
白口，四周單邊
183/026

0532
欽定同文韵統六卷
（清）允禄等編
清乾隆十五年（1750）朱墨套印本
五册
行數不等字數不等，小字雙行不等
白口，四周雙邊
*183/003

0533
欽定同文韵統六卷
（清）允禄等編
清宣統二年（1910）刻本
五册
九行二十字，小字雙行同
白口，四周雙邊
181/012

0534
佩文詩韵釋要五卷
（清）周兆基撰　（清）朱蘭輯
清光緒元年（1875）湖北崇文書局刻本
一册
九行字數不等，小字雙行不等
白口，左右雙邊
183/007

0535
廣韵五卷
（宋）陳彭年修
清康熙六年（1667）符山堂刻本
五册
八行十二字，小字雙行二十四字
白口，左右雙邊
*183/001

0536
大宋重修廣韵五卷
（宋）陳彭年重修
釋名八卷
（漢）劉熙撰
廣雅十卷
（三國魏）張揖撰　（隋）曹憲音解
清光緒十四年（1888）上海蜚英館石印古經解彙函本
一册
十七行三十八字，小字雙行同
白口，左右雙邊
193/06

0537
韵補五卷
（宋）吴棫撰
韵補正一卷
（清）顧炎武撰
清光緒九年（1883）刻邵武徐氏叢書本
二册
九行二十二字，小字雙行同
白口，左右雙邊
183/016

注音

0538
切音捷訣一卷幼學切音便讀一卷
（清）鄺珩輯
清光緒六年（1880）摭古堂刻本
一册
十行十九字，小字雙行不等
白口，四周雙邊
192/20

0539
正音咀華三卷續編一卷
（清）莎彝尊撰　（清）莎弼良校　（清）莎温良校
清咸豐三年（1853）朱墨套印本
一册
八行二十二字
黑口，四周雙邊
缺二卷（正音咀華卷一至二）
183.1/013

史　　部

紀傳類

正史之屬

0001
漢書一百卷首一卷
（漢）班固撰　（唐）顏師古注
清光緒二十九年（1903）上海點石齋石印本
八册
二十二行五十字，小字雙行不等
白口，四周單邊
212–34/001

0002
漢書一百卷目録一卷
（漢）班固撰　（唐）顏師古注
清光緒十三年（1887）金陵書局刻本
十六册
十二行二十五字，小字雙行三十七字
白口，左右雙邊
212–34/001–2

0003
前漢書一百卷目録一卷
（漢）班固撰　（唐）顏師古注
清光緒二十九年（1903）五洲同文書局石印本
三十二册
十行二十一字，小字雙行同
黑口，左右雙邊
212–34/001–3

0004
前漢書一百卷
（漢）班固撰　（唐）顏師古注
清光緒石印本
十九册
十三行四十字，小字雙行同
白口，四周單邊
缺七卷（卷八十七至九十三）
212–34/001–4

0005
前漢書一百卷
（漢）班固撰　（唐）顏師古注
清光緒石印本
八册
十行二十一字，小字雙行同
白口，左右雙邊
存二十五卷（卷七十六至一百）
212–34/001–5

0006
前漢書一百卷
（漢）班固撰　（唐）顏師古注
清光緒十三年（1887）金陵書局刻本
八册
十二行二十五字，小字雙行三十七字
白口，左右雙邊
存六十八卷（卷三十三至一百）
212–34/001–5

0007
前漢書一百卷
（漢）班固撰　（唐）顏師古注
清光緒十三年（1887）金陵書局刻本
十二册
十二行二十五字，小字雙行三十七字
白口，左右雙邊
缺十八卷（卷一至十八）
212–34/001–6

0008
前漢書一百卷
（漢）班固撰　（唐）顏師古注
清光緒十三年（1887）金陵書局刻本
十六册

十二行二十五字，小字雙行三十七字
白口，左右雙邊
213.34/001

0009
漢書補注一百卷首一卷
（漢）班固撰 （唐）顏師古注 王先謙補注
清光緒二十六年（1900）長沙王氏刻本
三十二册
十二行二十五至二十七字，小字雙行二十五字
白口，左右雙邊
212–34/002

0010
漢書評林一百卷目録一卷
（漢）班固撰 （唐）顏師古注 （明）凌稚隆輯
清光緒十四年（1888）山西濬文書局刻本
四十八册
十行二十字，小字雙行同
白口，左右雙邊
212–34/022

0011
史記一百三十卷
（漢）司馬遷撰 （南朝宋）裴駰集解 （唐）司馬貞索隱 （唐）張守節正義
明萬曆二十四年（1596）南京國子監刻明清遞修本
十六册
十行二十一字，小字雙行同
白口，左右雙邊
存九十二卷（卷一至九十二）
*211/001–10

0012
史記一百三十卷
（漢）司馬遷撰 （明）歸有光評點
方望溪評點史記四卷
（清）方苞撰
清光緒二年（1876）武昌張氏刻本
二十册
十一行二十字，小字雙行同
黑口，四周雙邊
46/541

0013
史記一百三十卷
（漢）司馬遷撰 （南朝宋）裴駰集解 （唐）司馬貞索隱 （唐）張守節正義
清同治五年至九年（1866—1870）金陵書局刻本
二十册
十一行二十二字，小字雙行同
黑口，四周雙邊
212/002

0014
史記一百三十卷進表一卷職名一卷目録一卷補一卷正義論例謚法解列國分野一卷
（漢）司馬遷撰 （南朝宋）裴駰集解 （唐）司馬貞索隱 （唐）張守節正義
清光緒二十九年（1903）五洲同文書局石印本
二十四册
十行二十一字，小字雙行同
黑口，左右雙邊
缺六卷（卷二至七）
211/001

0015
史記一百三十卷
（漢）司馬遷撰 （南朝宋）裴駰集解 （唐）司馬貞索隱 （唐）張守節正義
清光緒四年（1878）金陵書局刻本
十四册
十二行二十五字，小字雙行三十三字
白口，左右雙邊
缺十二卷（卷一至十二）
211/001–3

0016
史記一百三十卷
（漢）司馬遷撰 （南朝宋）裴駰集解

（唐）司馬貞索隱 （唐）張守節正義
清刻本
十七册
十一行二十二字，小字雙行同
白口，四周雙邊
缺十二卷（卷一至七、二十八至三十二）
211/001-4

0017
史記一百三十卷目録一卷
（漢）司馬遷撰 （南朝宋）裴駰集解 （唐）司馬貞索隱 （唐）張守節正義
清光緒四年（1878）金陵書局刻本
十五册
十二行二十五字，小字雙行三十七字
白口，左右雙邊
缺十三卷（卷五十五至六十七）
211/001-5

0018
史記一百三十卷
（漢）司馬遷撰 （南朝宋）裴駰集解 （唐）司馬貞索隱 （唐）張守節正義
清光緒二十九年（1903）上海點石齋石印本
六册
二十二行五十字，小字雙行不等
白口，四周單邊
211/001-7

0019
史記一百三十卷
（漢）司馬遷撰 （南朝宋）裴駰集解 （唐）司馬貞索隱 （唐）張守節正義
清宣統影印本
一册
七行十四至十九字，小字雙行不等
白口，無版框
存三卷（卷二十九、九十六至九十七）
211/006

0020
史記索隱三十卷
（漢）司馬遷撰 （唐）司馬貞索隱
清光緒十九年（1893）廣雅書局刻本
三册
十二行二十五字，小字雙行同
黑口，四周單邊
缺九卷（卷一至九）
211/012

0021
三國志六十五卷
（晋）陳壽撰 （南朝宋）裴松之注
清光緒十三年（1887）江南書局刻本
八册
十二行二十五字，小字雙行三十七字
白口，左右雙邊
212-36/001-2

0022
三國志六十五卷
（晋）陳壽撰 （南朝宋）裴松之注
清光緒十三年（1887）江南書局刻本
八册
十二行二十五字，小字雙行三十七字
白口，左右雙邊
213.36/02

0023
三國志六十五卷目録一卷
（晋）陳壽撰 （南朝宋）裴松之注
清光緒二十九年（1903）五洲同文書局石印本
十四册
十行二十一字，小字雙行同
黑口，左右雙邊
212-36/001

0024
魏志三十卷
（晋）陳壽撰 （南朝宋）裴松之注
清刻本

六册
十行二十一字，小字雙行同
白口，左右雙邊
缺十四卷（卷一、七至八、十四至十六、二十至二十二、二十六至三十）
315/002

0025
續漢志三十卷
（晋）司馬彪撰　（南朝梁）劉昭注補
清光緒二十九年（1903）上海點石齋石印本
一册
二十二行五十字，小字雙行不等
白口，四周單邊
212-34/023

0026
後漢書九十卷目録一卷
（南朝宋）范曄撰　（唐）李賢注
後漢書志三十卷
（晋）司馬彪撰　（南朝梁）劉昭注補
清光緒十三年（1887）金陵書局刻本
十六册
十二行二十五字，小字雙行三十七字
白口，左右雙邊
212-34/009

0027
後漢書九十卷目録一卷
（南朝宋）范曄撰　（唐）李賢注
清光緒十三年（1887）金陵書局刻本
八册
十二行二十五字，小字雙行三十七字
白口，左右雙邊
存四十四卷（卷三十七至八十）
212-34/009-2

0028
後漢書一百二十卷目録一卷
（南朝宋）范曄撰　（唐）李賢注
清光緒二十九年（1903）五洲同文書局石印本
二十八册
十行二十一字，小字雙行同
黑口，左右雙邊
212-34/009-2

0029
後漢書九十卷
（南朝宋）范曄撰　（唐）李賢注
續漢志三十卷
（晋）司馬彪撰　（南朝梁）劉昭注補
清光緒九年（1883）上海點石齋石印本
四册
二十二行五十字，小字雙行不等
白口，四周單邊
212-34/009-3

0030
後漢書一百二十卷目録一卷
（南朝宋）范曄撰　（唐）李賢注
清同治十年（1871）成都書局刻本
七册
十行二十一字，小字雙行同
白口，左右雙邊
缺八十一卷（卷四十至一百二十）
212-34/009-4

0031
後漢書九十卷目録一卷
（南朝宋）范曄撰　（唐）李賢注
續漢志三十卷
（晋）司馬彪撰　（南朝梁）劉昭注補
清光緒二十九年（1903）上海點石齋石印本
五册
二十二行五十字，小字雙行不等
白口，四周單邊
212-34/009-4

0032
後漢書一百二十卷目録一卷
（南朝宋）范曄撰　（唐）李賢注
清光緒二十九年（1903）五洲同文書局石印本
十二册
十行二十一字，小字雙行同
黑口，左右雙邊
存六十卷（卷一至六十）
212-34/009-5

0033
後漢書一百二十卷目録一卷
（南朝宋）范曄撰　（唐）李賢注
明嘉靖南京國子監刻明清遞修本
十一册
十行二十一字，小字雙行同
白口，四周雙邊
缺五十卷（卷一至六、二十九至五十七、八十至八十四、九十一至一百）
212-34/009-6

0034
後漢書九十卷
（南朝宋）范曄撰　（唐）李賢注
續漢書志三十卷
（晉）司馬彪撰　（南朝梁）劉昭注補
清光緒十三年（1887）金陵書局刻本
一册
十二行二十五字，小字雙行三十七字
白口，左右雙邊
存六卷（後漢書卷九十、續漢書志卷一至五）
212-34/009-7

0035
宋書一百卷
（南朝梁）沈約撰
清同治十一年（1872）金陵書局刻本
十六册
十二行二十五字，小字雙行不等
白口，左右雙邊
212-39/003

0036
宋書一百卷
（南朝梁）沈約撰
清光緒二十九年（1903）五洲同文書局石印本
二十四册
十行二十一字，小字雙行同
黑口，左右雙邊
缺一卷（卷五十六）
212-39/003-2

0037
宋書一百卷
（南朝梁）沈約撰
清光緒二十九年（1903）五洲同文書局石印本
二十四册
十行二十一字，小字雙行同
黑口，左右雙邊
212-39/003-2部二

0038
宋書一百卷
（南朝梁）沈約撰
明萬曆二十二年（1594）南京國子監刻清順治、康熙遞修本
十三册
九行十八字，小字雙行不等
白口，四周雙邊
存五十三卷（卷六至十七、二十五至三十四、四十五至五十七、六十四至七十二、七十七至八十、九十六至一百）
212-39/003-3

0039
宋書一百卷
（南朝梁）沈約撰
清同治十一年（1872）金陵書局刻本
十二册
十二行二十五字，小字雙行不等
白口，左右雙邊
213.39/05=2

0040
南齊書五十九卷
（南朝梁）蕭子顯撰
清光緒二十九年（1903）五洲同文書局石印本
八册
十行二十一字，小字雙行同
黑口，左右雙邊
212–39/004

0041
南齊書五十九卷
（南朝梁）蕭子顯撰
清同治十三年（1874）金陵書局刻本
六册
十二行二十五字，小字雙行同
白口，左右雙邊
212–39/004–3

0042
南齊書五十九卷
（南朝梁）蕭子顯撰
清同治十三年（1874）金陵書局刻本
四册
十二行二十五字，小字雙行同
白口，左右雙邊
213.39/003

0043
魏書一百十四卷附考證
（北齊）魏收撰
清光緒二十九年（1903）五洲同文書局石印本
二十四册
十行二十一字，小字雙行同
黑口，左右雙邊
212–39/008–2

0044
魏書一百十四卷附考證
（北齊）魏收撰
清光緒二十九年（1903）五洲同文書局石印本
二十四册
十行二十一字，小字雙行同
黑口，左右雙邊
212–39/008–2 部二

0045
魏書一百十四卷
（北齊）魏收撰
清同治十一年（1872）金陵書局刻本
二十册
十二行二十五字，小字雙行三十七字
白口，左右雙邊
212–39/008–3

0046
魏書一百十四卷
（北齊）魏收撰
清同治十一年（1872）金陵書局刻本
十册
十二行二十五字，小字雙行三十七字
白口，左右雙邊
存四十四卷（卷七十一至一百十四）
212–39/008–4

0047
魏書一百十四卷
（北齊）魏收撰
明萬曆二十四年（1596）南京國子監刻明清遞修本
十二册
十行十九字
白口，四周雙邊
存六十六卷（卷十三至十八、二十八至七十二、八十七至九十八、一百十二至一百十四）
212–39/008–4

0048
晋書一百三十卷
（唐）房玄齡等撰
晋書音義三卷
（唐）何超撰
清光緒二十九年（1903）五洲同文書局

石印本
三十册
十行二十一字，小字雙行同
黑口，左右雙邊
212-37/001

0049
晉書一百三十卷
（唐）房玄齡等撰
晉書音義三卷
（唐）何超撰
清光緒二十九年（1903）五洲同文書局石印本
三十册
十行二十一字，小字雙行同
黑口，左右雙邊
212-37/001 部二

0050
晉書一百三十卷
（唐）房玄齡等撰
晉書音義三卷
（唐）何超撰
清同治十年（1871）金陵書局刻本
二十册
十二行二十五字，小字雙行不等
白口，左右雙邊
212-37/001-2

0051
晉書一百三十卷
（唐）房玄齡等撰
晉書音義三卷
（唐）何超撰
清同治十年（1871）金陵書局刻本
二十册
十二行二十五字，小字雙行不等
白口，左右雙邊
213.37/001

0052
晉書一百三十卷
（唐）房玄齡等撰
晉書音義三卷
（唐）何超撰
明嘉靖南京國子監刻明清遞修本
二十一册
十行二十字，小字雙行同
白口，左右雙邊
缺六十一卷（晉書卷一至十二、十六至三十四、六十九至七十一、八十三至九十一、九十三至一百、一百七至一百十一、一百十五至一百十九）
212-37/001-3

0053
北齊書五十卷
（唐）李百藥撰
清同治十三年（1874）金陵書局刻本
四册
十二行二十五字，小字雙行不等
白口，左右雙邊
212-39/011

0054
北齊書五十卷附考證
（唐）李百藥撰
清光緒二十九年（1903）五洲同文書局石印本
八册
十行二十一字，小字雙行同
黑口，左右雙邊
212-39/011-2

0055
北齊書五十卷附考證
（唐）李百藥撰
清光緒二十九年（1903）五洲同文書局石印本
八册
十行二十一字，小字雙行同

黑口，左右雙邊

212-39/011-2部二

0056

北史一百卷附考證

（唐）李延壽撰

清光緒二十九年（1903）五洲同文書局石印本

十八册

十行二十一字，小字雙行同

黑口，左右雙邊

缺三十卷（卷七十一至一百）

212-39/015

0057

北史一百卷附考證

（唐）李延壽撰

清光緒二十九年（1903）五洲同文書局石印本

六册

十行二十一字，小字雙行同

黑口，左右雙邊

存二十二卷（卷三至二十四）

212-39/015部二

0058

北史一百卷

（唐）李延壽撰

明萬曆十九年至二十一年（1591—1593）南京國子監刻清順治、康熙遞修本

七册

九行十八字，小字雙行同

白口，四周雙邊

存二十二卷（卷一至九、十六至二十一、二十八至三十、九十四至九十七）

212-39/015部三

0059

北史一百卷

（唐）李延壽撰

清同治十一年（1872）金陵書局刻本

二十册

十二行二十五字，小字雙行不等

白口，左右雙邊

212-39/015-2

0060

北史一百卷

（唐）李延壽撰

清同治十一年（1872）金陵書局刻本

二十册

十二行二十五字，小字雙行不等

白口，左右雙邊

213.39/001

0061

北史一百卷

（唐）李延壽撰

清刻本

十二册

十三行二十一字，小字雙行同

黑口，四周雙邊

缺四十六卷（卷一至四十六）

212-39/015-3

0062

南史八十卷

（唐）李延壽撰

清同治十一年（1872）金陵書局刻本

十二册

十二行二十五字，小字雙行不等

白口，左右雙邊

212-39/013-2

0063

南史八十卷附考證

（唐）李延壽撰

清光緒二十九年（1903）五洲同文書局石印本

二十册

十行二十一字，小字雙行同

黑口，左右雙邊

212-39/013

0064
周書五十卷
（唐）令狐德棻等撰
清乾隆四年（1739）武英殿刻本
八册
十行二十一字
白口，左右雙邊
213.39/009=2

0065
周書五十卷附考證
（唐）令狐德棻等撰
清光緒二十九年（1903）五洲同文書局石印本
八册
十行二十一字，小字雙行同
黑口，左右雙邊
212–39/012

0066
周書五十卷附考證
（唐）令狐德棻等撰
清光緒二十九年（1903）五洲同文書局石印本
八册
十行二十一字，小字雙行同
黑口，左右雙邊
212–39/012 部二

0067
周書五十卷
（唐）令狐德棻等撰
清同治十三年（1874）金陵書局刻本
四册
十二行二十五字，小字雙行不等
白口，左右雙邊
212–39/012–2

0068
周書五十卷
（唐）令狐德棻等撰
明萬曆十六年（1588）南京國子監刻明清遞修本
一册
九行十八字，小字雙行同
白口，四周雙邊
存六卷（卷二十三至二十八）
212–39/012–3

0069
隋書八十五卷
（唐）魏徵　（唐）長孫無忌等撰
清光緒二十九年（1903）五洲同文書局石印本
二十四册
十行二十一字，小字雙行同
黑口，左右雙邊
212–41/001

0070
隋書八十五卷
（唐）魏徵　（唐）長孫無忌等撰
清光緒二十九年（1903）五洲同文書局石印本
二十四册
十行二十一字，小字雙行同
黑口，左右雙邊
212–41/001 部二

0071
隋書八十五卷
（唐）魏徵　（唐）長孫無忌等撰
清同治十年（1871）淮南書局刻本
十二册
十二行二十五字，小字雙行不等
白口，左右雙邊
212–41/001–2

0072
隋書八十五卷
（唐）魏徵　（唐）長孫無忌等撰
明崇禎八年（1635）虞山毛氏汲古閣刻十七史本
八册

十二行二十五字，小字雙行三十八字
白口，左右雙邊
存三十二卷（卷一至三十二）
212-41/001-3

0073
隋書八十五卷
（唐）魏徵 （唐）長孫無忌等撰
明萬曆二十二年至二十三年（1594—1595）南京國子監刻明清遞修本
二册
九行十八字
白口，四周雙邊
存十卷（卷一至四、四十二至四十七）
212-41/001-4

0074
陳書三十六卷
（唐）姚思廉撰
明萬曆十六年（1588）南京國子監刻明清遞修本
二册
九行十八字
白口，四周雙邊
存十四卷（卷十一至十七、二十九至三十五）
212-39/007-3

0075
陳書三十六卷
（唐）姚思廉撰
清光緒二十九年（1903）五洲同文書局石印本
六册
十行二十一字，小字雙行同
黑口，左右雙邊
212-39/007

0076
陳書三十六卷
（唐）姚思廉撰
清同治十一年（1872）金陵書局刻本
四册
十二行二十五字，小字雙行不等
白口，左右雙邊
212-39/007-2

0077
梁書五十六卷
（唐）姚思廉撰
清同治十三年（1874）金陵書局刻本
六册
十二行二十五字，小字雙行不等
白口，左右雙邊
212-39/006

0078
梁書五十六卷
（唐）姚思廉撰
清光緒二十九年（1903）五洲同文書局石印本
八册
十行二十一字，小字雙行同
黑口，左右雙邊
212-39/006-2

0079
梁書五十六卷
（唐）姚思廉撰
明萬曆三年（1575）南京國子監刻清順治、康熙遞修本
六册
十行二十字
白口，四周雙邊
存三十一卷（卷一至五、十六至二十四、三十四至四十一、四十五至五十三）
212-39/006-3

0080
舊唐書二百卷
（五代）劉昫等撰
清道光二十三年（1843）甘泉岑建功懼盈齋刻本

四十八册
十二行二十五字
白口，左右雙邊
213.42/002

0081
舊唐書二百卷
（五代）劉昫等撰
清道光二十三年（1843）甘泉岑建功懼盈齋刻本
二十册
十二行二十五字
白口，左右雙邊
缺六十三卷（卷一至三十九、一百七十七至二百）
213.42/002-2

0082
舊唐書二百卷
（五代）劉昫等撰
清同治十一年（1872）浙江書局刻本
四十册
十二行二十五字，小字雙行不等
白口，左右雙邊
212-42/001

0083
舊唐書二百卷
（五代）劉昫等撰
清同治十一年（1872）浙江書局刻本
四十册
十二行二十五字，小字雙行不等
白口，左右雙邊
212-42/001 部二

0084
舊唐書二百卷附考證
（五代）劉昫等撰
清光緒二十九年（1903）五洲同文書局石印本
四十八册
十行二十一字，小字雙行同
黑口，左右雙邊
212-42/001-2

0085
舊唐書二百卷附考證
（五代）劉昫等撰
清光緒二十九年（1903）五洲同文書局石印本
四十八册
十行二十一字，小字雙行同
黑口，左右雙邊
212-42/001-2 部二

0086
唐書釋音二卷
（宋）董衝撰
清刻本
一册
十二行二十五字，小字雙行同
白口，左右雙邊
212-42/003

0087
唐書釋音二卷
（宋）董衝撰
清刻本
一册
十二行二十五字，小字雙行同
白口，左右雙邊
212-42/003 部二

0088
南唐書十八卷
（宋）陸游撰
音釋一卷
（元）戚光撰
清初虞山毛氏汲古閣刻本
六册
八行十八字，小字雙行同
白口，四周單邊
*212-43/001

0089
唐書二百二十五卷附考證
（宋）歐陽修 （宋）宋祁等撰
附釋音二十五卷
（宋）董衝撰
清光緒二十九年（1903）五洲同文書局石印本
五十册
十行二十一字，小字雙行同
黑口，左右雙邊
212-42/002

0090
唐書二百二十五卷附考證
（宋）歐陽修 （宋）宋祁等撰
附釋音二十五卷
（宋）董衝撰
清光緒二十九年（1903）五洲同文書局石印本
四十三册
十行二十一字，小字雙行同
黑口，左右雙邊
缺三十五卷（卷七至四十一）
212-42/002部二

0091
唐書二百二十五卷
（宋）歐陽修 （宋）宋祁等撰
清同治十二年（1873）浙江書局刻本
三十二册
十二行二十五字，小字雙行三十七字
白口，左右雙邊
213.42/001

0092
唐書二百二十五卷
（宋）歐陽修 （宋）宋祁等撰
清同治十二年（1873）浙江書局刻本
四十册
十二行二十五字，小字雙行三十七字
白口，左右雙邊
212-42/002-2

0093
唐書二百二十五卷
（宋）歐陽修 （宋）宋祁等撰
清同治十二年（1873）浙江書局刻本
三十九册
十二行二十五字，小字雙行三十七字
白口，左右雙邊
缺三卷（卷一至三）
212-42/002-2部二

0094
唐書二百二十五卷
（宋）歐陽修 （宋）宋祁等撰
明成化十八年（1482）刻明清遞修本
四册
十行二十二字
白口，四周雙邊
存二十四卷（卷六十五至六十九、一百二十七至一百三十二、一百八十一至一百八十八、二百二十一至二百二十五）
212-42/002-3

0095
五代史七十四卷
（宋）歐陽修撰 （宋）徐無黨注
清同治十一年（1872）湖北崇文書局刻本
八册
十二行二十五字，小字雙行三十七字
白口，四周雙邊
212-43/002-2

0096
五代史七十四卷
（宋）歐陽修撰 （宋）徐無黨注
清同治十一年（1872）湖北崇文書局刻本
八册
十二行二十五字，小字雙行三十七字
白口，四周雙邊
213.43/04

0097
五代史七十四卷
（宋）歐陽修撰　（宋）徐無黨注
清光緒二十九年（1903）五洲同文書局石印本
十册
十行二十一字，小字雙行同
黑口，左右雙邊
212–43/002–3

0098
兩漢刊誤補遺十卷
（宋）吴仁傑撰
清同治七年（1868）金陵書局活字印本
二册
九行二十一字，小字雙行同
白口，四周單邊
212–34/021

0099
舊五代史一百五十卷目録二卷附考證
（宋）薛居正等撰
清光緒二十九年（1903）五洲同文書局石印本
二十四册
十行二十一字，小字雙行同
黑口，左右雙邊
212–43/001

0100
舊五代史一百五十卷目録二卷附考證
（宋）薛居正等撰
清同治十一年（1872）湖北崇文書局刻本
十六册
十二行二十五字，小字雙行三十七字
白口，四周雙邊
212–43/001–2

0101
舊五代史一百五十卷目録二卷附考證
（宋）薛居正等撰
清同治十一年（1872）湖北崇文書局刻本
十六册
十二行二十五字，小字雙行三十七字
白口，四周雙邊
213.43/001=2

0102
遼史一百十五卷附考證
（元）脱脱等修
清同治十二年（1873）江蘇書局刻本
十二册
十二行二十五字，小字雙行同
白口，左右雙邊
212–46/001–2

0103
遼史一百十五卷附考證
（元）脱脱等修
清同治十二年（1873）江蘇書局刻本
十二册
十二行二十五字，小字雙行同
白口，左右雙邊
212–46/001–2部二

0104
金史一百三十五卷
（元）脱脱等修
明嘉靖八年（1529）南京國子監刻明清遞修本
四册
十行二十二字，小字雙行二十五字
白口，左右雙邊
存二十六卷（卷六至十二、四十至五十八）
212–46/004–3

0105
金史一百三十五卷附考證
（元）脱脱等修
清同治十三年（1874）江蘇書局刻本
二十册

十二行二十五字，小字雙行同
白口，左右雙邊
213.46/02

0106
遼史一百十六卷
（元）脱脱等修
清光緒二十九年（1903）五洲同文書局石印本
八册
十行二十一字，小字雙行同
黑口，左右雙邊
212-46/001

0107
遼史一百十六卷
（元）脱脱等修
清光緒二十九年（1903）五洲同文書局石印本
八册
十行二十一字，小字雙行同
黑口，左右雙邊
212-46/001部二

0108
遼史一百十五卷
（元）脱脱等修
清同治十二年（1873）江蘇書局刻本
十六册
十二行二十五字，小字雙行同
白口，左右雙邊
213.46/01-2

0109
金史一百三十五卷欽定金國語解一卷附考證
（元）脱脱等修
清光緒二十九年（1903）五洲同文書局石印本
二十四册
十行二十一字，小字雙行同
黑口，左右雙邊
212-46/004

0110
金史一百三十五卷欽定金國語解一卷附考證
（元）脱脱等修
清同治十三年（1874）江蘇書局刻本
二十册
十二行二十五字，小字雙行同
白口，左右雙邊
212-46/004-2

0111
金史一百三十五卷欽定金國語解一卷附考證
（元）脱脱等修
清同治十三年（1874）江蘇書局刻本
二十册
十二行二十五字，小字雙行同
白口，左右雙邊
212-46/004-2部二

0112
宋史四百九十六卷附考證
（元）脱脱等修
清光緒二十九年（1903）五洲同文書局石印本
九十八册
十行二十一字，小字雙行同
黑口，左右雙邊
缺五卷（卷一百八十二至一百八十六）
212-44/001

0113
宋史四百九十六卷目録三卷
（元）脱脱等修
清光緒元年（1875）浙江書局刻本
一百册
十二行二十五字，小字雙行不等
白口，左右雙邊
212-44/001-2

0114
宋史四百九十六卷目録三卷
（元）脱脱等修
清光緒元年（1875）浙江書局刻本

一百册
十二行二十五字，小字雙行不等
白口，左右雙邊
212-44/001-2部二

0115
宋史四百九十六卷目録三卷
（元）脱脱等修
清光緒元年（1875）浙江書局刻本
五十七册
十二行二十五字，小字雙行不等
白口，左右雙邊
存二百六十二卷（卷一百六十八至四百二十九）
212-44/001-2部三

0116
宋史四百九十六卷
（元）脱脱等修
明嘉靖刻明清遞修本
四十四册
十行二十字
白口，四周雙邊
存二百六卷（卷六至二十、二十六至三十、三十五至四十七、五十二至五十五、六十一至七十五、八十至八十七、九十四至一百、一百四十八至一百五十四、一百六十四至一百八十六、一百九十三至二百九、二百一十四至二百三十四、二百三十八至二百四十一、二百四十七至二百九十三、二百九十九至三百八、三百一十四至三百一十八、三百四十至三百四十四）
212-44/001-2部四

0117
宋史四百九十六卷目録三卷
（元）脱脱等修
清光緒元年（1875）浙江書局刻本
一百册
十二行二十五字，小字雙行不等
白口，左右雙邊
213.44/001

0118
元史二百十卷
（明）宋濂等修
明刻明清遞修本
十五册
十行二十字
白口，四周雙邊
存六十五卷（卷九至十三、三十六至四十一、五十一至五十八、六十七至六十九、七十八至八十一、一百十四至一百二十三、一百三十三至一百六十一）
212-47/001-3

0119
元史二百十卷目録二卷
（明）宋濂等修
清同治十三年（1874）江蘇書局刻本
四十册
十二行二十五字，小字雙行同
白口，左右雙邊
213.47/02

0120
元史二百十卷目録二卷附考證
（明）宋濂等修
清同治十三年（1874）江蘇書局刻本
四十册
十二行二十五字，小字雙行同
白口，左右雙邊
212-47/001-2

0121
元史二百十卷目録二卷附考證
（明）宋濂等修
清光緒二十九年（1903）五洲同文書局石印本
五十一册
十行二十一字，小字雙行同

黑口，左右雙邊

212-47/001

0122

元史二百十卷目錄二卷附考證

（明）宋濂等修

清光緒二十九年（1903）五洲同文書局石印本

五十一册

十行二十一字，小字雙行同

黑口，左右雙邊

212-47/001部二

0123

史記注補正一卷

（清）方苞撰

史記正譌一卷

（清）王元啓撰

清光緒二十年（1894）廣雅書局刻本

一册

十一行二十四字，小字雙行同

黑口，四周單邊

211/010

0124

欽定遼史語解十卷欽定金史語解十二卷欽定元史語解二十四卷

（清）高宗弘曆撰

清光緒四年（1878）江蘇書局刻本

十册

十二行二十五字，小字雙行同

白口，左右雙邊

181/008

0125

兩漢書注考證二卷

（清）何若瑶撰

史記毛本正誤一卷

（清）丁晏撰

清光緒二十年（1894）廣雅書局刻本

一册

十一行二十四字，小字雙行同

黑口，四周單邊

212-34/011

0126

元史譯文證補三十卷

（清）洪鈞撰

清光緒二十六年（1900）廣雅書局刻本

四册

十一行二十四字，小字雙行同

黑口，四周單邊

缺十卷（卷七至八、十三、十六至十七、十九至二十一、二十五、二十八）

212-47/004

0127

史記志疑三十六卷附録三卷

（清）梁玉繩撰

清光緒十三年（1887）廣雅書局刻本

十六册

十一行二十四字，小字雙行同

黑口，四周單邊

211/003：2

0128

舊唐書校勘記六十六卷

（清）羅士琳等校訂

清同治十一年（1872）定遠方氏刻本

十六册

十二行二十五字，小字雙行同

白口，左右雙邊

缺十五卷（卷四十五至五十九）

212-42/005

0129

三國志考證八卷

（清）潘眉撰

清光緒十五年（1889）廣雅書局刻本

二册

十一行二十四字，小字雙行同

黑口，四周單邊

212-36/003

0130
三國志證聞三卷
（清）錢儀吉撰
清光緒十一年（1885）江蘇書局刻本
二册
十二行二十五字，小字雙行同
白口，左右雙邊
212-36/006

0131
校漢書八表八卷
（清）夏燮撰
清光緒十六年（1890）江城公所刻本
六册
十一行二十四字，小字雙行同
黑口，四周雙邊
212-34/003

0132
漢書辨疑二十二卷
（清）錢大昭撰
清光緒十三年（1887）廣雅書局刻本
五册
十一行二十四字，小字雙行同
黑口，四周單邊
212-34/007

0133
續漢書辨疑九卷
（清）錢大昭撰
清光緒十四年（1888）廣雅書局刻本
一册
十一行二十四字，小字雙行同
黑口，四周單邊
212-34/007-2

0134
漢書疏證三十六卷
（清）沈欽韓撰
清光緒二十六年（1900）浙江官書局刻本
二十四册
十行二十二字，小字雙行同
白口，左右雙邊
212-34/026

0135
史記正譌三卷
（清）王元啓撰
清光緒十六年（1890）廣雅書局刻本
一册
十一行二十四字，小字雙行同
黑口，四周單邊
211/009

0136
史記正譌三卷
（清）王元啓撰
清光緒十六年（1890）廣雅書局刻本
二册
十一行二十四字，小字雙行同
黑口，四周單邊
211/009部二

0137
明史三百三十二卷目録四卷
（清）張廷玉等撰
清光緒二十九年（1903）五洲同文書局石印本
一百十二册
十行二十一字，小字雙行同
黑口，左右雙邊
212-48/001

0138
明史三百三十二卷目録四卷
（清）張廷玉等撰
清光緒二十九年（1903）五洲同文書局石印本
一百十二册
十行二十一字，小字雙行同
黑口，左右雙邊
212-48/001部二

0139
明史三百三十二卷目録四卷
（清）張廷玉等撰
清光緒三年（1877）湖北崇文書局刻本
八十册
十二行二十五字，小字雙行同
白口，四周雙邊
212-48/001-2

0140
明史三百三十二卷目録四卷
（清）張廷玉等撰
清光緒三年（1877）湖北崇文書局刻本
八十册
十二行二十五字，小字雙行同
白口，四周雙邊
213.48/001

0141
明史三百三十二卷
（清）張廷玉等撰
清刻本
八十七册
十行二十一字，小字雙行同
白口，左右雙邊
缺二十五卷（卷一至十九、三十四至三十九）
212-48/001-3

0142
漢書注校補五十六卷
（清）周壽昌撰
清光緒十七年（1891）廣雅書局刻本
十册
十一行二十四字，小字雙行同
黑口，四周單邊
212-34/006

0143
漢書注校補五十六卷
（清）周壽昌撰
清光緒十七年（1891）廣雅書局刻本
十六册
十一行二十四字，小字雙行同
黑口，四周單邊
212-34/006部二

0144
漢書注校補五十六卷
（清）周壽昌撰
清光緒十年（1884）長沙周壽昌小對竹軒刻本
十册
十二行二十三字，小字雙行同
白口，左右雙邊
缺十三卷（卷二十六至三十八）
212-34/006部三

0145
後漢書注補正八卷
（清）周壽昌撰
清光緒十七年（1891）廣雅書局刻本
一册
十一行二十四字，小字雙行同
黑口，四周單邊
212-34/012

0146
三國志注證遺四卷補四卷
（清）周壽昌撰
清光緒十七年（1891）廣雅書局刻本
一册
十一行二十四字，小字雙行同
黑口，四周單邊
212-36/004

0147
晋書校勘記四卷
（清）周雲撰
清光緒十四年（1888）廣雅書局刻本
一册
十一行二十四字，小字雙行同
黑口，四周單邊
212-37/005

0148
魏書校勘記一卷
王先謙編
清光緒十七年（1891）廣雅書局刻本
一册
十一行二十四字，小字雙行同
黑口，四周單邊
212–39/009

0149
漢書西域傳補注二卷
（清）徐松撰
清光緒二十年（1894）廣雅書局刻本
一册
十一行二十四字，小字雙行同
黑口，四周單邊
212–34/008

0150
遼史拾遺二十四卷
（清）厲鶚撰
遼史紀年表一卷西遼紀年表一卷
（清）汪遠孫輯
清光緒二十六年（1900）廣雅書局刻本
六册
十一行二十四字，小字雙行同
黑口，四周單邊
212–46/002

0151
遼史拾遺二十四卷
（清）厲鶚撰
遼史紀年表一卷西遼紀年表一卷
（清）汪遠孫撰
遼史拾遺補五卷
（清）楊復吉撰
清光緒二十六年（1900）廣雅書局刻本
八册
十一行二十四字，小字雙行同
黑口，四周單邊
212–46/003

0152
金史詳校十卷首一卷末一卷
（清）施國祁撰
清光緒二十年（1894）廣雅書局刻本
十册
十一行二十四字，小字雙行同
黑口，四周單邊
212–46/005

0153
金史詳校十卷首一卷附史論五答一卷
（清）施國祁撰
清光緒六年（1880）會稽章氏刻本
十册
十行二十二字，小字雙行同
黑口，左右雙邊
212–46/005–2

0154
金史詳校十卷首一卷末一卷
（清）施國祁撰
清光緒六年（1880）會稽章氏刻本
十一册
十行二十二字，小字雙行同
黑口，左右雙邊
212–46/005–2 部三

别史之屬

0155
續後漢書四十二卷音義四卷
（宋）蕭常撰
清道光二十一年（1841）郁氏刻宜稼堂叢書本
七册
十一行二十二字，小字雙行同
黑口，左右雙邊
212–36/010

0156
元書一百二卷首一卷
曾廉撰
清宣統三年（1911）層漪堂刻本
二十册
十二行二十五字，小字雙行不等
白口，左右雙邊
212–47/003

0157
元書一百二卷首一卷
曾廉撰
清宣統三年（1911）層漪堂刻本
二十册
十二行二十五字，小字雙行不等
白口，左右雙邊
212–47/003 部二

0158
東都事略一百三十卷
（宋）王稱撰
清光緒九年（1883）淮南書局刻本
八册
十二行二十四字，小字雙行同
白口，左右雙邊
212–44/004

0159
東都事略一百三十卷
（宋）王稱撰
清嘉慶三年（1798）南沙席氏掃葉山房刻本
十二册
十二行二十五字，小字雙行同
白口，左右雙邊
212–44/004–2

0160
尚史七十卷首一卷
（清）李鍇撰
清乾隆三十八年（1773）悦道樓刻本
二十八册
十行二十四字，小字雙行同
白口，左右雙邊
*211/004

0161
宋史翼四十卷
（清）陸心源輯
清光緒三十二年（1906）歸安陸氏十萬卷樓刻朱印本
十二册
十行二十字，小字雙行同
下朱口，四周雙邊
212–44/002

0162
西魏書二十四卷叙録一卷附録一卷
（清）謝啓昆撰
清光緒廣雅書局刻本
六册
十一行二十四字，小字雙行同
黑口，四周單邊
212–39/010

0163
西魏書二十四卷叙録一卷附録一卷
（清）謝啓昆撰
清光緒廣雅書局刻本
六册
十一行二十四字，小字雙行同
黑口，四周單邊
212–39/010 部二

編年類

通代之屬

0164
竹書紀年校正十四卷
（南朝梁）沈約注　（清）郝懿行校正
清光緒五年（1879）東路廳署刻本
二册

九行二十一字，小字雙行同
黑口，左右雙邊
221/001

0165
竹書紀年二卷
（南朝梁）沈約注　（清）洪頤煊校
清光緒十一年（1885）朱氏槐廬家塾刻平津館叢書本
一册
十一行二十字，小字雙行同
白口，左右雙邊
221/015

0166
竹書紀年統箋十二卷前編一卷雜述一卷
（南朝梁）沈約注　（清）徐文靖箋　（清）馬陽　（清）崔萬烜校訂
清光緒三年（1877）浙江書局刻二十二子本
四册
九行二十一字，小字雙行同
白口，左右雙邊
221/019

0167
資治通鑑綱目前編十八卷首一卷舉要三卷
（宋）金履祥撰
清光緒七年（1881）山東書局刻本
十六册
九行十八字，小字雙行同
白口，四周雙邊
221/010

0168
續資治通鑑長編五百二十卷目録二卷
（宋）李燾撰
清光緒七年（1881）浙江書局刻本
一百二十册
十二行二十一字，小字雙行同
白口，左右雙邊
221/005

0169
續資治通鑑長編五百二十卷目録二卷
（宋）李燾撰
清光緒七年（1881）浙江書局刻本
六十六册
十二行二十一字，小字雙行同
白口，左右雙邊
存二百六十五卷（卷一至四十六、二百六十至四百七十八）
221/005部二

0170
續資治通鑑長編五百二十卷目録二卷
（宋）李燾撰
清光緒七年（1881）浙江書局刻本
三十四册
十二行二十一字，小字雙行同
白口，左右雙邊
存一百五十六卷（卷三至四十六、三百三十至三百五十四、三百九十二至四百七十八）
221/005部三

0171
資治通鑑外紀十卷
（宋）劉恕撰　（清）胡克家注補
清同治十年（1871）江蘇書局刻本
六册
十行二十二字，小字雙行同
黑口，左右雙邊
221/006

0172
資治通鑑外紀十卷目録五卷
（宋）劉恕撰　（清）胡克家注補
清同治十年（1871）江蘇書局刻本
十册
十行二十二字，小字雙行同
黑口，左右雙邊
221/006部二

0173
資治通鑑外紀十卷目録五卷
（宋）劉恕撰 （清）胡克家注補
清同治十年（1871）江蘇書局刻本
十册
十行二十二字，小字雙行同
黑口，左右雙邊
221/006：2

0174
資治通鑑外紀目録五卷
（宋）劉恕撰 （清）胡克家注補
清嘉慶十六年（1811）刻本
四册
八行十八字，小字雙行三十六字
黑口，左右雙邊
221/006：3部二

0175
資治通鑑目録三十卷
（宋）司馬光編
清同治八年（1869）江蘇書局刻本
十册
行數不等字數不等，小字雙行不等
白口，左右雙邊
221/002：2

0176
資治通鑑目録三十卷
（宋）司馬光編
清同治八年（1869）江蘇書局刻本
十册
行數不等字數不等，小字雙行不等
白口，左右雙邊
221/002：2部二

0177
資治通鑑目録三十卷
（宋）司馬光編
清同治八年（1869）江蘇書局刻本
十册
行數不等字數不等，小字雙行不等
白口，左右雙邊
221/002：2部三

0178
資治通鑑二百九十四卷
（宋）司馬光編 （元）胡三省音注
通鑑釋文辯誤十二卷
（宋）胡三省撰
清同治八年（1869）江蘇書局刻本
一百五册
十行二十字，小字雙行同
黑口，四周雙邊
03/1-99

0179
資治通鑑二百九十四卷
（宋）司馬光編 （元）胡三省音注
通鑑釋文辯誤十二卷
（宋）胡三省撰
清同治八年（1869）江蘇書局刻本
一百二十册
十行二十字，小字雙行同
黑口，四周雙邊
03/1-99-2

0180
資治通鑑二百九十四卷
（宋）司馬光編 （元）胡三省音注
通鑑釋文辯誤十二卷
（宋）胡三省撰
清同治八年（1869）江蘇書局刻本
一百册
十行二十字，小字雙行同
黑口，四周雙邊
221/002-2

0181
資治通鑑二百九十四卷
（宋）司馬光編 （元）胡三省音注
通鑑釋文辯誤十二卷
（宋）胡三省撰
清同治八年（1869）江蘇書局刻本

九十八册
十行二十字，小字雙行同
黑口，四周雙邊
缺六卷（資治通鑑卷二百三十八至二百四十三）
221/002–2 部二

0182
資治通鑑綱目五十九卷首一卷
（宋）朱熹撰　（明）陳仁錫評
清光緒五年（1879）山東書局刻本
七十八册
九行十八字，小字雙行同
白口，四周雙邊
221/008

0183
御批資治通鑑綱目正編五十九卷首一卷
（宋）朱熹撰
資治通鑑綱目前編十八卷舉要三卷
（元）金履祥撰
資治通鑑綱目前編外紀一卷
（元）陳桱撰
資治通鑑綱目續編二十七卷
（明）商輅等撰
清光緒十三年（1887）上海同文書局石印本
二十四册
十八行三十六字，小字雙行同
白口，四周單邊
221/008：2

0184
資治通鑑綱目正編五十九卷首一卷
（宋）朱熹撰　（明）陳仁錫評
清刻本
二十册
七行十八字，小字雙行同
白口，四周單邊
存十七卷（卷十三至二十、五十一至五十九）
221/008：3

0185
資治通鑑綱目五十九卷首一卷
（宋）朱熹撰　（明）陳仁錫評
明刻本
二十九册
十行二十字，小字雙行同
白口，四周單邊
缺三十卷（卷三十至五十九）
*221/002

0186
通鑑釋文辯誤十二卷
（元）胡三省撰
清光緒十六年（1890）上海積山書局石印本
一册
二十行四十字，小字雙行同
白口，四周雙邊
221/017

0187
綱鑑正史約三十六卷附甲子紀元一卷
（明）顧錫疇撰　（清）陳弘謀增訂
清乾隆二年（1737）培遠堂刻本
四十八册
十一行二十字，小字雙行同
白口，左右雙邊
*221/003

0188
歷代通鑑纂要九十二卷
（明）李東陽等編
清光緒二十三年（1897）廣雅書局刻本
四十八册
十行二十字，小字雙行同
白口，左右雙邊
221/013

0189
續資治通鑑綱目二十七卷
（明）商輅等撰
清光緒七年（1881）山東書局刻本

二十八册
九行十八字，小字雙行同
白口，四周雙邊
221/009

0190
續資治通鑑綱目二十七卷
（明）商輅等撰
明刻本
十册
七行十八字，小字雙行同
白口，四周單邊
存十卷（卷十八至二十七）
*221/009-2

0191
宋元通鑑一百五十七卷
（明）薛應旂編集 （明）陳仁錫評閲
明天啓六年（1626）陳仁錫刻本
三十二册
十行二十字，小字雙行同
白口，四周單邊
*221/001

0192
嚴永思先生通鑑補正略三卷
（明）嚴衍撰 （清）張敦仁彙抄
清光緒十三年（1887）時報館鉛印本
二册
十四行二十六字
白口，四周雙邊
26/07

0193
續資治通鑑二百二十卷
（清）畢沅撰
清嘉慶六年（1801）德裕堂刻本
六十五册
十行二十一字，小字雙行同
白口，四周雙邊
缺二十卷（卷一百七十四至一百九十三）
02/1-60-2

0194
續資治通鑑二百二十卷
（清）畢沅撰
清同治八年（1869）江蘇書局刻本
六册
十行二十一字，小字雙行同
白口，四周雙邊
存二十三卷（卷一百九十八至二百二十）
02/1-60-3

0195
續資治通鑑二百二十卷
（清）畢沅撰
清同治八年（1869）江蘇書局刻本
六十册
十行二十一字，小字雙行同
白口，四周雙邊
222.4/001-2

0196
續資治通鑑二百二十卷
（清）畢沅撰
清同治八年（1869）江蘇書局刻本
六十册
十行二十一字，小字雙行同
白口，四周雙邊
222.4/001

0197
御批歷代通鑑輯覽一百二十卷
（清）傅恒等編纂
清同治十年（1871）湖北崇文書局刻本
六十册
十一行二十二字，小字雙行同
白口，四周雙邊
221/012

0198
御批歷代通鑑輯覽一百二十卷
（清）傅恒等編纂
清同治十年（1871）浙江書局刻朱墨套印本
四十八册
十一行二十二字，小字雙行同
白口，四周雙邊
221/012-2

0199
御批歷代通鑑輯覽一百二十卷
（清）傅恒等編纂
清同治十年（1871）浙江書局刻朱墨套印本
五十八册
十一行二十二字，小字雙行同
白口，四周雙邊
221/012-3

0200
御批歷代通鑑輯覽一百二十卷
（清）傅恒等編纂
清同治十年（1871）浙江書局刻朱墨套印本
七册
十一行二十二字，小字雙行同
白口，四周雙邊
存十四卷（卷六十一至七十四）
221/012-5

0201
御批歷代通鑑輯覽一百二十卷
（清）傅恒等編纂
清末鉛印本
二十四册
十五行二十八字，小字雙行四十三字
白口，四周單邊
221/012-4

0202
御批歷代通鑑輯覽一百二十卷勘誤記一卷
（清）傅恒等編纂
清末鉛印本
四十册
十五行二十八字，小字雙行四十三字
白口，四周單邊
221/02

0203
續資治通鑑長編拾補六十卷
（清）黄以周等編
清光緒九年（1883）浙江書局刻本
十六册
十二行二十一字，小字雙行同
白口，左右雙邊
221/007

0204
續資治通鑑長編拾補六十卷
（清）黄以周等編
清光緒九年（1883）浙江書局刻本
十六册
十二行二十一字，小字雙行同
白口，左右雙邊
221/007部二

0205
續資治通鑑長編拾補六十卷
（清）黄以周等編
清光緒九年（1883）浙江書局刻本
十六册
十二行二十一字，小字雙行同
白口，左右雙邊
221/007部三

0206
御撰資治通鑑綱目三編四十卷
（清）舒赫德等編
清同治十一年（1872）江西書局刻本
十二册
十一行二十二字，小字雙行同
白口，四周雙邊
221/011

0207
御撰資治通鑑綱目三編四十卷
（清）舒赫德等編
清光緒六年（1880）山東書局刻本
十二册
十一行二十二字
白口，四周單邊
221/011-2

0208
資治通鑑後編校勘記十五卷
（清）夏震武撰
清光緒二十四年（1898）富陽夏氏刻本
四册
十二行二十一字，小字雙行同
白口，左右雙邊
221/004

0209
資治通鑑後編校勘記十五卷
（清）夏震武撰
清光緒二十四年（1898）富陽夏氏刻本
四册
十二行二十一字，小字雙行同
白口，左右雙邊
221/004部二

0210
資治通鑑後編一百八十四卷
（清）徐乾學編集
清光緒二十四年（1898）富陽夏氏刻本
四十八册
十二行二十一字，小字雙行同
白口，左右雙邊
221/003

0211
通鑑宋本校勘記五卷
（清）張瑛撰
清光緒八年（1882）江蘇書局刻本
一册
十行二十字，小字雙行同
黑口，四周雙邊
221/018

0212
資治通鑑外紀十卷
（宋）劉恕撰 （清）胡克家注補
清光緒十六年（1890）上海積山書局石印本
一册
二十行四十四字，小字雙行同
白口，四周雙邊
221/006部三

斷代之屬

0213
前漢紀三十卷
（漢）荀悦撰
兩漢紀校記二卷
（清）陳璞撰
清光緒二年（1876）嶺南學海堂刻本
七册
十行二十字
白口，左右雙邊
222-34/001

0214
後漢紀三十卷
（晋）袁宏撰
清光緒二年（1876）嶺南學海堂刻本
七册
十行二十字
白口，左右雙邊
251.1/003

0215
皇清開國方略三十二卷首一卷
（清）阿桂等撰
清乾隆五十一年（1786）武英殿刻本
八册

八行二十一字，小字雙行同
白口，四周雙邊
*23-49/006

0216
皇清開國方略三十二卷首一卷
（清）阿桂等撰
清刻本
九册
八行二十一字，小字雙行同
白口，四周雙邊
存二十四卷（卷九至三十二）
23-49/006-2

0217
明紀六十卷
（清）陳鶴撰　（清）陳克家參訂
清同治十年（1871）江蘇書局刻本
二十册
十一行二十四字，小字雙行同
黑口，四周雙邊
222-48/001

0218
明紀六十卷
（清）陳鶴撰　（清）陳克家參訂
清同治十年（1871）江蘇書局刻本
二十册
十一行二十四字，小字雙行同
黑口，四周雙邊
222-48/001部二

0219
明紀六十卷
（清）陳鶴撰　（清）陳克家參訂
清同治十年（1871）江蘇書局刻本
二十册
十一行二十四字，小字雙行同
黑口，四周雙邊
222-48/001部三

0220
明紀六十卷
（清）陳鶴撰　（清）陳克家參訂
清同治十年（1871）江蘇書局刻本
八册
十一行二十四字，小字雙行同
黑口，四周雙邊
存二十四卷（卷三十七至六十）
222-48/001部四

0221
周季編略九卷
（清）黄式三纂
清同治十二年（1873）浙江書局刻儆居遺書本
四册
九行二十二字，小字雙行同
白口，左右雙邊
222-24/001

0222
東華全録四百二十五卷
王先謙編　（清）周潤蕃校
清光緒十三年（1887）欽文書局刻本
三十二册
十三行二十五字，小字雙行同
白口，左右雙邊
存一百七卷（天命卷一至四，天聰卷一至十一，崇德卷一至八，順治卷一至三十六，康熙卷一至四十八）
222-49/001

0223
［咸豐朝］東華續録六十九卷
（清）潘頤福撰　（清）盧秉政校
清光緒二十五年（1899）上海書局石印本
二册
十三行四十字
白口，四周單邊
存二十七卷（卷一至二十七）
222-49/001-2

0224
［同治朝］東華續録一百卷
王先謙編 （清）張式恭校
清光緒二十四年（1898）文瀾書局石印本
二十四册
二十二行四十八字
白口，四周雙邊
222-49/001.2

0225
明通鑑九十卷前編四卷
（清）夏燮編輯
清光緒二十九年（1903）上海點石齋石印本
十五册
二十二行四十五字，小字雙行同
白口，四周雙邊
222.48/001

0226
明通鑑九十卷首一卷前編四卷附編六卷
（清）夏燮編輯
清光緒二十三年（1897）湖北官書處刻本
四十册
十行二十一字，小字雙行同
黑口，四周雙邊
222-48/003

0227
明通鑑九十卷首一卷前編四卷附編六卷
（清）夏燮編輯
清光緒二十三年（1897）湖北官書處刻本
四十册
十行二十一字，小字雙行同
黑口，四周雙邊
222-48/003-2

0228
［光緒朝］東華續録二百二十卷
（清）朱壽朋編 潘鴻鼎校
清宣統元年（1909）上海圖書集成公司鉛印本
六十四册
十三行四十字
白口，四周雙邊
222-49/001.3 部三

0229
［十朝］東華録五百六十七卷
王先謙編 （清）周潤蕃校
清光緒二十五年（1899）石印本
一百三十八册
十四行四十字，小字雙行同
白口，四周雙邊
222-49/001.2 部二

0230
［十朝］東華録五百六十七卷
王先謙編 （清）周潤蕃校
清光緒十三年（1887）上海廣百宋齋鉛印本
一百一十四册
十四行四十字，小字雙行同
白口，四周雙邊
缺八卷（乾隆卷二十三至二十七，同治卷一至三）
222-49/001.2 部三

0231
［十朝］東華録五百二十五卷附同治朝東華續録一百卷
王先謙編 （清）周潤蕃校
清光緒二十五年（1899）石印本
八十一册
二十四行五十字
白口，四周雙邊
缺六十卷（道光卷一至六十）
222-49/001.2 部四

0232
［乾隆朝］東華續録一百二十卷［嘉慶朝］東華續録五十卷
王先謙編 （清）周潤蕃校

清光緒五年（1879）鉛印本
十二册
十四行三十九字
白口，四周單邊
存五十六卷（乾隆卷七十三至一百二十，嘉慶卷一至八）
32/035-2

0233
[道光朝]東華續録六十卷
王先謙編　（清）周潤蕃校
清光緒十七年（1891）上海廣百宋齋鉛印本
六册
十四行四十字
白口，四周雙邊
缺十四卷（卷十九至二十五、卷五十四至六十）
222-49/001-4

0234
[乾隆朝]東華續録一百二十卷
王先謙編　（清）周潤蕃校
清光緒十七年（1891）上海廣百宋齋鉛印本
二十册
十四行四十字
白口，四周雙邊
缺三十五卷（卷四十四至四十六、五十一至五十八、六十五至七十二、八十二至八十六、一百一十至一百二十）
222-49/001-3

0235
[光緒朝]東華續録二百二十卷
（清）朱壽朋編　潘鴻鼎校
清宣統元年（1909）上海圖書集成公司鉛印本
五十四册
十三行四十字
白口，四周雙邊
缺三十五卷（卷一至三十五）
222-49/001.3 部二

紀事本末類

通代之屬

0236
通鑑紀事本末二百三十九卷
（漢）袁樞撰　（明）張溥論正
清光緒十四年（1888）上海書業公所崇德堂鉛印本
二十四册
十五行四十字
白口，四周雙邊
42/396

0237
通鑑紀事本末二百三十九卷
（宋）袁樞撰　（明）張溥論正
清同治十二年（1873）江西書局刻本
八十册
十行二十字，小字雙行同
下黑口，左右雙邊
23-3/001 部二

0238
通鑑紀事本末二百三十九卷
（宋）袁樞撰　（明）張溥論正
清同治十二年（1873）江西書局刻本
八十册
十行二十字，小字雙行同
下黑口，左右雙邊
23-3/001 部三

0239
通鑑紀事本末二百三十九卷
（宋）袁樞撰　（明）張溥論正

清同治十二年（1873）江西書局刻本
二十册
十行二十字，小字雙行同
下黑口，左右雙邊
存六十七卷（卷一至三十二、九十九至一百三十三）

23-3/001 部四

0240
通鑑紀事本末二百三十九卷
（宋）袁樞撰 （明）張溥論正
清光緒十三年（1887）廣雅書局刻本
五十九册
十行二十字，小字雙行同
下黑口，四周單邊
缺十六卷（卷二百二十四至二百三十九）

23-3/001-2

0241
繹史一百六十卷世系圖一卷年表一卷
（清）馬驌撰
清同治七年（1868）刻本
六十一册
十一行二十四字，小字雙行三十六字
白口，左右雙邊

23-2/001

斷代之屬

0242
左傳紀事本末五十三卷
（清）高士奇撰 （清）閔萃祥校勘
清光緒二十六年（1900）廣雅書局刻本
十六册
十行二十字，小字雙行同
下黑口，四周單邊

23-25/001-2

0243
左傳紀事本末五十三卷
（清）高士奇撰 （清）閔萃祥校勘
清光緒十四年（1888）上海書業公所鉛印本
五册
十五行四十字
白口，四周雙邊

42/391-5

0244
左傳紀事本末五十三卷
（清）高士奇撰 （清）閔萃祥校勘
清同治十二年（1873）江西書局刻本
十二册
十行二十字，小字雙行同
黑口，左右雙邊

23-25/001

0245
左傳紀事本末五十三卷
（清）高士奇撰 （清）閔萃祥校勘
清同治十二年（1873）江西書局刻本
八册
十行二十字，小字雙行同
黑口，左右雙邊

23-25/001 部二

0246
三朝北盟會編二百五十卷首一卷附校勘記二卷校勘記補遺一卷
（宋）徐夢莘編集
清光緒四年（1878）鉛印本
四十册
十行二十二字
下黑口，四周雙邊

251.1/005

0247
元史紀事本末二十七卷
（明）陳邦瞻編輯 （明）張溥論正

清光緒十四年（1888）上海書業公所崇德堂鉛印本
二册
十五行四十字
白口，四周雙邊
42/431

0248
元史紀事本末二十七卷
（明）陳邦瞻編輯　（明）張溥論正
清光緒十三年（1887）廣雅書局刻本
四册
十行二十字
下黑口，四周單邊
23-47/001

0249
元史紀事本末二十七卷
（明）陳邦瞻編輯　（明）張溥論正
清同治十三年（1874）江西書局刻本
四册
十行二十字
下黑口，左右雙邊
23-47/001-2

0250
元史紀事本末二十七卷
（明）陳邦瞻編輯　（明）張溥論正
清同治十三年（1874）江西書局刻本
四册
十行二十字
下黑口，左右雙邊
23-47/001-2部二

0251
宋史紀事本末一百九卷
（明）馮琦編　（明）陳邦瞻增訂　（明）張溥論正
清光緒十四年（1888）上海書業公所崇德堂鉛印本
八册
十五行四十字
白口，四周雙邊
42/411

0252
宋史紀事本末一百九卷
（明）馮琦編　（明）陳邦瞻增訂　（明）張溥論正
清同治十三年（1874）江西書局刻本
二十册
十行二十字
下黑口，左右雙邊
23-44/001

0253
宋史紀事本末一百九卷
（明）馮琦編　（明）陳邦瞻增訂　（明）張溥論正
清同治十三年（1874）江西書局刻本
二十册
十行二十字
下黑口，左右雙邊
23-44/001部二

0254
宋史紀事本末一百九卷
（明）馮琦編　（明）陳邦瞻增訂　（明）張溥論正
清光緒十三年（1887）廣雅書局刻本
十册
十行二十字
下黑口，四周單邊
缺六十三卷（卷一至四十九、六十八至七十一、七十九至八十八）
23-44/001部三

0255
平定粵寇紀略十八卷附記四卷
（清）杜文瀾編
清光緒元年（1875）詒穀堂刻本
十册

九行二十一字
白口，左右雙邊
23–49/003

0256
平定粵寇紀略十八卷附記四卷
（清）杜文瀾編
清光緒元年（1875）詒穀堂刻本
七册
九行二十一字
白口，左右雙邊
23–49/003–2

0257
明史紀事本末八十卷
（清）谷應泰編輯 （清）朱記榮校正
清同治十三年（1874）江西書局刻本
二十册
十行二十字
下黑口，左右雙邊
23–48/001

0258
明史紀事本末八十卷
（清）谷應泰編輯 （清）朱記榮校正
清光緒十三年（1887）廣雅書局刻本
二十四册
十行二十字
下黑口，四周單邊
23–48/001–2

0259
明史紀事本末八十卷
（清）谷應泰編輯 （清）朱記榮校正
清刻本
八册
十行二十二字
黑口，四周單邊
存三十九卷（卷十六至五十四）
23–48/001–3

0260
明史紀事本末八十卷
（清）谷應泰編輯 （清）朱記榮校正
清光緒十四年（1888）上海書業公所崇德堂鉛印本
八册
十五行四十字
白口，四周雙邊
42/433

0261
明史紀事本末詳節六卷
（清）谷應泰編輯 林紓重編
清光緒二十八年（1902）五城學堂鉛印本
六册
十行二十四字
白口，四周雙邊
24/258–263

0262
金史紀事本末五十二卷首一卷
（清）李有棠編纂
清光緒二十七年（1901）廣雅書局刻本
六册
十行二十字，小字雙行同
下黑口，四周單邊
23–46/001

0263
金史紀事本末五十二卷首一卷末一卷
（清）李有棠編纂
清光緒二十九年（1903）李栘鄂樓刻本
十二册
十行二十字，小字雙行同
下黑口，左右雙邊
23–46/001–2

0264
遼史紀事本末四十卷首一卷末一卷
（清）李有棠編纂

清光緒二十六年（1900）廣雅書局刻本
六册
十一行二十字，小字雙行同
下黑口，四周單邊
23-46/001：2

0265
遼史紀事本末四十卷首一卷末一卷
（清）李有棠編纂
清光緒二十九年（1903）李柂鄂樓刻本
八册
十行二十字，小字雙行同
下黑口，左右雙邊
23-46/001：2-2

0266
聖武記十四卷
（清）魏源撰
清道光二十四年（1844）古微堂刻本
十三册
十行二十一字，小字雙行同
白口，四周雙邊
23-49/001

0267
聖武記十四卷
（清）魏源撰
清道光二十四年（1844）古微堂刻本
十二册
十行二十一字，小字雙行同
白口，四周雙邊
23-49/001-2

0268
聖武記十四卷
（清）魏源撰
清道光二十四年（1844）古微堂刻本
八册
十行二十一字，小字雙行同
白口，四周雙邊
缺四卷（卷二至四、十四）
23-49/001-3

0269
三藩紀事本末二十二卷
（清）楊陸榮編　（清）朱記榮校定
清光緒十四年（1888）上海書業公所崇德堂鉛印本
一册
十五行四十字
白口，四周雙邊
42/440

0270
西夏紀事本末三十六卷首二卷
（清）張鑑撰
清光緒十一年（1885）金陵刻本
三册
十二行二十五字
黑口，左右雙邊
23-45/001

0271
西夏紀事本末三十六卷首二卷
（清）張鑑撰
清光緒十四年（1888）上海書業公所崇德堂鉛印本
一册
十五行四十字，小字雙行同
白口，四周雙邊
缺十九卷（卷十八至三十六）
23-45/001-2 部二

0272
西夏紀事本末三十六卷年表一卷
（清）張鑑撰
清光緒十年（1884）江蘇書局刻本
二册
十二行二十五字
白口，左右雙邊
存二十卷（卷十七至三十六）
23-45/001.2

0273
西夏紀事本末三十六卷年表一卷
（清）張鑑撰
清光緒十年（1884）江蘇書局刻本
四册
十二行二十五字
白口，左右雙邊
23–45/001–2

0274
西夏紀事本末三十六卷年表一卷
（清）張鑑撰
清光緒十年（1884）江蘇書局刻本
三册
十二行二十五字
白口，左右雙邊
23–45/001–3

0275
東方兵事紀略六卷
姚錫光撰
清光緒二十三年（1897）武昌刻本
三册
九行二十二字，小字雙行同
黑口，左右雙邊
24–49/023

0276
東方兵事紀略六卷
姚錫光撰
清光緒二十三年（1897）武昌刻本
三册
九行二十二字，小字雙行同
黑口，左右雙邊
存三卷（卷一至三）
24–49/023–2

雜史類

通代之屬

0277
國語二十一卷
（周）左丘明撰　（三國吴）韋昭注
札記一卷
（清）黄丕烈撰
考异四卷
（清）汪遠孫撰
清同治八年（1869）湖北崇文書局刻本
五册
十一行二十字，小字雙行不等
白口，左右雙邊
21–24/002–2

0278
國語二十一卷
（周）左丘明撰　（三國吴）韋昭注
札記一卷
（清）黄丕烈撰
考异四卷
（清）汪遠孫撰
清同治八年（1869）湖北崇文書局刻本
五册
十一行二十字，小字雙行不等
白口，左右雙邊
21–24/002–2 部二

0279
國語二十一卷
（周）左丘明撰　（三國吴）韋昭注
札記一卷
（清）黄丕烈撰
清光緒二十七年（1901）上海鴻寶齋石印本
三册
十四行字數不等，小字雙行不等
白口，四周雙邊
54/580

0280
戰國策三十三卷
（漢）高誘注
清光緒二十七年（1901）上海鴻寶齋石印本
五册
十四行三十字，小字雙行同
白口，四周雙邊
55/583–586

0281
戰國策三十三卷
（漢）高誘注
清同治八年（1869）湖北崇文書局刻本
五册
十一行二十字，小字雙行同
白口，左右雙邊
24–31/001部二

0282
路史前紀九卷後紀十三卷國名紀七卷國姓衍慶紀原一卷發揮六卷餘論十卷
（宋）羅泌撰　（宋）羅苹注
清嘉慶六年（1801）刻本
二十四册
八行二十字，小字雙行同
白口，左右雙邊
24–2/001

0283
路史前紀九卷後紀十三卷餘論十卷發揮六卷國姓衍慶紀原一卷路史國名紀七卷
（宋）羅泌撰　（宋）羅苹注　（明）喬可傳校
清同治四年（1865）刻本
十四册
十行二十字，小字雙行同
白口，四周單邊
212.1/001

0284
國語補音三卷
（宋）宋庠撰
札記一卷
（清）錢保塘撰
清光緒二年（1876）成都吴氏尊經書院刻本
一册
十行二十字，小字雙行同
白口，左右雙邊
24–24/003

斷代之屬

0285
周書王會補注一卷
（晋）孔晁傳　（宋）王應麟補注
清光緒九年（1883）浙江書局刻本
一册
十行二十字，小字雙行同
白口，左右雙邊
251.1/041

0286
卓异記一卷
（唐）李翺撰
廣卓异記二十卷
（宋）樂史撰
清道光二十七年（1847）宜黄黄氏仙屏書屋木活字印本
一册
十行二十六字，小字雙行同
白口，四周雙邊
451/027

0287
渚宫舊事五卷補遺一卷
（唐）余知古撰
清光緒十一年（1885）朱氏槐廬家塾刻平津館叢書本
一册
十一行二十字，小字雙行同
白口，左右雙邊
24/005

0288
元朝秘史十卷續集二卷
(元)□□撰
清光緒三十四年(1908)長沙葉氏觀古堂刻本
六册
十行字數不等
黑口，左右雙邊
24–47/002

0289
三朝野紀七卷
(明)李遜之輯
清道光刻本
六册
九行十九字，小字雙行同
白口，四周單邊
24–48/002

0290
荆駝逸史
(清)陳湖逸士輯
清道光古槐山房木活字印本
三十九册
八行十七字
白口，四周雙邊
存四十四種七十五卷
子目：
三朝野紀七卷 (明)李遜之撰
東林事略三卷 (明)吴應箕撰
啓禎兩朝剥復録三卷 (明)吴應箕撰
汴圍濕襟録一卷 (明)白愚撰
所知録三卷 (清)錢澄之撰
熹朝忠節死臣列傳一卷 (明)吴應箕撰
甲申紀變實録一卷 (明)錢邦芑撰
甲申忠佞記事一卷 (明)錢邦芑撰
甲申紀事一卷 (清)程正揆撰
北使紀略一卷 (明)陳洪範撰
聖安本紀六卷 (清)顧炎武撰
江陰城守紀二卷 (清)韓菼撰
荆溪盧司馬殉忠實録一卷 (明)許德士撰
袁督師計斬毛文龍始末一卷 (清)李清撰
入長沙記一卷 (清)丁大任撰
粤中偶紀録一卷 (明)華復蠡撰
航澥遺聞一卷 (明)汪光復撰
平屬紀事一卷 (清)虞山逸民撰
李仲達被逮紀略一卷 (明)蔡士順撰
念陽徐公定蜀紀一卷 (明)文震孟撰
攻渝紀事一卷 (明)徐如珂撰
遇變紀略一卷 (明)聾道人撰
四王合傳一卷 (清)佚名撰
江變紀略二卷 (清)徐世溥撰
東塘日劄二卷 (清)朱子素撰
滄洲紀事一卷 (清)程正揆撰
仿指南録一卷 (明)范康生撰
甲行日注八卷 (明)木拂撰
恩恤諸公志略二卷 (明)孫慎行撰
孫高陽前後督師略跋一卷 (明)蔡鼎撰
閩游月記二卷 (明)華廷獻撰
風倒梧桐記二卷 (明)何是非撰
揚州十日記一卷 (清)王秀楚撰
庚寅十一月初五日始安事略一卷 (清)翟元錫撰
平回記略一卷 (清)□□撰
開國平吴事略一卷 (清)南園嘯客撰
人變述略一卷 (明)黄煜撰
全吴紀略一卷 (明)楊廷樞撰
歷年城守記一卷 (清)王度撰
明亡述略二卷 (清)鎖録山人撰
平定耿逆記一卷 (清)李之芳撰
錢氏家變録一卷 (清)錢孫愛輯
兩粤夢游記一卷 (明)馬光撰
平臺紀略一卷 (清)藍鼎元撰 (清)王者輔評
214./002

0291
明季南略十八卷北略二十四卷
（清）計六奇編
清光緒十三年（1887）上海圖書集成局鉛印本
十册
十三行四十字
白口，四周單邊
24/07

0292
國朝事略六卷
（清）金陵江楚編譯官書局編
清光緒三十四年（1908）長沙湖南中學堂木活字印本
二册
九行二十四字，小字雙行同
下黑口，四周雙邊
212–49/002

0293
山東軍興紀略二十二卷
（清）徑北草堂編撰
清同治十三年（1874）濟南書局刻本
十册
十行二十一字，小字雙行同
白口，四周雙邊
23–49/007

0294
平叛記二卷
（清）毛霦編
清康熙五十五年（1716）刻本
二册
九行二十字，小字雙行同
白口，左右雙邊
*24/001

0295
拳匪紀略八卷前編二卷後編二卷
（清）僑析生輯
清光緒二十九年（1903）上洋書局石印本
六册
十五行三十六字
上黑口，四周雙邊
24–49/015

0296
平浙紀略十六卷
（清）秦緗業撰　（清）陳鍾英撰
清同治十三年（1874）刻本
四册
十行二十三字
白口，四周雙邊
23–49/002

0297
湘軍記二十卷
（清）王定安撰
清光緒十五年（1889）江南書局刻本
十二册
九行二十二字
白口，四周雙邊
24–49/011

0298
周書十卷逸文一卷
（清）朱右曾集訓校釋
清光緒三年（1877）湖北崇文書局刻本
二册
十二行二十四字，小字雙行同
黑口，四周雙邊
24–24/001

外紀之屬

0299
西巡大事本末記六卷
（日本）吉田良太郎譯　（清）八咏樓主人録

清光緒二十七年（1901）上海書局石印本
六册
十六行三十六字
上黑口，四周單邊
24-49/002

0300
支那通史七卷
（日本）那珂通世編
清光緒二十五年（1899）上海東文學社石印本
二册
十三行二十五字，小字雙行不等
白口，左右雙邊
存三卷（卷一、三至四）
24/06-2

0301
支那通史七卷
（日本）那珂通世編
清光緒二十五年（1899）上海東文學社石印本
四册
十三行二十五字，小字雙行不等
白口，左右雙邊
存三卷（卷一至三）
24/06

0302
庚子海外紀事四卷
吕海寰編
清光緒二十七年（1901）上海辦理商約行轅鉛印本
四册
十行二十五字，小字雙行同
白口，四周雙邊
24-49/018

0303
庚子海外紀事四卷
吕海寰編
清光緒二十七年（1901）上海辦理商約行轅鉛印本
四册
十行二十五字，小字雙行同
白口，四周雙邊
24-49/018部二

載記類

0304
皇朝藩部要略十八卷附表四卷
（清）祁韵士纂　（清）毛嶽生編
清光緒十年（1884）浙江書局刻本
八册
十行二十一字，小字雙行同
白口，左右雙邊
222-49/006

0305
十六國春秋一百卷
（北魏）崔鴻撰
崔鴻本傳一卷
（北齊）魏收撰
清光緒十二年（1886）湖北官書處刻本
十二册
十一行二十三字，小字雙行同
白口，四周雙邊
212-38/001

0306
十六國春秋輯補一百卷年表一卷十六國春秋纂録校本十卷校勘記一卷
（清）湯球輯
清光緒二十一年（1895）廣雅書局刻本
十一册
十一行二十四字，小字雙行同
黑口，四周單邊
212-38/002

0307
十國春秋一百十六卷備考一卷
（清）吴任臣撰
清乾隆五十三年（1788）海虞顧氏小石山房刻本
二十册
十行二十一字，小字雙行同
白口，左右雙邊
*212-43/003

0308
小腆紀年附考二十卷
（清）徐鼒撰
清咸豐十一年（1861）刻本
十六册
十一行二十三字，小字雙行同
白口，四周雙邊
24-48/001

史表類

通代之屬

0309
補歷代史表五十三卷
（清）萬斯同輯
清康熙三十一年（1692）刻本
四册
行數不等字數不等，小字雙行不等
白口，四周單邊
*25/001

0310
歷代帝王年表不分卷
（清）齊召南編　（清）阮福續編
清道光四年（1824）阮氏小琅嬛仙館刻本
四册
八行二十四字，小字雙行三十六字
黑口，左右雙邊
25/004

0311
歷代帝王年表不分卷
（清）齊召南編　（清）阮福續編
清道光四年（1824）阮氏小琅嬛仙館刻本
四册
八行二十四字，小字雙行三十六字
黑口，左右雙邊
25/004部二

0312
歷代史表五十九卷首一卷
（清）萬斯同撰
清光緒十五年（1889）廣雅書局刻廣雅書局叢書本
九册
行數不等字數不等，小字雙行不等
黑口，四周單邊
25/015

0313
史表功比説一卷
（清）張錫瑜撰
清光緒十四年（1888）廣雅書局刻本
一册
十一行二十四字，小字雙行同
黑口，四周單邊
211/013

0314
史鑑年表彙編十四卷
（清）蕭承笏編
清光緒十年（1884）江右養雲書屋刻本
一册
十行二十四字，小字雙行同
白口，左右雙邊
存二卷（卷一至二）
251.1/024

0315
史目表一卷
（清）洪飴孫撰
清光緒二十五年（1899）京都官書局石印本
一册
十二行二十四字，小字雙行四十八字
白口，左右雙邊
251.1/006

斷代之屬

0316
北宋經撫年表二卷
吴廷燮撰
清宣統三年（1911）鉛印本
二册
行數不等二十九字，小字雙行不等
下黑口，四周雙邊
212-44/003

0317
北宋經撫年表二卷
吴廷燮撰
清宣統三年（1911）鉛印本
二册
行數不等二十九字，小字雙行不等
下黑口，四周雙邊
212-44/003 部二

0318
後漢三公年表一卷
（清）華湛恩撰
清光緒十七年（1891）廣雅書局刻本
一册
行數不等字數不等，小字雙行不等
黑口，四周單邊
212-34/014

0319
後漢書補表八卷
（清）錢大昭撰
清光緒十七年（1891）廣雅書局刻本
三册
行數不等字數不等，小字雙行不等
黑口，四周單邊
212-34/015

0320
歷代帝王年表三卷
（清）齊召南編
清光緒十二年（1886）蘇州掃葉山房刻本
二册
八行二十四字，小字雙行三十三字
黑口，左右雙邊
25/05

0321
南北史年表一卷世系表五卷帝王世系表一卷
（清）周嘉猷撰
清光緒十八年（1892）廣雅書局刻本
四册
十一行二十四字，小字雙行不等
黑口，四周單邊
212-39/002

0322
三國紀年表一卷
（清）周嘉猷撰
清光緒十七年（1891）廣雅書局刻本
一册
行數不等字數不等
黑口，四周單邊
212-36/008

0323
元史氏族表三卷
（清）錢大昕撰
清末江蘇書局刻本

二册
十二行二十五字，小字雙行不等
白口，左右雙邊
212–47/005

0324
元史氏族表三卷
（清）錢大昕撰
清光緒二十年（1894）廣雅書局刻本
二册
十一行二十四字，小字雙行不等
黑口，四周單邊
212–47/005–2

0325
元史氏族表三卷
（清）錢大昕撰
清光緒二十年（1894）廣雅書局刻本
二册
十一行二十四字，小字雙行不等
黑口，四周單邊
212–47/005–2部二

史抄類

通代之屬

0326
人壽金鑑二十二卷
（清）程得齡輯
清嘉慶二十五年（1820）刻本
六册
十二行二十四字，小字雙行同
黑口，左右雙邊
31/013

0327
廿二史紀事提要八卷
（清）吴綬纂　（清）吴培源校刊　（清）陸錦　（清）吴承烈訂
清乾隆十一年（1746）刻本
三册
十行二十四字，小字雙行同
白口，四周單邊
缺三卷（卷二至四）
211/015

0328
廿一史約編八卷首一卷後編一卷
（清）鄭元慶述
清漁古山房刻本
八册
九行二十一字，小字雙行同
白口，四周單邊
缺二卷（卷首，後編一卷）
212/03

0329
廿一史約編八卷首一卷
（清）鄭元慶述
清魚計亭刻本
八册
九行二十一字，小字雙行同
白口，四周單邊
212/03–2

0330
史略八十七卷
（清）朱堃輯
清同治六年（1867）刻本
二十册
十行二十五字，小字雙行同
白口，左右雙邊
25/002

斷代之屬

0331
南朝史精語十卷
（宋）洪邁撰

札記一卷
繆荃孫撰
清光緒三十一年（1905）江陰繆氏刻對雨樓叢書本
二册
十行十八字，小字雙行不等
白口，左右雙邊
212–39/014

史評類

史論之屬

0332
史通削繁四卷
（唐）劉知幾撰 （清）紀昀削繁 （清）浦起龍注
清道光十三年（1833）兩廣節署朱墨套印本
四册
十行二十一字，小字雙行同
白口，左右雙邊
26/005–2

0333
史通削繁四卷
（唐）劉知幾撰 （清）紀昀削繁 （清）浦起龍注
清道光十三年（1833）兩廣節署朱墨套印本
四册
十行二十一字，小字雙行同
白口，左右雙邊
26/005–2部二

0334
史通削繁四卷
（唐）劉知幾撰 （清）紀昀削繁 （清）浦起龍注
清道光十三年（1833）兩廣節署朱墨套印本
四册
十行二十一字，小字雙行同
白口，左右雙邊
04/155

0335
史通削繁四卷
（唐）劉知幾撰 （清）紀昀削繁 （清）浦起龍注
清光緒元年（1875）湖北崇文書局刻本
四册
十行二十一字，小字雙行同
白口，左右雙邊
26/005

0336
史通通釋二十卷
（唐）劉知幾撰 （清）浦起龍釋
清光緒二十五年（1899）上海通時書局石印本
八册
九行二十二字，小字雙行同
白口，左右雙邊
212/001

0337
東萊先生音注唐鑑二十四卷
（宋）范祖禹撰 （宋）吕祖謙注
清光緒十八年（1892）浙江書局刻本
四册
九行十八字，小字雙行同
黑口，左右雙邊
222–42/001–2

0338
通鑑論三卷附稽古録論一卷
（宋）司馬光撰 （清）伍耀光輯録
清光緒二十四年（1898）上海菁華閣刻本
四册

十行二十二字，小字雙行同
黑口，左右雙邊

26/018

0339
歷代史論十二卷宋史論三卷元史論一卷
（明）張溥撰
明史論四卷
（清）谷應泰撰
左傳史論二卷
（清）高士奇撰
清光緒文餘堂刻本
十册
十一行二十一字，小字雙行同
黑口，左右雙邊

26/007

0340
歷代史論十二卷宋史論三卷元史論一卷
（明）張溥撰
明史論四卷
（清）谷應泰撰
左傳史論二卷
（清）高士奇撰
清光緒文餘堂刻本
八册
十一行二十一字，小字雙行同
黑口，左右雙邊

26/007 部二

0341
欽定古今儲貳金鑑六卷首一卷
（清）高宗弘曆撰
清光緒二十一年（1895）浙江官書局刻本
四册
八行二十一字
白口，四周雙邊

2711/020

0342
欽定古今儲貳金鑑六卷首一卷
（清）高宗弘曆撰
清光緒二十一年（1895）浙江官書局刻本
二册
八行二十一字
白口，四周雙邊
存四卷（卷一至四）

2711/020-2

0343
欽定古今儲貳金鑑六卷首一卷
（清）高宗弘曆撰
清光緒二十一年（1895）浙江官書局刻本
四册
八行二十一字
白口，四周雙邊

2711/021

0344
史通訓故補二十卷
（清）黄叔琳撰
清乾隆刻本
一册
九行十九字，小字雙行同
白口，左右雙邊
存二卷（卷九至十）

26/019

0345
讀史大略六十卷
（清）沙張白撰
小沙子史略一卷
（清）沙晋撰
清道光二十五年（1845）刻本
十二册
十二行二十二字
白口，四周雙邊

26/011

0346
讀通鑑論三十卷
（清）王夫之撰
清光緒二十四年（1898）慎記書莊石印本

五册
十七行三十八字
白口，四周雙邊
存二十二卷（卷一至六、十一至二十六）
26/013-2

0347
宋論十五卷
（清）王夫之撰
清光緒二十四年（1898）慎記書莊石印本
二册
十七行三十八字
白口，四周雙邊
26/015

0348
王船山經史論八種
（清）王夫之撰
清光緒二十五年（1899）慎記書莊石印本
十六册
十七行三十八字
白口，四周雙邊
子目：
周易外傳七卷
尚書引義六卷
春秋家説三卷
春秋世論五卷
詩廣傳五卷
續春秋左氏傳博議二卷
讀通鑑論三十卷
宋論十五卷
26-1/003

史學之屬

0349
讀史札記一卷
（清）盧文弨撰
清光緒刻聚學軒叢書本
一册
十一行二十一字
黑口，左右雙邊
26/012

0350
文史通義八卷
（清）章學誠撰
清光緒二十五年（1899）三味堂刻本
七册
十行二十一字
黑口，左右雙邊
383/020部五

0351
文史通義八卷補編一卷校讎通義三卷
（清）章學誠撰
清光緒二十三年（1897）刻本
六册
十二行二十二字，小字雙行同
黑口，左右雙邊
26/002

0352
文史通義八卷校讎通義三卷
（清）章學誠撰
清道光十二年至十三年（1832—1833）刻本
五册
十二行二十五字，小字雙行同
白口，四周單邊
383/020

0353
文史通義八卷校讎通義三卷
（清）章學誠撰
清道光十二年至十三年（1832—1833）刻本
五册
十二行二十五字，小字雙行同
白口，四周單邊
383/020部二

0354
文史通義八卷校讎通義三卷
（清）章學誠撰
清光緒二十四年（1898）長沙經文書局刻本
八册
十行二十一字
黑口，左右雙邊
383/020部三

0355
文史通義八卷校讎通義三卷
（清）章學誠撰
清道光十二年至十三年（1832—1833）刻本
四册
十二行二十五字，小字雙行同
白口，四周單邊
383/020部四

考訂之屬

0356
讀史舉正八卷
（清）張熷撰
清光緒十七年（1891）廣雅書局刻本
二册
十一行二十四字，小字雙行同
黑口，四周單邊
26/008

0357
廿二史考异一百卷
（清）錢大昕撰
清光緒二十年（1894）廣雅書局刻本
十八册
十一行二十四字，小字雙行同
黑口，四周單邊
26/002

0358
廿二史劄記三十六卷首一卷補遺一卷
（清）趙翼撰
清光緒二十年（1894）廣雅書局刻本
十册
十一行二十四字，小字雙行同
黑口，四周單邊
26/003

0359
廿二史劄記三十六卷補遺一卷
（清）趙翼撰
清光緒三十一年（1905）上海廣益書局鉛印本
八册
二十行四十四字
黑口，四周雙邊
26/003-2

0360
廿二史劄記三十六卷補遺一卷
（清）趙翼撰
清光緒鉛印本
三册
十六行三十六字
黑口，四周雙邊
存十八卷（卷一至十八）
26/003-3

0361
廿二史劄記三十六卷補遺一卷
（清）趙翼撰
清嘉慶五年（1800）刻本
十一册
十一行二十一字，小字雙行三十二字
白口，左右雙邊
*26/003-3

0362
廿二史劄記三十六卷
（清）趙翼撰
清刻本

八册
十一行二十一字
白口，左右雙邊
缺十八卷（卷一至十八）
26/003-4

0363
十七史商榷一百卷
（清）王鳴盛撰
清光緒十九年（1893）廣雅書局刻本
十四册
十一行二十字，小字雙行同
黑口，四周單邊
26/001

0364
王會篇箋釋三卷
（清）何秋濤撰
清光緒十七年（1891）江蘇書局刻本
三册
十一行二十一字，小字雙行同
下黑口，左右雙邊
141/001

0365
王會篇箋釋三卷
（清）何秋濤撰
清光緒十七年（1891）江蘇書局刻本
三册
十一行二十一字，小字雙行同
下黑口，左右雙邊
141/001 部二

0366
王會篇箋釋三卷
（清）何秋濤撰
清光緒十七年（1891）江蘇書局刻本
一册
十一行二十一字，小字雙行同
下黑口，左右雙邊
存一卷（卷三）
141/001 部三

0367
新舊唐書互證二十卷
（清）趙紹祖撰
清光緒十七年（1891）廣雅書局刻本
四册
十一行二十四字，小字雙行同
黑口，四周單邊
212-42/004

傳記類

總傳之屬

斷代

0368
漢事會最人物志三卷
（清）惠棟輯
清光緒二十一年（1895）元和江氏湖南使院刻本
二册
十一行二十三字，小字雙行同
黑口，左右雙邊
2712-34/001

0369
國朝耆獻類徵初編七百二十卷
（清）李桓輯
清刻本
七十七册
十行二十五字
白口，四周雙邊
存一百四十五卷（卷二十一至四十、一百四十九至一百五十六、一百六十九至一百七十二、一百七十五至一百七十六、一百八十五至一百八十六、二百七至二百八、二百十三至二百六十六、二百七十至二百七十六、二百八十五至三百、三百三十五至三百三十六、三百五十一至三百五十四、三百五十七至三百五十八、三百七十三至三百八十六、四百三十七至四百四十二、四百五十九至四百六十）

2712–49/019

0370

國朝耆獻類徵初編七百二十卷

（清）李桓輯

清刻本

十三册

十行二十五字

白口，四周雙邊

存二十四卷（卷二十五至三十、卷二百三十三至二百四十八、卷二百六十一至二百六十二）

2712–49/019–2

0371

國朝先正事略六十卷

（清）李元度纂

清光緒十三年（1887）上海點石齋石印本

八册

二十行四十字

白口，四周雙邊

271.2/002

0372

國朝先正事略六十卷

（清）李元度纂

清同治五年（1866）循陔草堂刻本

二十四册

十行二十四字，小字雙行同

白口，左右雙邊

2712–49/006

0373

國朝先正事略六十卷

（清）李元度纂

清同治五年（1866）循陔草堂刻本

二十三册

十行二十四字，小字雙行同

白口，左右雙邊

缺一卷（卷一）

2712–49/006部二

0374

國朝先正事略六十卷

（清）李元度纂

清同治五年（1866）循陔草堂刻本

二十四册

十行二十四字，小字雙行同

白口，左右雙邊

2712–49/006部三

0375

國朝先正事略六十卷

（清）李元度纂

清石印本

八册

二十行四十字

白口，四周雙邊

缺三卷（卷一至三）

2712–49/006–3

0376

文獻徵存録十卷

（清）錢林輯　（清）王藻編

清咸豐八年（1858）有嘉樹軒刻本

十册

十一行二十一字，小字雙行同

白口，左右雙邊

2712–49/012

0377

文獻徵存録十卷

（清）錢林輯　（清）王藻編

清咸豐八年（1858）有嘉樹軒刻本

十册

十一行二十一字，小字雙行同

白口，左右雙邊

2712–49/012部二

0378
碑傳集一百六十卷首二卷末二卷
（清）錢儀吉纂輯
清光緒十九年（1893）江蘇書局刻本
六十册
十六行二十七字
黑口，四周單邊
2712–49/014

0379
碑傳集一百六十卷首二卷末二卷
（清）錢儀吉纂輯
清光緒十九年（1893）江蘇書局刻本
二十八册
十六行二十七字
黑口，四周單邊
缺八十七卷（卷首一至二、卷一至八十一、一百二十三至一百二十六）
2712–49/014–2

0380
昭代名人尺牘小傳二十四卷
（清）吴修編
清道光六年（1826）藏修書屋刻本
二册
九行二十字
黑口，左右雙邊
251.1/026

0381
涇川文載小傳一卷
（清）鄭相如編
清道光十七年（1837）刻本
一册
十行二十二字，小字雙行同
白口，左右雙邊
2711/024

0382
國朝先正事略續編三十卷
朱孔彰撰
清光緒二十六年（1900）石印本
四册
二十三行五十字
白口，四周雙邊
存四卷（卷一至四）
2712–49/006.2

技藝

0383
疇人傳四十六卷續六卷
（清）阮元撰 （清）羅士琳續編
清光緒八年（1882）海鹽張敬常惺齋刻本
十二册
十行二十字，小字雙行同
白口，左右雙邊
2711/004

0384
疇人傳四十六卷續六卷
（清）阮元撰 （清）羅士琳續編
清光緒八年（1882）海鹽張敬常惺齋刻本
十二册
十行二十字，小字雙行同
白口，左右雙邊
2711/004部二

0385
疇人傳四十六卷續六卷
（清）阮元撰 （清）羅士琳續編
清光緒八年（1882）海鹽張敬常惺齋刻本
十二册
十行二十字，小字雙行同
白口，左右雙邊
2711/004部三

0386
國朝畫徵録三卷附録一卷續録二卷强恕齋圖畫精義識一卷
（清）張庚撰 （清）蔣泰 （清）湯之昱校
清乾隆四年（1739）刻本
四册

十行二十一字，小字雙行同
黑口，四周單邊
*2712-49/018

0387
歷代畫史彙傳七十二卷首一卷書目一卷總目三卷附録二卷
（清）彭蘊璨編
清光緒八年（1882）掃葉山房刻本
七册
八行二十字，小字雙行同
黑口，四周雙邊
缺五十七卷（卷十六至七十二）
07/190

0388
歷代畫史彙傳七十二卷首一卷附録二卷目録三卷引證書目一卷
（清）彭蘊璨編
清光緒五年（1879）京都善成堂刻本
三十二册
八行二十字，小字雙行同
黑口，四周雙邊
2711/028

0389
墨林今話十八卷
（清）蔣寶齡撰
墨林今話續編一卷
（清）蔣茝生撰
清咸豐二年（1852）刻本
六册
十行二十一字，小字雙行同
白口，四周單邊
251.1/010

0390
歐鉢羅室書畫過目考四卷首一卷附録一卷
（清）李玉棻編輯
清光緒二十三年（1897）刻本
四册
十一行二十五字
白口，四周雙邊
29/326-329

0391
無聲詩史七卷
（清）姜紹書撰
清藏修書屋刻本
一册
九行二十字，小字雙行同
黑口，左右雙邊
存四卷（卷四至七）
251.1/039

君臣

0392
宋名臣言行録前集十卷後集十四卷續集八卷别集二十六卷外集十七卷
（宋）□□輯
清同治七年（1868）臨川桂氏刻本
十二册
十二行二十三字，小字雙行同
黑口，左右雙邊
2712-44/001

0393
宋名臣言行録前集十卷後集十四卷續集八卷别集二十六卷外集十七卷
（宋）□□輯
清同治七年（1868）臨川桂氏刻本
十二册
十二行二十三字，小字雙行同
黑口，左右雙邊
2712-44/001-2

0394
涑水記聞十六卷
（宋）司馬光撰
清同治十三年（1874）江西書局刻武英殿聚珍本
四册
九行二十一字

白口，四周雙邊

451/018

0395
涑水紀聞十六卷補遺一卷
（宋）司馬光撰
清光緒三年（1877）湖北崇文書局刻本
四册
十二行二十四字
黑口，四周雙邊

451/018-2

0396
宋朱晦菴先生名臣言行録前集十卷
（宋）朱熹輯 （宋）李幼武纂集 （明）張采評閱
明崇禎十一年（1638）聚錦堂刻本
二十四册
十行二十字，小字雙行同
白口，左右雙邊

*271/001

0397
滿洲名臣傳四十八卷漢名臣傳三十二卷
（清）國史館編
清琉璃廠榮錦書屋刻本
八十册
九行十七字，小字雙行同
白口，四周單邊

2712-49/002

0398
貳臣傳十二卷
（清）國史館編
清道光琉璃廠半松居士木活字印本
六册
九行二十字
白口，四周單邊

2712-49/003

0399
逆臣傳四卷
（清）國史館編
清道光琉璃廠半松居士木活字印本
二册
九行二十字
白口，左右雙邊

2712-49/004

0400
全史吏鑑十卷
（清）張祥雲輯
清嘉慶八年（1803）刻本
六册
十行二十一字
白口，左右雙邊

2711/016

0401
廉吏傳三卷續編一卷
（清）張允掄撰 （清）張丙嘉校訂
清光緒二十二年（1896）蓮池書局刻本
四册
十一行二十四字
白口，四周雙邊

2711/007

0402
歷代名臣言行録二十四卷
（清）朱桓編 （清）潘永季校定 （清）許時庚重校
清光緒二十八年（1902）鴻寶書局石印本
十一册
二十行四十四字，小字雙行同
白口，四周單邊
缺二卷（卷十三至十四）

2711/005

0403
歷代名臣言行録二十四卷
（清）朱桓編 （清）潘永季校定 （清）許時庚重校
清光緒十六年（1890）廣百宋齋石印本
十二册
十五行四十四字

白口，四周雙邊

271.1/02

0404

歷代名臣言行録二十四卷首一卷

（清）朱桓編　（清）潘永季校定　（清）許時庚重校

清光緒三十年（1904）上海商務印書館鉛印本

七册

二十一行四十六字，小字雙行同

白口，四周單邊

缺三卷（卷三至五）

2711/005-2

0405

歷代名臣傳續編五卷首一卷

（清）朱軾　（清）蔡世遠訂

清刻本

二册

九行二十二字

白口，左右雙邊

2711/010

0406

歷代循吏傳八卷

（清）朱軾　（清）蔡世遠輯

清雍正七年（1729）刻本

四册

九行二十二字

白口，左右雙邊

2711/014

0407

泰西政治學者列傳一卷

（日本）杉山藤次郎編　（清）廣東青年述譯

清光緒二十八年（1902）上海廣智書局鉛印本

一册

十二行三十字

白口，四周雙邊

2101/003

郡邑

0408

於越先賢像傳贊二卷

（清）王齡撰　（清）任熊繪

清光緒三年（1877）刻本

二册

八行十八字

白口，四周單邊

2711/021

0409

金陵通傳四十五卷補遺四卷姓名韵編一卷

陳作霖纂述

清光緒三十年（1904）瑞華館刻本

十册

十三行三十字，小字雙行同

白口，左右雙邊

2711/001

0410

桐城耆舊傳十二卷

馬其昶撰

清宣統三年（1911）刻本

六册

十行二十一字

白口，左右雙邊

2711/027

0411

本朝京省人物考一百十五卷

（明）過庭訓纂集

明刻本

三十三册

十行二十字

白口，四周單邊

缺二十四卷（卷十一至三十四）

*2712-48/005

0412

楚寶四十卷附外編五卷

（明）周聖楷輯

清道光九年（1829）刻本
二十六册
十行二十二字
白口，左右雙邊
298/007

0413
有明於越三不朽名賢圖贊不分卷
（明）張岱撰
清光緒十四年（1888）山陰陳錦刻本
一册
八行二十字
白口，四周雙邊
2712–48/003

0414
吴郡名賢圖傳贊二十卷
（清）顧沅輯　（清）孔繼堯繪
清道光九年（1829）長洲顧氏刻本
十册
十二行二十六字
白口，左右雙邊
2711/003

歷代

0415
碧血録五卷
（清）莊仲方撰　（清）夏鸞翔繪圖
清光緒八年（1882）上海同文書局石印本
五册
十一行二十三字
白口，左右雙邊
2711/011

0416
廿二史言行略四十二卷
（清）過元晈輯
清嘉慶十五年（1810）拜經齋刻本
二十四册
十行二十四字，小字雙行同
白口，左右雙邊
*25/003

列女

0417
歷代名賢列女氏姓譜一百五十七卷
（清）蕭智漢撰
清乾隆五十七年（1792）聽濤山房刻本
九十七册
十三行二十二字
白口，四周雙邊
缺九卷（卷一百三、一百二十五至一百二十九、一百四十七至一百四十九）
2711/008

0418
典故列女傳四卷
（明）解縉撰
清嘉慶刻本
二册
九行十七字，小字雙行同
白口，左右雙邊
18/05

人表

0419
漢書人表考九卷
（清）梁玉繩撰
漢書人表考校補一卷
（清）蔡雲撰
漢書人表考附録一卷
（清）梁學昌輯
清光緒十四年（1888）廣雅書局刻本
四册
十一行二十四字，小字雙行同
黑口，四周單邊
211/003

0420
漢書人表考九卷
（清）梁玉繩撰
漢書人表考校補一卷
（清）蔡雲撰
漢書人表考附録一卷
（清）梁學昌輯
清光緒十四年（1888）廣雅書局刻本
四册
十一行二十四字，小字雙行同
黑口，四周單邊
211/003部二

0421
漢書人表考校補一卷
（清）蔡雲撰
清光緒十四年（1888）廣雅書局刻本
一册
十一行二十四字
黑口，四周單邊
212-34/013

0422
清秘述聞十六卷
（清）法式善編
清嘉慶四年（1799）刻本
六册
十二行二十四字，小字雙行同
黑口，四周單邊
276-49/006

0423
三史同名録四十卷
（清）汪輝祖補
清光緒廣雅書局刻本
六册
十一行二十四字，小字雙行同
黑口，四周單邊
2711/015

儒林

0424
聖域述聞二十八卷
（清）黄本驥編　（清）黄宅中重訂
清道光二十七年（1847）刻三長物齋叢書本
六册
十行二十一字
白口，四周雙邊
282/005

0425
宋元學案一百卷首一卷考略一卷
（清）黄宗羲纂　（清）黄百家輯　（清）全祖望修定
清光緒五年（1879）長沙寄廬刻本
三十六册
十一行二十四字，小字雙行同
黑口，左右雙邊
2712-47/001

0426
宋元學案一百卷首一卷考略一卷
（清）黄宗羲纂　（清）黄百家輯　（清）全祖望修定
清光緒五年（1879）長沙寄廬刻本
四十六册
十一行二十四字，小字雙行同
黑口，左右雙邊
2712-47/001部二

0427
宋元學案一百卷首一卷考略一卷
（清）黄宗羲纂　（清）黄百家輯　（清）全祖望修定
清光緒五年（1879）長沙寄廬刻本
四十册
十一行二十四字，小字雙行同
黑口，左右雙邊
2712-47/001部三

0428
宋元學案一百卷
（清）黄宗羲纂 （清）黄百家輯 （清）全祖望修定
清光緒五年（1879）長沙寄廬刻本
二十六册
十一行二十四字，小字雙行同
黑口，左右雙邊
存六十七卷（卷二至四、八至十、十四至十六、十八至二十、三十至三十二、四十至四十七、五十一至五十三、五十五至六十三、六十六至六十九、七十三至一百）
2712-47/001 部四

0429
宋元學案一百卷
（清）黄宗羲纂 （清）黄百家輯 （清）全祖望修定
清光緒五年（1879）長沙寄廬刻本
十册
十一行二十四字，小字雙行同
黑口，左右雙邊
存二十四卷（卷一至二十四）
2712-47/001 部五

0430
明儒學案六十二卷師説一卷
（清）黄宗羲撰
清光緒十四年（1888）南昌縣學刻本
三十六册
九行二十字，小字雙行同
下黑口，左右雙邊
2712-48/004

0431
明儒學案六十二卷師説一卷
（清）黄宗羲撰
清康熙三十二年（1693）紫筠齋刻本
十八册
十二行二十四字，小字雙行同
黑口，四周單邊
*271.2-48/004-2

0432
明儒學案六十二卷
（清）黄宗羲撰
清刻本
十四册
十一行二十字，小字雙行同
黑口，四周單邊
存四十一卷（卷二十二至六十二）
2712-48/004-3

0433
明儒學案六十二卷
（清）黄宗羲撰
清刻本
二十三册
九行二十字，小字雙行同
下黑口，左右雙邊
存三十二卷（卷三十一至六十二）
2712-48/004-3 部二

0434
明儒學案六十二卷
（清）黄宗羲撰
清刻本
十三册
十一行二十字，小字雙行同
下黑口，四周單邊
存四十四卷（卷十九至六十二）
2712-48/004-4

0435
國朝漢學師承記八卷附國朝經師經義目録一卷
（清）江藩撰
清光緒二十二年（1896）長沙周大文堂刻本
三册
十三行二十五字

黑口，左右雙邊

25/224-226

0436

國史儒林傳二卷循吏傳一卷文苑傳二卷賢良祠王大臣小傳二卷

（清）阮元撰

清刻本

四册

十二行二十四字

白口，四周單邊

2712-49/011

0437

理學宗傳二十六卷

（清）孫奇逢輯　（清）魏一鰲等編

清光緒六年（1880）浙江書局刻本

十二册

九行二十字，小字雙行同

白口，左右雙邊

31/005

0438

理學宗傳二十六卷

（清）孫奇逢輯　（清）魏一鰲等編

清康熙六年（1667）張沐刻本

十二册

十行二十字，小字雙行十九字

白口，四周單邊

*31-1/001

0439

洛學編五卷

（清）湯斌輯　（清）尹會一續輯

清乾隆三年（1738）刻本

一册

十行二十字，小字雙行同

白口，左右雙邊

*2711/025

0440

國朝學案小識十四卷首一卷末一卷

（清）唐鑑撰

清光緒十年（1884）四砭齋刻本

十四册

十行二十一字，小字雙行同

黑口，左右雙邊

2712-49/010

0441

國朝翰詹源流編年五卷

（清）吴鼎雯撰

清乾隆五十八年（1793）刻本

四册

九行二十一字，小字雙行同

白口，四周雙邊

*276/001

0442

歷代名儒傳八卷首一卷

（清）朱軾（清）蔡世遠訂　（清）李清植分纂

清光緒二十一年（1895）江蘇書局刻本

四册

九行二十二字

白口，左右雙邊

2711/006

隱逸

0443

高士傳三卷

（晋）皇甫謐撰

清光緒三年（1877）刻本

四册

八行十八字

白口，四周單邊

2711/022

0444

高士傳續編二卷

（清）張允掄撰　（清）張丙嘉校訂

清光緒二十二年（1896）刻本

二册

十一行二十四字

白口，四周雙邊

2711/022-2

忠 孝

0445

明誥封中憲大夫大名兵備道副使贈都察院右都御使忠烈朱公盡節録二卷

（清）朱纁等輯

清康熙忠孝堂刻本

四册

八行二十一字，小字雙行同

白口，四周雙邊

*272/003

0446

浙江忠義録十卷

（清）張景祁撰

清同治六年（1867）浙江采訪忠義總局刻本

四册

十行二十二字

白口，左右雙邊

2712-49/005

姓 名

0447

元和姓纂十卷

（唐）林寶撰 （清）孫星衍校 （清）洪瑩校

清嘉慶七年（1802）刻本

二册

十二行二十四字，小字雙行同

黑口，左右雙邊

08/214-215

0448

新輯廿四史尚友録二十二卷

（明）廖用賢編 （清）張伯琮補輯

清光緒二十五年（1899）上海富强齋石印本

十二册

十六行字數不等，小字雙行不等

白口，四周雙邊

2711/017

0449

百家姓考略一卷

（清）王相輯

清光緒李光明莊刻本

一册

八行八字，小字雙行十六字

白口，左右雙邊

275/007

0450

九史同姓名略七十二卷補遺四卷

（清）汪輝祖撰

清光緒二十三年（1897）廣雅書局刻本

十二册

十一行二十四字，小字雙行同

黑口，四周單邊

2711/015：2

0451

三續疑年録十卷

（清）陸心源編

補疑年録四卷

（清）錢椒編

疑年賡録二卷

（清）張鳴珂編

清光緒二十四年（1898）刻本

五册

九行二十字，小字雙行同

白口，四周雙邊

2711/019

0452

三續疑年録十卷

（清）陸心源編

補疑年録四卷

（清）錢椒編

清光緒刻本

二册
九行二十字，小字雙行同
白口，四周雙邊
存三卷（三續疑年録卷九至十，補疑年録卷一）
2711/019-2

0453
史姓韵編六十四卷
（清）汪輝祖輯　（清）馮祖憲重校
清乾隆五十五年（1790）雙節堂刻本
十六册
八行二十四字，小字雙行同
黑口，四周單邊
*2711/009

0454
史姓韵編二十四卷
（清）汪輝祖輯　（清）馮祖憲重校
清光緒二十九年（1903）上海文瀾書局石印本
八册
十四行字數不等，小字雙行不等
白口，四周單邊
2711/009-2

别傳之屬

事　狀

0455
□□崇祀鄉賢録一卷
（清）□□輯
清刻本
一册
九行二十字
白口，左右雙邊
31/11.2

0456
晏子春秋八卷
（周）晏嬰撰
清光緒元年（1875）湖北崇文書局刻子书百家本
二册
十二行二十四字，小字雙行同
黑口，四周雙邊
34/010

0457
晏子春秋八卷
（周）晏嬰撰
清光緒元年（1875）湖北崇文書局刻子书百家本
二册
十二行二十四字，小字雙行同
黑口，四周雙邊
34/010部二

0458
晏子春秋七卷
（周）晏嬰撰
音義二卷
（清）孫星衍撰
校勘記二卷
（清）黄以周撰
清光緒元年（1875）浙江書局刻二十二子本
四册
九行二十一字，小字雙行同
白口，左右雙邊
34/010部三

0459
重纂三遷志十卷首一卷
（清）孟廣均輯　（清）陳錦　（清）孫葆田重輯
清光緒十三年（1887）山東書局刻本
六册
十行二十四字，小字雙行同
黑口，四周雙邊
272-25/001

0460
劉太淑人傳不分卷
（明）郭正域撰
明萬曆刻本
一册
八行十六字
白口，四周單邊
*272/002

0461
文文忠公事略四卷
（清）□□輯
清光緒八年（1882）刻本
四册
九行二十二字
白口，四周雙邊
存三卷（卷一至三）
272–49/001

0462
忠武志十卷
（清）張鵬翮輯
清刻本
四册
九行十九字
白口，左右雙邊
272–36/001

0463
李鴻章（中國四十年來大事記）不分卷
梁啓超撰
清光緒二十七年（1901）鉛印本
一册
十六行三十六字
白口，四周雙邊
272–5/001

年譜

0464
戚少保年譜節要六卷
（明）戚祚國編
清光緒十七年（1891）山東書局刻本
四册
十行二十一字，小字雙行同
下黑口，左右雙邊
272–48/001

0465
先文恭公［陳弘謀］年譜十二卷
（清）陳鍾珂輯
清乾隆三十一年（1766）刻本
五册
九行二十字
白口，四周雙邊
*273–49/001

0466
黃忠端公［尊素］年譜二卷
（清）黄炳垕輯
清光緒元年（1875）餘姚黄氏留書種閣刻本
二册
九行二十三字，小字雙行同
黑口，四周雙邊
273–48/003

0467
曾文正公［國藩］年譜十二卷
（清）黎庶昌輯（清）李瀚章審定
清光緒二年（1876）傳忠書局刻本
四册
十行二十四字，小字雙行同
黑口，左右雙邊
273–49/006

0468
左文襄公年譜十卷
（清）羅正鈞撰
清光緒二十三年（1897）湘陰左氏刻本
十册
十行二十三字，小字雙行同
黑口，左右雙邊
273–49/002

0469
朱子年譜四卷考异四卷附録二卷校勘記三卷
（清）王懋竑纂
清光緒九年（1883）武昌書局刻本
四册
八行二十字，小字雙行同
白口，左右雙邊
273-44/002

0470
豫章先賢九家年譜
（清）楊希閔編
清光緒四年（1878）刻本
十二册
十一行二十三字，小字雙行同
白口，四周雙邊
子目：
漢徐徵士（稺）年譜一卷
晋陶徵士（潜）年譜一卷
歐陽文忠公（修）年譜一卷
曾文定公（鞏）年譜一卷
王文定公（安石）年譜考略節要四卷附存二卷
黄文節公（庭堅）年譜一卷
陸文安公（九淵）年譜二卷
吴聘君（與弼）年譜一卷
胡文敬公（居仁）年譜一卷
273/001

0471
建文年譜四卷
（清）趙士喆纂修
清咸豐四年（1854）古豳習勤堂刻本
四册
九行二十字，小字雙行同
白口，四周雙邊
273-48/001

譜牒之屬

別傳

0472
清遠朱氏家傳一卷
（清）朱汝珍撰
清光緒刻本
一册
九行二十二字，小字雙行同
白口，四周單邊
275/004

日記之屬

0473
曾文正公手書日記不分卷
（清）曾國藩撰
清宣統元年（1909）中國圖書公司石印本
三十九册
十行字數不等
274-49/006

0474
奉使朝鮮日記不分卷
（清）崇禮撰
清光緒十九年（1893）鉛印本
一册
八行二十字，小字雙行同
白口，四周雙邊
251.1/021

0475
三洲日記八卷
（清）張蔭桓撰
清光緒二十二年（1896）京都刻本
八册
九行二十一字，小字雙行同

白口，四周雙邊

274–49/007

科舉録之屬

0476

詞科掌録十七卷詞科餘話七卷

（清）杭世駿編

清乾隆仁和杭氏道古堂刻本

八册

十一行二十一字，小字雙行同

黑口，左右雙邊

*276–49/001

諸貢録

0477

國朝貢舉考略三卷明貢舉考略二卷

（清）黄崇蘭輯

清道光五年（1825）刻本

四册

行數不等字數不等，小字雙行不等

白口，左右雙邊

276–49/004

0478

國朝貢舉考略三卷明貢舉考略二卷

（清）黄崇蘭輯

清道光五年（1825）刻本

四册

行數不等字數不等，小字雙行不等

白口，左右雙邊

276–49/004 部二

總録

0479

國朝歷科題名碑録初集不分卷明洪武至崇禎各科不分卷

（清）李周望輯

清刻本

五册

十行二十二字，小字雙行同

黑口，左右雙邊

276–49/002

0480

國朝歷科題名碑録初集不分卷明洪武至崇禎各科不分卷

（清）李周望輯

清刻本

六册

十行二十二字，小字雙行同

黑口，左右雙邊

276–49/002 部二

0481

國朝兩浙科名録不分卷

（清）黄安綬輯

清咸豐七年（1857）京師刻本

二册

十行二十字，小字雙行同

白口，四周雙邊

276–49/003

職官類之屬

總録

0482

詞林典故八卷

（清）張廷玉等纂修

清乾隆十三年（1748）武英殿刻本

八册

七行十八字，小字雙行同

白口，四周雙邊

*283/033

0483

大清搢紳全書不分卷

（清）□□編

清宣統元年（1909）京都榮録堂刻本

六册
十四行三十二字，小字雙行同
白口，四周雙邊
283/021

0484
國朝御史題名不分卷
（清）黄叔璥輯
清光緒十三年（1887）京畿道刻本
二册
八行四字
白口，四周雙邊
2712-49/013

0485
國朝滿洲蒙古御史題名不分卷
（清）黄叔璥輯　（清）蘇芳阿續纂
清光緒十三年（1887）京畿道刻本
二册
八行四字
白口，四周雙邊
2712-49/013.2

政書類

類編之屬

0486
宦海指南
（清）許乃普輯
清咸豐九年（1859）刻本
六册
八行二十一字
白口，四周雙邊
子目：
欽頒州縣事宜一卷　（清）田文鏡撰
庸吏庸言一卷
佐治藥言一卷續一卷　（清）汪輝祖纂
學治臆説二卷續一卷　（清）汪輝祖纂
折獄便覽一卷
283/025

0487
宦海指南
（清）許乃普輯
清光緒十二年（1886）京都榮録堂刻本
五册
八行二十一字
白口，四周雙邊
子目：
欽頒州縣事宜一卷　（清）田文鏡撰
佐治藥言一卷續一卷　（清）汪輝祖纂
學治臆説二卷續一卷　（清）汪輝祖纂
折獄便覽一卷　（清）佚名撰
夢痕録節抄一卷　（清）汪輝祖撰
283/025-2

0488
越中從政録
（清）王鳳生撰
清刻本
四册
九行二十四字
白口，左右雙邊
子目：
學治體行録二卷
浙江平湖縣查編保甲事宜一卷
荒政備覽二卷
浙省倉庫清查節要一卷
兩浙運庫清查挈要一卷
283/018

通制之屬

0489
南北史補志十四卷附贊一卷
（清）汪士鐸撰

清光緒四年（1878）淮南書局刻本
六册
十二行二十五字，小字雙行同
白口，左右雙邊
212-39/001

0490
南北史補志十四卷附贊一卷
（清）汪士鐸撰
清光緒四年（1878）淮南書局刻本
一册
十二行二十五字，小字雙行同
白口，左右雙邊
存三卷（卷五至七）
212-39/001-2

0491
光緒政要三十四卷
（清）沈桐生輯
清宣統元年（1909）上海崇義堂石印本
三十册
十五行三十三字
白口，四周雙邊
287/020

0492
光緒政要三十四卷
（清）沈桐生輯
清宣統元年（1909）上海崇義堂石印本
十六册
十五行三十三字
白口，四周雙邊
缺十四卷（卷二十一至三十四）
284/045

0493
通典二百卷附欽定通典考證一卷
（唐）杜佑纂
清光緒二十二年（1896）浙江書局刻本
五十册
九行二十一字，小字雙行同
白口，左右雙邊
281/003

0494
通典二百卷附欽定通典考證一卷
（唐）杜佑纂
清光緒二十七年（1901）上海圖書集成局鉛印本
十六册
十六行四十三字，小字雙行同
白口，四周單邊
281/003-2

0495
通典二百卷附欽定通典考證一卷
（唐）杜佑纂
清光緒二十七年（1901）上海圖書集成局鉛印本
十五册
十六行四十三字，小字雙行同
白口，四周單邊
缺十四卷（卷一百七十一至一百八十四）
281/003-2部二

0496
通典二百卷附欽定通典考證一卷
（唐）杜佑纂
清光緒二十七年（1901）上海圖書集成局鉛印本
十六册
十六行四十三字，小字雙行同
白口，四周單邊
281/003-2部三

0497
欽定通典考證一卷
（唐）杜佑纂 （清）丁立誠等校
清光緒二十二年（1896）浙江書局刻本
一册
九行二十一字，小字雙行同

白口，左右雙邊

281/020

0498

欽定通典考證一卷

（唐）杜佑纂　（清）丁立誠等校

清光緒二十二年（1896）浙江書局刻本

一册

九行二十一字，小字雙行同

白口，左右雙邊

281/020部二

0499

文獻通考詳節二十四卷

（宋）馬端臨撰　（清）嚴虞惇録

清光緒二十七年（1901）焕文書局石印本

五册

十八行四十字

白口，四周雙邊

缺六卷（卷十九至二十四）

281/033

0500

唐會要一百卷

（宋）王溥撰

清刻本

二十八册

九行二十一字，小字雙行同

白口，四周雙邊

281/013

0501

五代會要三十卷

（宋）王溥撰

清刻本

六册

九行二十一字，小字雙行同

白口，四周雙邊

281/014

0502

漢制考四卷

（宋）王應麟撰

清道光二十三年（1843）刻本

二册

十行二十字

白口，四周單邊

383/002：2

0503

西漢會要七十卷

（宋）徐天麟撰

清刻本

十册

九行二十一字，小字雙行同

白口，四周雙邊

281/011

0504

通志二百卷

（宋）鄭樵撰

清光緒二十二年（1896）浙江書局刻本

四十四册

九行二十一字，小字雙行同

白口，左右雙邊

缺一百五十六卷（卷一至五十一、五十四、五十七至五十九、六十二至九十四、一百十一至一百二十四、一百二十六至一百五十七、一百五十九至一百八十）

281/005-1

0505

通志二百卷

（宋）鄭樵撰

清光緒二十七年（1901）上海圖書集成局鉛印本

六十册

十六行四十三字，小字雙行同

白口，四周單邊

281/005

0506

通志二百卷

（宋）鄭樵撰

清光緒二十七年（1901）上海圖書集成

局鉛印本
五十八册
十六行四十三字，小字雙行同
白口，四周單邊
缺七卷（卷一百八至一百十四）
281/005 部二

0507
通志二百卷
（宋）鄭樵撰
清光緒二十七年（1901）上海圖書集成局鉛印本
六十册
十六行四十三字，小字雙行同
白口，四周單邊
281/005 部三

0508
文獻通考三百四十八卷
（元）馬端臨撰
清光緒二十七年（1901）上海圖書集成局鉛印本
四十四册
十六行四十三字，小字雙行同
白口，四周單邊
281/007

0509
文獻通考三百四十八卷
（元）馬端臨撰
清光緒二十七年（1901）上海圖書集成局鉛印本
四十四册
十六行四十三字，小字雙行同
白口，四周單邊
281/007 部二

0510
文獻通考三百四十八卷
（元）馬端臨撰
清光緒二十七年（1901）上海圖書集成局鉛印本
四十四册
十六行四十三字，小字雙行同
白口，四周單邊
281/007 部三

0511
廣治平略三十六卷
（清）蔡方炳撰
清小琅嬛館刻本
八册
十二行三十字
白口，四周雙邊
2810/005

0512
晋政輯要四十卷
（清）剛毅等修　（清）安頤等纂
清光緒刻本
三十二册
九行二十字，小字雙行同
黑口，四周雙邊
289/005

0513
二十四史九通政典類要合編三百二十卷
（清）黄書霖輯
清光緒二十八年（1902）約雅堂刻本
六十册
十五行三十八字
白口，四周雙邊
281/024

0514
皇朝通志一百二十六卷
（清）嵇璜等撰
清光緒八年（1882）浙江書局刻本
四十册
九行二十一字，小字雙行同
白口，左右雙邊
281/006-2

0515
皇朝文獻通考三百卷
（清）嵇璜等撰
清光緒二十七年（1901）上海圖書集成局鉛印本
四十二册
十六行四十三字，小字雙行同
白口，四周單邊
281/008

0516
皇朝文獻通考三百卷
（清）嵇璜等撰
清光緒二十七年（1901）上海圖書集成局鉛印本
四十八册
十六行四十三字，小字雙行同
白口，四周單邊
281/008 部二

0517
皇朝文獻通考三百卷
（清）嵇璜等撰
清光緒二十七年（1901）上海圖書集成局鉛印本
四十册
十六行四十三字，小字雙行同
白口，四周單邊
281/008 部三

0518
皇朝文獻通考三百卷
（清）嵇璜等撰
清光緒八年（1882）浙江書局刻本
一百六十册
九行二十一字，小字雙行同
白口，左右雙邊
281/008-2

0519
欽定續文獻通考二百五十卷
（清）嵇璜等撰
清光緒二十七年（1901）上海圖書集成局鉛印本
三十六册
十六行四十三字
白口，四周單邊
281/007.2

0520
欽定續文獻通考二百五十卷
（清）嵇璜等撰
清光緒二十七年（1901）上海圖書集成局鉛印本
三十六册
十六行四十三字
白口，四周單邊
281/007.2 部二

0521
欽定續文獻通考二百五十卷
（清）嵇璜等撰
清光緒二十七年（1901）上海圖書集成局鉛印本
二十七册
十六行四十三字
白口，四周單邊
存一百八十九卷（卷一至一百八十九）
281/007.2 部三

0522
欽定續文獻通考二百五十卷
（清）嵇璜等撰
清光緒十三年（1887）浙江書局刻本
一百二十册
九行二十一字，小字雙行同
白口，左右雙邊
281/007.2-2

0523
皇朝通典一百卷
（清）嵇璜等纂
清光緒二十七年（1901）上海圖書集成局鉛印本

十册
十六行四十三字，小字雙行同
白口，四周單邊
281/004

0524
皇朝通典一百卷
（清）嵇璜等纂
清光緒二十七年（1901）上海圖書集成局鉛印本
十二册
十六行四十三字，小字雙行同
白口，四周單邊
281/004 部二

0525
皇朝通典一百卷
（清）嵇璜等纂
清光緒二十七年（1901）上海圖書集成局鉛印本
十二册
十六行四十三字，小字雙行同
白口，四周單邊
281/004 部三

0526
皇朝通典一百卷
（清）嵇璜等纂
清光緒八年（1882）浙江書局刻本
四十册
九行二十一字，小字雙行同
白口，左右雙邊
281/004-2

0527
欽定續通典一百五十卷
（清）嵇璜等纂
清光緒十二年（1886）浙江書局刻本
四十册
九行二十一字，小字雙行同
白口，左右雙邊
281/003.2

0528
欽定續通典一百五十卷
（清）嵇璜等纂
清光緒二十七年（1901）上海圖書集成局鉛印本
十六册
十六行四十三字，小字雙行同
白口，四周單邊
281/003.2-2

0529
欽定續通典一百五十卷
（清）嵇璜等纂
清光緒二十七年（1901）上海圖書集成局鉛印本
十二册
十六行四十三字，小字雙行同
白口，四周單邊
281/003.2-2 部二

0530
欽定續通典一百五十卷
（清）嵇璜等纂
清光緒二十七年（1901）上海圖書集成局鉛印本
十六册
十六行四十三字，小字雙行同
白口，四周單邊
281/003.2-2 部三

0531
欽定續通志六百四十卷
（清）嵇璜等纂
清光緒二十七年（1901）上海圖書集成局鉛印本
六十册
十六行四十三字，小字雙行同
白口，四周單邊
281/005.2-2

0532
欽定續通志六百四十卷
（清）嵇璜等纂

清光緒二十七年（1901）上海圖書集成局鉛印本
五十四册
十六行四十三字，小字雙行同
白口，四周單邊
缺五十六卷（卷一至五十六）
281/005.2-3

0533
欽定續通志六百四十卷
（清）嵇璜等纂
清光緒十二年（1886）浙江書局刻本
二百册
九行二十一字
白口，左右雙邊
281/005.2

0534
皇朝通志一百二十六卷
（清）嵇璜等纂
清光緒二十七年（1901）上海圖書集成局鉛印本
十二册
十六行四十三字，小字雙行同
白口，四周單邊
281/006

0535
皇朝通志一百二十六卷
（清）嵇璜等纂
清光緒二十七年（1901）上海圖書集成局鉛印本
十二册
十六行四十三字，小字雙行同
白口，四周單邊
281/006部二

0536
皇朝通志一百二十六卷
（清）嵇璜等纂
清光緒二十七年（1901）上海圖書集成局鉛印本
十二册
十六行四十三字，小字雙行同
白口，四周單邊
281/006部三

0537
五大洲政治通考四十八卷
（清）急先務齋主人輯
清光緒二十七年（1901）急先務齋石印本
十二册
十八行四十字
下黑口，四周雙邊
2101/011

0538
皇朝通典訂誤不分卷
（清）紀昀撰
清鉛印本
一册
十六行四十三字，小字雙行同
白口，四周單邊
251.1/043

0539
欽定大清會典一百卷首一卷
（清）崑岡等編纂
清光緒二十五年（1899）石印本
三十六册
十行二十字，小字雙行同
白口，四周雙邊
281/016

0540
欽定大清會典圖一百三十二卷首一卷
（清）崑岡等編纂
清光緒二十五年（1899）石印本
七十四册
十行二十字，小字雙行同
白口，四周雙邊
281/016.2

0541
欽定大清會典事例一千二百二十卷目録八卷
（清）崑岡等編纂
清光緒十二年（1886）石印本
三百八十四册
十行二十字，小字雙行同
白口，四周雙邊
281/016.3

0542
欽定大清會典事例一千二百二十卷
（清）崑岡等編纂
清刻本
六册
十行二十字，小字雙行同
白口，四周雙邊
存十二卷（卷二百二十一至二百三十二）
281/016.4

0543
明會要八十卷
（清）龍文彬纂
清刻本
二十册
九行二十一字
白口，四周雙邊
281/015

0544
文廟紀略四卷
（清）彭其位撰
清抄本
八册
白口無版框
281/001

0545
吾學録初編二十四卷
（清）吴榮光撰
清道光二十九年（1849）湘西高國榮刻本
八册
九行二十一字，小字雙行同
白口，左右雙邊
281/026

0546
吾學録初編二十四卷
（清）吴榮光撰
清同治九年（1870）江蘇書局刻本
六册
九行二十一字，小字雙行同
下黑口，左右雙邊
281/026-2

0547
東漢會要四十卷
（宋）徐天麟撰
清刻本
八册
九行二十一字，小字雙行同
白口，四周雙邊
281/012

0548
大成通志十八卷
（清）楊慶輯
清康熙八年（1669）刻本
十四册
九行二十四字
白口，左右雙邊
缺四卷（卷一至四）
54-49/042

0549
皇朝續文獻通考三百二十卷
劉錦藻撰
清光緒三十一年（1905）劉氏堅匏盦鉛印本
八十八册
十行二十二字，小字雙行同
白口，四周雙邊
281/008.2

0550
皇朝文獻通考輯要二十六卷
湯壽潛輯
清光緒二十五年（1899）上海圖書集成局鉛印本
八册
十四行四十二字，小字雙行同
白口，左右雙邊
缺四卷（卷十一下、十二、十七至十八）
281/036-2

0551
宋朝事實二十卷
（宋）李攸撰
清同治十三年（1874）江西書局刻武英殿聚珍本
六册
九行二十一字，小字雙行同
白口，四周雙邊
281/032

0552
大元聖政國朝典章六十卷附新集至治條例不分卷
（元）□□撰
清光緒三十四年（1908）刻本
二十四册
十三行二十三字，小字雙行同
白口，左右雙邊
281/023 部二

0553
大元聖政國朝典章六十卷附新集至治條例不分卷
（元）□□撰
清光緒三十四年（1908）刻本
八册
十三行二十三字，小字雙行同
白口，左右雙邊
缺四十一卷（卷二十至六十）
281/023 部三

0554
東三省政略十二卷總目一卷
徐世昌編
清宣統三年（1911）鉛印本
四十册
十三行三十五字
上黑口，四周單邊
289/008

儀制之屬

紀 元

0555
建元類聚考二卷
（清）錢東垣撰
清嘉慶十年（1805）刻本
一册
十一行二十三字，小字雙行同
白口，四周單邊
25/04

0556
紀元編三卷末一卷
（清）李兆洛撰　（清）六承如訂
清同治十年（1871）合肥李氏刻本
一册
十行二十四字，小字雙行同
白口，左右雙邊
25/005-2

0557
紀元編三卷末一卷
（清）李兆洛撰　（清）六承如訂
清同治十年（1871）合肥李氏刻本
二册
十行二十四字，小字雙行同
白口，左右雙邊
25/005-2 部二

0558
紀元編三卷末一卷
（清）李兆洛撰　（清）六承如訂
清同治十年（1871）合肥李氏刻本
一册
十行二十四字，小字雙行同
白口，左右雙邊
25/005-2部三

0559
紀元編三卷末一卷
（清）李兆洛撰　（清）六承如訂
清光緒十四年（1888）上海蜚英館石印本
一册
十行二十四字，小字雙行同
白口，左右雙邊
25/03

0560
紀元編三卷末一卷
（清）李兆洛撰　（清）六承如訂
清光緒十四年（1888）上海蜚英館石印本
三册
十行二十四字，小字雙行同
白口，左右雙邊
25/005-3

科舉校規

0561
欽定科場條例六十卷首一卷
（清）杜受田等纂修
清刻本
二十四册
九行二十字，小字雙行同
白口，四周雙邊
289/028

0562
欽定科場條例六十卷首一卷
（清）杜受田等纂修
清刻本
六册
九行二十字，小字雙行同
白口，四周雙邊
存二十六卷（卷三十五至六十）
289/028-2

0563
欽定科場條例六十卷首一卷
（清）杜受田等纂修
清刻本
七册
九行二十字，小字雙行同
白口，四周雙邊
存二十二卷（卷四至十五、五十一至六十）
289/028-3

0564
欽定學政全書八十六卷首一卷
（清）童璜等纂修
清嘉慶十七年（1812）刻本
二十册
九行二十字，小字雙行同
白口，四周雙邊
281/021

通禮

0565
文廟上丁禮樂備考四卷
（清）吴祖昌等編
清同治九年（1870）江右乙藜齋刻本
四册
九行二十二字，小字雙行同
白口，四周雙邊
282/007

0566
直省釋奠禮樂記六卷首一卷
（清）應寶時等輯

清同治十二年（1873）刻本
四册
九行二十六字
白口，四周雙邊
282/009

0567
慶典成案内務府三卷禮部一卷工部一卷
（清）内務府輯
清鉛印本
五册
十一行二十四字
白口，四周雙邊
282/001

0568
大清通禮五十四卷
（清）來保等修　（清）李玉鳴等纂
（清）穆克登額等續修　（清）恒泰等續纂
清光緒九年（1883）江蘇書局刻本
十二册
十三行二十一字
白口，左右雙邊
282/002

0569
大金集禮四十卷
（金）張瑋等撰
識語一卷
（清）廖廷相撰
校勘記一卷
繆荃孫撰
清光緒二十一年（1895）廣雅書局刻本
四册
十一行二十四字
黑口，四周單邊
282/003

0570
太常因革禮一百卷校識二卷
（宋）歐陽修等撰
清光緒廣雅書局刻本
八册
十一行二十四字
黑口，四周單邊
282/004

0571
南巡盛典一百二十卷
（清）高晋等纂修
清乾隆三十六年（1771）武英殿刻本
四十八册
九行十九字
白口，四周雙邊
*281/001

0572
滿洲四禮集
（清）索寧安撰
清嘉慶六年（1801）省非堂刻本
五册
十行十八字，小字雙行同
白口，四周雙邊
子目：
滿洲祭天祭神典禮一卷
滿洲婚禮儀節一卷
滿洲慎終集一卷
滿洲喪葬追遠論一卷
滿洲家祠祭禮儀注一卷
*282/011

0573
皇朝祭器樂舞録二卷
（清）徐暢達輯
清同治十年（1871）湖北崇文書局刻本
三册
九行二十二字，小字雙行同
白口，四周雙邊
282/008

0574
皇朝祭器樂舞録二卷附中祀合編一卷
（清）徐暢達輯

清同治十年（1871）湖北崇文書局刻本
一册
九行二十二字，小字雙行同
白口，四周雙邊
282/008-2

職官類

官制之屬

通志

0575
三國職官表三卷
（清）洪飴孫撰
清光緒十七年（1891）廣雅書局刻本
三册
十一行二十四字，小字雙行同
黑口，四周單邊
212-36/007

0576
入幕須知
（清）張廷驤輯
清光緒十年（1884）元和張氏刻本
六册
十行二十字
白口，四周雙邊
子目：
幕學舉要一卷 （清）萬維翰撰
佐治樂言一卷續一卷 （清）汪輝祖撰
學治臆説二卷續説一卷説贅一卷 （清）汪輝祖撰
辦案要略一卷 （清）王又槐撰
刑幕要略一卷 □□撰
283/012

0577
入幕須知
（清）張廷驤輯
清光緒十年（1884）元和張氏刻本
六册
十行二十字
白口，四周雙邊
283/012-2

0578
欽定歷代職官表七十二卷首一卷
（清）紀昀等撰 （清）永瑢等修
清光緒二十二年（1896）廣雅書局刻本
二十二册
十一行二十四字，小字雙行同
黑口，四周單邊
25/014

0579
欽定歷代職官表七十二卷首一卷
（清）紀昀等撰 （清）永瑢等修
清光緒二十二年（1896）廣雅書局刻本
二十二册
十一行二十四字，小字雙行同
黑口，四周單邊
25/014部二

專志

0580
欽定臺規四十二卷首一卷
（清）延煦等編
清光緒十八年（1892）都察院刻本
二十四册
九行二十字
白口，四周雙邊
289/034

0581
大唐六典三十卷
（唐）玄宗李隆基撰 （唐）李林甫注

清光緒二十一年（1895）廣雅書局刻本
四册
十一行二十四字，小字雙行同
黑口，四周單邊
281/022

0582
麟臺故事五卷首一卷
（宋）程俱撰
清刻本
一册
九行二十一字，小字雙行同
白口，四周雙邊
283/031

0583
樞垣記略二十八卷
（清）梁章鉅撰
清光緒元年（1875）刻本
六册
九行二十二字
下黑口，四周雙邊
283/016

0584
皇朝詞林典故六十四卷首一卷
（清）朱珪等纂
清宣統元年（1909）石印本
三十四册
八行二十二字，小字雙行同
白口，四周雙邊
283/007

0585
兩漢五經博士考三卷
（清）張金吾撰
清光緒十年（1884）常熟鮑氏後知不足齋刻本
一册
十二行二十四字，小字雙行同
下黑口，四周單邊
281/028

官箴之屬

0586
實政録七卷
（明）吕坤撰
清同治十一年（1872）浙江書局刻本
六册
九行二十二字
白口，左右雙邊
283/002

0587
實政録七卷
（明）吕坤撰
清刻本
十册
九行十八字
白口，四周雙邊
283/002-2

0588
州縣提綱四卷
（宋）陳襄撰
清光緒十年（1884）常熟鮑氏後知不足齋刻本
一册
十一行二十三字
黑口，左右雙邊
283/020

0589
仕學全書上編二十卷下編十五卷
（明）魯論撰
清乾隆十一年（1746）釣閑居刻本
五册
九行二十五字
白口，四周雙邊
*283/023

0590
重刊居官必要八卷
（明）吕坤撰

清康熙三十五年（1696）刻本
六册
九行十九字
白口，左右雙邊
*283/002：2

0591
學仕遺規四卷
（清）陳弘謀輯 （清）陳蘭森等編校
學仕遺規補四卷
（清）陳弘謀輯 （清）陳鍾理 （清）陳仲琛編
清光緒五年（1879）江蘇書局刻本
五册
十一行二十一字
白口，左右雙邊
31/010

0592
求治管見一卷續增一卷
（清）戴肇辰撰
清咸豐二年（1852）刻本
一册
六行二十字
白口，左右雙邊
283/028

0593
居官鏡一卷
（清）剛毅纂輯
清光緒十八年（1892）刻本
一册
八行二十字
黑口，左右雙邊
283/008

0594
居官寡過録四卷
（清）胡衍虞撰
清乾隆四十年（1775）朝邑刻本
四册
九行二十二字
白口，四周單邊雙邊兼有
*283/013

0595
居官日省録六卷
（清）覺羅烏爾通阿編
清光緒七年（1881）京都隆福寺寶書堂刻本
六册
九行二十一字
白口，四周雙邊
283/014

0596
佐雜譜二卷
（清）李庚乾輯
清光緒十九年（1893）四川會文堂刻本
一册
十行二十一字
白口，四周雙邊
283/003

0597
司牧寶鑑一卷
（清）李顒輯
清刻本
一册
九行二十字，小字雙行同
白口，四周雙邊
283/019

0598
庸吏庸言二卷庸吏餘談一卷
（清）劉衡撰
清同治七年（1868）湖北崇文書局刻本
二册
十行二十二字，小字雙行同
白口，四周雙邊
283/030

0599
莅政摘要二卷
（清）陸隴其輯
清刻本
一册
八行二十字，小字雙行同
白口，左右雙邊
283/010

0600
重刊張運青先生治鏡録集解二卷
（清）隋人鵬集解
清道光十三年（1833）仕學齋刻本
二册
九行二十一字
白口，四周雙邊
283/027

0601
學治臆説二卷續説一卷説贅一卷
（清）汪輝祖撰
清光緒八年（1882）山東書局刻本
一册
十行二十四字
白口，左右雙邊
283/001：2

0602
學治續説一卷説贅一卷
（清）汪輝祖撰
清同治七年（1868）湖北崇文書局刻本
一册
十行二十一字
白口，四周雙邊
283/001：3

0603
學治臆説二卷續説一卷説贅一卷
（清）汪輝祖撰
清同治七年（1868）湖北崇文書局刻本
二册
十行二十一字
白口，四周雙邊
283/024

0604
佐治藥言一卷
（清）汪輝祖纂
清同治五年（1866）刻本
一册
十行二十一字
白口，左右雙邊
251.1/007

0605
自歷言不分卷
（清）文海撰
清光緒三十二年（1906）刻本
一册
八行二十字
黑口，四周雙邊
283/006

0606
牧令書輯要十卷
（清）徐棟編　（清）丁日昌選評
清同治八年（1869）湖北崇文書局刻本
十册
十一行二十一字，小字雙行同
白口，四周雙邊
283/017

0607
牧令書輯要十卷
（清）徐棟編　（清）丁日昌選評
欽頒州縣事宜一卷
（清）田文鏡撰
清同治七年（1868）江蘇書局刻本
十一册
十一行二十一字
白口，左右雙邊
283/017-2

0608
牧令書二十三卷
（清）徐棟輯
清刻本
十六册
十行二十五字，小字雙行同
白口，左右雙邊
缺一卷（卷一）
283/17-3

0609
新編吏治懸鏡八卷
（清）徐文弼編
清刻本
八册
十行二十字，小字雙行同
白口，四周單邊
283/022

0610
圖民録四卷
（清）袁守定撰
清光緒五年（1879）江蘇書局刻本
二册
九行二十字
白口，左右雙邊
172.2/61

0611
圖民録四卷
（清）袁守定撰
清咸豐七年（1857）錦官城刻本
二册
九行二十一字
下黑口，四周雙邊
283/026

0612
圖民録四卷
（清）袁守定撰
清刻本
二册
九行二十字
白口，左右雙邊
283/026-2

0613
問心齋學治雜録二卷續録四卷
（清）張聯桂撰
清光緒十一年（1885）刻本
六册
九行二十一字，小字雙行同
白口，左右雙邊
283/029

0614
福惠全書三十二卷
（清）黄六鴻撰
清光緒十九年（1893）京都文昌會館刻本
八册
九行二十二字，小字雙行同
白口，四周單邊
283/005

0615
福惠全書三十二卷
（清）黄六鴻撰
清光緒十九年（1893）京都文昌會館刻本
十二册
九行二十二字，小字雙行同
白口，四周單邊
283/005-2

政書類

邦計之屬

0616
東粤藩儲考十二卷
（清）高崇基纂
清光緒十三年（1887）刻本
六册
十行二十六字
白口，四周單邊
284/049

0617
廣西財政沿革利弊説明書十三卷首一卷
（清）廣西財政局輯
清宣統二年（1910）廣西官書局鉛印本
七册
十一行三十字
白口，四周單邊
存七卷（卷一至七）
284/039

0618
九卿議定物料價值四卷
（清）邁柱等撰
清乾隆元年（1736）武英殿刻本
八册
九行二十字，小字雙行同
白口，四周雙邊
*284/001

財政

0619
安徽財政沿革利弊説明書不分卷
（清）安徽財政局編
清宣統二年（1910）安徽官紙印刷局鉛印本
二册
九行二十四字
白口，四周雙邊
284/018

0620
江西各項財政説明書不分卷
（清）江西省清理財政局編
清鉛印本
四册
九行二十五字
白口，四周雙邊
284/026

0621
東盛和債案報告十六卷
（清）羅飴編
清宣統元年（1909）上海商務印書館鉛印本
八册
十二行三十二字
白口，四周雙邊
288/004

0622
財政四綱四卷
（清）錢恂撰
清光緒二十七年（1901）鉛印本
四册
十三行三十字
白口，四周單邊
284/015

0623
財政四綱四卷
（清）錢恂撰
清光緒二十七年（1901）鉛印本
四册
十三行三十字
白口，四周單邊
284/015部二

0624
財政四綱四卷
（清）錢恂撰
清光緒二十七年（1901）鉛印本
四册
十三行三十字
白口，四周單邊
284/015部三

荒政

0625
籌濟編三十二卷首一卷
（清）楊景仁輯
清光緒五年（1879）江蘇書局刻本
八册
九行二十五字，小字雙行同
白口，左右雙邊
284/005

0626
籌濟編三十二卷首一卷
（清）楊景仁輯
清光緒九年（1883）武昌書局刻本
八册
九行二十五字，小字雙行同
白口，左右雙邊
284/005-2

0627
籌濟編三十二卷首一卷
（清）楊景仁輯
清光緒六年（1880）刻本
八册
九行二十五字
白口，四周雙邊
284/005-3

0628
籌濟編三十二卷首一卷
（清）楊景仁輯
清光緒五年（1879）山東書局刻本
八册
九行二十五字，小字雙行同
白口，左右雙邊
284/005-4

0629
荒政叢書十卷附録二卷
（清）俞森撰
清宣統三年（1911）文盛書局石印本
六册
十四行三十二字
白口，四周雙邊
284/020

0630
荒政輯要九卷首一卷
（清）汪志伊纂
清嘉慶十一年（1806）刻本
二册
十行二十一字，小字雙行同
白口，四周雙邊
284/003

0631
荒政輯要九卷首一卷
（清）汪志伊纂
清嘉慶十一年（1806）刻本
六册
十行二十一字，小字雙行同
白口，四周雙邊
284/003-3

0632
荒政輯要九卷首一卷
（清）汪志伊纂
清同治八年（1869）湖北崇文書局刻本
二册
十行二十二字
白口，四周雙邊
284/003-2

0633
畿輔義倉圖不分卷
（清）方觀承撰
清乾隆十八年（1753）刻本
六册
行數不等字數不等
白口，四周單邊
284/024

0634
欽定康濟録四卷
（清）陸曾禹撰　（清）倪國璉釐正
清乾隆五年（1740）武英殿刻本
十二册
九行二十二字
白口，四周單邊
284/011

0635
欽定康濟録四卷
（清）陸曾禹撰　（清）倪國璉釐正
清同治八年（1869）湖北崇文書局刻本
四册
十行二十二字
白口，四周雙邊
284/011-2

通紀

0636
農工商部統計表不分卷
（清）農工商部編
清光緒三十四年（1908）鉛印本
二册
行數不等字數不等，小字雙行不等
黑口，四周雙邊
25/007

0637
石渠餘紀六卷
（清）王慶雲撰
清光緒十六年（1890）攸縣龍氏刻本
六册
十行二十二字
黑口，左右雙邊
2810/011

0638
資治新書十四卷首一卷
（清）李漁輯
清康熙二年（1663）文錦堂刻本
二十四册
九行二十字，小字雙行同
白口，四周單邊
*283/001

營田

0639
井田圖考二卷
（清）朱克己撰
清光緒十六年（1890）山東書局刻本
二册
十一行二十二字，小字雙行同
白口，左右雙邊
281/017

邦交之屬

0640
籌鄂龜鑑七卷
（英國）麥丁富得力編纂　（清）陳俠君輯
俄事新書二卷
（清）陳俠君輯
清光緒二十二年（1896）賜書堂石印本
八册
十四行三十二字
上黑口，四周雙邊
2101/016

0641
國朝柔遠記二十卷
（清）王之春編　（清）彭玉麟定
清光緒十七年（1891）廣雅書局刻本
六册
十一行二十二字，小字雙行同
黑口，左右雙邊
24-49/024

0642
國朝柔遠記二十卷
（清）王之春編　（清）彭玉麟定
清光緒十七年（1891）廣雅書局刻本
六册
十一行二十二字，小字雙行同
黑口，左右雙邊
24-49/024部二

0643
新纂約章大全七十三卷
（清）陸鳳石撰
清宣統元年（1909）石印本
二十三册
十六行三十六字
白口，四周雙邊
存二十三卷（卷二至三、五至七、九至十、十二至十三、六十至七十三）
251.1/028

0644
修改長江通商章程一卷
（清）總税務司修
清光緒二十四年（1898）刻本
一册
十行二十一字，小字雙行同
白口，左右雙邊
251.1/040

0645
約章成案匯覽甲篇十卷
（清）北洋商務局纂輯
清光緒三十一年（1905）上海點石齋石印本
十册
十行二十六字
白口，四周單邊
285/005.1

0646
約章成案匯覽甲篇十卷
（清）北洋商務局纂輯
清光緒三十一年（1905）上海點石齋石印本
十册
十行二十六字
白口，四周單邊
285/005.1 部二

0647
約章成案匯覽甲篇十卷
（清）北洋商務局纂輯
清光緒三十一年（1905）上海點石齋石印本
十册
十行二十六字
白口，四周單邊
285/005.1 部三

0648
約章成案匯覽乙篇四十二卷
（清）北洋商務局纂輯
清光緒三十一年（1905）上海點石齋石印本
二十六册
十行二十六字
白口，四周單邊
285/005.2

0649
約章成案匯覽乙篇四十二卷
（清）北洋商務局纂輯
清光緒三十一年（1905）上海點石齋石印本
二十六册
十行二十六字
白口，四周單邊
285/005.2 部二

0650
約章成案匯覽乙篇四十二卷
（清）北洋商務局纂輯
清光緒三十一年（1905）上海點石齋石印本
二十六册
十行二十六字
白口，四周單邊
缺十二卷（卷十一至二十二）
285/005.2 部三

0651
約章成案匯覽乙篇四十二卷
（清）北洋商務局纂輯
清光緒三十一年（1905）上海點石齋石印本
三十六册
十行二十六字
白口，四周單邊
285/005.2 部四

0652
約章成案匯覽乙篇四十二卷
（清）北洋商務局纂輯
清光緒三十一年（1905）上海點石齋石印本
二十七册

十行二十六字
白口，四周單邊
存十七卷（卷二十六至四十二）
285/005.2 部五

0653
各國立約始末記三十卷首二卷
（清）陸元鼎編
清光緒三十二年（1906）上海商務印書館鉛印本
二十二册
十行二十四字，小字雙行三十一字
黑口，四周雙邊
285/010

0654
星軺指掌三卷續一卷
（清）聯芳　（清）慶常譯
清光緒二年（1876）京師同文館鉛印本
四册
九行二十字，小字雙行三十三字
白口，四周雙邊
285/024

0655
奉使金鑑六十卷續編四十卷
吕海寰編
清宣統元年（1909）無錫福壽堂刻本
四十二册
十二行二十五字，小字雙行同
白口，左右雙邊
285/008

0656
中俄界記二卷
（清）鄒代鈞撰
清宣統三年（1911）湖北武昌亚新地學社鉛印本
二册
十一行二十三字，小字雙行二十四字
上黑口，四周雙邊
296/011

0657
中俄界記二卷
（清）鄒代鈞撰
清宣統三年（1911）湖北武昌亚新地學社鉛印本
一册
十一行二十三字，小字雙行二十四字
白口，四周雙邊
存一卷（卷上）
296/011-2

軍政之屬

保甲

0658
保甲書輯要四卷
（清）徐棟編　（清）丁日昌重校
清同治七年（1868）江蘇書局刻本
一册
十一行二十一字，小字雙行同
白口，左右雙邊
284/006

0659
保甲書輯要四卷
（清）徐棟編　（清）丁日昌重校
清刻本
二册
十行二十五字，小字雙行同
白口，左右雙邊
缺一卷（卷一）
284/006-2

邊政

0660
籌海圖編十三卷
（明）胡宗憲輯　（明）胡維極重校
明天啓四年（1624）胡維極刻本

二十四册
十二行二十二字，小字雙行同
白口，四周單邊
*296/001

0661
籌海初集四卷
（清）關天培編輯
清道光十六年（1836）刻本
四册
九行二十字
白口，四周雙邊
296/006

0662
防海紀略二卷
（清）芍唐居士（王之春）編
清光緒二十一年（1895）上海同文館鉛印本
二册
九行二十字，小字雙行同
白口，四周雙邊
24-49/031

0663
三省邊防備覽十四卷
（清）嚴如熤輯
清刻本
六册
十行二十四字，小字雙行同
白口，四周雙邊
296/003

0664
三省邊防備覽十八卷
（清）嚴如熤輯
清道光十年（1830）來鹿堂刻本
十册
十行二十四字，小字雙行同
白口，四周雙邊
296/003-2

0665
朔方備乘六十八卷首十二卷
（清）何秋濤撰
清光緒七年（1881）石印本
八册
十六行三十九字
白口，四周單邊
296/004

0666
延吉邊務報告不分卷
（清）吴禄貞等編
清光緒三十四年（1908）奉天學務公所印刷處鉛印本
四册
十行二十一字，小字雙行同
黑口，四周單邊
296/005

0667
欽定回疆則例八卷
（清）賽尚阿等修　（清）肇麟纂
清光緒三十四年（1908）鉛印本
三册
九行二十字
白口，四周雙邊
289/019

0668
欽定回疆則例八卷
（清）賽尚阿等修　（清）肇麟纂
清光緒三十四年（1908）鉛印本
三册
九行二十字
白口，四周雙邊
289/056

兵制

0669
鄂省營制驛傳彙編四卷
（清）陳仲衡編

清光緒十五年（1889）刻本
四册
九行二十字
白口，四周雙邊
286/001

0670
欽定五軍道里表十八卷
（清）常泰等纂
清刻本
十册
行數不等字數不等
白口，四周雙邊
289/001

0671
欽定五軍道里表十八卷
（清）常泰等纂
清同治十二年（1873）江蘇書局刻本
十八册
行數不等字數不等
白口，左右雙邊
289/001-2

0672
欽定五軍道里表十八卷
（清）常泰等纂
清同治十二年（1873）江蘇書局刻本
十八册
行數不等字數不等
白口，左右雙邊
289/001-2 部二

0673
欽定五軍道里表十八卷
（清）常泰等纂
清刻本
十九册
行數不等字數不等
白口，四周雙邊
289/001-3

0674
五軍道里表不分卷
（清）兵部修訂
清同治十一年（1872）湖北讞局刻本
二册
十行字數不等
白口，四周雙邊
289/001-4

0675
補漢兵志一卷
（宋）錢文子撰
清刻本
一册
九行二十一字
黑口，左右雙邊
286/002

0676
補晋兵志一卷
（清）錢儀吉撰
晋宋書故一卷
（清）郝懿行撰
清光緒十七年（1891）廣雅書局刻本
一册
十一行二十四字，小字雙行同
黑口，四周單邊
251.1/004

0677
欽定户部軍需則例九卷續纂一卷兵部軍需則例五卷工部軍需則例一卷
（清）阿桂等纂修
清刻本
四册
九行二十三字，小字雙行同
白口，四周雙邊
289/006

團練

0678
鄉兵管見三卷
（清）李東撰
清咸豐九年（1859）刻本
一册
九行二十二字
下黑口，左右雙邊
35/006

0679
鄉守輯要合抄十卷
（清）許乃釗輯
清咸豐三年（1853）武英殿刻本
二册
十行二十四字
白口，四周雙邊
284/002

0680
鄉守輯要合抄十卷
（清）許乃釗輯
清咸豐三年（1853）武英殿刻本
二册
十行二十四字
白口，四周雙邊
284/022

律令之屬

律例

0681
古今法制表十六卷
（清）孫榮編
清光緒三十二年（1906）刻本
十册
十行二十七字，小字雙行同
白口，四周雙邊
281/018

0682
故唐律疏議三十卷
（唐）長孫無忌等撰
清光緒十六年（1890）京師刻本
十二册
十行二十一字
黑口，四周雙邊
289/007

0683
故唐律疏議三十卷
（唐）長孫無忌等撰
清光緒十六年（1890）京師刻本
十册
十行二十一字
黑口，四周雙邊
缺二卷（卷一至二）
289/007 部二

0684
故唐律疏議三十卷
（唐）長孫無忌等撰
律音義一卷
（宋）孫奭撰
洗冤録五卷
（宋）宋慈撰
清光緒十七年（1891）錢塘諸氏刻本
八册
十二行字數不等
黑口，四周雙邊
289/007–2

0685
故唐律疏議三十卷
（唐）長孫無忌等撰
缺十卷（卷二至十一）
律音義一卷
（宋）孫奭撰
洗冤録五卷
（宋）宋慈撰
清光緒十七年（1891）錢塘諸氏刻本
六册
十二行字數不等

黑口，四周雙邊

289/007-3

0686

大明律集解附例三十卷名利一卷附一卷

（明）高舉等纂

清光緒三十四年（1908）修訂法律館刻本

十册

九行二十字，小字雙行同

白口，四周雙邊

289/049

0687

大明律三十卷附圖一卷明律條例一卷

（明）劉維謙等撰

日本享保八年（1723）刻本

十册

八行二十二字

白口，四周單邊

289/049-2

0688

江蘇省例一卷續編一卷三編一卷四編一卷

（清）□□撰

清同治八年至光緒十六年（1869—1890）江蘇書局刻本

十二册

十一行二十一字，小字雙行同

白口，左右雙邊

289/020

0689

江蘇省例一卷續編一卷三編一卷四編一卷

（清）□□撰

清同治八年至光緒十六年（1869—1890）江蘇書局刻本

八册

十一行二十一字，小字雙行同

白口，左右雙邊

284/042

0690

蒙古律例十二卷

（清）□□撰

清刻本

二册

八行二十字

白口，四周雙邊

289/030

0691

乾隆律例不分卷

（清）□□撰

清抄本

二十四册

行數不等字數不等

白口，無版框

289/037

0692

通行條例不分卷

（清）□□撰

清光緒十四年（1888）江蘇書局刻本

四册

十二行二十三字

白口，四周雙邊

289/045

0693

大清法規大全一百五十九卷

（清）北京政學社編

清宣統北京政學社石印本

四十一册

分上下兩欄，各二十行二十字

上黑口，四周雙邊

289/043

0694

大清法規大全一百五十九卷

（清）北京政學社編

清宣統北京政學社石印本

二十一册

分上下兩欄，各二十行二十字

白口，四周雙邊
子目：
軍政部九卷首一卷
交通部五卷首一卷
旗藩部二卷
外交部十卷
民政部十一卷首一卷
教育部二十卷
禮制部三卷
財政部十三卷首一卷
實業部十一卷首一卷
吏政部十七首一卷
法律部七卷（缺卷一至二）
現行刑律定本三十六卷
禁煙條例一卷
秋審條款一卷
現行刑律定本三十六卷
禁煙條例一卷
秋審條款一卷
憲政部六卷首一卷

289/043-2

0695
律例便覽八卷諸圖一卷
（清）蔡嵩年編
清同治九年（1870）江蘇書局刻本
四册
十一行二十一字，小字雙行同
白口，左右雙邊

289/032

0696
律例便覽八卷諸圖一卷
（清）蔡嵩年編
處分則例圖要六卷
（清）蔡逢年編
清同治九年（1870）江蘇書局刻本
六册
十一行二十一字，小字雙行同
白口，左右雙邊

289/032-2

0697
律表三十六卷附纂修條例表一卷督捕則例表二卷洗冤録表四卷
（清）曹恒德編
清刻本
八册
行數不等字數不等
白口，四周單邊

289/031

0698
秋讞輯要六卷首一卷
（清）剛毅輯
清光緒十五年（1889）江蘇書局刻本
八册
十三行二十四字，小字雙行同
白口，左右雙邊

289/023

0699
秋讞輯要六卷首一卷
（清）剛毅輯
清光緒十五年（1889）江蘇書局刻本
八册
十三行二十四字，小字雙行同
白口，左右雙邊

289/023-2

0700
審看擬式四卷首一卷末一卷
（清）剛毅輯
清光緒十八年（1892）浙江書局刻本
二册
十三行二十四字
白口，左右雙邊

289/017

0701
審看擬式四卷首一卷末一卷
（清）剛毅輯
清光緒十五年（1889）江蘇書局刻本
二册

十三行二十四字
白口，左右雙邊
289/054

0702
欽定吏部處分則例四十七卷欽定吏部銓選漢官則例八卷欽定吏部銓選滿洲官員則例五卷欽定吏部銓選漢官品級考四卷欽定吏部銓選滿洲官員品級考三卷
（清）吏部編
清刻本
四十一册
九行二十字
白口，四周雙邊
缺一卷（欽定吏部銓選滿洲官員則例卷一）
289/011

0703
讀律心得三卷蜀僚問答二卷附漁洋山人手鏡一卷
（清）劉衡撰
代直隸總督勸諭牧文一卷
（清）黄輔辰撰
清同治七年（1868）湖北崇文書局刻本
一册
十行二十二字，小字雙行同
白口，四周雙邊
289/025

0704
蜀僚問答二卷讀律心得三卷
（清）劉衡撰
清道光十六年（1836）刻本
一册
八行二十字
白口，四周雙邊
289/025-2

0705
律法須知二卷
（清）吕芝田撰
清光緒十三年（1887）廣州刻本
二册
九行二十三字
白口，四周單邊
289/033

0706
律法須知二卷
（清）吕芝田撰
清光緒九年（1883）貴州臬署刻本
二册
九行二十三字
白口，四周單邊
289/033-2

0707
駁案新編三十二卷
（清）全士潮等纂
清乾隆元年（1736）全士潮刻本
十七册
九行二十字
白口，四周單邊
缺十卷（卷二十三至三十二）
289/069

0708
讀法圖存四卷
（清）邵繩清編
清道光十六年（1836）虞山邵氏刻本
二册
行數不等字數不等
白口，四周雙邊
289/016

0709
讀法圖存四卷
（清）邵繩清編
清道光刻本
四册
行數不等字數不等
白口，四周雙邊
289/016部二

0710
讀法圖存四卷
（清）邵繩清編
清道光十六年（1836）虞山邵氏刻本
三册
行數不等字數不等
白口，四周雙邊
289/016部三

0711
法訣啓明二卷
（清）升泰注
清光緒五年（1879）刻本
二册
八行十八字
上黑口，四周雙邊
289/022

0712
欽定理藩部則例六十四卷
（清）松森等修 （清）福敏等纂
清光緒三十四年（1908）鉛印本
十六册
九行二十字
白口，四周雙邊
289/046

0713
讀律佩觿八卷八法一卷目録一卷
（清）王明德輯
清康熙十五年（1676）刻本
八册
九行二十字，小字雙行同
白口，四周雙邊
*289/001

0714
通行章程五卷
（清）王汝礪輯
清光緒三十二年（1906）京都榮録堂刻本
五册
九行二十五字
白口，四周雙邊
289/050

0715
通行章程五卷
（清）王汝礪輯
清光緒三十四年（1908）刻本
五册
九行二十五字
白口，四周雙邊
289/003

0716
秋審實緩比較條款不分卷
（清）謝誠鈞撰
清光緒四年（1878）江蘇書局刻本
二册
十一行二十一字，小字雙行同
白口，左右雙邊
289/018

0717
大清律例彙輯便覽四十卷督捕則例附纂二卷五軍道里表不分卷三流道里表不分卷
（清）刑部制訂
清光緒二十九年（1903）京都刻本
三十三册
九行二十字
白口，左右雙邊
289/039

0718
大清律例彙輯便覽四十卷督捕則例附纂二卷五軍道里表不分卷三流道里表不分卷
（清）刑部制訂
清同治十一年（1872）湖北讞局刻本
二十册
九行二十字，小字雙行同
白口，四周雙邊
缺十七卷（卷二十至三十六）
289/039-2

0719
督捕則例附纂二卷
（清）刑部制訂
清同治十一年（1872）湖北讞局刻本
一册
行數不等字數不等
白口，四周雙邊
289/058

0720
讀例存疑五十四卷
（清）薛允升撰
清光緒三十一年（1905）琉璃廠翰茂齋刻本
四十册
十行二十四字
白口，四周雙邊
289/036

0721
讀律提綱一卷
（清）楊榮緒撰
清光緒三年（1877）刻學海堂叢刻本
一册
十行二十一字，小字雙行同
白口，四周雙邊
289/013

0722
秋審實緩比較成案二十四卷
（清）英祥輯 （清）林恩綬增輯
清同治十二年（1873）四川臬署刻本
十六册
八行二十字，小字雙行同
白口，四周雙邊
289/038

0723
大清民律草案三編
（清）俞廉三等修訂
清宣統三年（1911）修訂法律館鉛印本
四册
十二行字數不等
下黑口，四周雙邊
289/015

0724
欽定户部則例一百卷
（清）載齡等纂
清同治十三年（1874）刻本
四十五册
九行二十字
白口，四周雙邊
缺十七卷（卷八十四至一百）
289/066

0725
讀律一得歌四卷
（清）宗繼增編
清光緒十六年（1890）江蘇書局刻本
二册
十行二十字
白口，四周單邊
289/024

0726
讀律一得歌四卷
（清）宗繼增編
清光緒十六年（1890）江蘇書局刻本
二册
十行二十字
白口，四周單邊
289/024部二

0727
刺字集四卷
（清）沈家本編
清光緒二十四年（1898）江蘇書局刻本
一册
九行二十二字
白口，四周雙邊
289/010

0728
大清現行刑律案語不分卷
（清）沈家本等編
清宣統元年（1909）修訂法律館鉛印本
二十册
十二行二十五字
下黑口，四周雙邊
289/041

0729
大清現行刑律案語不分卷
（清）沈家本等編
清宣統元年（1909）修訂法律館鉛印本
二十册
十二行二十五字
下黑口，四周雙邊
289/041-2

0730
大清現行刑律三十六卷首一卷
（清）沈家本等編
清宣統二年（1910）鉛印本
十二册
十行二十字
下黑口，四周雙邊
289/041：2

0731
歷代刑官考二卷
（清）沈家本撰
清宣統元年（1909）鉛印本
一册
十二行二十九字，小字雙行同
下黑口，四周雙邊
283/011

刑 制

0732
補宋書刑法志一卷補宋書食貨志一卷
（清）郝懿行撰
清光緒十七年（1891）廣雅書局刻本
一册
十一行二十四字，小字雙行同
黑口，四周單邊
212-39/005

0733
刑部説帖揭要二十八卷
（清）胡夔卿輯
清道光十三年（1833）金匱張氏樂全堂刻本
十六册
九行二十三字
白口，四周單邊
289/042

0734
重修名法指掌圖四卷
（清）徐灝撰
清同治八年（1869）桂林節署刻本
三册
行數不等字數不等
白口，四周雙邊
289/068

0735
處分則例圖要六卷
（清）蔡逢年編
清同治九年（1870）江蘇書局刻本
二册
行數不等字數不等
白口，左右雙邊
289/057

0736
核定現行刑律不分卷
（清）奕劻等核定
清宣統元年（1909）鉛印本
二册
十二行二十五字，小字雙行同
下黑口，四周雙邊
251.1/014

0737
大清現行刑律講義八卷
吉同鈞纂輯
清宣統二年（1910）法部律學館石印本
八册
十三行三十字，小字雙行
同白口，四周雙邊
289/070

0738
三流道里表不分卷
（清）唐紹祖輯
清同治十一年（1872）江蘇書局刻本
二册
行數不等字數不等
白口，左右雙邊
289/026

0739
三流道里表不分卷
（清）唐紹祖輯
清同治十一年（1872）江蘇書局刻本
二册
行數不等字數不等
白口，左右雙邊
289/026-3

0740
三流道里表不分卷
（清）唐紹祖輯
清同治十一年（1872）湖北讞局刻本
二册
行數不等字數不等
白口，四周單邊
289/026-2

法驗

0741
洗冤録詳義四卷首一卷
（清）許槤撰
摭遺二卷
（清）葛元煦輯
摭遺補一卷
（清）張開運輯
清光緒十六年（1890）湖北官書處刻本
六册
九行十四字，小字雙行同
白口，左右雙邊
289/014

治獄

0742
提牢備考四卷
（清）趙舒翹輯
清光緒刻本
二册
十行二十一字
白口，左右雙邊
289/035

0743
折獄龜鑑八卷
（宋）鄭克撰　（清）胡文炳校訂
折獄龜鑑補六卷
（清）胡文炳輯
清光緒四年（1878）蘭石齋刻本
八册
十行二十二字
下黑口，四周雙邊
289/044

0744
聽訟彙案三卷
（日本）津阪孝綽撰
日本天保二年（1831）津藩有造館刻本
三册
十行二十字
白口，左右雙邊
*289/062

考工之屬

0745
江南製造局記十卷首一卷附一卷
（清）魏允恭編
清光緒三十一年（1905）文寶書局石印本
十册
十一行二十四字
上黑口，四周雙邊
3105/002

公牘檔册之屬

0746
學部奏咨輯要四卷
（清）學部總務司案牘科編
清宣統元年（1909）鉛印本
四册
十三行三十字
下黑口，四周雙邊
284/001

0747
北洋公牘類纂二十五卷
（清）甘厚慈輯
清光緒三十三年（1907）京城益森印刷有限公司鉛印本
二十册
十四行四十字
下黑口，四周雙邊
288/002

0748
北洋公牘類纂續編二十四卷
（清）甘厚慈輯
清宣統二年（1910）絳雪齋書局鉛印本
二十册
十四行四十字
下黑口，四周雙邊
288/002.2-2

0749
北洋公牘類纂續編二十四卷
（清）甘厚慈輯
清宣統二年（1910）絳雪齋書局鉛印本
二十册
十四行四十字
下黑口，四周雙邊
288/002.2

0750
曾文正公批牘六卷
（清）曾國藩撰
清光緒二年（1876）傳忠書局刻本
六册
十行二十四字
黑口，左右雙邊
缺一卷（卷六）
288/021

0751
樊山政書二十卷
樊增祥撰
清宣統二年（1910）金陵聚珍書局鉛印本
十册
十行二十一字
白口，四周雙邊
288/007

0752
視己成事齋官書十一卷
（清）李璋煜撰
清刻本

四册
九行二十二字
白口，左右雙邊
289/063

0753
郵傳部第一次統計表不分卷
（清）郵傳部統計處編輯
清光緒三十三年（1907）鉛印本
六册
行數不等字數不等
白口，四周雙邊
284/043

0754
樊山公牘四卷
樊增祥撰
清宣統三年（1911）廣益書局石印本
四册
十四行三十一字
黑口，四周雙邊
288/001

0755
閣抄彙編不分卷
（清）華北書局編
清光緒三十一年（1905）華北書局鉛印本
四十册
十三行二十八字
白口，四周雙邊
287/028

0756
閣抄彙編不分卷
（清）華北書局編
清光緒三十一年（1905）華北書局鉛印本
二册
十三行二十八字
白口，四周雙邊
287/028部二

0757
閣抄彙編不分卷
（清）□□撰
清宣統元年（1909）迪化官電總局抄本
一册
八行二十四字
白口，四周雙邊
*287/028.2

掌故瑣記之屬

0758
皇朝掌故彙編内編六十卷首一卷外編四十卷首一卷
張壽鏞等編
清光緒二十八年（1902）上海求實書社鉛印本
四十四册
十一行三十字
白口，四周雙邊
缺二十九卷（内編卷九至三十七）
281/030

詔令奏議類

詔令之屬

0759
聖諭像解二十卷
（清）梁延年編輯
清光緒二十八年（1902）江蘇撫署石印本

十册
八行二十一字
白口，四周單邊
287/019

0760
十朝聖訓九百二十二卷
（清）□□輯
清光緒鉛印本
六十册
二十一行四十五字
白口，四周單邊
287/006

0761
雍正硃批諭旨不分卷
（清）世宗胤禛撰 （清）鄂爾泰等編
清光緒十三年（1887）上海點石齋朱墨石印本
六十册
十五行三十三字
白口，四周雙邊
287/003

0762
諭摺彙存不分卷
（清）□□編
清光緒二十八年（1902）木活字印本
三百三十三册
十一行二十二字
白口，四周雙邊
287/025

0763
諭摺彙存不分卷
（清）□□編
清光緒二十八年（1902）木活字印本
十二册
十一行二十二字
白口，四周雙邊
287/025

奏議之屬

0764
注陸宣公奏議十五卷首一卷制誥十卷
（唐）陸贄撰
清光緒十二年（1886）淮南書局刻本
四册
十行二十字，小字雙行同
黑口，四周雙邊
287/001

0765
包孝肅公奏議十卷
（宋）包拯撰
清同治二年（1863）省心閣刻本
四册
九行十八字
白口，四周雙邊
287/016

0766
石林奏議十五卷
（宋）葉夢得撰
清光緒十一年（1885）吴興陸氏皕宋樓刻本
二册
十行二十五字
白口，左右雙邊
287/023

0767
荆川先生右編四十卷
（明）唐順之編 （明）劉曰寧補
明萬曆三十三年（1605）南京國子監

刻本
三十册
十行二十字，小字雙行同
白口，左右雙邊
*314/003

0768
卞制軍奏議十二卷
（清）卞寶第撰
清光緒二十年（1894）刻本
七册
十行二十一字
下黑口，四周雙邊
缺五卷（卷一至五）
287/026

0769
曾文正公奏議十卷首一卷
（清）曾國藩撰　（清）薛福成編
清同治十三年（1874）上海醉六堂刻本
十册
九行二十一字
白口，四周雙邊
287/030

0770
庸盦尚書奏議十六卷
（清）陳夔龍撰
清宣統三年（1911）鉛印本
八册
十一行二十四字
黑口，四周單邊
287/011

0771
龔端毅公奏疏八卷附一卷
（清）龔鼎孳撰
清道光十四年（1834）慶餘堂刻本
五册
九行二十一字
白口，左右雙邊
251.1/002

0772
胡文忠公政書十四卷
（清）胡林翼撰　（清）但湘良輯
清光緒二十五年（1899）湖南糧儲道署刻本
十六册
十二行二十五字
白口，左右雙邊
287/021

0773
邸抄彙録不分卷
（清）□□編
清光緒三十一年（1905）北京華新書局鉛印本
一册
十三行二十八字
白口，四周雙邊
251.1/036

0774
邸抄彙録不分卷
（清）□□編
清光緒三十一年（1905）北京華新書局鉛印本
二册
十三行二十八字
白口，四周雙邊
251.1/030

0775
林文忠公政書三十七卷
（清）林則徐撰
清光緒三山林氏刻本
十二册

九行二十字，小字雙行同
下黑口，四周雙邊
287/008

0776
林文忠公政書三十七卷
（清）林則徐撰
清光緒三山林氏刻本
十二册
九行二十字，小字雙行同
下黑口，四周雙邊
287/008部二

0777
江楚會奏變法摺三摺
（清）劉坤一 （清）張之洞撰
清光緒二十七年（1901）兩湖書院刻本
一册
十行二十三字，小字雙行不等
下黑口，左右雙邊
287/012

0778
沈文肅公政書七卷首一卷
（清）沈葆楨撰
清光緒刻本
二册
十行二十四字
白口，四周雙邊
存一卷（卷七）
251.1/016

0779
皇朝道咸同光奏議六十四卷
（清）王延熙等輯
清石印本
十二册
二十行四十八字
白口，四周雙邊
存二十八卷（卷三十四至三十七、四十至五十一、五十三至六十四）
287/002

0780
張文襄公奏稿五十卷
（清）張之洞撰
清宣統二年（1910）鉛印本
二十六册
十二行三十字
黑口，四周單邊
287/005

0781
奏議初編十二卷
（清）張之洞撰
清光緒二十七年（1901）上海圖書集成局鉛印本
五册
十四行四十二字
白口，四周單邊
缺二卷（卷一至二）
287/031

0782
恪靖奏稿初編三十八卷
（清）左宗棠撰
清刻本
十一册
九行二十一字
白口，左右雙邊
存十九卷（卷二十至三十八）
287/024

0783
左文襄公奏疏初編三十八卷續編七十六卷三編六卷
（清）左宗棠撰
清光緒十六年（1890）上海圖書集成局鉛印本
二十册

十四行四十字
白口，四周單邊
287/015

0784
戊戌奏稿一卷
康有爲撰
清宣統三年（1911）鉛印本
一册
十一行二十三字
白口，四周單邊
287/017

時令類

0785
日涉編十二卷
（明）陳堦輯　（清）白輝補輯
清康熙二十七年（1688）刻本
十二册
九行十九字，小字雙行同
白口，四周單邊
*211/001

地理類

水利之屬

0786
山東黄河南岸十三州縣遷民圖説不分卷
（清）黄璣編
清光緒二十二年（1896）上海點石齋石印本
二册
八行二十四字
白口，四周雙邊
284/040

0787
安瀾紀要二卷
（清）徐端撰
清刻本
二册
九行二十字
白口，左右雙邊
295/004：2

0788
安瀾紀要二卷
（清）徐端撰
清刻本
二册
十行二十一字
白口，四周雙邊
295/004：2–2

0789
洞庭源流考不分卷
（清）榮錫勛集解
清刻本
一册
九行二十四字
下黑口，四周雙邊
294/018

0790
行水金鑑一百七十五卷圖一卷
（清）傅澤洪撰
清雍正三年（1725）傅氏刻本
三十六册
十一行二十一字，小字雙行三十二字
黑口，左右雙邊
*295/001

0791
皇朝輿地水道源流五卷
（清）胡宣慶纂編
清光緒十七年（1891）長沙胡氏刻本
二册
九行二十四字，小字雙行同

白口，左右雙邊

294/010

0792

迴瀾紀要二卷

（清）徐端撰

清道光二十三年（1843）刻本

二册

九行二十字

白口，左右雙邊

295/004

0793

迴瀾紀要二卷安瀾紀要二卷

（清）徐端撰

清道光二十三年（1843）刻本

四册

九行二十字

白口，左右雙邊

295/004部二

0794

迴瀾紀要二卷

（清）徐端撰

清刻本

二册

十行二十一字

白口，四周雙邊

295/004–2

0795

荆楚修疏指要三卷首一卷

（清）胡祖翮撰

清同治十一年（1872）湖北崇文書局刻本

二册

九行二十一字

白口，四周雙邊

295/002

0796

荆楚修疏指要修防事宜二卷首一卷

（清）胡祖翮撰

清同治十一年（1872）湖北崇文書局刻本

一册

九行二十一字，小字雙行同

白口，四周雙邊

251.1/031

0797

荆楚修疏指要修防事宜二卷首一卷

（清）胡祖翮撰

清同治十一年（1872）湖北崇文書局刻本

一册

九行二十一字，小字雙行同

白口，四周雙邊

251.1/031–2

0798

水道提綱二十八卷

（清）齊召南編録

清光緒四年（1878）津門徐士鑾霞城精舍刻本

八册

九行二十二字，小字雙行同

白口，左右雙邊

251.1/009

0799

揚州水道記四卷圖一卷

（清）劉文淇撰

清同治十一年（1872）淮南書局刻本

二册

十行二十一字

白口，左右雙邊

294/009

0800

浙西水利備考不分卷

（清）王鳳生撰

清光緒四年（1878）浙江書局刻朱墨套印本

四册

九行二十三字，小字雙行同

白口，四周單邊

295/006

0801

浙西水利備考不分卷

（清）王鳳生撰

清光緒四年（1878）浙江書局刻朱墨套印本

四册

九行二十三字，小字雙行同

白口，四周單邊

57/589-592

0802

治河方略十卷首一卷

（清）靳輔撰

清嘉慶十七年（1812）河庫道衙門刻本

八册

八行二十字

白口，四周雙邊

295/007

類編之屬

0803

問影樓輿地叢書第一集

胡思敬輯

清光緒三十四年（1908）新昌胡思敬鉛印本

十册

十二行三十字

黑口，四周雙邊

子目：

黑韃事略一卷附校勘記　（宋）彭大雅撰　（宋）徐霆疏證　校勘記　胡思敬校勘

峒溪纖志三卷　（清）陸次雲撰

雲緬山川志一卷　（清）李榮陛撰

長河志籍考十卷　（清）田雯撰

黔記四卷　（清）李宗昉撰

東三省輿圖説一卷　（清）曹廷杰撰

陝西南山谷口考一卷　（清）毛鳳枝撰

緬述一卷　（清）彭崧毓撰

三省山内風土雜識一卷　（清）嚴如熤撰

萬里行程記一卷　（清）祁韵士撰

關中水道記四卷　（清）孫彤撰

水地記一卷　（清）戴震撰

游歷記存一卷　（清）朱書撰

滇海虞衡志十三卷附校勘記　（清）檀萃撰　校勘記　胡思敬校勘

東三省韓俄交界道里表一卷　（清）聶士成撰

214./025

0804

皇朝藩屬輿地叢書

（清）文瑞樓主人輯

清光緒二十九年（1903）金匱浦氏静寄東軒石印本

四十八册

十行二十二字，小字雙行同

下黑口，左右雙邊

子目：

第一集

西藏圖考八卷首一卷　（清）黄沛翹撰

西招圖略一卷　（清）松筠撰

越史略三卷　（越南）□□撰

第二集

吉林外記十卷　（清）薩英額撰

黑龍江外記八卷　（清）西清撰

帕米爾圖説一卷　（清）許景澄撰

帕米爾輯略一卷　（清）胡祥鑅撰

澳大利亚洲志譯本一卷　沈恩孚輯

塞北紀行一卷　（元）張德輝撰

西北域記一卷　（清）謝濟世撰

寧古塔紀略一卷　（清）吴振臣撰

西游記金山以東釋一卷（清）沈垚撰
第三集
長春真人西游記二卷（元）李志常撰
新疆要略四卷（清）祁韵士撰
蒙古游牧記十六卷（清）張穆撰（清）何秋濤補
第四集
漢西域圖考七卷首一卷（清）李光廷撰
西域水道記五卷（清）徐松撰
新疆賦一卷（清）徐松撰
漢書西域傳補注二卷（清）徐松撰
第五集
滇緬劃界圖説一卷（清）薛福成撰
東北邊防輯要二卷（清）曹廷杰撰
東三省輿地圖説一卷附録一卷（清）曹廷杰撰
平定羅刹方略一卷（清）□□撰
元朝征緬録一卷（元）□□撰
元朝秘史十五卷（元）□□撰（清）李文田注
第六集
元史譯文證補三十卷（缺卷七至八、十三、十六至十七、十九至二十一、二十五、二十八）（清）洪鈞撰
職方外紀五卷首一卷（明西洋）艾儒略撰
元秘史山川地名考十二卷（清）施世杰撰

0805
皇朝藩屬輿地叢書
（清）文瑞樓主人輯
清光緒二十九年（1903）金匱浦氏静寄東軒石印本
三十二册
十行二十二字，小字雙行同
下黑口，左右雙邊
存十七種九十七卷
子目：
第一集
西藏圖考八卷首一卷（清）黄沛翹撰
西招圖略一卷（清）松筠撰
第二集
吉林外記十卷（清）薩英額撰
黑龍江外記八卷（清）西清撰
帕米爾圖説一卷（清）許景澄撰
帕米爾輯略一卷（清）胡祥鑅撰
澳大利亚洲志譯本一卷　沈恩孚輯
第三集
長春真人西游記二卷（元）李志常撰
新疆要略四卷（清）祁韵士撰
第四集
漢西域圖考七卷首一卷（清）李光廷撰
西域水道記五卷（清）徐松撰
新疆賦一卷（清）徐松撰
漢書西域傳補注二卷（清）徐松撰
第五集
滇緬劃界圖説一卷（清）薛福成撰
第六集
元史譯文證補三十卷（缺卷七至八、十三、十六至十七、十九至二十一、二十五、二十八）（清）洪鈞撰
職方外紀五卷首一卷（明西洋）艾儒略撰
元秘史山川地名考十二卷（清）施世杰撰

總志之屬

通代

0806
太平寰宇記二百卷目録二卷
（宋）樂史撰
清紅杏山房刻本
四十册
十行二十字，小字雙行同
白口，左右雙邊
291/005

0807
讀史方輿紀要一百三十卷
（清）顧祖禹撰
清敷文閣刻本
九十六册
十行二十一字，小字雙行同
白口，四周雙邊
291/007

0808
讀史方輿紀要一百三十卷
（清）顧祖禹撰
清敷文閣刻本
六十四册
十行二十一字，小字雙行同
白口，四周雙邊
291/007-3

0809
讀史方輿紀要一百三十卷
（清）顧祖禹撰
清敷文閣刻本
二十六册
十行二十一字，小字雙行同
白口，四周雙邊
存七十六卷（卷四十六至八十二、九十二至一百三十）
291/007-3

0810
讀史方與紀要一百三十卷輿圖要覽四卷
（清）顧祖禹撰
清光緒五年（1879）蜀南書屋薛氏家塾刻本
七十七册
十行二十一字，小字雙行同
白口，四周雙邊
291/007-2

0811
歷代地理沿革表四十七卷
（清）陳芳績撰
清光緒二十一年（1895）廣雅書局刻本
十七册
行數不等字數不等
黑口，四周單邊
291/006部二

0812
歷代地理沿革圖一卷
（清）六嚴撰　（清）馬徵麟輯
清同治十年（1871）金陵刻本
一册
十二行二十四字
白口，左右雙邊
291/003

0813
歷代地理沿革圖一卷
（清）六嚴撰　（清）馬徵麟輯
清同治十年（1871）金陵刻本
一册
十二行二十四字
白口，左右雙邊
291/003部二

0814
歷代地理沿革圖一卷
（清）六嚴撰　（清）馬徵麟輯

清同治十年（1871）金陵刻本
一册
十二行二十四字
白口，左右雙邊
291/003 部三

0815
歷代地理志韵編今釋二十卷附皇朝輿地韵編二卷
（清）李兆洛輯
清光緒十四年（1888）掃葉山房刻李氏五種本
九册
八行二十二字，小字雙行同
白口，四周雙邊
291/001：2

0816
歷代地理志韵編今釋二十卷
（清）李兆洛輯
清刻本
二册
八行二十二字，小字雙行同
白口，四周雙邊
存八卷（卷十三至二十）
291/001：3

斷 代

0817
括地志八卷
（唐）李泰撰 （清）孫星衍輯
清嘉慶三年（1798）蘭陵孫氏刻岱南閣叢書本
四册
十二行二十四字，小字雙行同
黑口，左右雙邊
*291/015

0818
括地志八卷
（唐）李泰撰 （清）孫星衍輯
清嘉慶三年（1798）蘭陵孫氏刻岱南閣叢書本
二册
十二行二十四字，小字雙行同
黑口，左右雙邊
291/015-2

0819
輿地廣記三十八卷
（宋）歐陽忞撰
校勘輿地廣記札記二卷
（清）黄丕烈撰
清光緒二十一年（1895）刻本
七册
九行二十一字，小字雙行同
白口，四周雙邊
291/014

0820
輿地廣記三十八卷
（宋）歐陽忞撰
校勘輿地廣記札記二卷
（清）黄丕烈撰
清光緒六年（1880）金陵書局刻本
四册
十三行二十四字，小字雙行同
白口，四周單邊
291/014-2

0821
輿地紀勝二百卷
（宋）王象之編
清咸豐五年（1855）南海伍氏粵雅堂刻本
十二册
十二行二十五字，小字雙行同
白口，左右雙邊
存八十四卷（卷一至二十七、七十七至一百三十三）
291/028

0822
廣輿記二十四卷圖一卷
（明）陸應陽輯 （清）蔡方炳增輯

清康熙二十五年（1686）刻本
十二册
十行十九字，小字雙行同
白口，左右雙邊
*291/002

0823
宋州郡志校勘記一卷
（清）成孺撰
尚書申孔篇一卷
（清）焦廷琥撰
清光緒十四年（1888）廣雅書局刻本
一册
十一行二十四字，小字雙行同
黑口，四周單邊
291/011

0824
天下郡國利病書一百二十卷
（清）顧炎武輯
清光緒五年（1879）蜀南桐華書屋薛氏家塾刻本
五十册
十行二十一字，小字雙行同
白口，左右雙邊
291/004

0825
歷代帝王宅京記二十卷
（清）顧炎武撰
清光緒十四年（1888）朱氏槐廬刻本
六册
十一行二十一字，小字雙行同
黑口，左右雙邊
298/034

0826
大清一統志五百卷
（清）和珅等纂修
清光緒二十八年（1902）上海寶善齋石印本
六十册
二十行四十二字，小字雙行同
白口，左右雙邊
291/001

0827
大清一統志五百卷
（清）和珅等纂修
清光緒二十八年（1902）上海寶善齋石印本
五十八册
二十行四十二字，小字雙行同
白口，左右雙邊
291/001 部二

0828
大清一統志五百卷
（清）和珅等纂修
清光緒二十八年（1902）上海寶善齋石印本
六十册
二十行四十二字，小字雙行同
白口，左右雙邊
291/001 部三

0829
補三國疆域志二卷
（清）洪亮吉撰
清光緒十七年（1891）廣雅書局刻本
一册
十一行二十四字，小字雙行同
黑口，四周單邊
212-36/002

0830
補三國疆域志二卷
（清）洪亮吉撰
清光緒十七年（1891）廣雅書局刻本
一册
十一行二十四字，小字雙行同
黑口，四周單邊
212-36/002 部二

0831
東晋疆域志四卷
（清）洪亮吉撰
清光緒十七年（1891）廣雅書局刻本
二册
十一行二十四字，小字雙行同
黑口，四周單邊
291/019

0832
漢志水道疏證四卷
（清）洪頤煊撰
清光緒十八年（1892）廣雅書局刻本
一册
十一行二十四字，小字雙行同
黑口，四周單邊
212–34/024

0833
東晋南北朝輿地表年表十卷首一卷末一卷州郡表四卷郡縣表十二卷
（清）徐文範撰
清光緒二十四年（1898）廣雅書局刻本
十册
行數不等字數不等，小字雙行四十二字
黑口，左右雙邊
212–37/006

0834
東晋南北朝輿地表年表十卷首一卷末一卷州郡表四卷郡縣表十二卷
（清）徐文範撰
清光緒二十四年（1898）廣雅書局刻本
十册
行數不等字數不等，小字雙行四十二字
黑口，左右雙邊
212–37/006部二

0835
光緒增改郡縣表一卷
吴廷燮編
清光緒二十二年（1896）涇陽刻本
一册
行數不等字數不等
白口，四周雙邊
291/012

0836
十六國疆域志十六卷
（清）洪亮吉撰
清光緒十七年（1891）廣雅書局刻本
四册
十一行二十四字，小字雙行同
黑口，四周單邊
212–38/003

0837
十六國疆域志十六卷
（清）洪亮吉撰
清光緒十七年（1891）廣雅書局刻本
一册
十一行二十四字，小字雙行同
黑口，四周單邊
存七卷（卷十至十六）
212–38/003部二

0838
乾隆府廳州縣圖志五十卷
（清）洪亮吉撰
清光緒二十三年（1897）新化三味書室刻本
十六册
十一行二十四字，小字雙行同
黑口，左右雙邊
291/026

0839
乾隆府廳州縣圖志五十卷
（清）洪亮吉撰
清刻本
一册
十二行二十四字，小字雙行同
黑口，四周雙邊
存三卷（卷二十四至二十六）
291/026–2

0840
補梁疆域志四卷
（清）洪齮孫撰
清光緒十七年（1891）廣雅書局刻本
二册
十一行二十四字，小字雙行同
白口，四周單邊
291/017

0841
皇朝輿地韵編二卷
（清）李兆洛輯
清光緒十四年（1888）掃葉山房刻李氏五種本
一册
八行二十二字，小字雙行同
白口，四周雙邊
291/002

0842
皇朝輿地韵編二卷
（清）李兆洛輯
清光緒十四年（1888）掃葉山房刻李氏五種本
一册
八行二十二字，小字雙行同
白口，四周雙邊
291/002部二

輿圖之屬

全國

0843
大清中外壹統輿圖南十卷北二十卷首一卷
（清）鄒世詒等編繪　（清）李廷簫增訂
清同治二年（1863）湖北撫署景桓樓刻本
十册
下黑口，四周雙邊
291/023

0844
大清中外壹統輿圖南十卷北二十卷首一卷
（清）鄒世詒等編繪　（清）李廷簫增訂
清同治二年（1863）湖北撫署景桓樓刻本
十四册
下黑口，四周雙邊
存十三卷（卷首，南卷八至九，北卷十一至二十）
291/023-2

0845
歷代輿地沿革險要圖不分卷
楊守敬　饒敦秩撰
清光緒三十二年（1906）觀海堂楊氏刻朱墨套印本
一册
行數不等字數不等
黑白口兼有，四周單邊
291/027

0846
春秋列國地圖不分卷
楊守敬編
清光緒三十二年（1906）刻朱墨套印本
一册
行數不等字數不等
白口，四周雙邊
291/027：2

0847
戰國疆域圖不分卷
楊守敬編
清宣統元年（1909）楊氏鄂城刻朱墨套印本
一册
行數不等字數不等
白口，四周雙邊
291/027：3

0848
前漢地理圖不分卷
楊守敬編

清光緒三十年（1904）鄰蘇園刻朱墨套印本
一册
行數不等字數不等
白口，四周雙邊
291/027：5

0849
後漢郡國圖不分卷
楊守敬編
清宣統元年（1909）楊氏鄂城刻朱墨套印本
一册
行數不等字數不等
白口，四周雙邊
291/027：6

0850
三國疆域圖不分卷
楊守敬編
清光緒三十三年（1907）楊氏鄂城刻朱墨套印本
一册
行數不等字數不等
白口，左右雙邊
291/027：7

0851
西晋地理圖不分卷
楊守敬編
清宣統元年（1909）楊氏鄂城刻朱墨套印本
一册
行數不等字數不等
白口，四周雙邊
291/027：8

0852
東晋疆域圖不分卷
楊守敬編
清宣統元年（1909）楊氏鄂城刻朱墨套印本
一册
行數不等字數不等
白口，四周雙邊
291/027：9

0853
前趙疆域圖不分卷後趙疆域圖不分卷
楊守敬編
清宣統元年至三年（1909—1911）楊氏鄂城刻朱墨套印本
一册
行數不等字數不等
下黑白口兼有，四周雙邊
291/027：10

0854
前燕疆域圖不分卷後燕疆域圖不分卷南燕疆域圖不分卷北燕疆域圖不分卷
楊守敬編
清宣統三年（1911）楊氏鄂城刻朱墨套印本
一册
行數不等字數不等
下黑白口兼有，四周雙邊
291/027：11

0855
前秦疆域圖不分卷後秦疆域圖不分卷西秦疆域圖不分卷
楊守敬編
清宣統三年（1911）楊氏鄂城刻朱墨套印本
一册
行數不等字數不等
下黑白口兼有，四周雙邊
291/027：12

0856
前凉疆域圖不分卷後凉疆域圖不分卷南凉疆域圖不分卷北凉疆域圖不分卷西凉疆域圖不分卷
楊守敬編

清宣統三年（1911）楊氏鄂城刻朱墨套印本
一册
行數不等字數不等
下黑白口兼有，四周雙邊
291/027：13

0857
夏疆域圖不分卷後蜀疆域圖不分卷
楊守敬編
清宣統三年（1911）楊氏鄂城刻朱墨套印本
一册
行數不等字數不等
下黑白口兼有，四周雙邊
291/027：14

0858
北齊疆域圖不分卷
楊守敬編
清宣統二年（1910）刻朱墨套印本
一册
行數不等字數不等
白口，四周雙邊
291/027：17

0859
蕭梁疆域圖不分卷
楊守敬編
清宣統三年（1911）楊氏鄂城刻朱墨套印本
一册
行數不等字數不等
白口，四周雙邊
291/027：18

0860
陳疆域圖不分卷
楊守敬編
清宣統三年（1911）刻朱墨套印本
一册
行數不等字數不等
白口，四周雙邊
291/027：19

0861
後唐并七國圖不分卷
楊守敬編
清宣統二年（1910）楊氏鄂城刻朱墨套印本
一册
行數不等字數不等
白口，四周雙邊
291/027：20

0862
歷代輿地沿革險要圖不分卷
楊守敬　饒敦秩撰
清光緒五年（1879）東湖饒氏朱墨套印本
一册
行數不等字數不等
白口，四周單邊
291/016

0863
皇朝内府輿地圖縮摹本一卷附皇朝輿地韵編一卷
（清）六嚴繪
清光緒十年（1884）湖北官書處刻本
一册
行數不等字數不等
白口，四周單邊雙邊兼有
291/020

水 圖

0864
三省黄河全圖不分卷
（清）吴大澂等繪
清光緒十六年（1890）上海鴻文書局石印本
五册
行數不等字數不等

白口，四周單邊雙邊兼有

294/019

郡縣

0865

江蘇全省輿圖不分卷

（清）鄧華熙修　（清）諸可寶撰

清光緒二十一年（1895）江蘇書局刻本

三册

十行二十字

黑口，四周單邊

298/020

0866

［乾隆］欽定皇輿西域圖志四十八卷首四卷

（清）傅恒等修　（清）褚廷璋等纂

清光緒十九年（1893）杭州便益書局石印本

十二册

十六行三十六字，小字雙行同

白口，左右雙邊

2102/009

0867

［乾隆］欽定皇輿西域圖志四十八卷首四卷

（清）傅恒等修　（清）褚廷璋等纂

清乾隆四十七年（1782）武英殿木活字印本

二十四册

九行二十字，小字雙行同

白口，四周雙邊

*292-45/001-1

0868

［乾隆］欽定皇輿西域圖志四十八卷首四卷

（清）傅恒等修　（清）褚廷璋等纂

清乾隆四十七年（1782）武英殿木活字印本

二十四册

九行二十字，小字雙行同

白口，四周雙邊

*292-45/001 部二

0869

［光緒］西藏圖考八卷首一卷

（清）黄沛翹輯

清光緒二十三年（1897）刻本

六册

十行二十二字，小字雙行同

下黑口，左右雙邊

292-75/003

0870

［光緒］西藏圖考八卷首一卷

（清）黄沛翹輯

清光緒二十年（1894）刻本

四册

十行二十二字，小字雙行同

下黑口，左右雙邊

292-75/003-2

0871

廣東圖説九十二卷首一卷

（清）毛鴻賓等修

清刻本

十八册

十行二十四字，小字雙行同

黑口，左右雙邊

298/004

0872

浙江全省輿圖并水陸道里記不分卷

（清）宗源瀚編

清石印本

十八册

十四行三十六字，小字雙行同

白口，左右雙邊

298/035

0873

新疆國界圖志八卷

王樹枏撰

清宣統元年（1909）刻本

四册

十行二十一字，小字雙行三十一字

黑口，左右雙邊

296/008

0874

嬴秦郡縣圖不分卷

楊守敬編

清宣統元年（1909）楊氏鄂城刻朱墨套印本

一册

行數不等字數不等

白口，四周雙邊

291/027：4

0875

南宋州郡圖不分卷

楊守敬編

清宣統元年（1909）楊氏鄂城刻朱墨套印本

一册

行數不等字數不等

白口，四周雙邊

291/027：15

0876

南齊州郡圖不分卷

楊守敬編

清宣統元年（1909）楊氏鄂城刻朱墨套印本

一册

行數不等字數不等

白口，四周雙邊

291/027：16

0877

遼地理志圖不分卷

楊守敬編

清宣統三年（1911）楊氏鄂城刻朱墨套印本

一册

行數不等字數不等

白口，四周雙邊

291/027：21

道里

0878

泰山道里記一卷

（清）聶鈫撰

清乾隆三十八年（1773）泰安聶鈫杏雨山堂刻本

一册

十一行二十一字

白口，左右雙邊

294/014

雜志之屬

0879

兩京新記一卷

（唐）韋述撰

李嶠雜咏二卷

（唐）李嶠撰

清光緒七年（1881）刻本

一册

九行十八字

白口，左右雙邊

293/012

0880

六朝事迹編類十四卷

（宋）張敦頤撰

清光緒十三年（1887）寶章閣刻本

二册

十二行十九字，小字雙行同

白口，左右雙邊

298/008

0881

增訂南詔野史二卷

（明）楊愼撰　（清）胡蔚訂正

清光緒六年（1880）雲南書局刻本

一册

九行二十二字，小字雙行同

白口，四周雙邊

存一卷（卷下）

251.1/025

0882

欽定滿洲源流考二十卷首一卷

（清）阿桂等撰

清光緒三十年（1904）中西書局石印本

四册

十六行三十六字，小字雙行同

白口，左右雙邊

24–49/008

0883

欽定滿洲源流考二十卷首一卷

（清）阿桂等撰

清光緒十九年（1893）杭州便益書局石印本

四册

十六行三十六字，小字雙行同

白口，左右雙邊

24–49/008–2

0884

欽定日下舊聞考一百六十卷

（清）于敏中 （清）竇光鼐等纂修

清刻本

四十册

九行二十一字，小字雙行同

白口，四周雙邊

298/006

0885

清嘉録十二卷

（清）顧禄撰

清道光十年（1830）刻本

五册

九行二十二字

黑口，左右雙邊

211–1/001

0886

揚州畫舫録十八卷

（清）李斗撰

清乾隆六十年（1795）自然盦刻本

八册

十行二十四字，小字雙行同

白口，左右雙邊

*293/004

0887

漢西域圖考七卷首一卷

（清）李光廷撰

清同治九年（1870）刻本

四册

九行二十一字，小字雙行同

白口，四周雙邊

2102/007

0888

啓東録六卷

（清）林壽圖撰

清光緒二十八年（1902）刻本

二册

十行二十一字，小字雙行同

下黑口，四周雙邊

298/009

0889

吉林外記十卷

（清）薩英額纂修

寧古塔記略一卷

（清）吴桭臣纂修

清光緒二十六年（1900）廣雅書局刻本

二册

十一行二十四字，小字雙行同

黑口，四周單邊

292–34/001

0890

吉林外記十卷

（清）薩英額纂修

寧古塔記略一卷

（清）吴桭臣纂修

清光緒二十一年（1895）漸西村舍刻本

二册

十行二十一字，小字雙行同

白口，左右雙邊
292-34/001-2

0891
西招圖略一卷圖説一卷附路程二卷
（清）松筠撰
清道光二十七年（1847）王師道刻本
二册
行數不等字數不等
白口，四周雙邊
2810/004

0892
宸垣識略十六卷
（清）吴長元輯
清同治二年（1863）愛蓮堂刻本
四册
九行二十一字
白口，左右雙邊
211.3/02

0893
蒙古游牧記十六卷
（清）張穆撰
清同治六年（1867）壽陽祁寯藻刻本
四册
十行二十二字，小字雙行同
白口，左右雙邊
298/016

0894
日下舊聞四十二卷
（清）朱彝尊撰　（清）朱昆田補遺
清康熙二十七年（1688）刻本
二十四册
十二行二十一字
白口，四周單邊
*293/005

0895
浙江沿海圖説一卷附海島表一卷
（清）朱正元撰
清光緒二十五年（1899）上海鉛印本
一册
十二行二十七字，小字雙行同
白口，四周雙邊
298/014

0896
籌藏芻議不分卷
姚錫光撰
清光緒三十四年（1908）京師寓齋鉛印本
一册
九行二十二字
白口，四周雙邊
296/010

專志之屬

祠廟

0897
兩浙防護陵寢祠墓録一卷
（清）阮元輯
清會稽董氏取斯家塾活字印本
二册
九行二十一字
白口，四周單邊
293/007

宫殿

0898
三輔黄圖六卷
（漢）□□撰　（明）張遂辰閲
明刻本
一册
九行二十字
白口，左右雙邊
*293/003

古 迹

0899
蜀中名勝記三十卷
（明）曹學佺撰
清宣統二年（1910）成都茹古書局刻本
十册
十行二十字
下黑口，左右雙邊
293/011

0900
續山東考古録三十二卷首一卷
（清）葉圭綬撰
清咸豐元年（1851）蝸角尖廬刻本
八册
十行二十四字
白口，左右雙邊
298/017.2

陵 墓

0901
歷代陵寢備考五十卷
（清）朱孔陽輯
清光緒三年（1877）申報館鉛印本
二册
十二行二十四字
白口，四周雙邊
存七卷（卷一至七）
293/018

山川之屬

山 志

0902
華嶽志八卷首一卷
（清）李榕輯
清道光十一年（1831）華麓楊翼武清白別墅刻本
四册
十行二十四字
白口，左右雙邊
294/001

0903
新疆山脉圖志六卷
王樹枏撰
清宣統元年（1909）新城王氏陶廬刻本
四册
十行二十一字
黑口，左右雙邊
294/012

水 志

0904
水經注四十卷首一卷附録二卷
（漢）桑欽撰　（北魏）酈道元注　王先謙校　（清）趙誠夫撰
清光緒十八年（1892）思賢講舍刻本
十六册
十一行二十四字，小字雙行同
黑口，左右雙邊
294/005

0905
水經注四十卷首一卷
（漢）桑欽撰　（北魏）酈道元注
清光緒三年（1877）湖北崇文書局刻本
十二册
十二行二十四字，小字雙行同
黑口，四周雙邊
294/005-2

0906
水經注四十卷
（漢）桑欽撰　（北魏）酈道元注
清刻本
四册

十一行二十一字，小字雙行同
黑口，四周單邊
存十八卷（卷八至十、十五至十九、二十七至三十六）
294/005-3

0907
水經注箋刊誤十二卷
（漢）桑欽撰　（北魏）酈道元注　（清）趙一清録
清刻本
六册
十行二十二字
白口，左右雙邊
294/004

0908
直隸五道成規五卷
（清）工部編
清乾隆八年（1743）刻本
五册
十行二十字
白口，四周雙邊
295/003

0909
水經注釋四十卷首一卷附録二卷刊誤十二卷
（漢）桑欽撰　（北魏）酈道元注　（清）趙一清録
清乾隆五十九年（1794）仁和趙氏小山堂刻本
十四册
十行二十二字，小字雙行同
白口，左右雙邊
*294/003-1

0910
水經注釋四十卷首一卷附録二卷
（漢）桑欽撰　（北魏）酈道元注　（清）趙一清録
清乾隆五十九年（1794）仁和趙氏小山堂刻本
二十册
十行二十二字，小字雙行同
白口，左右雙邊
*294/003-2

0911
今水經一卷表一卷
（清）黄宗羲撰
清刻本
一册
十行二十字，小字雙行同
白口，左右雙邊
294/002

0912
西湖志四十八卷
（清）李衛　（清）傅王露纂
清光緒四年（1878）浙江書局刻本
二十册
九行二十一字，小字雙行同
白口，左右雙邊
293/002

0913
西湖志四十八卷
（清）李衛　（清）傅王露纂
清雍正九年（1731）兩浙鹽驛道庫刻本
二十册
九行二十一字，小字雙行同
白口，四周雙邊
*293/001

0914
西域水道記五卷
（清）徐松撰
清光緒十九年（1893）寶善書局石印本
五册
十行二十八字，小字雙行同
黑口，左右雙邊
294/021

游記之屬

0915
東京雜記三卷
（朝鮮）成原默撰
朝鮮憲宗十一年（1845）刻本
三册
十行十六字，小字雙行同
白口，四周雙邊
*2102/013

0916
俄游彙編八卷
（清）繆祐孫纂
清光緒二十一年（1895）上海江左書林石印本
四册
十六行四十三字
黑口，左右雙邊
2102/011

0917
元耶律文正西游録略注補一卷
（清）李文田注 （清）范壽金補
清光緒貴池劉氏刻聚學軒叢書本
一册
十一行二十一字，小字雙行同
黑口，左右雙邊
298/015

0918
西藏通覽二編
（日本）山縣初男編 （清）四川西藏研究會編譯
清光緒三十四年（1908）鉛印本
四册
十一行二十七字，小字雙行同
白口，四周單邊
292-75/002

紀行

0919
游志續編不分卷
（明）陶宗儀撰
清光緒十二年（1886）新陽趙氏刻本
一册
十一行二十四字
白口，左右雙邊
411/028

0920
西陵趯程録一卷
（清）傅雲龍撰
清光緒十一年（1885）紅餘籀室刻本
一册
十行十九字
黑口，四周單邊
282/010

0921
凝香室鴻雪因緣圖記二卷題詞一卷
（清）麟慶撰
清道光十八年（1838）雲陰堂刻本
二册
十行二十一字，小字雙行同
白口，四周雙邊
*297/007

0922
西行紀程二卷
（清）孟傳鑄撰
清宣統二年（1910）孟氏緑野堂鉛印本
一册
十行二十二字，小字雙行同
白口，四周雙邊
297/004

0923
河海崑崙録四卷
（清）裴景福撰
清光緒三十二年（1906）上海文明書局

鉛印本
四册
十二行三十二字，小字雙行三十三字
白口，四周雙邊
274–49/005

0924
西征紀程四卷
（清）鄒代鈞撰
清光緒十七年（1891）鉛印本
一册
十一行三十三字，小字雙行同
白口，四周雙邊
存二卷（卷三至四）
251.1/035

0925
西輶瑣記四卷
宋伯魯撰
清光緒三十三年（1907）海棠仙館刻本
一册
十行二十四字
黑口，四周單邊
存二卷（卷一至二）
297/008

0926
辛卯侍行記六卷
陶保廉撰
清光緒二十三年（1897）養樹山房刻本
六册
十行二十二字，小字雙行同
黑口，左右雙邊
297/005

紀勝

0927
湖山便覽十二卷
（清）翟灝　（清）翟瀚輯
清光緒刻本
二册
九行二十二字，小字雙行同
黑口，左右雙邊
存四卷（卷九至十二）
251.1/023

外紀之屬

0928
東西洋考十二卷
（明）張燮撰
明萬曆四十六年（1618）刻本
四册
九行十八字，小字雙行同
白口，四周單邊
*299/001

0929
日本國志四十卷首一卷
（清）黄遵憲撰
清光緒二十七年（1901）上海書局石印本
八册
十八行四十字，小字雙行同
白口，四周雙邊
2101/023

0930
日本國志四十卷首一卷
（清）黄遵憲撰
清光緒十六年（1890）羊城富文齋刻本
十三册
十二行二十四字，小字雙行同
白口，四周雙邊
缺三卷（卷十五至十七）
2101/023–2

0931
日本國志四十卷首一卷
（清）黄遵憲撰
清光緒二十四年（1898）匯文書局刻本
十六册

十二行二十四字，小字雙行同
黑口，四周雙邊
10/197

0932
日本雜事詩二卷
（清）黄遵憲撰
清光緒二十四年（1898）長沙富文堂刻本
二册
十一行二十一字
黑口，左右雙邊
437/065

0933
瀛環志略十卷
（清）徐繼畬撰
清道光二十八年（1848）刻本
六册
十行二十五字
上黑口，左右雙邊
291/025

0934
瀛環志略十卷
（清）徐繼畬撰
清光緒二十八年（1902）上海日新書莊石印本
六册
二十一行四十八字，小字雙行同
白口，四周雙邊
2102/006

0935
瀛環志略十卷
（清）徐繼畬撰
清同治十二年（1873）掞雲樓刻本
六册
十行二十四字，小字雙行同
白口，左右雙邊
2102/006-2

0936
瀛環志略十卷
（清）徐繼畬撰
清同治五年（1866）總理衙門刻本
六册
十行二十四字
白口，左右雙邊
2102/006-3

0937
采風記五卷附紀程感事詩一卷
宋育仁編
清光緒二十二年（1896）袖海山房石印本
三册
十二行二十五字，小字雙行同
白口，四周雙邊
2101/007

0938
采風記五卷附紀程感事詩一卷
宋育仁編
清光緒二十二年（1896）袖海山房石印本
三册
十二行二十五字，小字雙行同
白口，四周雙邊
2101/007部二

0939
日本源流考二十二卷
王先謙撰
清光緒二十八年（1902）思賢書局刻本
十册
十二行二十五字，小字雙行同
白口，左右雙邊
2101/013

0940
游歷加納大圖經八卷
（清）傅雲龍撰
清光緒二十八年（1902）石印本
二册
十四行二十八字

黑口，四周單邊

251.1/034

0941
游歷圖經餘紀十五卷
（清）傅雲龍撰
清光緒十五年（1889）鉛印本
四册
十五行二十六字，小字雙行同
黑口，四周單邊

297/003

0942
游古巴詩董一卷游秘魯詩鑑一卷游巴西詩志一卷
（清）傅雲龍撰
清光緒十五年（1889）鉛印本
一册
十二行二十五字，小字雙行同
黑口，四周單邊

251.1/038

0943
游歷古巴圖經二卷
（清）傅雲龍撰
清光緒十五年（1889）鉛印本
一册
行數不等二十五字
黑口，四周單邊

2102/012

0944
游歷日本圖經三十卷
（清）傅雲龍撰
清光緒十五年（1889）日本東京德清傅氏鉛印本
十六册
十二行二十五字
黑口，四周單邊

2102/012：2

0945
海國圖志一百卷首一卷
（清）魏源撰
海國圖志續集二十五卷
（英國）麥高爾撰
清光緒二十一年（1895）上海積山書局石印本
十六册
二十三行四十二字
白口，四周雙邊

2102/002

0946
海國圖志一百卷
（清）魏源撰
清光緒六年（1880）邵陽急當務齋刻本
二十四册
九行二十一字
白口，四周雙邊

2102/002-2

0947
海國圖志一百卷
（清）魏源撰
清同治六年（1867）郴州陳氏刻本
二十四册
九行二十一字
白口，四周雙邊

2102/002-3

0948
海國圖志一百卷
（清）魏源撰
清光緒二年（1876）平慶涇固道署刻本
二十四册
九行二十一字
白口，四周雙邊

2102/002-4

方志之屬

通 志

0949
［道光］福建通志二百七十八卷首一卷附列女志一卷
（清）孫爾準等修 （清）陳壽祺等纂
清同治七年（1868）福建正誼書院刻本
一百七十九册
十一行二十七字
白口，四周雙邊
292-57/001

0950
［道光］欽定新疆識略十二卷首一卷
（清）松筠纂修
清光緒二十年（1894）上海積山書局石印本
十六册
十行二十一字，小字雙行同
白口，四周雙邊
298/013

0951
［光緒］湖南通志二百八十八卷首八卷末十九卷
（清）李瀚章修 （清）曾國荃等纂
清光緒十一年（1885）府學尊經閣刻本
一百六十八册
十行二十四字
白口，左右雙邊
292-64/001

0952
［光緒］江西通志一百八十卷首五卷
（清）劉坤一等修 （清）趙之謙纂
清光緒七年（1881）刻本
一百二十册
十二行二十三字
黑口，四周雙邊
292-56/001

0953
［光緒］山西通志一百八十四卷首一卷
（清）曾國荃等修
清光緒十八年（1892）刻本
九十六册
十二行二十三字
黑口，左右雙邊
292-25/001

0954
［光緒］順天府志一百三十卷附録一卷
（清）萬青黎等修 （清）張之洞等纂
清光緒十年至十二年（1884—1886）刻本
六十四册
十二行二十五字，小字雙行同
黑口，四周單邊
292-1/001

0955
［光緒］通州直隸州志十六卷首一卷末一卷
（清）梁悦馨等纂修
清光緒元年（1875）通州州署刻本
三册
十一行二十三字，小字雙行同
下黑口，左右雙邊
存四卷（卷首、卷一、十四至十五）
251.1/013

0956
［嘉慶］廣西通志二百七十九卷首一卷
（清）謝啓昆修 （清）胡虔纂
清嘉慶六年（1801）刻本
一百二十册
十一行二十一字
黑口，四周雙邊
292-67/001

0957
［嘉慶］黑龍江外記八卷
（清）西清纂修
清光緒二十年（1894）漸西村舍刻本
二册
十行二十一字

白口，左右雙邊
292-35/003

0958
［嘉慶］黑龍江外記八卷
（清）西清纂修
清光緒二十六年（1900）廣雅書局刻本
二册
十一行二十四字
黑口，四周單邊
292-35/003-2

0959
［嘉慶］四川通志二百四卷首二十二卷
（清）常明等修
清嘉慶二十一年（1816）刻本
一百二十册
九行二十一字
白口，四周雙邊
292-71/001

0960
［嘉慶］衛藏通志十六卷首一卷校字記一卷
（清）和琳纂修
清光緒二十二年（1896）漸西村舍刻本
八册
十行二十一字，小字雙行同
白口，左右雙邊
292-75/001

0961
［嘉慶］衛藏通志十六卷首一卷校字記一卷
（清）和琳纂修
清光緒二十二年（1896）漸西村舍刻本
八册
十行二十一字，小字雙行同
白口，左右雙邊
292-75/001 部二

0962
［嘉慶］衛藏通志十六卷首一卷校字記一卷
（清）和琳纂修
清光緒二十二年（1896）漸西村舍刻本
八册
十行二十一字，小字雙行同
白口，左右雙邊
292-75/001 部三

0963
［嘉慶］衛藏通志十六卷校字記一卷
（清）和琳纂修
清漸西村舍刻本
二册
十行二十一字，小字雙行同
白口，左右雙邊
缺十二卷（卷一至四、八至十五）
292-75/001 部四

0964
［康熙］江南通志七十六卷
（清）于成龍等纂修
清康熙二十三年（1684）刻本
五十四册
十行二十字，小字雙行同
白口，四周雙邊
*292-5/001

0965
［乾隆］甘肅通志五十卷首一卷
（清）許容等修　（清）李迪纂
清乾隆元年（1736）刻本
四十八册
九行二十一字，小字雙行同
白口，四周雙邊
*292-42/001

0966
［乾隆］貴州通志四十六卷首一卷
（清）鄂爾泰等纂修
清乾隆六年（1741）刻本
三十二册
十一行二十一字，小字雙行同
白口，四周雙邊
*292-73/001

0967
［乾隆］盛京通志四十八卷圖一卷
（清）吕耀曾等修 （清）魏樞等纂
清乾隆元年（1736）刻本
二十册
十行二十一字
白口，四周雙邊
292–31/002

0968
［乾隆］續河南通志八十卷首四卷
（清）阿思哈等纂修
清乾隆三十二年（1767）刻本
三十二册
十一行二十二字，小字雙行同
白口，四周雙邊
*292–61/001–2

0969
［乾隆］雲南通志三十卷首一卷
（清）鄂爾泰等纂修
清乾隆元年（1736）刻本
三十二册
十行二十二字，小字雙行同
白口，四周雙邊
*292–74/001

0970
［雍正］河南通志八十卷
（清）田文鏡等修 （清）孫灝等纂
清雍正十三年（1735）刻道光六年（1826）補刻本
四十册
十一行二十二字
白口，四周雙邊
292–61/001–2

0971
［雍正］陝西通志一百卷首一卷
（清）劉於義等修 （清）沈青崖纂
清雍正十三年（1735）刻本
一百册
十二行二十六字，小字雙行同
白口，四周雙邊
*292–41/001

0972
［嘉慶］黑龍江外記八卷
（清）西清纂修
清光緒二十六年（1900）廣雅書局刻本
一册
十一行二十四字
黑口，四周單邊
存四卷（卷一至四）
292–35/003–3

0973
蜀故二十七卷
（清）彭遵泗纂輯
清刻本
五册
九行二十二字
黑口，上下雙邊
缺五卷（卷一至五）
251.1/011

0974
［宣統］新疆圖志一百十六卷首一卷
袁大化修 王樹枏 王學曾纂
清宣統三年（1911）木活字印本
一百十六册
九行二十一字，小字雙行同
白口，四周單邊
292–45/002

郡縣志

0975
［嘉定］剡録十卷
（宋）高似孫撰
清道光八年（1828）嵊署刻本
一册
九行二十二字，小字雙行同
白口，左右雙邊

存二卷（卷一至二）
292–554/003

0976
[至正]四明續志十二卷
（宋）王元恭撰
清咸豐四年（1854）徐氏甬上煙嶼樓刻本
四册
十行二十一字
黑口，左右雙邊
缺五卷（卷八至十二）
292–554/005

0977
[乾隆]黔南識略三十二卷
（清）愛必達撰
清刻本
六册
十行二十字
黑口，左右雙邊
存九卷（卷一至九）
292–73/002

0978
[康熙]内鄉縣志十二卷
（清）竇鼎望原本　（清）張福永增修
清刻本
二册
九行二十字，小字雙行同
白口，四周雙邊
存六卷（卷四至九）
251.1/029

0979
[同治]藤縣志二十二卷
（清）邊其晋修　（清）胡毓璠纂
清光緒三十四年（1908）鉛印本
三册
十二行三十二字
白口，無版框
缺九卷（卷一至六、十七至十九）
292–674/001

0980
邵陽縣鄉土志四卷首一卷
（清）陳吴萃等修　（清）姚炳奎纂
清光緒三十三年（1907）刻本
四册
九行二十一字
白口，四周雙邊
292–644/002

0981
黄巖縣志四十卷
（清）陳鍾英等主修　（清）王咏霓纂修
清刻本
三册
十一行二十二字，小字雙行同
白口，左右雙邊
存七卷（卷三十四至四十）

0982
[同治]鄞縣志七十五卷
（清）戴枚修　（清）董沛纂
清光緒三年（1877）刻本
三十册
十一行二十二字，小字雙行同
白口，左右雙邊
缺十五卷（卷一至二、三十三至三十四、三十六至三十七、四十一至四十三、六十八至七十三）
292–354/002

0983
[同治]鄞縣志七十五卷
（清）戴枚修　（清）董沛纂
清光緒三年（1877）刻本
十三册
十一行二十二字，小字雙行同
白口，左右雙邊
存二十四卷（卷四至六、八至二十二、二十五、二十八至三十、五十至五十一）
292–354/002–2

0984
[同治] 鄞縣志七十五卷
(清)戴枚修 (清)董沛纂
清光緒三年(1877)刻本
六册
十一行二十二字，小字雙行同
白口，左右雙邊
存十八卷(卷八至二十一、二十七至三十)
292-354/002-3

0985
[同治] 鄞縣志七十五卷
(清)戴枚修 (清)董沛纂
清光緒三年(1877)刻本
十二册
十一行二十二字，小字雙行同
白口，左右雙邊
存二十七卷(卷五至三十一)
292-354/002-4

0986
[光緒] 盂縣志二十二卷
(清)張嵐奇等修 (清)武纘緒等纂
清光緒七年(1881)刻本
十册
十行二十三字
白口，左右雙邊
缺一卷(卷一)
292-254/001

0987
[乾隆] 盂縣志十卷
(清)馮敏昌修 (清)仇汝瑚纂
清刻本
六册
十一行二十一字
黑口，左右雙邊
存六卷(卷五至十)
292-254/001-2

0988
[乾隆] 渾源州志十卷
(清)桂敬順纂修
清刻本
一册
九行二十字
白口，左右雙邊
存二卷(卷一至二)
292-254/003

0989
[嘉慶] 介休縣志十四卷圖考一卷
(清)徐品山修 (清)陸元鏸纂
清嘉慶二十四年(1819)刻本
六册
十行二十一字
白口，四周雙邊
缺四卷(卷二至五)
292-254/004

0990
[光緒] 平定州志十六卷首一卷
(清)賴昌期修 (清)張彬纂
清光緒八年(1882)刻本
六册
九行二十一字，小字雙行同
白口，四周雙邊
存六卷(卷十一至十六)
251.1/033

0991
[同治] 蘇州府志一百五十卷首三卷
(清)李銘皖等修 (清)馮桂芬纂
清光緒九年(1883)江蘇書局刻本
八十册
十行二十四字，小字雙行同
白口，左右雙邊
292-532/001

0992
[乾隆] 温州府志三十卷
(清)李琬修

清刻本
三册
十行二十二字，小字雙行同
白口，四周雙邊
存五卷（卷十九至二十、二十八至三十）
251.1/001

0993
[乾隆] 石砫廳志十三卷
（清）王縈緒編次
清乾隆四十年（1775）刻本
一册
十行二十一字，小字雙行同
白口，四周雙邊
*292-71/001

0994
[光緒] 重修安徽通志三百五十卷補遺十卷
（清）吴坤修等修　（清）何紹基等纂
清光緒三年（1877）刻本
一百二十册
十二行二十六字，小字雙行同
白口，四周雙邊
292-54/001

0995
[同治] 深州風土記二十二卷
（清）吴汝綸纂修
清光緒二十六年（1900）深州文瑞書院刻本
六册
十行二十二字，小字雙行三十三字
黑口，四周雙邊
292-222/003

0996
[同治] 深州風土記二十二卷
（清）吴汝綸纂修
清光緒二十六年（1900）深州文瑞書院刻本
三册
十行二十二字，小字雙行三十三字
黑口，四周雙邊
缺七卷（卷一至七）
292-222/003-2

0997
[康熙] 衢州府志四十卷首一卷
（清）楊廷望纂修　（清）劉國光重纂
清光緒安陸劉國光刻本
二册
九行二十二字，小字雙行同
黑口，左右雙邊
存九卷（卷三十至三十八）
251.1/022

0998
[光緒] 綏遠志十卷首一卷
（清）貽穀纂修
清光緒三十四年（1908）刻本
六册
十行二十二字，小字雙行同
白口，四周雙邊
292-27/001

0999
[同治] 新昌縣志三十二卷首一卷末一卷
（清）朱慶萼纂修
清同治十一年（1872）木活字印本
六册
九行二十二字
白口，四周單邊
存九卷（卷十三至二十一）
251.1/018

防務之屬

陸防

1000
談邊要删十二卷
（清）黄壽衮輯
清光緒二十七年（1901）石印本

一册
十三行二十八字
下黑口，四周雙邊
存三卷（卷四、八、十）
子目：
西域水道記三卷
藏隘一卷
新疆道里山川表三卷
牧廠道里表一卷
俄羅斯形勢考一卷
中俄交界諸山表一卷
錫伯利等路疆域考二卷
214./039

金石類

總志之屬

通考

1001
香南精舍金石契不分卷
（清）崇恩輯
清中期稿本
二册
九行二十六字，小字雙行不等
白口，四周單邊
入選第三批《國家珍貴古籍名録》，名録號08156。
*212.1/004

1002
二銘草堂金石聚十六卷
（清）張德容輯
清同治十一年（1872）二銘草堂刻本
十六册
行數不等字數不等，小字雙行不等
白口，四周雙邊
212.1/023

1003
金石三例十五卷
（清）盧見曾輯　（清）王芑孫等評
清光緒四年（1878）南海馮氏讀有用書齋刻朱墨套印本
四册
十行二十二字，小字雙行三十二字
白口，左右雙邊
子目：
金石例十卷　（元）潘昂霄撰
墓銘舉例四卷　（明）王行撰
金石要例一卷　（清）黄宗羲撰
214/017

1004
金石索十二卷首一卷
（清）馮雲鵬　（清）馮雲鵷輯
清道光元年（1821）滋陽縣署刻本
十二册
行數不等字數不等
白口，四周單邊
212.1/011

文字

1005
金石萃編一百六十卷續編二十一卷
（清）王昶撰　（清）陸耀遹續編
清光緒十九年（1893）寶善書局石印本
十二册
二十二行四十二字，小字雙行同
下黑口，四周單邊
缺九十四卷（金石萃編卷一至九、二十五、五十七至八十六、一百十九至一百六十，續編卷四至七、十四至二十一）
212.1/002

1006
金石萃編一百六十卷
（清）王昶撰
清嘉慶十年（1805）刻本

八十册
十行二十一字，小字雙行同
黑口，左右雙邊
*212.1/001

1007
金石存十五卷
（清）吴玉搢撰
清嘉慶二十四年（1819）李氏聞妙香室刻本
四册
十一行二十一字，小字雙行同
黑口，左右雙邊
*212.1/003

1008
金石文抄八卷
（清）趙紹祖輯
清嘉慶七年（1802）刻本
十六册
九行十八字，小字雙行同
白口，四周單邊
*212.1/020

1009
金石苑六卷
（清）劉喜海輯
清道光二十六年（1846）劉氏來鳳堂刻本
二册
行數不等字數不等
白口，四周單邊
212.1/069

1010
兩漢金石記二十二卷
（清）翁方綱撰
清乾隆五十四年（1789）南昌使院刻本
八册
十行二十字，小字雙行同
白口，左右雙邊
*212.1/002

1011
隨軒金石文字
（清）徐渭仁撰
清同治七年（1868）徐氏刻本
四册
行數不等字數不等
白口，四周單邊
子目：
周石鼓文一卷
漢雁足鐙一卷附考二卷
漢沛相楊統碑一卷
漢繁陽令楊馥碑一卷
漢高陽令楊著碑一卷
漢太尉楊震碑一卷
漢圉令趙君碑一卷
漢巴君太守樊敏碑一卷
隋大業塔盤題字一卷
212.1/031

1012
湖北金石志十四卷
楊守敬撰
清朱印本
十四册
十二行二十五字，小字雙行同
上下朱口，左右雙邊
212.1/019

1013
廣金石韻府五卷附玉篇字略一卷
（明）朱時望纂　（清）林尚葵增輯
清咸豐七年（1857）張鳳藻理董軒刻本
五册
六行字數不等，小字雙行不等
黑口，左右雙邊
182/062

1014
關中金石文字存逸考十二卷首一卷附石刻書法源流考一卷
（清）毛鳳枝撰
清光緒二十七年（1901）會稽顧氏刻本

八册
十行二十字
黑口，左右雙邊
212.1/028

1015
江寧金石記八卷
（清）嚴觀撰
清嘉慶九年（1804）刻本
四册
十二行二十四字
黑口，左右雙邊
212.1/010

1016
兩浙金石志十八卷
（清）阮元輯
補遺一卷
（清）阮福輯
清道光四年（1824）刻本
十八册
十一行二十二字
白口，左右雙邊
212.1/043

目録

1017
安陽縣金石録十二卷
（清）武億撰 （清）貴泰校梓
清鐵嶺貴泰刻本
四册
十行二十三字
黑口，左右雙邊
212.1/045

1018
金石萃編補目三卷元碑存目一卷
（清）黄本驥編
清光緒貴池劉氏刻聚學軒叢書本
一册
十一行二十一字，小字雙行同
黑口，左右雙邊
212.1/022

1019
墨妙亭碑目考二卷附考一卷
（清）張鑑撰
清光緒十年（1884）江蘇書局刻本
二册
十行二十三字，小字雙行同
黑口，左右雙邊
212.1/047

題跋

1020
金石契不分卷
（清）張燕昌撰
清嘉慶元年（1796）刻本
一册
行數不等字數不等
白口，四周單邊
212.1/034

1021
金石一跋四卷二跋四卷三跋二卷
（清）武億撰
附録二卷
（清）武穆淳撰
清道光二十三年（1843）偃師武氏刻授堂遺書本
三册
十一行二十四字，小字雙行同
白口，左右雙邊
212.1/059

1022
曝書亭金石文字跋尾六卷
（清）朱彝尊著
清光緒九年（1883）朱氏槐廬家塾刻本
二册

九行二十字
下黑口，四周雙邊
212.1/006

1023
授堂金石文字續跋十四卷
（清）武億撰
清道光二十三年（1843）偃師武氏刻授堂遺書本
三册
十一行二十三字，小字雙行同
白口，左右雙邊
212.1/059.2

金之屬

圖像

1024
寶古堂重修考古圖十卷
（宋）吕大臨輯　（元）羅更翁考訂
明萬曆三十一年（1603）吴氏刻本
五册
八行十七字
白口，四周單邊
*212.11/001-2

1025
長安獲古編二卷補一卷
（清）劉喜海撰
清光緒三十一年（1905）東武劉氏刻本
二册
行數不等字數不等
白口，四周單邊
212.1/046

1026
吉金志存四卷
（清）李光庭輯
清咸豐九年（1859）寶坻李氏刻本
四册
十行二十一字
白口，左右雙邊
212.1/032

1027
吉金志存四卷
（清）李光庭輯
清咸豐九年（1859）寶坻李氏刻本
四册
十行二十一字
白口，左右雙邊
212.1/009

1028
西清古鑑四十卷附錢録十六卷
（清）梁詩正等輯
清光緒三十四年（1908）集成圖書公司石印本
二十四册
行數不等字數不等
白口，四周雙邊
212.1/004

1029
西清續鑑甲編二十卷附録一卷
（清）王杰等編
清宣統二年（1910）上海涵芬樓影印本
四十二册
行數不等十八字
白口，四周雙邊
212.1/004.2

1030
西清續鑑甲編二十卷附録一卷
（清）王杰等編
清宣統二年（1910）上海涵芬樓影印本
四十二册
行數不等十八字
白口，四周雙邊
212.1/004.2-2

文字

1031
古文審八卷首一卷
（清）劉心源撰
清光緒十七年（1891）嘉魚劉氏龍江樓刻本
四册
八行字數不等，小字雙行二十一字
白口，四周雙邊
182/016

1032
積古齋鍾鼎彝器款識十卷
（清）阮元編
清上海鴻文書局石印本
五册
行數不等字數不等
白口，四周單邊
212.1/042

1033
攈古録金文三卷
（清）吴式芬撰
清光緒二十一年（1895）吴氏刻本
九册
行數不等字數不等
白口，四周單邊
212.1/025

雜著

1034
陶齋吉金録八卷
（清）端方輯
清光緒三十四年（1908）金陵石印本
八册
行數不等字數不等
白口，四周單邊
212.1/008

石之屬

目録

1035
寶刻叢編二十卷
（宋）陳思撰
清刻本
八册
十行二十字，小字雙行同
黑口，四周雙邊
212.1/027

1036
寰宇訪碑録十二卷
（清）孫星衍 （清）邢澍撰
清光緒九年（1883）江蘇書局刻本
四册
十一行二十字，小字雙行同
白口，左右雙邊
212.1/012

1037
寰宇訪碑録十二卷
（清）孫星衍 （清）邢澍撰
清光緒九年（1883）江蘇書局刻本
四册
十一行二十字，小字雙行同
白口，左右雙邊
212.1/012部二

1038
寰宇訪碑録十二卷刊謬一卷
（清）孫星衍 （清）邢澍撰
清光緒十一年（1885）朱氏槐盧家塾刻本
六册
十一行二十字，小字雙行同
白口，左右雙邊
12/1-6

題跋

1039
秦篆殘石題跋一卷
（清）葉志詵輯
清嘉慶二十二年（1817）刻本
一册
八行二十字
白口，四周單邊
212.1/056

通考

1040
補寰宇訪碑録五卷刊誤一卷
（清）趙之謙纂修　（清）沈樹鏞勘　（清）朱記榮校訂
清光緒十二年（1886）朱氏槐廬家塾刻本
二册
十一行二十一字，小字雙行同
黑口，左右雙邊
12.1/1-2

圖像

1041
平蠻督木傳不分卷
（明）蔡時鼎撰
明萬曆刻本
一册
九行十八字
白口，四周雙邊
*272/001

文字

1042
思古齋雙鈎漢碑篆額不分卷
（清）何澂輯
清光緒九年（1883）山陰何澂刻本
三册
行數不等字數不等
白口，四周單邊
212.1/021

1043
瘞鶴銘考補一卷
（清）翁方綱撰
山樵書外紀一卷
（清）張開福撰
清光緒三十四年（1908）浭陽端方刻本
一册
十一行二十八字，小字雙行同
白口，四周雙邊
212.1/058

義例

1044
漢石例六卷
（清）劉寶楠録
清道光二十九年（1849）靈石楊氏刻連筠簃叢書本
二册
十行二十三字，小字雙行同
白口，四周單邊
212.1/066

1045
漢石例六卷
（清）劉寶楠録
清道光十六年（1836）稿本
六册
十行二十三字，小字雙行同
白口，四周單邊
入選第二批《國家珍貴古籍名録》，名録號04352。
*212.1/003

雜著

1046
陶齋藏石記四十四卷首一卷
（清）端方撰

清宣統元年（1909）石印本
一册
十行二十五字，小字雙行同
白口，四周單邊
存四卷（卷首、卷一至三）
212.1/070

錢幣之屬

1047
古泉匯首集四卷元集十四卷亨集十四卷利集十八卷貞集十四卷首一卷
（清）李佐賢編輯
清同治三年（1864）利津李氏石泉書屋刻本
十册
九行二十四字，小字雙行同
白口，四周雙邊
212.3/002

1048
續泉匯首集一卷元集三卷亨集三卷利集三卷貞集五卷補遺二卷
（清）鮑康編 （清）李佐賢編
清光緒元年（1875）刻本
四册
九行二十四字，小字雙行同
白口，左右雙邊
212.3/002-2

1049
制錢通考三卷
（清）唐與崑纂輯
清咸豐二年（1852）刻本
一册
十行二十一字，小字雙行同
黑口，左右雙邊
212.3/003

圖像

1050
泉志十五卷
（宋）洪遵撰 （明）胡震亨同訂
明虞山毛氏汲古閣刻本
四册
九行十八字，小字雙行同
白口，左右雙邊
*212.3/001

1051
泉布統志九卷首一卷附一卷
（清）孟逸岡輯
清道光十三年（1833）會稽孟氏刻本
十六册
十行二十三字
白口，四周雙邊
212.3/001

1052
泉布統志九卷首一卷附一卷
（清）孟逸岡輯
清道光十三年（1833）會稽孟氏刻本
三十二册
十行二十三字
白口，四周雙邊
212.3/001 部二

陶之屬

1053
秦漢瓦當文字二卷續一卷
（清）程敦撰
清乾隆五十二年（1787）横渠書院刻本
三册
十一行二十五字
黑口，四周單邊
*212.2/001

1054
浙江磚録四卷
（清）馮登府輯
清道光十六年（1836）刻本
四册
十行二十字
下黑口，左右雙邊
212.2/001

璽印之屬

1055
封泥考略十卷
（清）吴式芬輯　（清）陳介祺輯
清光緒三十年（1904）石印本
十册
九行二十四字，小字雙行同
白口，四周單邊
212.4/002

玉之屬

1056
寶古堂重考古玉圖二卷
（元）朱德潤輯　（明）吴萬化修訂
明萬曆三十年（1602）吴氏刻本
一册
八行十七字
白口，四周單邊
*212.11/001

目録類

類編之屬

1057
觀古堂書目叢刊
葉德輝輯
清光緒至民國湘潭葉氏刻本
十五册
十一行二十二字
黑口，左右雙邊
子目：
秘書省續編到四庫闕書目二卷　葉德輝考證
古今書刻二卷　（明）周弘祖撰
南廱志經籍考二卷　（明）梅鷟撰
百川書志二十卷　（明）高儒撰
萬卷堂書目四卷　（明）朱睦㮮撰
絳雲樓書目補遺一卷　（清）錢謙益撰
静惕堂書目宋人集一卷元人文集一卷　（清）曹溶撰
徵刻唐宋祕本書目一卷附考證一卷
徵刻書啓五先生事略一卷　（清）黄虞稷　（清）周在浚撰
孝慈堂書目一卷　（清）王聞遠撰
佳趣堂書目一卷　（清）陸漻撰
竹崦盦傳抄書目一卷　（清）趙魏撰
結一廬書目四卷附録一卷　（清）朱學勤撰
别本結一廬書目一卷　（清）朱學勤撰
求古居宋本書一卷附考證一卷　（清）黄丕烈撰
潛采堂宋人集目録一卷元人集目録一卷　（清）朱彝尊撰
213.2/043

通論之屬

藏書約

1058
藏書十約一卷游藝卮言二卷
葉德輝撰
清宣統三年（1911）長沙葉氏觀古堂刻本
一册
十一行二十二字，小字雙行同
黑口，左右雙邊
213.3/003

考訂

1059
隋經籍志考證十三卷
（清）章宗源撰
清光緒三年（1877）湖北崇文書局刻書本
一册
十二行二十四字，小字雙行同
黑口，四周雙邊
存二卷（卷五至六）
251.1/027

義例

1060
書林揚觶二卷
（清）方東樹撰
清刻本
二册
十行二十三字，小字雙行同
黑口，左右雙邊
251.1/020

1061
校讎通義三卷
（清）章學誠撰
清刻本
一册
十行二十一字
黑口，左右雙邊
213.1/011

掌故瑣記

1062
藏書紀事詩七卷
葉昌熾撰
清宣統二年（1910）刻本
六册
十一行二十三字
黑口，左右雙邊
213.1/006

總録之屬

官修

1063
崇文總目五卷
（宋）王堯臣等編　（清）錢東垣輯釋
清嘉慶四年（1799）嘉定秦氏刻汗筠齋叢書本
五册
十行二十字，小字雙行同
白口，左右雙邊
213.2/032

1064
欽定四庫全書總目二百卷首一卷
（清）紀昀等編
清同治七年（1868）廣東書局刻本
一百十三册
九行二十一字，小字雙行同
白口，左右雙邊
213.2/008

1065
欽定四庫全書總目二百卷首一卷
（清）紀昀等編
清刻本
五册
九行二十一字，小字雙行同
白口，四周雙邊
存十二卷（卷六十八至七十九）
213.2/008-2

1066
欽定四庫全書總目二百卷首一卷
（清）紀昀等編
清同治七年（1868）廣東書局刻本
三十八册
九行二十一字，小字雙行同
白口，左右雙邊
存六十六卷（卷一至二十九、三十六至四十二、一百四十三至一百七十二）
213.2/008-3

1067
欽定天禄琳瑯書目十卷
（清）于敏中等編
續編二十卷
（清）彭元瑞撰
清光緒十年（1884）長沙王氏刻本
十册
九行二十一字，小字雙行同
黑口，左右雙邊
213.2/006

1068
欽定天禄琳瑯書目十卷
（清）于敏中等編
續編二十卷
（清）彭元瑞撰
清光緒十年（1884）長沙王氏刻本
十册
九行二十一字，小字雙行同
黑口，左右雙邊
213.2/006部二

彙刻

1069
書目答問不分卷
（清）張之洞撰
清光緒十四年（1888）上海蜚英館石印本
二册
十三行字數不等
白口，左右雙邊
213.2/004

1070
書目答問不分卷
（清）張之洞撰
清光緒元年（1875）刻本
二册
十行二十一字，小字雙行三十一字
白口，四周雙邊
310.3/001

1071
書目答問不分卷
（清）張之洞撰
清宣統元年（1909）上海掃葉山房石印本
二册
十四行二十八字，小字雙行不等
白口，四周雙邊
214.2/002

1072
彙刻書目二十卷
（清）顧修輯　（清）朱學勤補
清光緒十二年至十五年（1886—1889）上海福瀛書局刻本
二十册
十一行字數不等，小字雙行不等
黑口，左右雙邊
213.2/049

1073
彙刻書目二十卷
（清）顧修輯　（清）朱學勤補
清光緒十二年至十五年（1886—1889）上海福瀛書局刻本
二十册
十一行字數不等，小字雙行不等
黑口，左右雙邊
213.2/049 部二

私撰

1074
昭德先生郡齋讀書志二十卷
（宋）晁公武撰　（宋）姚應績編輯
附志二卷
（宋）趙希弁撰
清光緒十年（1884）長沙王氏刻本
九册
八行二十四字，小字雙行同
白口，四周雙邊
213.2/035

1075
鐵琴銅劍樓藏書目録二十四卷
（清）瞿鏞藏并編
清光緒二十四年（1898）常熟瞿氏刻本
十二册
十行二十二字
黑口，左右雙邊
213.2/002

1076
直齋書録解題二十二卷
（宋）陳振孫撰
清乾隆三十九年（1774）刻本
十一册
九行二十一字，小字雙行同
白口，四周雙邊
*213.2/001

1077
直齋書録解題二十二卷
（宋）陳振孫撰
清同治十三年（1874）江西書局刻武英殿聚珍本
八册
九行二十一字，小字雙行同
白口，四周雙邊
213.2/084

題跋

1078
日本訪書志十六卷
楊守敬撰
清光緒刻本
三册
九行二十字
黑口，左右雙邊
存六卷（卷十一至十六）
251.1/017

史志

1079
前漢書藝文志一卷
（漢）班固撰　（唐）顔師古注
清光緒八年（1882）刻本
一册
十行二十一字，小字雙行同
白口，左右雙邊
212-34/005

1080
漢書藝文志考證十卷
（宋）王應麟撰
清刻本
二册
十行二十字，小字雙行同
白口，左右雙邊
212-34/018

1081
漢藝文志考證十卷
（宋）王應麟撰
清光緒九年（1883）浙江書局刻本
一册
十行二十字，小字雙行同
白口，左右雙邊
存五卷（卷一至五）
251.1/019

1082
宋史藝文志八卷
（元）脱脱等修
宋史藝文志補一卷
（清）倪燦撰
清刻本
三册
十行二十一字，小字雙行同
白口，左右雙邊
缺三卷（卷一至三）
212–44/006

1083
補晉書藝文志四卷附録一卷
（清）丁國鈞撰　（清）丁辰注
清光緒二十年（1894）錫山文苑閣木活字印常熟丁氏叢書本
二册
十行二十四字，小字雙行同
黑口，左右雙邊
212–37/004

1084
補晉書藝文志四卷附録一卷補遺一卷
（清）丁國鈞撰　（清）丁辰注
補晉書藝文刊誤一卷
（清）丁辰撰
清光緒廣雅書局刻本
二册
十一行二十四字，小字雙行同
黑口，四周單邊
212–37/004–2

1085
補五代史藝文志一卷
（清）顧櫰三撰
清光緒十七年（1891）廣雅書局刻本
一册
十一行二十四字，小字雙行同
黑口，四周單邊
212–43/004

1086
補五代史藝文志一卷
（清）顧櫰三撰
清光緒十七年（1891）廣雅書局刻本
一册
十一行二十四字，小字雙行同
黑口，四周單邊
212–43/004部二

1087
補後漢書藝文志四卷
（清）侯康編
清光緒十七年（1891）廣雅書局刻本
一册
十一行二十四字，小字雙行同
黑口，四周單邊
212–34/019

1088
補後漢書藝文志四卷
（清）侯康編
清光緒十七年（1891）廣雅書局刻本
一册
十一行二十四字，小字雙行同
黑口，四周單邊
212–34/019部二

1089
補後漢書藝文志四卷
（清）侯康編
清光緒十七年（1891）廣雅書局刻本
一册
十一行二十四字，小字雙行同

黑口，四周單邊

212-34/019 部三

1090

補三國藝文志四卷

（清）侯康撰

清光緒十三年（1887）廣雅書局刻本

一册

十一行二十四字，小字雙行同

黑口，四周單邊

212-36/009

1091

補三國藝文志四卷

（清）侯康撰

清光緒十三年（1887）廣雅書局刻本

一册

十一行二十四字，小字雙行同

黑口，四周單邊

212-36/009 部二

1092

皇朝經籍志六卷

（清）黄本驥輯

清道光二十五年（1845）刻三長物齋叢書本

一册

十行二十一字，小字雙行同

白口，四周雙邊

存二卷（卷五至六）

251.1/042

1093

補三史藝文志一卷

（清）金門詔撰

清刻本

一册

十行二十二字，小字雙行同

白口，左右雙邊

212-47/007

1094

補遼金元藝文志一卷

（清）倪璨撰　（清）盧文弨録

清刻本

一册

十行二十一字，小字雙行同

白口，左右雙邊

212-47/006

1095

宋史藝文志補一卷

（清）倪燦撰

清光緒十七年（1891）廣雅書局刻本

一册

十一行二十四字，小字雙行同

黑口，四周單邊

212-44/005

1096

元史藝文志四卷

（清）錢大昕補

清刻本

二册

十行二十一字，小字雙行同

白口，左右雙邊

212-47/005：3

1097

補元史藝文志四卷

（清）錢大昕撰

清光緒十九年（1893）廣雅書局刻本

一册

十一行二十四字，小字雙行同

黑口，四周單邊

212-47/005：3-2

1098

補元史藝文志四卷

（清）錢大昕撰

清光緒十九年（1893）廣雅書局刻本

一册

十一行二十四字，小字雙行同
黑口，四周單邊
212-47/005：3-2部二

1099
元史藝文志四卷
（清）錢大昕補
元史氏族表三卷
（清）錢大昕撰
清江蘇書局刻本
二册
十二行二十五字，小字雙行同
白口，左右雙邊
212-47/005：4

1100
元史藝文志四卷
（清）錢大昕補
清江蘇書局刻本
一册
十二行二十五字，小字雙行同
白口，左右雙邊
212-47/005：5

1101
補續漢書藝文志一卷
（清）錢大昭撰
清光緒十四年（1888）廣雅書局刻本
一册
十一行二十四字，小字雙行同
黑口，四周單邊
212-34/016

1102
史記天官書補目一卷
（清）孫星衍撰
補續漢書藝文志一卷
（清）錢大昭撰
清光緒十三年至十四年（1887—1888）廣雅書局刻本
一册
十一行二十四字，小字雙行同
黑口，四周單邊
211/014

1103
明史藝文志四卷
（清）張廷玉等撰
日本文政八年（1825）刻本
二册
十行二十一字，小字雙行同
白口，左右雙邊
212-48/001：3

1104
補後漢書藝文志考十卷補後漢書藝文志一卷
曾樸纂
清光緒二十一年（1895）木活字印本
六册
十一行二十四字，小字雙行同
白口，四周雙邊
212-34/017

專録之屬

1105
小學考五十卷
（清）謝啓昆録
清光緒十四年（1888）浙江書局刻本
二十册
十一行二十一字，小字雙行同
白口，左右雙邊
18/001

1106
皇朝三通目録十四卷
雷君彦編
清光緒二十九年（1903）上海圖書集成局石印本
四册
十六行四十一字

白口，四周單邊

281/010

1107

正三通目録十二卷欽定續三通目録十四卷

（清）席裕福編

清光緒二十九年（1903）上海圖書集成局鉛印本

八册

十六行字數不等

白口，四周單邊

281/009

子　　部

叢編類

0001
二十二子
（清）浙江書局輯
清光緒浙江書局刻本
六十六册
九行二十一字，小字雙行同
白口，左右雙邊
子目：
荀子二十卷附校勘補遺一卷　（周）荀况撰　（唐）楊倞注　（清）盧文弨校
尸子二卷存疑一卷　（周）尸佼撰　（清）汪繼培輯
孫子十家注十三卷附叙録一卷遺説一卷　（周）孫武撰　（宋）吉天保輯　（清）孫星衍校　（清）吴人驥校
孔子集語十七卷　（清）孫星衍撰
晏子春秋七卷附音義二卷校勘記二卷　（清）孫星衍校并撰音義　校勘記　（清）黄以周撰
吕氏春秋二十六卷附考一卷　（秦）吕不韋撰　（漢）高誘注　（清）畢沅校
賈誼新書十卷　（漢）賈誼撰　（清）盧文弨校
董子春秋繁露十七卷附録一卷　（漢）董仲舒撰
揚子法言十三卷附音義一卷　（漢）揚雄撰　（晋）李軌注　音義　（宋）□□撰
文子纘義十二卷　（元）杜道堅撰
補注黄帝内經素問二十四卷素問遺篇一卷靈樞十二卷　（唐）啓玄子（王冰）撰　（宋）林億等校正　（宋）孫兆重改誤　遺篇　（宋）劉温舒原本
竹書紀年統箋十二卷前編一卷雜述一卷　（清）徐文靖撰
商君書五卷附考一卷　（周）商鞅撰　（清）嚴萬里（可均）校
韓非子二十卷附識誤三卷（缺卷一至四）（周）韓非撰　（□）□□注　識誤　（清）顧廣圻撰
淮南子二十一卷　（漢）劉安撰　（漢）高誘注　（清）莊逵吉校
文中子中説十卷　（隋）王通撰　（宋）阮逸注
山海經十八卷　（晋）郭璞傳　（清）畢沅校
管子二十四卷　（周）管仲撰　（唐）房玄齡注　（明）劉績補
列子八卷　（周）列禦寇撰　（晋）張湛注　（唐）殷敬順釋文
墨子十六卷附篇目考一卷　（周）墨翟撰　（清）畢沅校注
老子道德經二卷附音義一卷　（周）李耳撰　（三國魏）王弼注　音義　（唐）陸德明撰
莊子十卷（缺卷一至六）（周）莊周撰　（晋）郭象注　（唐）陸德明音義

59.9/001–2

0002
二十二子
（清）鴻文書局輯
清光緒十九年（1893）上海鴻文書局石印本
十六册
二十四行五十八字，小字雙行同
黑口，左右雙邊

59.9/001

0003
十子全書
（清）王子興輯
清嘉慶九年（1804）刻本

二十八册
十一行二十一字，小字雙行同
黑口，四周單邊
子目：
道德經評注二卷 （漢）河上公章句
南華真經十卷 （周）莊周撰 （晋）郭象注 （唐）陸德明音義
荀子二十卷附校勘補遺一卷 （周）荀況撰 （唐）楊倞注 （清）盧文弨校 （清）謝墉校
冲虛至德真經八卷 （周）列禦寇撰 （晋）張湛注 （唐）殷敬順釋文
管子二十四卷 （缺卷十三至十五）（周）管仲撰 （唐）房玄齡注 （明）劉績增注 （明）朱長春通演
淮南子二十一卷 （漢）劉安撰 （漢）高誘注 （清）莊逵吉校
新纂門目五臣音注揚子法言十卷 （漢）揚雄撰 （晋）李軌 （唐）柳宗元注 （宋）宋咸 （宋）吴祕 （宋）司馬光添注
中説十卷 （隋）王通撰 （宋）阮逸注
鶡冠子三卷 （宋）陸佃解
315/014

0004
子書百家
（清）崇文書局輯
清光緒元年（1875）湖北崇文書局刻本
一百六册
十二行二十四字，小字雙行同
黑口，四周雙邊
存九十四種四百八十一卷
子目：
儒家類
孔子家語十卷 （三國魏）王肅注
孔子集語二卷 （宋）薛據輯
荀子三卷 （周）荀況撰
孔叢子二卷 （漢）孔鮒撰
新語二卷 （漢）陸賈撰
忠經一卷 （漢）馬融撰 （漢）鄭玄注
新書十卷 （漢）賈誼撰
鹽鐵論二卷 （漢）桓寬撰
新序十卷 （漢）劉向撰
説苑二十卷 （漢）劉向撰
揚子法言一卷 （漢）揚雄撰
方言十三卷 （漢）揚雄撰 （晋）郭璞注
潛夫論十卷 （漢）王符撰
申鑒五卷 （漢）荀悦撰
中論二卷 （漢）徐幹撰
傅子一卷 （晋）傅玄撰
文中子中説一卷 （隋）王通撰
續孟子二卷 （唐）林慎思撰
伸蒙子三卷 （唐）林慎思撰
素履子三卷 （唐）張弧撰
胡子知言六卷附録一卷疑義一卷 （宋）胡宏撰
薛子道論三卷 （明）薛瑄撰
海樵子一卷 （明）王崇慶撰
兵家類
風后握奇經一卷附握奇經續圖一卷八陣總述一卷 （漢）公孫弘解 續圖（□）□□撰 八陣總述 （晋）馬隆述
六韜三卷 （周）吕望撰
孫子三卷 （周）孫武撰
吴子二卷 （周）吴起撰
司馬法一卷 （周）司馬穰苴撰
尉繚子二卷 （周）尉繚撰
素書一卷 （漢）黄石公撰 （宋）張商英注
心書一卷 （三國蜀）諸葛亮撰
何博士備論二卷 （宋）何去非撰
宋丞相李忠定公輔政本末一卷 （宋）□□撰
法家類
管子二十四卷 （周）管仲撰
商子五卷 （周）商鞅撰
鄧子一卷 （周）鄧析撰

尸子二卷　（周）尸佼撰
韓非子二十卷　（周）韓非撰　（□）□□注
農家類
齊民要術十卷雜説一卷　（北魏）賈思勰撰
術數類
太玄經十卷　（漢）揚雄撰
焦氏易林四卷　（漢）焦贛撰
雜家類
鬻子一卷補一卷　（周）鬻熊撰　（唐）逄行珪注補　（明）楊之森輯
計倪子一卷　（周）計然撰
於陵子一卷　（周）田仲撰
子華子二卷　（周）程本撰
墨子十六卷附篇目考一卷　（周）墨翟撰
尹文子一卷　（周）尹文撰
慎子一卷　（周）慎到撰
公孫龍子一卷　（周）公孫龍撰
鬼谷子一卷
鶡冠子三卷　（宋）陸佃解
吕氏春秋二十六卷　（秦）吕不韋撰
淮南鴻烈解二十一卷　（漢）劉安撰　（漢）高誘注
金樓子六卷　（南朝梁）元帝蕭繹撰
劉子二卷　（北齊）劉晝撰
顔氏家訓二卷　（北齊）顔之推撰
獨斷一卷　（漢）蔡邕撰
論衡三十卷　（漢）王充撰
白虎通德論四卷　（漢）班固撰
風俗通義十卷　（漢）應劭撰
牟子（理惑論）一卷　（漢）牟融撰
古今注三卷　（晉）崔豹撰
謦隅子歔欷瑣微論二卷　（宋）黄晞撰
嬾真子五卷　（宋）馬永卿撰
廣成子解一卷　（宋）蘇軾撰
叔苴子八卷　（明）莊元臣撰
郁離子一卷　（明）劉基撰
空同子一卷　（明）李夢陽撰
海沂子五卷　（明）王文禄撰
小説家雜事類
燕丹子三卷　（清）孫星衍校輯
玉泉子一卷　（唐）□□撰
金華子雜編二卷　（南唐）劉崇遠撰
小説家异聞類
山海經十八卷　（晉）郭璞撰
山海經圖贊一卷　（晉）郭璞撰
山海經補注一卷　（明）楊慎撰
神异經一卷　（漢）東方朔撰　（晉）張華注
海内十洲記一卷　（漢）東方朔撰
别國洞冥記四卷　（漢）郭憲撰
穆天子傳六卷　（晉）郭璞注
拾遺記十卷（缺卷七至十）（前秦）王嘉撰　（南朝梁）蕭綺録
搜神後記十卷（缺卷七至十）（晉）陶潜撰
博物志十卷　（晉）張華撰　（宋）周日用　（宋）盧□注
續博物志十卷　（宋）李石撰
述异記二卷　（南朝梁）任昉撰
道家類
陰符經一卷　（漢）張良注
關尹子一卷　（周）尹喜撰
老子道德經二卷　（周）李耳撰　（三國魏）王弼注
道德真經注四卷　（元）吴澄撰
莊子南華真經三卷札記一卷　（周）莊周撰
莊子闕誤一卷　（明）楊慎撰
列子二卷　（周）列禦寇撰
抱朴子内篇四卷外篇四卷　（晉）葛洪撰
亢倉子一卷　（周）庚桑楚撰
玄真子一卷　（唐）張志和撰
天隱子一卷　（唐）司馬承禎撰
無能子三卷　（唐）□□撰
至游子二卷　（□）□□撰

315/003

0005
子書百家
（清）崇文書局輯
清光緒元年（1875）湖北崇文書局刻本
一百六册
十二行二十四字，小字雙行同
黑口，四周雙邊
子目：
儒家類
孔子家語十卷 （三國魏）王肅撰
孔子集語二卷 （宋）薛據輯
荀子三卷 （周）荀況撰
孔叢子二卷 （漢）孔鮒撰
新語二卷 （漢）陸賈撰
忠經一卷 （漢）馬融撰 （漢）鄭玄注
新書十卷 （漢）賈誼撰
鹽鐵論二卷 （漢）桓寬撰
新序十卷 （漢）劉向撰
説苑二十卷 （漢）劉向撰
揚子法言一卷 （漢）揚雄撰
方言十三卷 （漢）揚雄撰 （晋）郭璞注
潛夫論十卷 （漢）王符撰
申鑒五卷 （漢）荀悦撰
中論二卷 （漢）徐幹撰
傅子一卷 （晋）傅玄撰
續孟子二卷 （唐）林慎思撰
伸蒙子三卷 （唐）林慎思撰
素履子三卷 （唐）張弧撰
胡子知言六卷附録一卷疑義一卷 （宋）胡宏撰
文中子中説一卷 （隋）王通撰
薛子道論三卷 （明）薛瑄撰
海樵子一卷 （明）王重慶撰
兵家類
風后握奇經一卷 （漢）公孫弘解
六韜三卷 （周）吕望撰
孫子三卷 （周）孫武撰
吴子二卷 （周）吴起撰
司馬法一卷 （周）司馬穰苴撰
尉繚子二卷 （周）尉繚撰
素書一卷 （漢）黄石公撰 （宋）張商英注
心書一卷 （三國蜀）諸葛亮撰
何博士備論二卷 （宋）何去非撰
宋丞相李忠定公輔政本末一卷 （宋）□□撰
法家類
管子二十四卷 （周）管仲撰
晏子春秋八卷 （周）晏嬰撰
商子五卷 （周）商鞅撰
鄧子一卷 （周）鄧析撰
尸子二卷 （周）尸佼撰 （清）孫星衍校集
韓非子二十卷 （周）韓非撰 （□）□□注
農家類
齊民要術十卷雜説一卷 （北魏）賈思勰撰
術數類（二種十四卷）
太玄經十卷 （漢）揚雄撰
焦氏易林四卷 （漢）焦贛撰
雜家類
鬻子一卷補一卷 （周）鬻熊撰 （唐）逄行珪注補
計倪子一卷 （周）計然撰
於陵子一卷 （周）田仲撰
子華子二卷 （周）程本撰
墨子十六卷附篇目考一卷 （周）墨翟撰
尹文子一卷 （周）尹文撰
慎子一卷 （周）慎到撰
公孫龍子一卷 （周）公孫龍撰
鬼谷子一卷
鶡冠子三卷 （宋）陸佃解
吕氏春秋二十六卷 （秦）吕不韋撰
淮南鴻烈解二十一卷 （漢）劉安撰 （漢）高誘注
金樓子六卷 （南朝梁）元帝蕭繹撰
劉子二卷 （北齊）劉晝撰
顏氏家訓二卷 （北齊）顏之推撰

獨斷一卷　（漢）蔡邕撰
論衡三十卷　（漢）王充撰
白虎通德論四卷　（漢）班固撰
風俗通義十卷　（漢）應劭撰
牟子（一名理惑論）一卷　（漢）牟融撰
古今注三卷　（晋）崔豹撰
聱隅子歔欷瑣微論二卷　（宋）黄晞撰
嫩真子五卷　（宋）馬永卿撰
廣成子解一卷　（宋）蘇軾撰
叔苴子内篇六卷外篇二卷　（明）莊元臣撰
郁離子一卷　（明）劉基撰
空同子一卷　（明）李夢陽撰
海沂子五卷　（明）王文禄撰

小説家雜事類

燕丹子三卷　（清）孫星衍校輯
玉泉子一卷　（唐）□□撰
金華子雜編二卷　（南唐）劉崇遠撰

小説家异聞類

山海經十八卷　（晋）郭璞撰
山海經圖贊一卷　（晋）郭璞撰
山海經補注一卷　（明）楊慎撰
神异經一卷　（漢）東方朔撰　（晋）張華注
海内十洲記一卷　（漢）東方朔撰
别國洞冥記四卷　（漢）郭憲撰
穆天子傳六卷　（晋）郭璞注
拾遺記十卷　（前秦）王嘉撰　（南朝梁）蕭綺録
搜神記二十卷　（晋）干寶撰
搜神後記十卷　（晋）陶潜撰
博物志十卷　（晋）張華撰　（宋）周日用注　（宋）盧□注
續博物志十卷　（宋）李石撰
述异記二卷　（南朝梁）任昉撰

道家類

陰符經一卷　（漢）張良注
關尹子一卷　（周）尹喜撰
老子道德經二卷　（周）李耳撰　（三國魏）王弼注
道德真經注四卷　（元）吴澄撰
莊子南華真經三卷札記一卷　（周）莊周撰
莊子闕誤一卷　（明）楊慎撰
列子二卷　（周）列禦寇撰
抱朴子内篇四卷外篇四卷　（晋）葛洪撰
亢倉子一卷　（周）庚桑楚撰
玄真子一卷　（唐）張志和撰
天隱子一卷　（唐）司馬承禎撰
无能子三卷　（唐）□□撰
胎息經疏一卷　（明）王文禄撰
胎息經一卷　（□）幻真先生注
至游子二卷　（□）□□撰

315./003-2

0006

子書百家

（清）崇文書局輯
清光緒元年（1875）湖北崇文書局刻本
十六册
十二行二十四字，小字雙行同
黑口，四周雙邊
存十四種一百二十三卷
子目：

兵家類

何博士備論二卷　（宋）何去非撰
宋丞相李忠定公輔政本末一卷　（宋）□□撰

術數類

焦氏易林四卷（缺卷一至三）　（漢）焦贛撰

雜家類

墨子十六卷附篇目考一卷（缺卷十二至十六）（周）墨翟撰
吕氏春秋二十六卷（缺卷十五至十九）（秦）吕不韋撰
淮南鴻烈解二十一卷（缺卷一至十一）（漢）劉安撰　（漢）高誘注
聱隅子歔欷瑣微論二卷　（宋）

黃晞撰
嬾真子五卷 （宋）馬永卿撰
廣成子解一卷 （宋）蘇軾撰
小説家异聞類
山海經十八卷（缺卷五至十八）（晋）郭璞撰
搜神記二十卷（缺卷一至十）（晋）干寶撰
述异記二卷 （南朝梁）任昉撰
道家類
莊子南華真經三卷札記一卷 （周）莊周撰
莊子闕誤一卷 （明）楊慎撰

315./003-3

儒家儒學類

類編之屬

0007
二程全書
（宋）程顥 （宋）程頤撰 （宋）朱熹輯
清長沙小嫏嬛山館刻本
十七册
十二行二十二字，小字雙行同
黑口，左右雙邊
子目：
河南程氏遺書二十五卷附録一卷
河南程氏外書十二卷
明道先生文集五卷 （宋）程顥撰
伊川先生文集八卷遺文一卷附録一卷 （宋）程頤撰
周易程氏傳四卷（缺卷二至四）（宋）程頤撰
河南程氏經説八卷 （宋）程頤撰
河南程氏粹言二卷 （宋）楊時訂定 （宋）張栻編次

53/003

0008
沈余遺書
（清）趙舒翹輯
清光緒二十二年（1896）江蘇書局刻本
四册
十行二十二字，小字雙行同
黑口，左右雙邊
子目：
沈端恪公（近思）年譜二卷 （清）沈曰富撰
勵志録二卷 （清）沈近思撰
庸言四卷 （清）余元遴撰

315/001

儒家儒學之屬

性 理

0009
刪定荀子一卷
（周）荀况撰 （清）方苞刪定
清刻本
一册
九行十九字，小字雙行同
下黑口，四周單邊

31/061

0010
荀子二十卷
（唐）楊倞注 （清）謝墉輯補
校勘補遺一卷
（清）謝墉撰
清光緒二十三年（1897）新化三味書室刻本
六册
九行二十一字，小字雙行同
黑口，左右雙邊

34/001

0011
荀子二十卷首一卷
（唐）楊倞注　王先謙集解
清光緒十七年（1891）思賢講舍刻本
六册
十一行二十四字，小字雙行同
黑口，左右雙邊
31/032

0012
荀子二十卷首一卷
（唐）楊倞注　王先謙集解
清光緒十七年（1891）思賢講舍刻本
六册
十一行二十四字，小字雙行同
黑口，左右雙邊
31/032 部二

0013
荀子二十卷首一卷
（唐）楊倞注　王先謙集解
清光緒十七年（1891）思賢講舍刻本
六册
十一行二十四字，小字雙行同
黑口，左右雙邊
31/032 部三

0014
荀子二十卷首一卷
（唐）楊倞注　王先謙集解
清光緒十七年（1891）思賢講舍刻本
六册
十一行二十四字，小字雙行同
黑口，左右雙邊
010/236–241

0015
北溪先生字義二卷補遺一卷
（宋）陳淳撰
清光緒二十一年（1895）味道腴軒刻本
二册
九行二十字
黑口，四周雙邊
31/049

0016
公是弟子記四卷
（宋）劉敞撰
清同治十三年（1874）江西書局刻武英殿聚珍版書本
一册
九行二十一字，小字雙行同
白口，四周雙邊
31/052

0017
胡子知言六卷疑義一卷附録一卷
（宋）胡宏撰
薛子道論二卷
（明）薛瑄撰
海樵子一卷
（明）王崇慶撰
清光緒元年（1875）湖北崇文書局刻子書百家本
一册
十二行二十四字
黑口，四周雙邊
31/068

0018
近思録集注十四卷考訂朱子世家一卷
（清）江永撰
校勘記一卷
（清）王炳撰
清光緒二十七年（1901）上海文瑞樓石印本
四册
十四行二十九字，小字雙行同
白口，四周單邊
314/05

0019
明本釋三卷
（宋）劉荀撰

清同治十三年（1874）江西書局刻武英殿聚珍版書本
二册
九行二十一字，小字雙行同
白口，四周雙邊
31/051

0020
西山先生真文忠公讀書記四十卷
（宋）真德秀撰
清乾隆四年（1739）真氏家刻八年（1743）補刻本
三十册
十行二十一字，小字雙行同
白口，四周雙邊
*31/003

0021
御纂朱子全書六十六卷
（宋）朱熹撰 （清）李光地等編
清光緒江西書局刻本
四十册
九行二十字，小字雙行同
黑口，四周單邊
31/029–2

0022
御纂朱子全書六十六卷
（宋）朱熹撰 （清）李光地等編
清光緒江西書局刻本
四十册
九行二十字，小字雙行同
黑口，四周單邊
31/029–2部二

0023
御纂朱子全書六十六卷
（宋）朱熹撰 （清）李光地等編
清康熙五十二年（1713）内府刻本
二十四册
九行二十字，小字雙行同
黑口，四周單邊
*31/001

0024
御纂朱子全書六十六卷
（宋）朱熹撰 （清）李光地等編
清康熙五十二年（1713）内府刻本
二十四册
九行二十字，小字雙行同
黑口，四周單邊
*31/029

0025
御纂朱子全書六十六卷
（宋）朱熹撰 （清）李光地等編
清刻本
四十六册
九行二十字，小字雙行同
黑口，四周單邊
缺二卷（卷一至二）
31/029–3

0026
朱子語類一百四十卷
（宋）朱熹撰 （宋）黎靖德編
清刻本
三十二册
十二行二十四字，小字雙行同
黑口，左右雙邊
31/020

0027
朱子原訂近思録十四卷
（宋）朱熹撰 （宋）吕祖謙輯 （清）江永集注
清同治七年（1868）湖北崇文書局刻本
四册
七行十八字，小字雙行同
白口，四周雙邊
31/017

0028
孔子集語二卷
（宋）薛據輯
清光緒元年（1875）湖北崇文書局刻子書百家本
一册
十二行二十四字，小字雙行同
黑口，四周雙邊
31/063

0029
呻吟語六卷
（明）吕坤撰　（清）桂嵩慶校刊
清刻本
二册
九行二十一字
白口，左右雙邊
存五卷（卷二至六）
31/070

0030
吕子節録四卷補遺二卷
（明）吕坤撰　（清）陳弘謀評輯
清光緒十三年（1887）江西書局刻本
四册
九行二十一字
白口，左右雙邊
31/026

0031
新刻伯孝曹先生蒐輯性理筆乘集要五卷
（明）曹學賜輯
明刻本
一册
九行二十字，小字雙行同
白口，四周單邊
存一卷（卷五）
488.4/021

0032
性理大全書七十卷
（明）胡廣等撰
明萬曆刻本
三册
十行二十字
白口，左右雙邊
存十二卷（卷二十八至三十九）
398.1/010

0033
朱子學的二卷
（明）丘濬編輯
清咸豐十一年（1861）刻本
四册
十行二十二字，小字雙行同
白口，四周單邊
31/002

0034
廣近思録十四卷
（清）張伯行原編
清光緒二十年（1894）刻本
四册
十行二十二字
白口，左右雙邊
31/06

0035
廣理學備考不分卷
（清）范鄗鼎彙編
清康熙范氏五經堂刻本
四册
九行二十五字，小字雙行同
白口，四周雙邊
31/055

0036
廣理學備考不分卷
（清）范鄗鼎彙編
清康熙范氏五經堂刻本
三十二册
九行二十五字，小字雙行同
白口，四周雙邊
*31/004

0037
漢學商兑三卷
（清）方東樹撰
清光緒二十六年（1900）浙江書局刻本
四册
十行二十三字，小字雙行同
黑口，左右雙邊
31/006

0038
孔子集語十七卷
（清）孫星衍撰
清光緒三年（1877）浙江書局刻二十二子本
四册
九行二十一字，小字雙行同
白口，左右雙邊
31/069

0039
孔子集語十七卷
（清）孫星衍撰
清光緒三年（1877）浙江書局刻二十二子本
一册
九行二十一字，小字雙行同
白口，左右雙邊
存五卷（卷一至五）
31/069-2

0040
繹志十九卷
（清）胡承諾撰
清同治十一年（1872）浙江書局刻本
八册
十行二十一字
白口，左右雙邊
31/040

0041
三合聖諭廣訓不分卷
（清）聖祖玄燁撰 （清）世宗胤禛廣訓
清刻本
四册
行數不等字數不等，小字雙行不等
白口，四周雙邊
181/007

0042
思辨録輯要二十二卷後集十三卷
（清）陸世儀撰
清光緒三年（1877）江蘇書局刻本
八册
十二行二十三字，小字雙行同
白口，四周雙邊
31/08

0043
思辨録輯要二十二卷
（清）陸世儀撰
清光緒三年（1877）江蘇書局刻本
一册
十二行二十三字，小字雙行同
白口，四周雙邊
存二卷（卷一至二）
31/08-2

0044
先儒趙子言行録二卷
（清）陳廷鈞纂述 （清）陳廷儒校編
清同治九年（1870）湖北崇文書局刻本
二册
十行二十二字，小字雙行同
白口，四周雙邊
272-44/001

0045
顔氏學記十卷
（清）戴望述
清刻本
一册
十二行二十四字，小字雙行同
黑口，左右雙邊
存三卷（卷六至八）
398.1/037

0046
御纂性理精義十二卷
（清）李光地等編
清康熙五十六年（1717）武英殿刻本
八册
八行十八字，小字雙行二十一字
白口，四周雙邊
31/001

0047
御纂性理精義十二卷
（清）李光地等編
清康熙五十六年（1717）武英殿刻本
六册
八行十八字，小字雙行二十一字
白口，四周雙邊
*31/002

鑒 戒

0048
帝鑑圖説一卷
（明）張居正撰
明萬曆元年（1573）金陵書坊胡氏刻本
四册
九行十九字
白口，左右雙邊
*271/002

0049
臣鑒録二十卷
（清）蔣伊編輯
清咸豐九年（1859）會稽王加敏退思軒刻本
二十册
九行二十三字
白口，四周雙邊
283/015

0050
聖諭廣訓直解一卷
（清）聖祖玄燁撰 （清）世宗胤禛廣訓 （清）□□直解
清刻本
二册
八行二十一字
白口，四周雙邊
31/011

0051
聖諭廣訓直解一卷
（清）聖祖玄燁撰 （清）世宗胤禛廣訓 （清）□□直解
清刻本
二册
八行二十一字
白口，四周雙邊
31/011-2

0052
聖祖仁皇帝庭訓格言一卷
（清）世宗胤禛輯
清光緒江蘇書局刻本
二册
七行二十一字
白口，四周雙邊
287/018

俗 訓

0053
訓俗遺規四卷
（清）陳弘謀編
清同治七年（1868）湖北崇文書局刻五種遺規本
一册
十行二十二字
白口，四周雙邊
存二卷（卷一至二）
315/010-3

家 訓

0054
孔氏家語十卷
（三國魏）王肅注

清道光十四年（1834）刻本
四册
九行十七字，小字雙行同
白口，左右雙邊
31/027

0055
孔子家語十卷
（三國魏）王肅注
清光緒元年（1875）湖北崇文書局刻子書百家本
二册
十二行二十四字
黑口，四周雙邊
31/027-2

0056
孔子家語十卷
（三國魏）王肅注
清光緒元年（1875）湖北崇文書局刻子書百家本
一册
十二行二十四字
黑口，四周雙邊
存五卷（卷一至五）
31/027-3

0057
顏氏家訓二卷
（北齊）顏之推撰
清光緒元年（1875）湖北崇文書局刻子書百家本
一册
十二行二十四字
黑口，四周雙邊
381/006

0058
顏氏家訓二卷
（北齊）顏之推撰
清光緒元年（1875）湖北崇文書局刻子書百家本
一册
十二行二十四字
黑口，四周雙邊
381/006部二

0059
黄氏塾課三卷
（清）黄式三撰
清光緒十四年（1888）刻儆居遺書本
一册
九行二十二字，小字雙行同
白口，左右雙邊
31/044

0060
雙節堂庸訓六卷
（清）汪輝祖纂
清同治七年（1868）湖北崇文書局刻本
二册
十行二十一字，小字雙行同
白口，四周雙邊
31/037

勸 學

0061
勸學篇二卷
（清）張之洞撰
清光緒二十四年（1898）京師同文館鉛印本
一册
九行二十四字，小字雙行同
白口，四周雙邊
31/035

0062
勸學篇二卷
（清）張之洞撰
清光緒二十四年（1898）江蘇書局刻本
二册
十行二十字，小字雙行同
下黑口，四周雙邊
31/035-2

0063
勸學篇二卷
（清）張之洞撰
清光緒二十四年（1898）上海著易堂鉛印本
二册
十行二十三字，小字雙行同
下黑口，四周單邊
31/10

0064
五種遺規
（清）陳弘謀輯并撰
清光緒二十一年（1895）浙江書局刻本
十册
九行二十字，小字雙行同
白口，左右雙邊
子目：
養正遺規二卷補編一卷
教女遺規三卷
訓俗遺規四卷
從政遺規二卷
在官法戒録四卷
315/010

0065
五種遺規
（清）陳弘謀輯并撰
清道光十年（1830）培遠堂刻本
十二册
十一行二十四字
白口，四周單邊
子目：
養正遺規二卷補編一卷
教女遺規三卷
訓俗遺規二卷
從政遺規四卷
訓俗遺規補編二卷
315/010-2

0066
五種遺規
（清）陳弘謀輯并撰
清光緒五年（1879）江西書局刻本
十二册
九行二十字，小字雙行同
下黑口，左右雙邊
31/010：3-4

蒙學

0067
三字經訓詁不分卷
（清）王相注
清刻本
一册
八行字數不等，小字雙行十七字
白口，左右雙邊
192/24

0068
小學集解六卷
（清）張伯行輯注
清同治八年（1869）江蘇書局刻本
二册
九行十九字，小字雙行同
白口，左右雙邊
31/033

0069
小學集解六卷
（清）張伯行輯注
清刻本
三册
九行二十字，小字雙行同
白口，四周雙邊
存四卷（卷三至六）
31/033-2

0070
小學纂注六卷
（宋）朱熹撰　（清）高愈纂注
清同治十一年（1872）浙江書局刻本
二册

十行二十二字，小字雙行同
白口，四周雙邊
31/034

0071
弟子規一卷
（清）李毓秀撰
清刻本
一册
五行六字
白口，四周雙邊
31/045

0072
弟子規一卷
（清）李毓秀撰
清刻本
一册
五行六字
白口，四周雙邊
31/045部二

0073
寄傲山房塾課新增幼學故事瓊林四卷首一卷
（清）程允升撰　（清）鄒聖脉增補
清光緒善成堂刻本
三册
十行二十六字，小字雙行同
白口，四周單邊
缺一卷（卷四）
192/23

0074
人範六卷
（清）蔣元輯
清光緒二十七年（1901）廣雅書局刻本
一册
十一行二十四字，小字雙行同
黑口，四周單邊
31/047

0075
人範六卷
（清）蔣元輯
清光緒二十七年（1901）廣雅書局刻本
一册
十一行二十四字，小字雙行同
黑口，四周單邊
31/047部二

0076
童歌養正一卷
（清）歸繼先輯
清光緒九年（1883）武昌書局刻本
一册
八行二十字
白口，四周雙邊
31/053

0077
養正遺規二卷
（清）陳弘謀編
清光緒二十一年（1895）浙江書局刻五種遺規本
一册
九行二十字，小字雙行同
白口，左右雙邊
31/010：2

女範

0078
繪圖女四書白話解四卷
（清）沈朱坤演義
清光緒三十四年（1908）上海圖書學社石印本
一册
九行二十字，小字雙行不等
白口，四周單邊
存一卷（卷二）
398.1/029

0079
内則衍義十六卷
（清）世祖福臨撰
清刻本
八册
九行十七字
白口，四周單邊
31/043

0080
内則衍義十六卷
（清）世祖福臨撰
清刻本
八册
九行十七字
白口，四周單邊
31/043部二

0081
内則衍義十六卷
（清）世祖福臨撰
清刻本
八册
九行十七字
白口，四周單邊
31/043部三

經 濟

0082
潛夫論十卷
（漢）王符撰
清光緒元年（1875）湖北崇文書局刻子書百家本
二册
十二行二十四字
黑口，四周雙邊
31/022

0083
申鑒五卷中論二卷
（漢）荀悦撰　（漢）徐幹撰
清光緒元年（1875）湖北崇文書局刻子書百家本
一册
十二行二十四字，小字雙行同
黑口，四周雙邊
31/064

0084
説苑二十卷
（漢）劉向撰
清光緒元年（1875）湖北崇文書局刻子書百家本
四册
十二行二十四字
黑口，四周雙邊
31/016

0085
新書十卷
（漢）賈誼撰
清光緒元年（1875）浙江書局刻二十二子本
二册
九行二十一字，小字雙行同
白口，左右雙邊
31/028

0086
新書十卷
（漢）賈誼撰
清光緒元年（1875）浙江書局刻二十二子本
一册
九行二十一字，小字雙行同
白口，左右雙邊
存五卷（卷一至五）
31/028-3

0087
新書十卷
（漢）賈誼撰
清光緒元年（1875）湖北崇文書局刻子

書百家本
二册
十二行二十四字
黑口，四周雙邊
31/028-2

0088
新書十卷
（漢）賈誼撰
清光緒元年（1875）湖北崇文書局刻子書百家本
二册
十二行二十四字
黑口，四周雙邊
31/028-2部二

0089
新語二卷
（漢）陸賈撰
忠經一卷
（漢）馬融撰 （漢）鄭玄注
清光緒元年（1875）湖北崇文書局刻子書百家本
一册
十二行二十四字
黑口，四周雙邊
31/062

0090
新語二卷
（漢）陸賈撰
忠經一卷
（漢）馬融撰 （漢）鄭玄注
清光緒元年（1875）湖北崇文書局刻子書百家本
一册
十二行二十四字
黑口，四周雙邊
31/06231/062部二

0091
鹽鐵論二卷
（漢）桓寬撰
清光緒元年（1875）湖北崇文書局刻子書百家本
二册
十二行二十四字，小字雙行同
黑口，四周雙邊
31/031-2

0092
揚子法言十三卷音義一卷
（漢）揚雄撰 （晋）李軌注
清光緒二年（1876）浙江書局刻二十二子本
一册
九行二十一字，小字雙行同
白口，左右雙邊
31/048

0093
傅子一卷
（晋）傅玄撰
續孟子二卷
（唐）林慎思撰
清光緒元年（1875）湖北崇文書局刻子書百家本
一册
十二行二十四字
黑口，四周雙邊
31/066部二

0094
傅子一卷
（晋）傅玄撰
續孟子二卷
（清）林慎思撰
清光緒元年（1875）湖北崇文書局刻子書百家本
一册
十二行二十四字
黑口，四周雙邊
398.1/013

0095
傅子一卷
（晉）傅玄撰
續孟子二卷
（唐）林慎思撰
清光緒元年（1875）湖北崇文書局刻子書百家本
一册
十二行二十四字
黑口，四周雙邊
31/066

0096
傅子一卷
（晉）傅玄撰
清刻本
一册
九行二十一字，小字雙行同
白口，四周雙邊
31/050

0097
傅子一卷
（晉）傅玄撰
帝範四卷
（唐）太宗李世民撰
清同治十三年（1874）江西書局刻武英殿聚珍版書本
一册
九行二十一字，小字雙行同
白口，四周雙邊
31/050-2

0098
文中子中說一卷
（隋）王通撰　（宋）阮逸注
清光緒元年（1875）湖北崇文書局刻子書百家本
一册
十二行二十四字
黑口，四周雙邊
31/025

0099
文中子中說一卷
（隋）王通撰　（宋）阮逸注
清光緒元年（1875）湖北崇文書局刻子書百家本
一册
十二行二十四字，小字雙行同
黑口，四周雙邊
31/025-3

0100
文中子中說十卷
（隋）王通撰　（宋）阮逸注
清光緒二年（1876）浙江書局刻二十二子本
二册
九行二十一字，小字雙行同
白口，左右雙邊
31/025-2

0101
文中子中說十卷
（隋）王通撰　（宋）阮逸注
清光緒二年（1876）浙江書局刻二十二子本
二册
九行二十一字，小字雙行同
白口，左右雙邊
31/025-2部二

0102
文中子中說十卷
（隋）王通撰　（宋）阮逸注
清光緒二年（1876）浙江書局刻二十二子本
二册
九行二十一字，小字雙行同
白口，左右雙邊
31/025-2部三

0103
文中子中說十卷
（隋）王通撰　（宋）阮逸注

清光緒二年（1876）浙江書局刻二十二子本
一册
九行二十一字，小字雙行同
白口，左右雙邊
存五卷（卷一至五）
31/025-4

0104
伸蒙子三卷素履子三卷
（唐）林慎思撰 （唐）張弧撰
清光緒元年（1875）湖北崇文書局刻子書百家本
一册
十二行二十四字
黑口，四周雙邊
31/067

0105
大學衍義輯要六卷
（宋）真德秀撰 （清）陳弘謀纂輯
清宣統元年（1909）大學堂鉛印本
三册
十一行二十五字，小字雙行同
白口，四周雙邊
173/001

0106
大學衍義輯要十二卷首一卷
（明）丘濬撰 （清）陳弘謀纂輯
清宣統元年（1909）大學堂鉛印本
十册
十一行二十五字，小字雙行同
白口，四周雙邊
173/001-2

0107
大學衍義四十三卷
（宋）真德秀撰
清同治十一年（1872）浙江書局刻本
十册
十行二十字，小字雙行同
白口，左右雙邊
31/023

0108
大學衍義補輯要十二卷首一卷
（明）丘濬撰 （清）陳弘謀纂輯
清宣統元年（1909）大學堂鉛印本
八册
十一行二十五字，小字雙行同
白口，四周雙邊
缺二卷（卷五至六）
173/002

0109
大學衍義補一百六十卷首一卷
（明）丘濬撰 （清）陳仁錫評閲
清刻本
三十二册
十一行二十五字，小字雙行同
白口，四周雙邊
173/002-2

0110
御製資政要覽三卷附後序一卷
（清）世祖福臨撰
清順治十二年（1655）内府刻本
四册
六行十二字，小字雙行同
黑口，四周雙邊
*287/001

0111
御製資政要覽三卷附後序一卷
（清）世祖福臨撰
清光緒孫家鼐刻本
四册
九行二十一字，小字雙行同
白口，四周雙邊
287/001-2

0112
孔叢子二卷
（漢）孔鮒撰

清光緒元年（1875）湖北崇文書局刻子書百家本
一册
十二行二十四字
黑口，四周雙邊
31/054

0113
孔叢子二卷
（漢）孔鮒撰
清光緒元年（1875）湖北崇文書局刻子書百家本
一册
十二行二十四字
黑口，四周雙邊
31/054部二

0114
孔叢子二卷
（漢）孔鮒撰
清光緒元年（1875）湖北崇文書局刻子書百家本
一册
十二行二十四字
黑口，四周雙邊
31/054部三

兵家類

兵法之屬

0115
六韜六卷
（周）姜尚撰
六韜逸文一卷
（清）孫同元輯
清光緒十一年（1885）朱氏槐廬家塾刻平津館叢書本
一册
十一行二十字
白口，左右雙邊
35/010

0116
孫子三卷
（周）孫武撰
吴子二卷
（周）吴起撰
司馬法一卷
（周）司馬穰苴撰
清光緒元年（1875）湖北崇文書局刻子書百家本
一册
十二行二十四字
黑口，四周雙邊
35/012

0117
孫子三卷
（周）孫武撰
吴子二卷
（周）吴起撰
司馬法一卷
（周）司馬穰苴撰
清光緒元年（1875）湖北崇文書局刻子書百家本
一册
十二行二十四字
黑口，四周雙邊
35/012部二

0118
孫子十家注十三卷
（周）孫武撰　（漢）曹操等注　（宋）吉天保輯　（清）孫星衍　（清）吴人驥校
敘録一卷
（清）畢以珣撰
遺說一卷
（宋）鄭友賢撰
清光緒三年（1877）浙江書局刻二十二子本
六册

九行二十一字，小字雙行同
白口，左右雙邊

35/015

0119
孫子十家注十三卷
（周）孫武撰 （漢）曹操等注 （宋）吉天保輯 （清）孫星衍 （清）吳人驥校
清光緒三年（1877）浙江書局刻二十二子本
四册
九行二十一字，小字雙行同
白口，左右雙邊
缺五卷（卷一至五）

35/015–2

0120
尉繚子二卷
（周）尉繚撰
素書一卷
（漢）黄石公撰
心書一卷
（三國蜀）諸葛亮撰
清光緒元年（1875）湖北崇文書局刻子書百家本
一册
十二行二十四字
黑口，四周雙邊

35/013

0121
風后握奇經一卷
（漢）公孫弘解
六韜三卷
（周）姜尚撰
清光緒元年（1875）湖北崇文書局刻子書百家本
一册
十二行二十四字
黑口，四周雙邊

35/011

0122
孫子遺説一卷
（宋）鄭友賢撰
孫子敘録一卷
（清）畢以珣撰
清光緒元年（1875）湖北崇文書局刻子書百家本
一册
十二行二十四字
黑口，左右雙邊

35/009

0123
何博士備論二卷
（宋）何去非撰
宋丞相李忠定公輔政本末一卷
（宋）□□撰
清光緒元年（1875）湖北崇文書局刻子書百家本
一册
十二行二十四字
黑口，四周雙邊

35/014

0124
何博士備論二卷
（宋）何去非撰
宋丞相李忠定公輔政本末一卷
（宋）□□撰
清光緒元年（1875）湖北崇文書局刻子書百家本
一册
十二行二十四字
黑口，四周雙邊

35/014部二

0125
何博士備論二卷
（宋）何去非撰
宋丞相李忠定公輔政本末一卷
（宋）□□撰
清光緒元年（1875）湖北崇文書局刻子書百家本

一册
十二行二十四字
黑口，四周雙邊
35/014部三

0126
何博士備論二卷
（宋）何去非撰
宋丞相李忠定公輔政本末一卷
（宋）□□撰
清光緒元年（1875）湖北崇文書局刻子書百家本
一册
十二行二十四字
黑口，四周雙邊
35/014部四

0127
何博士備論二卷
（宋）何去非撰
宋丞相李忠定公輔政本末一卷
（宋）□□撰
清光緒元年（1875）湖北崇文書局刻子書百家本
一册
十二行二十四字
黑口，四周雙邊
35/014部五

0128
何博士備論二卷
（宋）何去非撰
宋丞相李忠定公輔政本末一卷
（宋）□□撰
清光緒元年（1875）湖北崇文書局刻子書百家本
一册
十二行二十四字
黑口，四周雙邊
35/014部六

0129
何博士備論二卷
（宋）何去非撰
宋丞相李忠定公輔政本末一卷
（宋）□□撰
清光緒元年（1875）湖北崇文書局刻子書百家本
一册
十二行二十四字
黑口，四周雙邊
35/014部七

0130
何博士備論二卷
（宋）何去非撰
宋丞相李忠定公輔政本末一卷
（宋）□□撰
清光緒元年（1875）湖北崇文書局刻子書百家本
一册
十二行二十四字
黑口，四周雙邊
35/014部八

0131
紀效新書十八卷首一卷
（明）戚繼光撰
清刻本
十册
十行二十一字，小字雙行同
白口，四周雙邊
35/005

0132
紀效新書十八卷首一卷
（明）戚繼光撰
清刻本
四册
九行二十四字，小字雙行同
白口，左右雙邊
35/005-2

0133
讀史兵略四十六卷
（清）胡林翼纂
清咸豐十一年（1861）武昌節署刻本
十六册
十二行二十四字，小字雙行同
白口，四周雙邊
26/010

0134
讀史兵略四十六卷
（清）胡林翼纂
清咸豐十一年（1861）武昌節署刻本
十六册
十二行二十四字，小字雙行同
白口，四周雙邊
26/010部二

0135
讀史兵略四十六卷
（清）胡林翼纂
清咸豐十一年（1861）武昌節署刻本
十一册
十二行二十四字，小字雙行同
白口，四周雙邊
缺十四卷（卷一至十四）
26/010部三

0136
洴澼百金方十四卷首一卷
（清）袁宫桂編
清道光二十年（1840）陳氏刻本
五册
九行二十四字，小字雙行同
白口，四周單邊
35/004

0137
韜鈐拾慧録一卷
（清）恒柃撰
清同治二年（1863）避熱窩刻本
一册
八行二十字，小字雙行同
白口，四周雙邊
35/007

0138
武備輯要六卷
（清）許乃釗撰
清道光十二年（1832）廣州刻本
四册
十行二十一字
黑口，左右雙邊
35/008

0139
武備輯要續編十卷
（清）許乃釗編輯
清道光二十九年（1849）刻本
六册
十行二十一字
白口，四周雙邊
286/003

0140
知古録三卷
（清）恒柃撰
清同治二年（1863）避熱窩刻本
三册
八行二十字，小字雙行同
白口，四周雙邊
35/003

操練之屬

0141
練兵實紀九卷雜集六卷
（明）戚繼光撰
清刻本
十册
十行二十一字
白口，四周雙邊
35/005：2

0142
湖北武學
（清）湖北武備學堂編
清光緒二十六年（1900）湖北官書處刻本
八册
十行二十四字
白口，左右雙邊
子目：
體操法六卷
打靶通法二卷
營壘從新一卷
護隊集要一卷
行軍帳棚説一卷
行軍偵探要略一卷
284/048

類編之屬

0143
江南陸師學堂武備課程
（清）錢德培等纂輯
清光緒二十五年（1899）江南陸師學堂刻本
十二册
十行二十五字
白口，左右雙邊
子目：
兵法學十二卷
營壘學三卷
軍器學五卷
量地法一卷
地勢學一卷
284/047

0144
孫吴司馬法
（清）孫星衍輯
清同治十年（1871）淮南書局刻本
一册
十一行二十字，小字雙行同
白口，左右雙邊
子目：
孫子三卷　（周）孫武撰　（漢）曹操等注
吴子二卷　（周）吴起撰
司馬法三卷　（周）司馬穰苴撰
315/011

法家之屬

0145
删定管子一卷離騷經正義一卷
（清）方苞删定
清刻本
三册
十行二十字，小字雙行同
下黑口，四周單邊
34-1/001

0146
管子二十四卷
（周）管仲撰　（唐）房玄齡注
清光緒二年（1876）浙江書局刻二十二子本
六册
九行二十一字，小字雙行同
白口，左右雙邊
34/001-2

0147
管子二十四卷
（周）管仲撰　（唐）房玄齡注
清光緒二年（1876）浙江書局刻二十二子本
五册
九行二十一字，小字雙行同
白口，左右雙邊
缺八卷（卷九至十六）
34/001-2部二

0148
管子二十四卷
（周）管仲撰　（唐）房玄齡注
清光緒元年（1875）湖北崇文書局刻子書百家本
四册
十二行二十四字，小字雙行同
黑口，四周雙邊
34/001-3

0149
管子二十四卷
（周）管仲撰　（唐）房玄齡注
清光緒元年（1875）湖北崇文書局刻子書百家本
四册
十二行二十四字，小字雙行同
黑口，四周雙邊
34/001-3 部二

0150
管子二十四卷
（周）管仲撰　（唐）房玄齡注
清光緒元年（1875）湖北崇文書局刻子書百家本
四册
十二行二十四字，小字雙行同
黑口，四周雙邊
34/001-3 部三

0151
管子二十四卷
（周）管仲撰（唐）房玄齡注　（明）劉績補
清光緒二十三年（1897）上海圖書集成局鉛印本
四册
十三行四十字，小字雙行同
白口，四周單邊
34/002

0152
韓非子二十卷
（周）韓非撰
識誤三卷
（清）顧廣圻撰
清光緒元年（1875）浙江書局刻二十二子本
六册
九行二十一字，小字雙行同
白口，左右雙邊
34/004

0153
韓非子二十卷
（周）韓非撰
清光緒元年（1875）浙江書局刻二十二子本
三册
九行二十一字，小字雙行同
白口，左右雙邊
缺八卷（卷九至十六）
34/004-2

0154
韓非子集解二十卷首一卷
（周）韓非撰　（清）王先慎集解
清光緒二十二年（1896）刻本
六册
十一行二十四字，小字雙行同
黑口，左右雙邊
34/003

0155
韓非子集解二十卷首一卷
（周）韓非撰　（清）王先慎集解
清光緒二十二年（1896）刻本
六册
十一行二十四字，小字雙行同
黑口，左右雙邊
34/003 部二

0156
商子五卷
（周）商鞅撰
清光緒元年（1875）湖北崇文書局刻子書百家本
一册
十二行二十四字，小字雙行同
黑口，四周雙邊
34/005

0157
商子五卷
（周）商鞅撰
清光緒元年（1875）湖北崇文書局刻子書百家本
一册
十二行二十四字，小字雙行同
黑口，四周雙邊
34/005部二

0158
商子五卷
（周）商鞅撰
清光緒元年（1875）湖北崇文書局刻子書百家本
一册
十二行二十四字，小字雙行同
黑口，四周雙邊
34/005部三

0159
商君書五卷附考一卷
（周）商鞅撰　（清）嚴可均校
清光緒二年（1876）浙江書局刻二十二子本
一册
九行二十一字，小字雙行同
白口，左右雙邊
34/005-2

0160
商君書五卷附考一卷
（周）商鞅撰　（清）嚴可均校
清光緒二年（1876）浙江書局刻二十二子本
一册
九行二十一字，小字雙行同
白口，左右雙邊
34/005-2部二

0161
弟子職集解一卷
（清）莊述祖輯
清光緒十四年（1888）江蘇書局刻本
一册
十三行二十二字，小字雙行同
黑口，四周雙邊
34-49/002

0162
弟子職正音一卷
（清）王筠撰
清光緒五年（1879）福山王氏天壤閣叢書刻本
一册
十行二十字，小字雙行同
白口，四周單邊
34/007

農家農學類

農學之屬

0163
農政全書六十卷
（明）徐光啓撰
清光緒二十六年（1900）上海文海書局石印本
八册
十八行四十字，小字雙行同
黑口，四周雙邊
36/001

0164
齊民要術十卷
（北魏）賈思勰撰
清光緒元年（1875）湖北崇文書局刻子書百家本
四册
十二行二十四字，小字雙行同
黑口，四周雙邊
36/006

灾害防治之屬

0165
捕蝗圖説一卷要説一卷
（清）錢炘和輯
清同治八年（1869）湖北崇文書局刻本
一册
十行二十二字，小字雙行同
白口，四周雙邊
36/002

作物之屬

0166
釋穀四卷
（清）劉寶楠撰
清咸豐五年（1855）刻本
二册
十行二十三字，小字雙行同
白口，左右雙邊
36–1/001

蠶桑之屬

綜論

0167
農桑輯要七卷
（元）司農司撰
清刻本
二册
九行十五字
白口，四周雙邊
36/004

園藝之屬

0168
二如亭群芳譜二十八卷首一卷
（明）王象晋輯 （明）毛鳳苞校正
清書業古講堂刻本
十五册
八行十八字，小字雙行同
白口，左右雙邊
311.5/002

0169
佩文齋廣群芳譜一百卷目録二卷
（明）王象晋撰 （清）汪灝等重編
清同治七年（1868）刻本
三十二册
十一行二十一字
白口，左右雙邊
311–5/001–2

醫家類

醫理之屬

綜合

0170
儒門事親十五卷
（金）張從政撰　（明）吴勉學校訂
明萬曆新安吴氏刻本
五册
十行二十字，小字雙行同
白口，四周雙邊
缺一卷（卷一）
*37/001

0171
御纂醫宗金鑑九十卷
（清）吴謙等纂
清刻本
二十八册
九行十九字
白口，四周雙邊
存四十一卷（卷五十至九十）
37/010

醫經之屬

内經

0172
補注黄帝内經素問二十四卷
（唐）王冰注　（宋）林億等校正　（宋）孫兆重改誤
黄帝内經素問遺篇一卷
（宋）劉温舒注
黄帝内經靈樞十二卷
（宋）史崧音釋
清光緒三年（1877）浙江書局刻二十二子本
十册
九行二十一字，小字雙行同
白口，左右雙邊
37/003

0173
補注黄帝内經素問二十四卷
（唐）王冰注　（宋）林億等校正　（宋）孫兆重改誤
黄帝内經素問遺篇一卷
（宋）劉温舒注
黄帝内經靈樞十二卷
（宋）史崧音釋
清光緒三年（1877）浙江書局刻二十二子本
十册
九行二十一字，小字雙行同
白口，左右雙邊
37/012

診法之屬

脉經脉訣

0174
李瀕湖脉學奇經考三卷首一卷
（明）李時珍撰輯
清光緒三十三年（1907）刻本
一册
十一行三十五字
白口，四周雙邊
存一卷（卷首）
37/013

方論之屬

歷代方書

0175
千金寶要六卷
（唐）孫思邈撰
清光緒十一年（1885）朱氏槐廬家塾刻平津館叢書本
一册
十一行二十字
白口，左右雙邊
37/004

傷寒金匱之屬

傷寒

0176
增注類證活人書二十二卷釋音一卷藥性一卷
（宋）朱肱撰 （明）吴勉學校
清光緒十年（1884）江南製造總局刻本
四册
十行二十字，小字雙行同
黑口，左右雙邊
37/005

五官科之屬

耳鼻喉科

0177
咽喉秘集二卷
（清）海山仙館編
清光緒九年（1883）合肥味古齋刻本
一册
十行二十二字
白口，左右雙邊
37/011

醫話醫論之屬

0178
歸硯録四卷
（清）王士雄撰
清咸豐九年（1859）刻本
二册
十行二十字，小字雙行同
黑口，左右雙邊
16/261–262

天文曆算類

天文之屬

0179
躔離引蒙不分卷
（清）賈步緯撰
清光緒十八年（1892）刻本
二册
十行二十二字，小字雙行同
黑口，左右雙邊
391/004

0180
交食引蒙不分卷
（清）賈步緯撰
清江南製造總局刻本
一册
十行二十二字，小字雙行同
黑口，左右雙邊
395/007

0181
宋遼金元四史朔閏考二卷
（清）錢大昕撰
清光緒十七年（1891）廣雅書局刻本
一册
行數不等字數不等，小字雙行不等
黑口，四周單邊
212–47/005：2

0182
天文算學纂要二十卷首一卷
（清）陳松編
清光緒十三年（1887）永新陳松樹德堂刻本
十八册
九行二十字，小字雙行同
黑口，四周雙邊
391/002

0183
天文算學纂要二十卷推測易知四卷
（清）陳松編
清光緒十三年（1887）永新陳松樹德堂刻本
五册
九行二十字，小字雙行同
黑口，四周雙邊
缺十八卷（天文算學纂要卷一至五、九至二十，推測易知卷四）
391/002–2

0184
御定七政四餘萬年書不分卷
（清）欽天監編
清刻本
四册
十六行字數不等
白口，四周雙邊
391/003

曆法之屬

0185
御製曆象考成上編十六卷後編十卷
（清）允禄等纂
清光緒二十一年（1895）湖北官書處刻本
十五册
九行二十字，小字雙行同
白口，四周雙邊
391/001

0186
御製曆象考成上編十六卷下編十卷後編十卷表十六卷
（清）允禄等纂
清刻本
三十一册
九行二十字，小字雙行同
白口，四周雙邊
391/001–2

算書之屬

0187
新編算學啓蒙三卷
（元）朱世傑撰
識誤一卷
（清）羅士琳撰
清江南製造總局刻本
二册
十行十九字
白口，左右雙邊
395/006

0188
新編算學啓蒙三卷
（元）朱世傑撰
識誤一卷
（清）羅士琳撰

清光緒二十四年（1898）兩儀堂刻本
三册
十行十九字
白口，左右雙邊
395/006-2

0189
新編算學啓蒙三卷
（元）朱世傑撰
識誤一卷
（清）羅士琳撰
清光緒二十四年（1898）兩儀堂刻本
三册
十行十九字
白口，左右雙邊
395/006-3

0190
新編算學啓蒙三卷
（元）朱世傑撰
識誤一卷
（清）羅士琳撰
清光緒二十四年（1898）兩儀堂刻本
三册
十行十九字
白口，左右雙邊
395/006-4

0191
算學啓蒙述義三卷總括一卷
（元）朱世傑撰　（清）王鑒述義
清光緒十年（1884）刻本
三册
十行十九字，小字雙行同
白口，左右雙邊
395/002

0192
測圓海鏡細草十二卷
（元）李治撰
清光緒二年（1876）上海同文館鉛印本
四册
十行二十二字，小字雙行同
白口，四周雙邊
392/001

0193
原本直解算法統宗十二卷
（明）程大位編
清光緒九年（1883）掃葉山房刻本
六册
十三行二十四字，小字雙行同
白口，四周雙邊
392/002

0194
增删算法統宗十一卷末一卷
（明）程大位編集　（清）梅穀成增删
清光緒三十年（1904）日新書局石印本
四册
二十行四十三字，小字雙行同
白口，四周雙邊
392/004

0195
增删算法統宗十一卷末一卷
（明）程大位編集　（清）梅穀成增删
清光緒三十年（1904）日新書局石印本
四册
二十行四十三字，小字雙行同
白口，四周雙邊
392/004-2

0196
增删算法統宗十一卷末一卷
（明）程大位編集　（清）梅穀成增删
清刻本
四册
十行二十二字，小字雙行同
黑口，左右雙邊
392/004-2

0197
白芙堂算學叢書
（清）丁取忠輯
清同治、光緒間長沙古荷花池精舍刻本

八册
十行二十二字，小字雙行同
白口，左右雙邊或四周雙邊
存七種十九卷
子目：
粟布演草二卷補一卷　（清）鄒伯奇撰
緝古算經細草三卷　（清）張敦仁撰
對數詳解五卷　（清）丁取忠撰
綴術釋明二卷　（清）明安圖撰
綴術釋戴一卷　（清）戴煦撰
四元玉鑑三卷附四象假令細草一卷　（元）朱世傑撰
格術補一卷　（清）鄒伯奇撰

19.9/001

0198

白芙堂算學叢書

（清）丁取忠輯
清同治、光緒間長沙古荷花池精舍刻本
三十二册
十行二十二字，小字雙行同
白口，左右雙邊或四周雙邊
存十六種七十卷
子目：
算書廿一種　（清）吴嘉善撰
天元一術釋例一卷
天元名式釋例一卷
筆算一卷
九章翼
今有術一卷
分法一卷
開方一卷
平方各形術一卷
平圜各形圖一卷
立方立圓術一卷
衰分一卷
盈不足一卷
方程一卷
句股一卷
平三角邊角互求術一卷
弧三角術一卷
測量高遠術一卷
天元一草一卷
天元問答一卷
方程天元合釋一卷
四元名式釋例一卷
四元草一卷四元加減乘除釋一卷
附
借根方句股細草一卷　（清）李錫蕃撰
句股算數細草一卷　（清）李鋭撰
徐莊愍公算書（一名務民義齋算學）（清）徐有壬撰
測圜密率三卷
造各表簡法（一名垛積招差）一卷
橢圜正術一卷
截球解義一卷附橢圜求周術一卷
弧三角拾遺一卷
用表推日食三差一卷
朔食九服里差三卷
百雞術衍二卷　（清）時曰醇撰
輿地經緯度里表一卷　（清）丁取忠撰
求一術通解二卷　（清）黄宗憲撰　（清）左潛參定
割圜八綫綴術四卷　（清）徐有壬撰　（清）吴嘉善述草　（清）左潛補草
數學拾憶一卷　（清）丁取忠撰
測圓海鏡細草十二卷　（元）李治撰
圜率考真圖解一卷　（清）左潛　（清）曾紀鴻　（清）黄宗憲撰
算法圓理括囊一卷　（日本）加悦傳一郎撰
八綫對數類編三卷　（清）張作楠原輯　（清）黄宗憲校正
開方説三卷　（清）李鋭撰　（清）黎應南補
少廣縋鑿一卷　（清）夏鸞翔撰
益古演段三卷　（元）李治撰

315/016

0199
筆算便覽五卷
（清）紀大奎編
清光緒二十二年（1896）上海六先書局石印本
二册
十二行二十八字
白口，四周雙邊
395/009

0200
翠微山房數學
（清）張作楠撰
清光緒二十三年（1897）上海鴻寶齋石印本
八册
十八行四十四字，小字雙行同
白口，四周雙邊
子目：
倉田通法十四卷（清）江臨泰補圖
量倉通法五卷
方田通法補例六卷
倉田通法續編三卷
八綫類編三卷
八綫對數類編二卷
弧角設如三卷（清）江臨泰補對數
弧三角舉隅一卷（清）江臨泰補圖
揣籥小録一卷續録三卷
高弧細草一卷
新測恒星圖表一卷
新測中星圖表一卷
新測更漏中星表三卷
金華晷漏中星表二卷
交食細草二卷首一卷
315/008

0201
翠微山房數學
（清）張作楠撰
清光緒二十三年（1897）上海鴻寶齋石印本
八册
十八行四十四字，小字雙行同
白口，四周雙邊
315/008-2

0202
翠微山房數學
（清）張作楠撰
清光緒二十三年（1897）上海鴻寶齋石印本
八册
十八行四十四字，小字雙行同
白口，四周雙邊
315/008-3

0203
翠微山房數學
（清）張作楠撰
清光緒二十三年（1897）上海鴻寶齋石印本
八册
十八行四十四字，小字雙行同
白口，四周雙邊
315/008-4

0204
對數表三卷附對數表説一卷
（清）賈步緯撰
清光緒江南製造局鉛印本
三册
十行二十二字
黑口，左右雙邊
398.1/038

0205
火器真訣一卷對數尖錐變法釋一卷級數回求一卷天算或問一卷
（清）李善蘭撰
清同治六年（1867）刻本
一册
十行二十二字
黑口，左右雙邊
則古昔齋算學
34-1/455

0206

兼濟堂纂刻梅勿菴先生曆算全書

（清）梅文鼎撰

清光緒十年（1884）上海敦懷書屋石印本

十二册

十一行二十四字

白口，四周雙邊

存十七種三十六卷

子目：

揆日候星紀要一卷

歲周地度合考一卷

冬至考一卷

諸方節氣加時日軌高度表一卷

五星紀要一卷

火星本法一卷

七政細草補注一卷

曆學駢枝四卷

授時平立定三差詳説一卷

曆學答問一卷

古算衍略一卷

仰儀簡儀二銘補注一卷

筆算五卷

籌算七卷

度算釋例二卷

方程論六卷

少廣拾遺一卷

315/007

0207

梅氏叢書輯要

（清）梅文鼎撰　（清）梅瑴成輯

清同治十三年（1874）梅纘高頤園刻本

二十四册

十一行二十四字，小字雙行同

白口，四周雙邊

子目：

首一卷

筆算五卷

籌算二卷

度算釋例二卷

少廣拾遺一卷

方程論六卷

勾股舉隅一卷

幾何通解一卷

平三角舉要五卷

方圓冪積一卷

幾何補編四卷

弧三角舉要五卷

環中黍尺五卷

塹堵測量二卷

曆學駢枝五卷

曆學疑問三卷補二卷

交食四卷

日食蒙求一卷附説一卷

月食蒙求一卷

交食管見一卷

七政二卷

細草補注一卷

火星本法圖説

七政前均簡法

上三星軌迹成繞日圓象

五星管見

（以上合一卷）

揆日紀要一卷

恒星紀要一卷

歷學答問一卷

雜著一卷

附

赤水遺珍一卷　（清）梅瑴成撰

操縵卮言一卷　（清）梅瑴成撰

315/007-2

0208

簡易庵算稿四卷

（清）劉彝程撰

清光緒二十六年（1900）江南製造總局刻本

四册

十行二十五字

黑口，左右雙邊

395/005 部二

0209
簡易庵算稿四卷
（清）劉彝程撰
清光緒二十六年（1900）江南製造總局刻本
四册
十行二十五字
黑口，左右雙邊
395/005

0210
數學精詳十一卷首一卷末一卷
（清）屈曾發輯
清光緒十六年（1890）刻本
五册
十二行二十四字，小字雙行同
白口，左右雙邊
398.1/017

0211
數學精詳十一卷首一卷末一卷
（清）屈曾發輯
清光緒十六年（1890）刻本
五册
十二行二十四字，小字雙行同
白口，左右雙邊
398.1/017-2

0212
數學精詳十一卷首一卷末一卷
（清）屈曾發輯
清光緒十六年（1890）刻本
五册
十二行二十四字，小字雙行同
白口，左右雙邊
398.1/017-3

0213
數學精詳十一卷首一卷末一卷
（清）屈曾發輯
清刻本
三册
十二行二十四字，小字雙行同
白口，左右雙邊
存三卷（卷二至四）
398.1/017-4

0214
數學精詳十一卷首一卷末一卷
（清）屈曾發輯
清光緒十六年（1890）刻本
五册
十二行二十四字，小字雙行同
白口，左右雙邊
398.1/017-5

0215
數學精詳十一卷首一卷末一卷
（清）屈曾發輯
清刻本
四册
十二行二十四字，小字雙行同
白口，左右雙邊
缺一卷（卷一）
398.1/017-6

0216
算法大成上編十卷首一卷
（清）陳傑撰
清光緒二十四年（1898）浙江官書局刻本
十册
十二行二十四字
白口，左右雙邊
395/004

0217
學算筆談十二卷
（清）華蘅芳撰
清光緒二十二年（1896）上海文瑞樓石印行素軒算稿本
四册
二十行二十二字
白口，四周雙邊
392/009

0218
學算筆談十二卷
（清）華蘅芳撰
清光緒二十二年（1896）上海文瑞樓石印行素軒算稿本
四册
二十行二十二字
白口，四周雙邊
392/009-2

0219
學算筆談十二卷
（清）華蘅芳撰
清光緒二十二年（1896）上海文瑞樓石印行素軒算稿本
四册
二十行二十二字
白口，四周雙邊
392/009-3

0220
衍元筆算今式二卷
（清）汪香祖撰
清光緒二十三年（1897）江蘇書局刻學古堂算書叢刻本
二册
十一行二十五字，小字雙行同
下黑口，左右雙邊
398.1/019

0221
衍元筆算今式二卷
（清）汪香祖撰
清光緒二十三年（1897）江蘇書局刻學古堂算書叢刻本
二册
十一行二十五字，小字雙行同
下黑口，左右雙邊
398.1/015

0222
衍元筆算今式二卷
（清）汪香祖撰
清光緒二十三年（1897）江蘇書局刻學古堂算書叢刻本
二册
十一行二十五字，小字雙行同
下黑口，左右雙邊
398.1/015-2

0223
盈朒一得二卷
（清）崔朝慶撰
清光緒二十四年（1898）江蘇書局刻本
一册
十一行二十五字，小字雙行同
下黑口，左右雙邊
392-1/002

0224
御製數理精蘊上編五卷下編四十卷表八卷
（清）何國宗撰　（清）梅瑴成彙編
清刻本
二十九册
九行二十字
白口，四周雙邊
缺三卷（表卷一至三）
392/003

0225
御製數理精蘊上編五卷
（清）何國宗撰　（清）梅瑴成彙編
清光緒十九年（1893）江南製造局鉛印本
三册
九行二十字
白口，四周雙邊
缺一卷（卷五）
392/003-2

0226
則古昔齋算學
（清）李善蘭撰
清同治六年（1867）獨山莫友芝刻本
五册
十行二十二字，小字雙行同

黑口，左右雙邊
存九種二十卷
子目：
方圓闡幽一卷
弧矢啓秘二卷
對數探源二卷
垛積比類四卷
四元解二卷
橢圓新術一卷
橢圓拾遺三卷
橢圓正術解二卷
麟德術解三卷

34/455

0227
則古昔齋算學
（清）李善蘭撰
清同治六年（1867）獨山莫友芝刻本
六册
十行二十二字，小字雙行同
黑口，左右雙邊
子目：
方圓闡幽一卷
弧矢啓秘二卷
對數探源二卷
垛積比類四卷
四元解二卷
麟德術解三卷
橢圓正術解二卷
橢圓新術一卷
橢圓拾遺三卷
火器真訣一卷
對數尖錐變法釋一卷
級數回求一卷
天算或問一卷

34/455-2

0228
則古昔齋算學
（清）李善蘭撰
清光緒二十二年（1896）上海積山書局石印本
二册
十八行三十八字
白口，四周雙邊

34/455-3

0229
則古昔齋算學
（清）李善蘭撰
清光緒二十二年（1896）上海積山書局石印本
二册
十八行三十八字
白口，四周雙邊

34/455-4

術數類

數學之屬

0230
集注太玄經十卷
（漢）揚雄撰　（宋）司馬光集注
清光緒元年（1875）湖北崇文書局刻子書百家本
二册
十二行二十四字，小字雙行同
黑口，四周雙邊

313/007

占候之屬

0231
焦氏易林四卷
（漢）焦贛撰
清乾隆五十六年（1791）王氏刻增訂漢魏叢書本
三册

九行二十字
白口，左右雙邊
313/001

0232
靈棋經二卷
（漢）東方朔撰　（晉）顏幼明注　（南朝宋）何承天注　（元）陳師凱解　（明）劉基解
清光緒十九年（1893）思賢書局刻本
二册
九行二十字
黑口，左右雙邊
313/004

陰陽五行之屬

0233
欽定協紀辨方書三十六卷
（清）允禄等纂
清刻朱墨套印本
十八册
九行二十字
白口，四周雙邊
缺七卷（卷一至七）
313/005

藝術類

書畫之屬

書畫

0234
辛丑銷夏記五卷
（清）吴榮光撰
清光緒三十一年（1905）刻本
五册
九行二十一字，小字雙行同
下黑口，左右雙邊
30/330-334

書法

0235
屈原賦二十五篇
（周）屈原撰　（清）王仁堪等録
清光緒十六年（1890）退想齋石印本
二册
九行二十二字
白口，四周單邊
49.9/001

0236
蘭亭考十二卷附群公帖跋一卷
（宋）桑世昌輯
蘭亭續考二卷
（宋）俞松輯
清乾隆、道光間長塘鮑氏刻本
四册
九行十八字
黑口，左右雙邊
39.9/001

0237
草書韵會五卷
（金）張天錫輯
日本慶安四年（1651）秋田屋平左衛門刻本
二册
七行字數不等
白口，四周單邊
*310/003

0238
草聖彙辯不分卷
（清）白芬彙編　（清）張能鱗選考　（清）朱宗文摹辯
清順治九年（1652）嘉禾問業堂刻本

四册
行數不等字數不等，小字雙行不等
白口，四周單邊
*182/047

0239
草韵彙編二十六卷
（清）陶南望撰
清乾隆二十年（1755）南村草堂刻本
八册
四行字數不等，小字雙行不等
白口，四周單邊
*310/001

0240
淳化秘閣法帖考正十二卷
（清）王澍撰　（清）汪玉球参正
清光緒十五年（1889）常熟鮑氏刻後知不足齋叢書本
八册
十行十八字，小字雙行同
白口，左右雙邊
31011/005

繪畫

0241
習苦齋畫絮十卷
（清）戴熙記　（清）谷惠年編輯　（清）吴祥林　（清）邊保樞　（清）王軌校訂
清光緒十九年（1893）刻本
四册
十行二十二字，小字雙行同
黑口，左右雙邊
21/272-275

樂譜之屬

0242
琴操二卷首一卷補一卷
（漢）蔡邕撰
支遁集二卷
（晉）釋支遁撰
清光緒十年（1884）邵武徐氏刻本
一册
九行二十二字
白口，左右雙邊
3103/006

0243
五知齋琴譜八卷
（清）徐祺撰　（清）周魯封輯
清乾隆十一年（1746）懷德堂刻本
二册
十八行字數不等，小字雙行二十四字
白口，左右雙邊
存二卷（卷一、五）
3103/008

雜家類

0244
鄧子一卷
（周）鄧析撰
尸子二卷
（周）尸佼撰　（清）孫星衍校集
清光緒元年（1875）湖北崇文書局刻子書百家本
一册
十二行二十四字，小字雙行同
黑口，四周雙邊
34/009

0245
鄧子一卷
（周）鄧析撰
尸子二卷
（周）尸佼撰　（清）孫星衍校集
清光緒元年（1875）湖北崇文書局刻子書百家本
一册
十二行二十四字，小字雙行同

黑口，四周雙邊

34/009部二

0246

墨子閒詁十五卷目録一卷附録一卷後語二卷

（清）孫詒讓撰

清宣統二年（1910）瑞安孫氏刻本

八册

十二行二十字，小字雙行同

白口，左右雙邊

33/002-2

雜學之屬

0247

鬻子一卷補一卷

（周）鬻熊撰　（唐）逢行珪注

計倪子一卷

（周）計然撰

於陵子一卷

（周）田仲撰

子華子二卷

（周）程本撰

清光緒元年（1875）湖北崇文書局刻子書百家本

一册

十二行二十四字

黑口，四周雙邊

381-49/001

0248

鬻子一卷補一卷

（周）鬻熊撰　（唐）逢行珪注

計倪子一卷

（周）計然撰

於陵子一卷

（周）田仲撰

子華子二卷

（周）程本撰

清光緒元年（1875）湖北崇文書局刻子書百家本

一册

十二行二十四字

黑口，四周雙邊

381-49//001部二

0249

鬻子一卷補一卷

（周）鬻熊撰　（唐）逢行珪注

計倪子一卷

（周）計然撰

於陵子一卷

（周）田仲撰

子華子二卷

（周）程本撰

清光緒元年（1875）湖北崇文書局刻子書百家本

一册

十二行二十四字

黑口，四周雙邊

381-49//001部三

0250

尸子二卷存疑一卷

（周）尸佼撰　（清）汪繼培輯

清光緒三年（1877）浙江書局刻二十二子本

一册

九行二十一字，小字雙行同

白口，左右雙邊

34/008

0251

尸子二卷存疑一卷

（周）尸佼撰　（清）汪繼培輯

清光緒三年（1877）浙江書局刻二十二子本

一册

九行二十一字，小字雙行同

白口，左右雙邊

34/008-2

0252
呂氏春秋二十六卷
（秦）呂不韋撰 （漢）高誘注
清乾隆五十三年（1788）畢氏靈巖山館刻經訓堂叢書本
六册
九行二十一字，小字雙行同
白口，四周雙邊
*381/005

0253
呂氏春秋二十六卷
（秦）呂不韋撰 （漢）高誘注
清光緒元年（1875）浙江書局刻本
六册
九行二十一字，小字雙行同
白口，左右雙邊
381/005-2

0254
呂氏春秋二十六卷
（秦）呂不韋撰 （漢）高誘注
清光緒元年（1875）浙江書局刻本
一册
九行二十一字，小字雙行同
白口，左右雙邊
存三卷（卷一至三）
381/005-3

0255
呂氏春秋二十六卷
（秦）呂不韋撰 （漢）高誘注
清光緒元年（1875）湖北崇文書局刻子書百家本
四册
十二行二十四字
黑口，四周雙邊
38/005-3

0256
淮南子二十一卷
（漢）劉安撰 （漢）高誘注
清光緒二年（1876）浙江書局刻二十二子本
六册
九行二十一字，小字雙行同
白口，左右雙邊
381/015

0257
淮南子二十一卷
（漢）劉安撰 （漢）高誘注
清光緒二年（1876）浙江書局刻二十二子本
六册
九行二十一字，小字雙行同
白口，左右雙邊
381/015部二

0258
淮南子二十一卷
（漢）劉安撰 （漢）高誘注
清光緒二年（1876）浙江書局刻二十二子本
四册
九行二十一字，小字雙行同
白口，左右雙邊
缺七卷（卷一至七）
381/015-3

0259
淮南子二十一卷
（漢）劉安撰 （漢）高誘注
清光緒二年（1876）浙江書局刻二十二子本
一册
九行二十一字，小字雙行同
白口，左右雙邊
存三卷（卷十八至二十）
381/015-4

0260
劉子二卷
（北齊）劉晝撰

清光緒元年（1875）湖北崇文書局刻子書百家本
一册
十二行二十四字
黑口，四周雙邊
381/004

0261
叔苴子内篇六卷外篇二卷
（明）莊元臣撰
清光緒元年（1875）湖北崇文書局刻子書百家本
一册
十一行二十四字
黑口，四周雙邊
381/011

雜説之屬

0262
論衡三十卷
（漢）王充撰
清光緒元年（1875）湖北崇文書局刻子書百家本
六册
十二行二十四字
黑口，四周雙邊
381/007

0263
續富國策四卷
（清）陳熾撰
清光緒二十四年（1898）慎記書莊石印本
三册
十行二十三字
白口，左右雙邊
缺一卷（卷四）
284/014：1

0264
盛世危言五卷
（清）鄭觀應撰
清刻本
五册
九行二十四字
白口，四周雙邊
2810/010

0265
盛世危言八卷
（清）鄭觀應撰
清光緒二十六年（1900）待鶴齋鉛印本
八册
十行二十五字
白口，四周雙邊
2810/010：2

0266
盛世危言五卷續編四卷
（清）鄭觀應撰　（清）杞憂生撰
清光緒十八年（1892）宏道堂刻本
十册
十行二十字
白口，左右雙邊
2810/010：3

0267
新政真詮六編
何啓撰　胡禮垣編
清光緒二十七年（1901）上海格致新報館鉛印本
六册
十三行二十八字
白口，四周單邊
284/023

0268
新政真詮六編
何啓撰　胡禮垣編
清光緒二十七年（1901）上海格致新報館鉛印本

八册
十三行二十八字
白口，四周雙邊
2810/009

0269
自彊芻議一卷
（清）沈林一撰
清光緒二十七年（1901）刻本
二册
十一行二十三字，小字雙行同
黑口，四周單邊
284/007

0270
聱隅子歔欷瑣微論二卷
（宋）黄晞撰
孏真子五卷
（宋）馬永卿撰
廣成子解一卷
（宋）蘇軾撰
清光緒元年（1875）湖北崇文書局刻子書百家本
一册
十二行二十四字
黑口，四周雙邊
381/010

0271
聱隅子歔欷瑣微論二卷
（宋）黄晞撰
孏真子五卷
（宋）馬永卿撰
廣成子解一卷
（宋）蘇軾撰
清光緒元年（1875）湖北崇文書局刻子書百家本
一册
十二行二十四字
黑口，四周雙邊
381/010部二

0272
獨斷一卷
（漢）蔡邕撰
清光緒元年（1875）湖北崇文書局刻子書百家本
一册
十二行二十四字
黑口，四周雙邊
381/008

0273
風俗通義十卷
（漢）應劭撰
清光緒元年（1875）湖北崇文書局刻子書百家本
二册
十二行二十四字
黑口，四周雙邊
381/009

0274
淮南鴻烈解二十一卷
（漢）劉安撰 （明）茅坤評述
明刻朱墨套印本
八册
九行二十字
白口，四周單邊
*381/001

0275
澗泉日記三卷
（宋）韓淲撰
清同治十三年（1874）江西書局刻武英殿聚珍版書本
一册
九行二十一字，小字雙行同
白口，四周雙邊
382/020

0276
金樓子六卷
（南朝梁）元帝蕭繹撰

清光緒元年（1875）湖北崇文書局刻子書百家本
二册
十二行二十四字
黑口，四周雙邊
381–49//003

0277
匡林二卷
（清）毛先舒撰
清康熙刻本
一册
十一行二十二字，小字雙行同
白口，四周單邊
*381/003

0278
老學庵筆記十卷
（宋）陸游撰
明刻本
二册
九行二十字
白口，四周單邊
*451/002

0279
七修類稿五十一卷續稿七卷
（明）郎瑛撰
清乾隆四十年（1775）錢塘周氏耕煙草堂刻本
十六册
九行二十字
黑口，左右雙邊
*314/006

0280
容齋隨筆十六卷首一卷
（宋）洪邁撰
清光緒二十一年（1895）上海飛鴻閣石印本
六册
二十五行五十字
下黑口，四周雙邊
缺十一卷（卷六至十六）
482/005

0281
容齋隨筆十六卷續筆十六卷三筆十六卷四筆十六卷五筆十卷
（宋）洪邁撰
明崇禎三年（1630）馬元調刻本
十六册
九行十八字
黑口，左右雙邊
*383/002

0282
容齋隨筆十六卷續筆十六卷三筆十六卷四筆十六卷五筆十卷
（宋）洪邁撰
清光緒九年（1883）刻本
十四册
十行十八字
白口，左右雙邊
38/001

0283
危言四卷
（清）湯震撰
清光緒十六年（1890）上海刻本
二册
九行二十五字
白口，四周雙邊
2810/007–2

0284
小滄浪筆談四卷
（清）阮元撰
清光緒二十六年（1900）江蘇書局刻本
二册
十行二十字，小字雙行同
黑口，四周單邊
437/007：2

0285
小滄浪筆談四卷
（清）阮元撰
清光緒二十六年（1900）江蘇書局刻本
二册
十行二十字，小字雙行同
黑口，四周單邊
28/1

0286
白虎通德論四卷
（漢）班固纂
清光緒元年（1875）湖北崇文書局刻子書百家本
二册
十二行二十四字
黑口，四周雙邊
381/014

0287
白虎通疏證十二卷
（清）陳立撰
清光緒元年（1875）淮南書局刻本
四册
十二行二十四字，小字雙行同
白口，左右雙邊
381/016

雜著類

雜編之屬

0288
世説新語八卷補四卷
（南朝宋）劉義慶撰　（南朝梁）劉孝標注　（明）何良俊補
清光緒十一年（1885）觀樓書室刻本
六册
九行十九字
下黑口，左右雙邊
471/008

0289
世説新語六卷
（南朝宋）劉義慶撰　（南朝梁）劉孝標注
明萬曆三十七年（1609）周氏博古堂刻本
六册
十行二十字，小字雙行同
白口，左右雙邊
*451/001

0290
世説新語六卷
（南朝宋）劉義慶撰　（南朝梁）劉孝標注
清光緒元年（1875）湖北崇文書局刻書本
一册
十二行二十四字，小字雙行同
黑口，四周雙邊
存一卷（卷六）
*451/001-2

0291
世説新語六卷
（南朝宋）劉義慶撰　（南朝梁）劉孝標注
清光緒元年（1875）湖北崇文書局刻書本
一册
十二行二十四字，小字雙行同
黑口，四周雙邊
存一卷（卷六）
*451/001-3

0292
李卓吾批點世説新語補二十卷
（南朝宋）劉義慶撰　（南朝梁）劉孝標注　（明）王世貞删定　（明）何良俊增

日本安永八年（1779）刻本
五册
九行十八字，小字雙行同
白口，四周雙邊
*451/016

0293
茶香室續抄二十五卷
（清）俞樾撰
清光緒九年（1883）刻春在堂全書本
四册
十行二十一字
白口，左右雙邊
缺五卷（卷十六至二十）
382/018

0294
春明夢餘録七十卷
（清）孫承澤撰
清刻本
二十四册
九行二十二字
白口，四周雙邊
298/003

0295
履園叢話二十四卷
（清）錢泳輯
清道光三年（1823）虞山錢氏刻本
八册
九行二十二字
黑口，四周單邊
382/004

雜考之屬

0296
東塾讀書記二十五卷
（清）陳澧撰
清光緒刻本
五册
十一行二十四字，小字雙行同
黑口，左右雙邊
存二十一卷（卷一至二十一）
382/012

0297
東塾讀書記十二卷又三卷
（清）陳澧撰
清光緒刻本
六册
十二行二十四字，小字雙行同
黑口，四周單邊
382/012-2

0298
讀書雜志八十二卷餘編二卷
（清）王念孫撰
清嘉慶十七年至道光十二年（1812—1832）刻本
二十四册
十行二十一字，小字雙行同
白口，四周雙邊
子目：
逸周書雜志四卷
戰國策雜志三卷
史記雜志六卷
漢書雜志十六卷
管子雜志十二卷
晏子春秋雜志二卷
墨子雜志六卷
荀子雜志八卷補遺一卷
淮南内篇雜志二十二卷補遺一卷
餘編二卷
漢隸拾遺一卷
*383/003

0299
讀書雜志八十二卷餘編二卷
（清）王念孫撰
清嘉慶十七年至道光十二年（1812—1832）刻本

二十四册
十行二十一字，小字雙行同
白口，四周雙邊
*383/003-2

0300
讀書雜志八十二卷餘編二卷
（清）王念孫撰
清刻本
十册
十行二十一字，小字雙行同
白口，四周雙邊
存三十五卷（荀子卷一至八、補遺卷一、淮南内篇卷一至二十二、補遺卷一、漢隸拾遺卷一、餘編卷一至二）
383/003 部三

0301
讀書雜志八十二卷餘編二卷
（清）王念孫撰
清同治九年（1870）金陵書局刻本
二十四册
十行二十一字，小字雙行同
白口，四周雙邊
383/003-2

0302
陔餘叢考四十三卷
（清）趙翼撰
清乾隆五十五年（1790）趙翼湛貽堂刻甌北全集本
十六册
十一行二十一字，小字雙行三十一字
白口，左右雙邊
*383/001

0303
癸巳存稿十五卷
（清）俞正燮撰
清光緒十年（1884）刻本
八册
十二行二十四字
白口，四周雙邊
013/258

0304
癸巳類稿十五卷
（清）俞正燮撰
清道光十三年（1833）求日益齋刻本
五册
十二行二十四字
白口，四周雙邊
存九卷（卷一至二、五至十、十五）
398.1/014

0305
癸巳類稿十五卷
（清）俞正燮撰
清道光十三年（1833）刻本
六册
十二行二十四字
白口，四周雙邊
383/015

0306
癸巳存稿十五卷
（清）俞正燮撰
清道光十三年（1833）刻本
六册
十二行二十四字
白口，四周雙邊
383/015-2

0307
敬齋古今黈八卷
（元）李冶撰
清同治十三年（1874）江西書局刻武英殿聚珍版書本
二册
九行二十一字，小字雙行同
白口，四周雙邊
382/021

0308
九曜齋筆記三卷
（清）惠棟撰
清光緒貴池劉氏刻聚學軒叢書本
二册
十一行二十一字
黑口，左右雙邊
381–49/014

0309
考古質疑六卷
（宋）葉大慶撰
清同治十三年（1874）江西書局刻武英殿聚珍版書本
二册
九行二十一字，小字雙行同
白口，四周雙邊
383/009

0310
困學紀聞二十卷
（宋）王應麟撰　（清）閻若璩箋
清乾隆三年（1738）馬氏叢書樓刻本
十二册
十一行二十字
白口，左右雙邊
*383–1/002

0311
困學紀聞注二十卷
（宋）王應麟撰　（清）翁元圻輯
清道光五年（1825）餘姚守福堂刻本
八册
十一行二十字，小字雙行三十一字
白口，左右雙邊
存九卷（卷一至九）
383/021

0312
能改齋漫録十八卷
（宋）吴曾撰
清刻守山閣叢書本
四册
十一行二十三字
黑口，左右雙邊
383/013

0313
求闕齋讀書録十卷
（清）曾國藩撰
清光緒二年（1876）傳忠書局刻曾文正公全集本
四册
十行二十四字
黑口，左右雙邊
384/012

0314
群書拾補初編三十九卷
（清）盧文弨撰
清乾隆、嘉慶間餘姚盧氏刻抱經堂叢書本
十二册
十行二十一字，小字雙行同
白口，左右雙邊
缺兩種二卷（宋史藝文志補一卷　補遼金元藝文志一卷）
子目：
五經正義表一卷
周易注疏校正一卷
周易略例校正一卷
尚書注疏校正一卷
春秋左傳注疏校正一卷
禮記注疏校補一卷
儀禮注疏校正一卷
吕氏讀詩記補闕一卷
史記惠景間侯者年表校補一卷
續漢書志注補校正一卷
晋書校正一卷
魏書校補一卷
宋史孝宗紀補脱一卷
金史補脱一卷
資治通鑑序補逸一卷
文獻通考經籍校補一卷
史通校正一卷
新唐書糾繆校補一卷
山海經圖贊補逸一卷

水經序補逸一卷
鹽鐵論校補一卷
新序校補一卷
説苑校補一卷
申鑒校正一卷
列子張湛注校正一卷
韓非子校正一卷
晏子春秋校正一卷
風俗通義校正逸文一卷
新論校正一卷
潛虚校正一卷
春渚紀聞補闕一卷
嘯堂集古録校補一卷
鮑照集校補一卷
韋蘇州集校正拾遺一卷
元微之文集校補一卷
白氏文集校正一卷
林和靖集校正一卷

*387/007

0315
日知録集釋三十二卷
（清）顧炎武撰 （清）黄汝成集釋
清同治十一年（1872）湖北崇文書局刻本
十册
十一行二十二字，小字雙行同
黑口，四周雙邊
缺十一卷（卷二十二至三十二）

383/011

0316
日知録集釋三十二卷附刊誤二卷續刊誤二卷
（清）顧炎武撰 （清）黄汝成集釋
清同治十一年（1872）湖北崇文書局刻本
十六册
十一行二十二字，小字雙行同
黑口，左右雙邊

383/011-2

0317
十駕齋養新録二十卷餘録三卷
（清）錢大昕撰
清嘉慶九年（1804）刻本
八册
十行二十三字，小字雙行同
白口，四周單邊

*383/018

0318
十駕齋養新録二十卷餘録三卷
（清）錢大昕撰
錢辛楣先生（大昕）年譜一卷竹汀居士（大昕）年譜續編一卷
（清）錢慶曾校并述
清光緒二年（1876）浙江書局刻本
八册
十行二十三字，小字雙行同
白口，左右雙邊

383/018-2

0319
十駕齋養新録二十卷餘録三卷
（清）錢大昕撰
清光緒二年（1876）浙江書局刻本
八册
十行二十三字，小字雙行同
白口，左右雙邊

32/336-343

0320
松崖筆記三卷
（清）惠楝撰
清光緒貴池劉氏刻聚學軒叢書本
一册
十一行二十一字
黑口，左右雙邊

382/007

0321
通藝録
（清）程瑶田撰
清嘉慶八年（1803）刻本
二十册
十行二十一字，小字雙行同
白口，四周雙邊
子目：

論學小記三卷
論學外篇二卷
宗法小記一卷
儀禮喪服文足徵記十卷
釋宫小記一卷
考工創物小記八卷
磬折古義一卷
溝洫疆理小記一卷
禹貢三江考三卷
水池小記一卷
解字小記一卷
聲律小記一卷
九穀考四卷
釋草小記二卷
讀書求解一卷
數度小記一卷
九勢碎事一卷
釋蟲小記一卷
修辭餘抄一卷
附
讓堂亦政録一卷
嘉定贈别詩文一卷
樂器三事能言一卷補編一卷
*383/017

0322
甕牖閑評八卷
（宋）袁文撰
清同治十三年（1874）江西書局刻武英殿聚珍版書本
二册
九行二十一字
白口，四周雙邊
383/010

0323
無邪堂答問五卷
（清）朱一新撰
清光緒二十一年（1895）廣雅書局刻本
五册
十一行二十四字，小字雙行同
黑口，四周單邊
383/019

0324
無邪堂答問五卷
（清）朱一新撰
清光緒二十一年（1895）廣雅書局刻本
五册
十一行二十四字，小字雙行同
黑口，四周單邊
383/019部二

0325
校訂困學紀聞集證二十卷
（宋）王應麟撰 （清）閻若璩等輯注 （清）屠繼序校補 （清）萬希槐集證
清刻本
五册
十一行二十五字，小字雙行同
白口，左右雙邊
存十卷（卷七至十六）
398.1/024

0326
雲谷雜記四卷首一卷末一卷
（宋）張淏撰
清同治十三年（1874）江西書局刻武英殿聚珍版書本
二册
九行二十一字
白口，四周雙邊
382/017

0327
札樸十卷
（清）桂馥撰
清光緒九年（1883）長洲蔣氏心矩齋刻本
六册
十一行二十一字
黑口，左右雙邊
382/016

0328
札迻十二卷
（清）孫詒讓撰

清光緒二十一年（1895）刻本
一册
十二行二十三字，小字雙行同
黑口，左右雙邊
存三卷（卷一至三）
398.1/030

雜品之屬

0329
弦雪居重訂遵生八牋十九卷總目一卷
（明）高濂撰　（明）鍾惺校閲
清嘉慶八年（1803）金閶書業堂刻本
十六册
九行十八字
白口，四周單邊
384/003

雜纂之屬

0330
説鈴抄八卷
（清）吴震方輯
清乾隆十八年（1753）保元堂刻本
六册
九行二十字
黑口，左右雙邊
*451-1/001

0331
竹葉亭雜記四卷
（清）姚元之撰
清宣統二年（1910）上海掃葉山房石印本
一册
十四行三十一字，小字雙行同
白口，四周雙邊
存二卷（卷三至四）
398.1/026

0332
危言四卷
（清）湯震撰
清光緒二十四年（1898）文瀾堂刻本
四册
十二行二十八字
黑口，四周雙邊
2810/007

0333
北夢瑣言二十卷
（宋）孫光憲撰
明萬曆刻本
一册
九行二十字，小字雙行同
白口，四周單邊
缺九卷（卷一至九）
*451/002-1

0334
北夢瑣言二十卷
（宋）孫光憲撰
清乾隆二十一年（1756）雅雨堂刻本
二册
十行二十一字，小字雙行同
白口，四周單邊
*451/002-2

0335
北夢瑣言二十卷
（宋）孫光憲撰
清雅雨堂刻本
一册
十行二十一字，小字雙行同
白口，四周單邊
存五卷（卷十一至十五）
*451/002-3

0336
博物志十卷
（晋）張華撰
清光緒元年（1875）湖北崇文書局刻子書百家本

一册
十二行二十四字
黑口，四周雙邊
451/017

0337
博物志十卷
（晋）張華撰
清光緒元年（1875）湖北崇文書局刻子書百家本
一册
十二行二十四字
黑口，四周雙邊
451/017 部二

0338
博物志十卷
（晋）張華撰
西京雜記六卷
（晋）葛洪撰
清刻本
一册
九行二十字，小字雙行同
白口，四周雙邊
451/017 部三

0339
池北偶談二十六卷
（清）王士禛撰
清康熙三十九年（1700）臨汀郡署刻本
七册
十一行二十三字，小字雙行同
黑口，左右雙邊
缺四卷（卷二十三至二十六）
382/019

0340
池北偶談二十六卷
（清）王士禛撰
清康熙三十九年（1700）臨汀郡署刻本
八册
十一行二十三字，小字雙行同
黑口，左右雙邊
*382/002

0341
輟耕録三十卷
（明）陶宗儀撰
明刻本
十二册
十行二十一字
白口，左右雙邊
*382/003

0342
輟耕録三十卷
（明）陶宗儀撰
明廣文堂刻本
十册
十行二十一字，小字雙行同
白口，左右雙邊
*382/003 部二

0343
輟耕録三十卷
（明）陶宗儀撰
清光緒十一年（1885）上海福瀛書局刻本
八册
十行二十一字
白口，左右雙邊
382/011

0344
定香亭筆談四卷
（清）阮元撰
清光緒十年（1884）瀨江宋氏刻本
四册
九行二十一字，小字雙行同
黑口，左右雙邊
437/007

0345
古事比五十二卷
（清）方中德輯

清光緒三十年（1904）上海宏文閣石印本
六册
十七行三十六字，小字雙行同
白口，四周雙邊
384/002

0346
桂杏聯芳譜節録
（清）徐謙輯
清道光二十一年（1841）刻本
一册
八行二十一字，小字雙行同
白口，四周雙邊
384/006

0347
槐廳載筆二十卷
（清）法式善編
清刻本
六册
十二行二十四字，小字雙行同
黑口，四周單邊
283/032

0348
娩林漫録二卷
（明）瞿式耜輯
清光緒十六年（1890）江蘇書局刻本
二册
十三行二十四字，小字雙行同
白口，左右雙邊
31/046

0349
潛室劄記二卷
（清）刁包著
清道光二十三年（1843）刻本
二册
九行二十字，小字雙行同
白口，左右雙邊
31/11

0350
群書治要五十卷
（唐）魏徵等撰
清咸豐七年（1857）南海伍氏刻粤雅堂叢書本
二十册
九行二十一字，小字雙行同
黑口，左右雙邊
*384/005

0351
人鏡集五十四卷
（清）孟雲峰輯
清咸豐元年（1851）鶴山堂刻本
二十四册
九行二十一字，小字雙行同
白口，左右雙邊
314-1/007

0352
退庵隨筆二十二卷
（清）梁章鉅撰
清同治十一年（1872）梁恭辰補刻本
六册
九行二十二字
白口，左右雙邊
缺五卷（卷一至二、十八至二十）
382/023

0353
閑情偶寄十六卷
（清）李漁撰
清康熙十年（1671）刻本
八册
九行二十字
白口，四周單邊
*382/001

0354
香祖筆記十二卷
（清）王士禛撰
清康熙四十四年（1705）刻本

四册
十行十九字，小字雙行二十九字
白口，左右雙邊
*382/013

0355
消暑隨筆四卷
（清）潘世恩輯
清道光甘泉黄氏刻清頌堂叢書本
二册
九行十九字
黑口，四周單邊
382/005

0356
消暑隨筆子目二卷
（清）黄奭撰
清道光甘泉董氏刻清頌堂叢書本
二册
九行十九字，小字雙行同
黑口，四周單邊
382/005-2

0357
嘯亭雜録十卷續録三卷
（清）昭槤撰
清宣統元年（1909）中國圖書公司鉛印本
四册
十行二十五字，小字雙行同
白口，四周單邊
482/003

0358
巖下放言一卷玉澗雜書一卷避暑録話一卷石林燕語一卷
（宋）葉夢得撰
清刻本
一册
九行二十字
白口，左右雙邊
*382/004

0359
野記四卷
（明）祝允明纂
清同治十三年（1874）刻本
二册
十二行二十二字，小字雙行同
白口，左右雙邊
24-48/007

0360
因樹屋書影十卷
（清）周亮工撰
清雍正三年（1725）懷德堂刻本
六册
九行十八字，小字雙行同
白口，四周單邊
*381/002

0361
玉芝堂談薈三十六卷
（明）徐應秋輯
明崇禎刻清康熙、乾隆、光緒遞修本
三十四册
九行十九字，小字雙行同
白口，四周單邊
*384/004

0362
郁離子一卷
（明）劉基撰
空同子一卷
（明）李夢陽撰
海沂子五卷
（明）王文禄撰
清光緒元年（1875）湖北崇文書局刻子書百家本
一册
十二行二十四字
黑口，四周雙邊
381/012

0363
郁離子一卷
（明）劉基撰
空同子一卷
（明）李夢陽撰
海沂子五卷
（明）王文禄撰
清光緒元年（1875）湖北崇文書局刻子書百家本
一册
十二行二十四字
黑口，四周雙邊
381/012部二

0364
雲林別墅新輯酬世錦囊家禮集成二集七卷
（清）鄒景揚輯　（清）謝梅林　（清）鄒可庭定
清石印本
一册
十行十八字，小字雙行同
白口，四周單邊
存二卷（卷六至七）
488.1/033

小説家類

异聞之屬

0365
螢窗异草初編四卷二編四卷三編四卷四編四卷
（清）浩歌子撰　（清）隨園老人續評　（清）柳橋居士重訂
清光緒二年（1876）上海錦章書局石印本
八册
二十一行四十二字
白口，四周雙邊
471/06

0366
西京雜記二卷
（漢）劉歆撰
清刻本
一册
九行十八字
白口，左右雙邊
451/026

0367
神异經一卷海内十洲記一卷
（漢）東方朔撰
別國洞冥記四卷
（漢）郭憲撰
穆天子傳六卷
（晋）郭璞注
清光緒元年（1875）湖北崇文書局刻子書百家本
一册
十二行二十四字，小字雙行同
黑口，四周雙邊
451/034

0368
神异經一卷海内十洲記一卷
（漢）東方朔撰
別國洞冥記四卷
（漢）郭憲撰
穆天子傳六卷
（晋）郭璞注
清光緒元年（1875）湖北崇文書局刻子書百家本
一册
十二行二十四字，小字雙行同
黑口，四周雙邊
451/034部二

0369
拾遺記十卷
（前秦）王嘉撰　（南朝梁）蕭綺録
清光緒元年（1875）湖北崇文書局刻子書百家本
一册

十二行二十四字
黑口，四周雙邊
451/031

0370
穆天子傳六卷
（晋）郭璞注
清光緒十年（1884）朱氏槐廬家塾刻平津館叢書本
一册
十一行二十字，小字雙行同
白口，左右雙邊
451/029

0371
山海經箋疏十八卷圖贊一卷訂譌一卷
（晋）郭璞傳　（清）郝懿行箋疏
清光緒七年（1881）刻本
四册
十行二十四字，小字雙行同
白口，左右雙邊
211.4/001

0372
山海經箋疏十八卷
（晋）郭璞傳　（清）郝懿行箋疏
清光緒十八年（1892）五彩公司石印本
一册
十行二十四字，小字雙行同
白口，左右雙邊
存二卷（卷一至二）
211.4/001-2

0373
山海經十八卷圖贊一卷補注一卷
（晋）郭璞傳　（明）楊慎注
清光緒元年（1875）湖北崇文書局刻子書百家本
三册
十二行二十四字，小字雙行同
黑口，四周雙邊
451/019

0374
山海經十八卷圖贊一卷補注一卷
（晋）郭璞傳　（明）楊慎注
清光緒元年（1875）湖北崇文書局刻子書百家本
三册
十二行二十四字，小字雙行同
黑口，四周雙邊
451/019部二

0375
山海經十八卷
（晋）郭璞傳　（清）畢沅校正
清光緒三年（1877）浙江書局刻二十二子本
三册
九行二十一字，小字雙行同
白口，左右雙邊
451/019-2

0376
山海經圖贊一卷訂僞一卷
（晋）郭璞傳　（清）郝懿行箋疏
清光緒十八年（1892）石印本
一册
十行二十四字，小字雙行同
白口，左右雙邊
451/030

0377
搜神記二十卷
（晋）干寶撰
清光緒元年（1875）湖北崇文書局刻子書百家本
二册
十二行二十四字
黑口，四周雙邊
451/028

0378
搜神記二十卷
（晋）干寶撰

清宣統三年（1911）石印本
三册
八行二十一字
白口，四周雙邊
451/028-2

0379
搜神記二十卷
（晉）干寶撰
清光緒元年（1875）湖北崇文書局刻子書百家本
一册
十二行二十四字
黑口，四周雙邊
存十卷（卷十一至二十）
451/028-3

0380
述异記二卷
（南朝梁）任昉撰
清光緒元年（1875）湖北崇文書局刻子書百家本
一册
十二行二十四字
黑口，四周雙邊
451/032

0381
述异記二卷
（南朝梁）任昉撰
清光緒元年（1875）湖北崇文書局刻子書百家本
一册
十二行二十四字
黑口，四周雙邊
451/032部二

0382
述异記二卷
（南朝梁）任昉撰
清光緒元年（1875）湖北崇文書局刻子書百家本
一册
十二行二十四字
黑口，四周雙邊
451/032部三

0383
述异記二卷
（南朝梁）任昉撰
清光緒元年（1875）湖北崇文書局刻子書百家本
一册
十二行二十四字
黑口，四周雙邊
451/032部四

0384
述异記二卷
（南朝梁）任昉撰
清光緒元年（1875）湖北崇文書局刻子書百家本
一册
十二行二十四字
黑口，四周雙邊
451/032部五

0385
述异記二卷
（南朝梁）任昉撰
清光緒元年（1875）湖北崇文書局刻子書百家本
一册
十二行二十四字
黑口，四周雙邊
451/032部六

0386
述异記二卷
（南朝梁）任昉撰
清光緒元年（1875）湖北崇文書局刻子書百家本
一册
十二行二十四字

黑口，四周雙邊

451/032部七

0387

述异記二卷

（南朝梁）任昉撰

清光緒元年（1875）湖北崇文書局刻子書百家本

一册

十二行二十四字

黑口，四周雙邊

451/032部八

0388

酉陽雜俎續集十卷

（唐）段成式撰　（明）毛晋訂

清刻本

一册

十二行二十四字，小字雙行同

黑口，四周雙邊

存五卷（卷六至十）

398.1/032

0389

續博物志十卷

（宋）李石撰

清光緒元年（1875）湖北崇文書局刻子書百家本

一册

十二行二十四字

黑口，四周雙邊

451/017.2

雜事之屬

0390

陰陽鏡不分卷

（清）湯承萁編

清同治元年（1862）刻本

三十二册

九行二十字

白口，四周雙邊

451/011

0391

閲微草堂筆記二十四卷

（清）紀昀撰

清道光十五年（1835）廣州財政司刻本

十二册

十行二十一字

黑口，四周雙邊

482/002

0392

閲微草堂筆記二十四卷

（清）紀昀撰

清嘉慶二十一年（1816）北平盛氏刻本

十册

十行二十一字

黑口，四周雙邊

49/009

0393

唐摭言十五卷

（南漢）王定保撰

清乾隆二十一年（1756）雅雨堂刻本

六册

十行二十一字，小字雙行同

白口，四周單邊

*451/007

0394

唐語林八卷

（宋）王讜撰

校勘記一卷

（清）錢熙祚撰

清光緒十九年（1893）湖北官書處刻本

四册

十二行二十四字，小字雙行同

黑口，四周雙邊

451/004

0395
唐語林八卷
（宋）王讜撰
校勘記一卷
（清）錢熙祚撰
清光緒十九年（1893）湖北官書處刻本
四册
十二行二十四字，小字雙行同
黑口，四周雙邊
451/004 部二

0396
唐語林八卷
（宋）王讜撰
校勘記一卷
（清）錢熙祚撰
清光緒十九年（1893）湖北官書處刻本
二册
十二行二十四字，小字雙行同
黑口，四周雙邊
缺四卷（唐語林卷三至六）
451/004 部三

0397
兩般秋雨盦隨筆八卷
（清）梁紹壬纂
清刻本
六册
九行二十一字
黑口，左右雙邊
缺二卷（卷一、三）
451/024

0398
談异八卷
（清）伊園撰
清光緒十九年（1893）木活字印本
四册
十行二十二字，小字雙行同
黑口，四周雙邊
451/009

0399
談徵不分卷
（清）外方山人（伊秉綬）輯
清道光三十年（1850）刻本
九册
九行二十一字
白口，四周雙邊
451/022

0400
燕丹子三卷
（清）孫星衍校輯
玉泉子一卷
（唐）□□撰
金華子雜編二卷
（南唐）劉崇遠撰
清光緒元年（1875）湖北崇文書局刻子書百家本
一册
十二行二十四字
黑口，四周雙邊
451/023-2

0401
燕丹子三卷
（清）孫星衍校輯
玉泉子一卷
（唐）□□撰
金華子雜編二卷
（南唐）劉崇遠撰
清光緒元年（1875）湖北崇文書局刻子書百家本
一册
十二行二十四字
黑口，四周雙邊
451/023-2 部二

0402
右台仙館筆記十六卷
（清）曲園居士（俞樾）撰
清刻本
一册

十行二十一字
白口，左右雙邊
存三卷（卷十至十二）
398.1/027

0403
耳食録初編十二卷二編八卷
（清）樂鈞撰
清同治十年（1871）敦仁堂刻本
八册
八行十六字
白口，四周單邊
缺三卷（初編卷十至十二）
451/012

道家類

老子之屬

0404
老子道德經二卷
（周）李耳撰　（三國魏）王弼注
清同治十三年（1874）江西書局刻武英殿聚珍版書本
一册
九行二十一字，小字雙行同
白口，四周雙邊
32/007-2

0405
老子道德經二卷
（周）李耳撰　（三國魏）王弼注
音義一卷
（唐）陸德明撰
清光緒元年（1875）浙江書局刻二十二子本
一册
九行二十一字，小字雙行同
白口，左右雙邊
32/007-3

0406
老子道德經二卷
（周）李耳撰　（三國魏）王弼注
音義一卷
（唐）陸德明撰
清光緒元年（1875）浙江書局刻二十二子本
一册
九行二十一字，小字雙行同
白口，左右雙邊
32/007-4

0407
老子道德經二卷
（周）李耳撰　（三國魏）王弼注
清光緒元年（1875）湖北崇文書局刻子書百家本
一册
十二行二十四字，小字雙行同
黑口，四周雙邊
32/007-4

0408
道德真經注四卷
（元）吴澄述
清光緒元年（1875）湖北崇文書局刻子書百家本
一册
十二行二十四字，小字雙行同
黑口，四周雙邊
32/007-5

0409
道德經評注二卷
（漢）河上公章句　（明）歸有光批閲
清嘉慶九年（1804）聚文堂刻十子全書本
一册
十一行二十一字，小字雙行同
黑口，四周單邊
32/010

其他

0410
亢倉子一卷
（周）庚桑楚撰
玄真子一卷
（唐）張志和撰
天隱子一卷
（唐）司馬承禎撰
無能子三卷
（唐）□□撰
胎息經一卷
（□）幻真先生注
清光緒元年（1875）湖北崇文書局刻子書百家本
一册
十二行二十四字，小字雙行同
黑口，四周雙邊
32/020

0411
亢倉子一卷
（周）庚桑楚撰
玄真子一卷
（唐）張志和撰
天隱子一卷
（唐）司馬承禎撰
無能子三卷
（唐）□□撰
胎息經一卷
（□）幻真先生注
清光緒元年（1875）湖北崇文書局刻子書百家本
一册
十二行二十四字，小字雙行同
黑口，四周雙邊
32/020部二

0412
列子八卷
（周）列禦寇撰　（晋）張湛注
清光緒二年（1876）浙江書局刻二十二子本
二册
九行二十一字，小字雙行同
白口，左右雙邊
32/017

0413
列子二卷
（周）列禦寇撰
清光緒元年（1875）湖北崇文書局刻子書百家本
一册
十二行二十四字，小字雙行同
黑口，四周雙邊
32/017-2

0414
列子二卷
（周）列禦寇撰
清光緒元年（1875）湖北崇文書局刻子書百家本
一册
十二行二十四字，小字雙行同
黑口，四周雙邊
32/017-2部二

0415
文子纘義十二卷
（元）杜道堅撰
清光緒三年（1877）浙江書局刻二十二子本
二册
九行二十一字，小字雙行同
白口，左右雙邊
32/015

0416
文子纘義十二卷
（元）杜道堅撰
清光緒三年（1877）浙江書局刻二十二子本

一册
九行二十一字，小字雙行同
白口，左右雙邊
存六卷（卷一至六）
32/015-2

莊子之屬

0417
莊子集釋十卷
（周）莊周撰 （清）郭慶藩輯
清光緒二十年（1894）思賢講舍刻本
八册
十一行二十四字，小字雙行同
黑口，左右雙邊
32/001

0418
莊子集釋十卷
（周）莊周撰 （清）郭慶藩輯
清光緒二十年（1894）思賢講舍刻本
八册
十一行二十四字，小字雙行同
黑口，左右雙邊
32/002

0419
莊子集釋十卷
（周）莊周撰 （清）郭慶藩輯
清光緒二十年（1894）思賢講舍刻本
八册
十一行二十四字，小字雙行同
黑口，左右雙邊
32/002-2

0420
莊子南華真經十卷
（周）莊周撰 （晋）郭象注
清光緒十一年（1885）傳忠書局刻本
八册
八行十八字，小字雙行同
白口，左右雙邊
32/004-3

0421
莊子南華真經三卷
（周）莊周撰
莊子闕誤一卷
（明）楊慎撰
清光緒元年（1875）湖北崇文書局刻子書百家本
二册
十二行二十四字
黑口，四周雙邊
32/004-4

0422
莊子南華真經三卷
（周）莊周撰
莊子闕誤一卷
（明）楊慎撰
清光緒元年（1875）湖北崇文書局刻子書百家本
二册
十二行二十四字
黑口，四周雙邊
32/004-4 部二

0423
莊子南華真經三卷
（周）莊周撰
莊子闕誤一卷
（明）楊慎撰
清光緒元年（1875）湖北崇文書局刻子書百家本
二册
十二行二十四字
黑口，四周雙邊
32/004-4 部三

0424
莊子南華真經三卷
（周）莊周撰

莊子闕誤一卷
（明）楊慎撰
清光緒元年（1875）湖北崇文書局刻子書百家本
二册
十二行二十四字
黑口，四周雙邊
32/004-4部四

0425
莊子南華真經十卷
（周）莊周撰 （晋）郭象注
清光緒十一年（1885）傳忠書局刻本
一册
八行十八字，小字雙行同
白口，左右雙邊
存二卷（卷五、九）
32/004-5

0426
莊子十卷
（周）莊周撰 （晋）郭象注 （唐）陸德明音義
清光緒二年（1876）浙江書局刻二十二子本
四册
九行二十一字，小字雙行同
白口，左右雙邊
32-1/001

0427
南華真經評注十卷
（周）莊周撰 （晋）郭象輯注
明竺塢刻本
六册
九行十八字，小字雙行同
白口，四周單邊
*32-1/001

0428
莊子解三十三卷
（清）王夫之撰
清同治四年（1865）湘鄉曾氏刻船山遺書本
四册
十行二十二字，小字雙行同
黑口，左右雙邊
32/013

0429
莊子釋意不分卷
（清）高秋月集説 （清）曹同春論正
清康熙二十九年（1690）文粹堂刻本
六册
九行二十四字，小字雙行同
白口，左右雙邊
*32/001

墨家類

0430
墨子十六卷
（周）墨翟撰 （清）畢沅校注
清上海會文堂石印本
四册
十五行三十二字，小字雙行同
黑口，四周雙邊
33/001

0431
墨子十六卷
（周）墨翟撰 （清）畢沅校注
清光緒元年（1875）湖北崇文書局刻子書百家本
四册
十二行二十四字，小字雙行同
黑口，四周雙邊
33/001-2

0432
墨子十六卷
（周）墨翟撰 （清）畢沅校注

清光緒二年（1876）浙江書局刻二十二子本
四册
九行二十一字，小字雙行同
白口，左右雙邊
33/001-3

0433
墨子十六卷
（周）墨翟撰　（清）畢沅校注
清光緒二年（1876）浙江書局刻二十二子本
三册
九行二十一字，小字雙行同
白口，左右雙邊
缺四卷（卷十三至十六）
33/001-3部二

0434
墨子十六卷
（周）墨翟撰　（清）畢沅校注
清光緒刻本
一册
九行二十一字，小字雙行同
白口，左右雙邊
存五卷（卷四至八）
33/001-3部三

0435
墨子後語二卷
（清）孫詒讓撰
清刻本
一册
十二行二十字，小字雙行同
黑口，左右雙邊
33/002：2

0436
墨子閒詁十五卷目録一卷附録一卷後語二卷
（清）孫詒讓撰
清光緒三十三年（1907）刻本
八册
十二行二十字，小字雙行同
白口，左右雙邊
33/002-2部二

0437
墨子閒詁十五卷
（清）孫詒讓撰
清刻本
四册
十二行二十字，小字雙行同
白口，左右雙邊
存十卷（卷四至十三）
33/002-2部三

宗教類

0438
御製大雲輪請雨經一卷太上祈雨龍王真經三卷
（隋）釋那連提耶舍譯
清同治九年（1870）湖北崇文書局刻本
一册
十行二十二字，小字雙行同
白口，左右雙邊
312-1/028

道教之屬

0439
陰符經一卷
（漢）張良注
關尹子一卷
（周）尹喜撰
清光緒元年（1875）湖北崇文書局刻子書百家本

一册
十二行二十四字，小字雙行同
黑口，四周雙邊
32/018

史 傳

0440
有像列仙全傳九卷
（明）王世貞撰
日本寬政三年（1791）刻本
八册
十一行二十二字
白口，四周雙邊
*312.2/001

方 法

0441
至游子二卷
（□）□□撰
清光緒元年（1875）湖北崇文書局刻子書百家本
一册
十二行二十四字，小字雙行同
黑口，四周雙邊
32/021

勸 誡

0442
彙纂功過格十二卷末一卷
（□）□□編
清刻本
五册
七行二十一字，小字雙行同
白口，四周雙邊
缺五卷（卷一至五）
31/056

戒 律

0443
文昌帝君孝經四卷孝譜類編二十卷孝譜類編補五卷
（清）王德瑛撰
清道光元年（1821）河南田文莘齋刻本
四册
九行二十四字，小字雙行同
白口，四周雙邊
16/001

雜 著

0444
抱朴子内篇四卷
（晋）葛洪撰
清光緒元年（1875）湖北崇文書局刻子書百家本
二册
十二行二十四字，小字雙行同
黑口，四周雙邊
32/019

0445
抱朴子内篇四卷
（晋）葛洪撰
清光緒元年（1875）湖北崇文書局刻子書百家本
二册
十二行二十四字，小字雙行同
黑口，四周雙邊
32/019部二

0446
抱朴子内篇四卷外篇四卷
（晋）葛洪撰
清光緒元年（1875）湖北崇文書局刻子書百家本
四册
十二行二十四字，小字雙行同

黑口，四周雙邊

32/019部三

佛教之屬

大藏經

0447

妙法蓮華經七卷

（後秦）釋鳩摩羅什譯

清刻本

二册

九行十八字，小字雙行同

黑口，左右雙邊

存五卷（卷三至七）

398.1/035

0448

楞伽阿跋多羅寶經注解四卷

（南朝宋）釋求那跋陀羅譯　（明）釋宗泐　（明）釋如玘注

清光緒四年（1878）長沙刻經處刻本

一册

十行二十字，小字雙行同

白口，左右雙邊

存二卷（卷三至四）

398.1/012

0449

解迷顯智成悲十明論一卷

（唐）李通玄撰

清同治八年（1869）如皋刻經處刻本

一册

十行二十字

白口，左右雙邊

312-1/034

0450

妙法蓮華經玄義十卷

（隋）釋智顗撰

清宣統二年（1910）江北刻經處刻本

十册

十行二十字

黑口，左右雙邊

312-1/060

經藏

0451

佛説無量壽經二卷

（三國魏）康僧鎧譯

佛説觀無量壽佛經一卷

（南朝宋）釋畺良耶舍譯

佛説阿彌陀經一卷

（後秦）釋鳩摩羅什譯

大方廣佛華嚴經入不思議解脱境界普賢行願品一卷

（唐）釋般若譯

清同治十年至十三年（1871—1874）南京金陵刻經處刻本

一册

十行二十字

白口，左右雙邊

312-1/065

0452

佛説出家十一經

（後漢）釋安世高等譯

清宣統二年（1910）常州天寧寺刻本

一册

十行二十字

黑口，左右雙邊

子目：

佛説出家緣經一卷　（後漢）釋安世高譯

佛説阿含正行經一卷　（後漢）釋安世高譯

佛説十八泥犁一卷　（後漢）釋安世高譯

佛説法受塵經一卷　（後漢）釋安世高譯

佛説進學經一卷 （南朝宋）沮渠京聲譯
佛説得道梯隥錫杖經一卷 （晋）佚名譯
佛説貧窮老公經一卷 （南朝宋）釋慧簡譯
須摩提長者經一卷 （三國吴）釋支謙譯
長者懊惱三處經一卷犍陀國王經一卷 （後漢）釋安世高譯
犍陀國王經一卷 （後漢）釋安世高譯
阿難四事經一卷 （三國吴）釋支謙譯

398.1/039

0453
仁王護國般若波羅蜜多經二卷
（唐）釋不空譯
清同治九年（1870）南京金陵刻經處刻本
一册
十行二十字
白口，左右雙邊

312-1/037

0454
中心經十四經十四卷
（□）□□輯
清宣統二年（1910）刻本
一册
十行二十字
黑口，左右雙邊
子目：
佛説中心經一卷 （東晋）釋竺曇無蘭譯
佛説見正經一卷 （東晋）釋竺曇無蘭譯
佛説大魚事經一卷 （東晋）釋竺曇無蘭譯
佛説阿難七夢經一卷 （東晋）釋竺曇無蘭譯
佛説呵鵰阿那含經一卷 （東晋）釋竺曇無蘭譯
佛説燈指因緣經一卷 （後秦）釋鳩摩羅什譯
佛説婦人遇辜經一卷 （西秦）釋聖堅譯
佛説四天王經一卷 （宋）釋智嚴譯 （宋）釋寶雲譯
佛説摩訶迦葉度貧母經一卷 （宋）釋求那跋陀羅譯
佛説禪行三十七品經一卷 （後漢）釋安世高譯
比丘避女惡名欲自殺經一卷 （晋）釋法炬譯
佛説身觀經一卷 （晋）釋竺法護譯
佛説無常經一卷 （唐）釋義净譯
佛説八無暇有暇經一卷 （唐）釋義净譯

398.1/033

寶積部

0455
勝鬘師子吼一乘大方便方廣經一卷勝鬘夫人會一卷
（南朝宋）釋求那跋陀羅譯 （唐）釋菩提流志譯
清光緒二十二年（1896）南京金陵刻經處刻本
一册
十行二十字，小字雙行同
白口，左右雙邊

312-1/056

般若部

0456
金剛般若波羅蜜經一卷觀音大士自訂觀音經一卷佛説阿彌陀經一卷道德經解一卷
（後秦）釋鳩摩羅什譯
清刻本
一册
十行二十二字，小字雙行同

白口，四周雙邊

312-1/014-2

0457

小品般若波羅蜜經十卷

（後秦）釋鳩摩羅什譯

清刻本

二册

十行二十字，小字雙行同

白口，左右雙邊

398.1/001

華嚴部

0458

悲華經十卷

（北凉）釋曇無讖譯

清光緒四年（1878）南京金陵刻經處刻本

三册

十行二十字

黑口，左右雙邊

312-1/004

0459

華嚴經旨歸一卷修華嚴奥旨妄盡還源觀一卷華嚴經義海百門一卷

（唐）釋法藏撰

清同治至光緒南京金陵書局刻本

一册

十行二十字

白口，左右雙邊

312-1/066

律藏

0460

菩薩瓔珞本業經二卷

（後秦）釋竺佛念譯

佛説受十善戒經一卷

（□）□□譯

清光緒十四年（1888）江北刻經處刻本

一册

十行二十字

白口，左右雙邊

312-1/030

論藏

0461

寶藏論三卷

（後秦）釋僧肇撰

清同治九年（1870）杭省刻經處刻本

一册

十行二十字

白口，左右雙邊

312-1/045

釋經論部

0462

大智度論一百卷

（後秦）釋鳩摩羅什譯

清光緒九年（1883）姑蘇刻經處刻本

二十五册

十行二十字，小字雙行同

白口，左右雙邊

312-1/046

0463

成唯識論十卷

（唐）釋玄奘譯

清光緒二十二年（1896）南京金陵刻經處刻本

二册

十行二十字

黑口，左右雙邊

312-1/007

0464

成唯識論述記六十卷

（唐）釋窺基撰

清光緒二十七年（1901）南京金陵刻經處刻本

八册

十行二十字

黑口，左右雙邊
存二十四卷（卷三十七至六十）
312–1/007部二

宗經論部

0465
大乘中觀釋論十卷
（宋）釋惟净等譯
清光緒三十四年（1908）南京金陵刻經處刻本
二册
十行二十字
白口，左右雙邊
312–1/015

論著部

禪宗

0466
禪關策進一卷
（明）釋袾宏輯
清光緒二十四年（1898）南京金陵刻經處刻本
一册
十行二十字
白口，左右雙邊
312–1/016

疑僞

0467
大佛頂如來密因修證了義諸菩薩萬行首楞嚴經釋要十卷
（唐）釋般剌密帝譯
清刻本
四册
十行二十一字，小字雙行同
白口，左右雙邊
312–1/018

撰述

章疏部

經疏

0468
大般涅槃經玄義二卷
（隋）釋灌頂撰
清光緒八年（1882）南京金陵刻經處刻本
一册
十行二十字，小字雙行同
白口，左右雙邊
312–1/026

0469
大華嚴經略策一卷
（唐）釋澄觀撰
答順宗心要法門一卷
（唐）釋澄觀撰 （唐）釋宗密注
三聖圓融觀門一卷
（唐）釋澄觀撰
華嚴念佛三昧論一卷
（清）彭際清撰
原人論一卷
（唐）釋宗密撰
清光緒刻本
一册
十行二十字，小字雙行字
黑口，左右雙邊
398.1/034

0470
般若心經五家注五種五卷附紫柏老人心經説一卷
（清）金陵刻經處輯
清末南京金陵刻經處刻本
一册
十行二十字
白口，左右雙邊
子目：
般若波羅蜜多心經疏一卷 （唐）釋玄奘譯 （唐）釋靖邁撰疏

般若波羅蜜多心經略疏一卷　（唐）釋法藏述
般若波羅蜜多心經注解一卷　（唐）釋玄奘譯　（唐）釋宗泐撰
般若波羅蜜多心經直説一卷　（明）釋德清述
般若波羅蜜多心經釋要一卷　（明）釋智旭述
紫柏心經説一卷　（明）真可撰

312-1/051

0471
等不等觀雜録八卷
（清）楊文會撰
清刻本
三册
十行二十字
黑口，左右雙邊
缺二卷（卷一至二）

398.1/008

論　疏

0472
大乘起信論疏記會本六卷
（南朝梁）釋真諦譯　（唐）釋元曉疏
清光緒二十五年（1899）南京金陵刻經處刻本
二册
十行二十字
黑口，左右雙邊

312-1/035

0473
大乘起信論疏記會本六卷
（南朝梁）釋真諦譯　（唐）釋元曉疏
清光緒二十五年（1899）南京金陵刻經處刻本
一册
十行二十字
黑口，左右雙邊
存三卷（卷四至六）

312-1/035-2

0474
因明入正理論疏八卷
（唐）釋窺基撰
清光緒二十二年（1896）南京金陵刻經處刻本
一册
十行二十字
白口，左右雙邊
存四卷（卷五至八）

312-1/044

0475
唯識二十論述記四卷
（唐）釋窺基撰
清刻本
一册
十行二十字，小字雙行同
白口，左右雙邊

312-1/061

0476
相宗八要解八卷
（唐）釋玄奘譯　（明）釋明顯解
清光緒二十八年（1902）南京金陵刻經處刻本
三册
十行二十字
白口，左右雙邊
子目：
大乘百法明門論贅言一卷　（唐）釋玄奘譯　（唐）釋窺基解　（明）釋明昱贅言
唯識三十論約意一卷　（唐）釋玄奘譯　（明）釋明昱約意
觀所緣緣論會釋一卷　（唐）釋玄奘譯　（明）釋明昱釋
六離合釋法式通關一卷　（明）釋明昱通關
觀所緣緣論釋記一卷　（明）釋明昱書
因明入正理論直疏一卷　（唐）釋玄奘譯　（明）釋明昱疏

三支比量義抄一卷 （唐）釋玄奘立 （明）釋明昱抄
入識規矩補注證義一卷 （唐）釋玄奘頌 （明）釋明昱證義
312–1/042

0477
相宗八要解八卷
（唐）釋玄奘譯 （明）釋明顯解
清光緒二十八年（1902）南京金陵刻經處刻本
三册
十行二十字
白口，左右雙邊
312–1/042 部二

密教經軌疏

0478
大佛頂首楞嚴經正脉疏四十卷首一卷
（明）釋真鑑述
清光緒二十二年（1896）南京金陵刻經處刻本
十四册
十行二十字，小字雙行同
黑口，左右雙邊
312–1/013

論著部

禪宗

0479
高峰大師語録一卷
（元）釋原妙撰
清光緒十五年（1889）南京金陵刻經處刻本
一册
十行二十字
白口，左右雙邊
312–1/052

0480
省庵法師語録二卷
（清）釋實賢撰 （清）彭際清重訂
西方發願文注一卷
（明）釋袾宏作 （清）釋實賢注
東海若解一卷
（唐）柳宗元撰 （清）釋實賢解
清同治十二年（1873）刻本
一册
十行二十字，小字雙行同
下黑口，左右雙邊
缺一卷（省庵法師語録卷一）
183.1/017

0481
御製揀魔辨异録八卷
（清）世宗胤禛撰
清刻本
三册
十行二十字
白口，四周單邊
缺二卷（卷一至二）
398.1/009

净土宗

0482
無量壽經優婆提舍願生偈注二卷略論安樂净土義一卷贊阿彌陀佛偈一卷
（北魏）釋曇鸞撰
清光緒十九年（1893）南京金陵刻經處刻本
一册
十行二十字
白口，左右雙邊
312–1/033

天台宗

0483
四教義六卷
（隋）釋智顗撰
清刻本
二册
十行二十字
白口，左右雙邊
312–1/064

0484
天台四教儀集注十卷
（元）釋蒙潤集
清光緒三十四年（1908）揚州刻本
一册
十行二十字，小字雙行同
白口，左右雙邊
存二卷（卷九至十）
398.1/028

0485
釋禪波羅蜜次第法門十卷
（隋）釋智顗説 （唐）釋法慎記 （唐）釋灌頂再治
清光緒三十四年（1908）揚州藏經院刻本
一册
十行二十字，小字雙行同
黑口，左右雙邊
存三卷（卷八至十）
398.1/036

纂集部

0486
法苑珠林一百卷
（唐）釋道世撰
清道光七年（1827）刻本
三十二册
十行二十字，小字雙行同
黑口，左右雙邊
25/283-3

史傳部

0487
高僧傳初集十五卷
（南朝梁）釋慧皎撰
清光緒十年（1884）南京金陵刻經處刻本
四册
十行二十字
白口，左右雙邊
312.1/001

0488
高僧傳初集十五卷
（南朝梁）釋慧皎撰
清光緒十年（1884）南京金陵刻經處刻本
四册
十行二十字
白口，左右雙邊
312.1/001部二

0489
高僧傳二集四十卷
（唐）釋道宣撰
清光緒十六年（1890）江北刻經處刻本
十册
十行二十字，小字雙行同
黑口，左右雙邊
312-1/001-2

0490
高僧傳三集三十卷
（宋）釋贊寧等撰
清光緒十三年（1887）江北刻經處刻本
八册
十行二十字，小字雙行同
黑口，左右雙邊
312-1/001-3

0491
高僧傳四集六卷
（明）釋如惺撰
清光緒十八年（1892）江北刻經處刻本
二册
十行二十字，小字雙行同
黑口，左右雙邊
312-1/001-4

音義部

0492
翻譯名義集選一卷
（宋）釋法雲編
清同治十二年（1873）江北刻經處刻本

一册
十行二十字，小字雙行同
白口，左右雙邊
312-1/029

目録部

0493
法海觀瀾五卷
（明）釋智旭輯
清光緒二十三年（1897）揚州藏經禪院刻本
二册
十行二十字
白口，左右雙邊
312-1/040

雜撰部

0494
放生儀一卷戒殺放生文一卷
（明）釋袾宏撰并注
清光緒刻雲棲法彙本
一册
十行二十字
白口，左右雙邊
312-1/041

其他宗教

基督教

0495
聖會史記二卷四十八章
（美國）郭顯德譯
清刻本
三册
十行二十二字
白口，左右雙邊
缺十四章（卷一至十四）
398.1/025

伊斯蘭教

0496
天方典禮擇要解二十卷後編一卷
（清）劉智纂述 （清）俞楷訂
清同治元年（1862）刻本
六册
九行十八字
黑口，四周雙邊
312-3/002

集　　部

楚辭類

0001
楚辭燈四卷
（周）屈原撰　（清）林雲銘論述
清康熙三十六年（1697）刻本
一册
八行二十字，小字雙行同
白口，左右雙邊
存一卷（卷一）
42/003

0002
楚辭集注八卷
（周）屈原撰　（宋）朱熹集注
清乾隆聽雨齋刻朱墨套印本
四册
八行二十一字
白口，左右雙邊
*42/001–1

0003
楚辭集注八卷辯證二卷後語六卷
（周）屈原撰　（宋）朱熹集注
清光緒八年（1882）江蘇書局刻本
四册
九行十七字，小字雙行同
黑口，左右雙邊
42/002–2

0004
楚辭集注八卷辯證二卷後語六卷
（周）屈原撰　（宋）朱熹集注
清光緒八年（1882）江蘇書局刻本
四册
九行十七字，小字雙行同
黑口，左右雙邊
42/002–2 部二

0005
楚辭十七卷
（周）屈原撰　（漢）劉向輯　（漢）王逸章句　（宋）洪興祖補注
清同治十一年（1872）金陵書局刻本
四册
九行十五字，小字雙行二十字
白口，左右雙邊
42/008

别集類

0006
盾墨拾餘十四卷四魂集四卷外集四卷
易順鼎撰
清光緒二十二年（1896）慕皋廬刻本
四册
十行二十二字
白口，左右雙邊
54–49/025

0007
飲冰室壬寅文集十六卷癸卯文集四卷
梁啓超撰
清光緒三十年（1904）日本東京新智學社石印本
二十册
十七行三十六字
白口，四周雙邊
438/054

0008
韶濩堂集十五卷附刻一卷
（朝鮮）金澤榮撰
清宣統三年（1911）鉛印本
七册
十二行三十二字，小字雙行同
白口，四周雙邊
438/006

漢魏六朝别集

0009
蔡中郎集十卷外紀一卷外集四卷年表一卷
（漢）蔡邕撰 （清）高均儒輯
清光緒十六年（1890）番禺陶氏愛廬刻本
四册
九行十八字，小字雙行同
白口，左右雙邊
431/005

0010
武侯全書二十卷首一卷
（三國蜀）諸葛亮撰 （清）趙承恩編輯 （清）鍾體志校定
清光緒十年（1884）紅杏山房刻本
十册
八行十七字，小字雙行同
下黑口，四周雙邊
子目：
首一卷
本傳（一）（宋）張栻撰
本傳（二）（晉）陳壽撰
進諸葛亮集表 （晉）陳壽撰
詔書
啓文 （三國蜀）劉備等撰
文三卷 （三國蜀）諸葛亮撰 （清）鍾體志校定 （清）趙承恩編輯
心書一卷 （三國蜀）諸葛亮撰 （清）鍾體志校定 （清）趙承恩編訂
新書一卷 （三國蜀）諸葛亮撰 （清）鍾體志校定 （清）趙承恩編訂
兵制一卷 （清）鍾體志校定 （清）趙承恩編訂
陣圖
圖説
二十八宿分野
占驗一卷 （三國蜀）諸葛亮撰 （清）鍾體志校定 （清）趙承恩編訂
言行録一卷 （清）鍾體志校定 （清）趙承恩編訂
宏獎篇一卷 （清）鍾體志校定 （清）趙承恩編訂
世系一卷 （清）鍾體志校定 （清）趙承恩編訂
年譜一卷 （清）鍾體志校定 （清）趙承恩編訂
祭文一卷 （晉）李興等撰 （清）鍾體志校定 （清）趙承恩編訂
碑記一卷 （唐）裴度等撰 （清）鍾體志校定 （清）趙承恩編訂
軼事一卷 （清）鍾體志校定 （清）趙承恩編訂
遺迹一卷 （清）鍾體志校定 （清）趙承恩編訂
雜文一卷 （三國蜀）習隆等撰 （清）鍾體志校定 （清）趙承恩編訂
群儒評語一卷 （清）鍾體志校定 （清）趙承恩編訂
諸家文論一卷 （晉）袁宏等撰 （清）鍾體志校定 （清）趙承恩編訂
詩一卷 （晉）桓温等撰 （清）鍾體志校定 （清）趙承恩編訂
賦一卷 （宋）羅士琥等撰 （清）鍾體志校定 （清）趙承恩編訂
54-36/001

0011
陶彭澤集六卷
（晉）陶潜撰 （清）胡鳳丹校梓
清胡氏退補齋刻本
一册
十一行二十一字，小字雙行同
白口，四周雙邊
431/05

0012
陶淵明詩一卷
（晋）陶潛撰
清光緒元年（1875）刻本
一册
十行十六字，小字雙行同
白口，左右雙邊
431/001

0013
陶淵明集八卷首一卷末一卷
（晋）陶潛撰
清光緒六年（1880）刻三色套印本
四册
七行二十字，小字雙行同
白口，左右雙邊
431/001-2

0014
陶淵明集八卷首一卷末一卷
（晋）陶潛撰
清光緒六年（1880）刻三色套印本
四册
七行二十字，小字雙行同
白口，左右雙邊
431/001-2部二

0015
靖節先生集注十卷首一卷年譜考异二卷諸本評彙集一卷
（晋）陶潛撰　（清）陶澍注
清光緒九年（1883）江蘇書局刻本
四册
十行十九字
白口，四周雙邊
431/001-3

0016
陶淵明集八卷首一卷末一卷
（晋）陶潛撰
清光緒五年（1879）廣州翰墨園刻三色套印本
二册
九行二十一字，小字雙行同
白口，四周雙邊
431/001-4

0017
陶淵明文集十卷
（晋）陶潛撰
清光緒十三年（1887）石印本
二册
九行十五字
白口，左右雙邊
431/001-5

0018
陶淵明集十卷
（晋）陶潛撰
清光緒二年（1876）徐氏刻本
二册
七行十五字，小字雙行同
白口，四周單邊
431/001-6

0019
梁昭明太子文集五卷補遺一卷
（南朝梁）蕭統撰
文選考异一卷
（宋）尤袤撰
蕭茂挺集一卷
（唐）蕭穎士撰
清光緒二十三年（1897）武進盛氏刻常州先哲遺書本
一册
十四行二十五字
黑口，左右雙邊
431/004

0020
沈隱侯集二卷
（南朝梁）沈約撰
清光緒十八年（1892）善化章氏經濟堂刻本

四册
九行十八字
白口，左右雙邊
431/006

唐五代别集

0021
白香山詩長慶集二十卷後集十七卷别集一卷補遺二卷
（唐）白居易撰 （清）汪立明編訂
清康熙一隅草堂刻本
五册
十二行二十一字，小字雙行不等
白口，左右雙邊
缺二十一卷（長慶集卷一至十一、十六至二十，後集卷十至十四）
32：1/289-293

0022
昌黎先生集四十卷外集十卷遺文一卷集傳一卷
（唐）韓愈撰 （唐）李漢編 （清）陳景雲點勘
清同治八年（1869）江蘇書局刻本
十册
九行十七字，小字雙行同
白口，四周雙邊
432/009：2

0023
昌黎先生集四十卷
（唐）韓愈撰 （唐）李漢編 （清）陳景雲點勘
清同治八年（1869）江蘇書局刻本
六册
九行十七字，小字雙行同
白口，四周雙邊
存十七卷（卷一至四、九至二十一）
432/009：3

0024
昌黎先生詩集注十一卷本傳一卷年譜一卷
（唐）韓愈撰 （清）顧嗣立補注
清道光十六年（1836）膺德堂朱墨套印本
四册
十一行二十字，小字雙行三十字
白口，左右雙邊
432/009：4

0025
杜工部草堂詩箋二十二卷
（唐）杜甫撰 （宋）蔡夢弼會箋
詩話二卷年譜二卷
（宋）魯訔撰
清光緒元年（1875）巴陵方氏碧琳琅館刻本
四册
十二行二十六字，小字雙行同
黑口，左右雙邊
432/003：90

0026
杜工部集二十卷首一卷
（唐）杜甫撰
清道光十四年（1834）芸葉盦六色套印本
十二册
八行二十字，小字雙行同
黑口，左右雙邊
*432/003

0027
杜工部詩集二十卷杜詩補注一卷文集二卷集外詩一卷首一卷
（唐）杜甫撰 （清）朱鶴齡輯注
清金陵葉永茹刻本
十二册
九行十九字，小字雙行同
白口，左右雙邊
*432/003-5

0028
杜詩集評十五卷
（唐）杜甫撰　（清）劉濬輯
清嘉慶九年（1804）海寧劉氏藜照堂刻本
六册
十行二十字，小字雙行同
白口，左右雙邊
432/003：2

0029
杜詩鏡銓二十卷附録二卷
（唐）杜甫撰　（清）楊倫輯
清光緒十八年（1892）鉛印本
四册
十三行三十一字，小字雙行同
白口，四周雙邊
存十五卷（卷一至十五）
432/003：3

0030
杜詩詳注二十五卷首一卷附編二卷
（唐）杜甫撰　（清）仇兆鰲注
清康熙三十二年（1693）刻本
二十四册
十行二十二字，小字雙行同
下黑口，左右雙邊
432/003：6

0031
杜子美詩集二十卷
（唐）杜甫撰　（宋）劉辰翁評點
明刻本
三册
九行二十字，小字雙行同
白口，四周單邊
存十卷（卷一至六、十至十三）
432/003：9

0032
杜詩詳注二十五卷首一卷附録二卷
（唐）杜甫撰　（清）仇兆鰲注
清康熙三十二年（1693）刻本
十四册
十行二十二字，小字雙行同
白口，左右雙邊
*432/001-1

0033
駱丞集四卷
（唐）駱賓王撰
清同治鄒氏叢雅居刻本
二册
九行二十一字
白口，左右雙邊
432/11

0034
李太白全集十六卷
（唐）李白撰　（清）李調元　（清）鄧在珩編訂
清道光十八年（1838）刻本
六册
十行二十字，小字雙行同
白口，左右雙邊
432/16

0035
李太白文集三十卷附録六卷
（唐）李白撰　（清）王琦輯注
清乾隆二十四年（1759）刻本
十二册
十行二十字，小字雙行同
白口，左右雙邊
*432/005-2

0036
李義山詩集三卷
（唐）李商隱撰
清宣統元年（1909）刻本
二册
九行十九字
白口，四周單邊
432/011

0037
李元賓文集六卷
（唐）李觀撰
清嘉慶二十三年（1818）江都秦氏石研齋刻本
二册
十一行二十字
白口，左右雙邊
*432/001

0038
孟東野集十卷附一卷
（唐）孟郊撰
追昔游集三卷
（唐）李紳撰
清宣統二年（1910）上海著易堂石印本
四册
十二行二十六字，小字雙行同
白口，四周雙邊
432/018

0039
孟東野集十卷附一卷
（唐）孟郊撰
追昔游集三卷
（唐）李紳撰
清宣統二年（1910）上海著易堂石印本
四册
十二行二十六字，小字雙行同
白口，四周雙邊
432/10

0040
王子安集十六卷
（唐）王勃撰
清鄒氏叢雅居重刊星渚項氏刻本
三册
九行二十一字
白口，左右雙邊
432/002：2

0041
温飛卿詩集七卷别集一卷集外詩一卷
（唐）温庭筠撰 （明）曾益注 （清）顧予咸補注
清康熙三十六年（1697）長洲顧氏秀野草堂刻本
四册
十一行二十一字，小字雙行三十一字
白口，左右雙邊
432/017-3

0042
香山詩選六卷
（唐）白居易撰
清光緒十七年（1891）金陵書局刻本
一册
九行十九字
白口，左右雙邊
存二卷（卷一至二）
432/024

0043
御選妙覺普度和聖寒山大士詩一卷
（唐）釋寒山等撰
御選大慈圓通禪仙紫陽真人張平叔語録一卷
（宋）張伯瑞撰
御選圓覺慈度合聖拾得大士詩一卷
（唐）釋拾得撰
栯堂山居詩一卷
（元）釋栯堂撰
清光緒十一年（1885）南京金陵刻經處刻本
一册
十行二十一字
白口，左右雙邊
488.1/011

宋別集

0044
河東先生集十五卷
（宋）柳開撰
附行狀一卷
清乾隆六十年（1795）蘭溪文印堂刻本
二册
十行二十一字，小字雙行同
黑口，左右雙邊
入選第六批《國家珍貴古籍名録》，名録號12743。
*432/21

0045
茶山集八卷
（宋）曾幾撰
清同治十三年（1874）江西書局刻武英殿聚珍版書本
二册
九行二十一字，小字雙行同
白口，四周雙邊
433/023

0046
東坡集八十四卷
（宋）蘇軾撰
清道光十二年（1832）眉州三蘇祠刻本
二册
九行二十五字
黑口，左右雙邊
存八卷（卷七十三至八十）
433/015

0047
後山詩十二卷
（宋）陳師道撰　（宋）任淵注
清同治十三年（1874）江西書局刻武英殿聚珍版書本
四册
九行二十一字，小字雙行同
白口，四周雙邊
433/020

0048
晦庵先生朱文公文集一百卷續集五卷別集七卷目録二卷
（宋）朱熹撰　（清）蔡方炳　（清）臧眉錫訂定
清康熙二十七年（1688）臧眉錫、蔡方炳影元刻本
六十四册
十二行二十四字，小字雙行同
白口，四周單邊
*433/003

0049
絜齋集二十四卷
（宋）袁燮撰
清同治十三年（1874）江西書局刻武英殿聚珍版書本
八册
九行二十一字
白口，四周雙邊
433/017

0050
九峰先生集三卷首一卷
（宋）區仕衡撰
李駕部集前集四卷後集二卷青霞漫稿一卷
（明）李時行撰
清光緒詩雪軒刻本
三册
九行二十一字，小字雙行同
黑口，左右雙邊
粵十三家集
433/027

0051
林和靖集四卷
（宋）林逋撰
清同治十二年（1873）長洲朱氏刻本
一册
八行十七字
黑口，四周雙邊
存二卷（卷一至二）
433/025

0052
龍川文集三十卷附録二卷
（宋）陳亮撰
辨僞考异二卷
（清）胡鳳丹輯
清光緒元年（1875）湖北崇文書局刻本
十册
十行二十字
白口，四周雙邊
433/014

0053
龍川文集三十卷附録二卷
（宋）陳亮撰
辨僞考异二卷
（清）胡鳳丹輯
清光緒元年（1875）湖北崇文書局刻本
十册
十行二十字
白口，四周雙邊
433/014部二

0054
陸放翁全集
（宋）陸游撰
明虞山毛氏汲古閣刻本
三十八册
八行十八字
白口，左右雙邊
子目：
劍南詩稿八十五卷
渭南文集五十卷
南唐書十八卷
放翁遺稿二卷
老學庵筆記十卷
*433/002

0055
羅鄂州小集六卷
（宋）羅願撰
羅郢州遺文一卷
（宋）羅頌撰
清光緒十九年（1893）黟縣李氏刻本
二册
十一行二十一字
黑口，四周雙邊
433/011

0056
南陽集六卷
（宋）趙湘撰
清同治十三年（1874）江西書局刻本
二册
九行二十一字，小字雙行同
白口，四周雙邊
433/021

0057
歐陽文忠公全集
（宋）歐陽修撰
清乾隆十一年（1746）孝思堂刻本
二十四册
九行二十字，小字雙行同
白口，左右雙邊
子目：
居士集五十卷外集二十五卷
易童子問三卷
外制集三卷内制集八卷
表奏書啓四六集七卷
奏議十八卷
河東奉使奏草二卷
河北奉使奏草二卷
奏事録一卷
濮議四卷
崇文總目叙釋一卷
于役志一卷
歸田録二卷
詩話一卷
筆説一卷
試筆一卷
近體樂府三卷
集古録跋尾十卷
書簡十卷
附録五卷

附
廬陵歐陽文忠公年譜一卷 （宋）胡柯撰
*54-44/001

0058
歐陽文忠公全集一百五十三卷附録五卷
（宋）歐陽修撰
清刻本
二十四册
十行二十四字，小字雙行同
白口，左右雙邊
缺四十三卷（卷一至六、十四至五十）
54-44/001-2

0059
歐陽文忠公居士集一百五卷
（宋）歐陽修撰
清康熙十一年（1672）刻本
二十册
十行二十字，小字雙行同
白口，四周單邊
*54-44/001-3

0060
秋曉先生覆瓿集四卷末一卷附録一卷
（宋）趙必瑑撰
清道光二十年（1840）南海伍氏詩雪軒刻粵十三家集本
一册
九行二十一字，小字雙行同
黑口，左右雙邊
433-1/001

0061
山谷詩集注二十卷
（宋）黄庭堅撰
清光緒二十一年（1895）刻本
十六册
九行十六字，小字雙行同
黑口，左右雙邊
433/16

0062
山谷詩集注二十卷外集詩注十七卷别集詩注二卷
（宋）黄庭堅撰
清光緒二十一年（1895）刻本
二十册
九行十六字，小字雙行同
黑口，左右雙邊
433/016

0063
山谷詩内集注二十卷
（宋）黄庭堅撰 （宋）任淵注
清刻本
一册
十二行二十三字，小字雙行同
白口，左右雙邊
存三卷（卷十八至二十）
433/016-2

0064
水心先生别集十六卷
（宋）葉適撰
清同治九年（1870）瑞安孫氏刻本
四册
十三行二十二字，小字雙行同
黑口，左右雙邊
433/012：2

0065
水心先生文集二十九卷補遺一卷别集十六卷
（宋）葉適撰
清光緒八年（1882）瑞安孫氏刻本
十六册
十三行二十二字
黑口，左右雙邊
433/012

0066
水心先生文集二十九卷補遺一卷别集十六卷
（宋）葉適撰
清光緒八年（1882）瑞安孫氏刻本

十二册
十三行二十二字
黑口，左右雙邊
433/012部二

0067
水心先生文集二十九卷補遺一卷别集十六卷
（宋）葉適撰
清光緒八年（1882）瑞安孫氏刻本
十六册
十三行二十二字
黑口，左右雙邊
433/012部三

0068
司馬温公文集八十二卷目録一卷
（宋）司馬光撰
明崇禎元年（1628）吴時亮刻清康熙四十七年（1708）遞修本
二十四册
九行二十字，小字雙行同
白口，四周雙邊
*433/007

0069
司馬温公文集八十二卷目録一卷
（宋）司馬光撰
明崇禎元年（1628）吴時亮刻清康熙四十七年（1708）遞修本
二十四册
九行二十字，小字雙行同
白口，四周雙邊
*433/007-2

0070
蘇文忠公詩集五十卷目録二卷
（宋）蘇軾撰 （清）紀昀評點
清同治八年（1869）韞玉山房刻朱墨套印本
八册
十行二十一字，小字雙行同
白口，左右雙邊
433/008：2

0071
蘇文忠詩合注五十卷
（宋）蘇軾撰 （清）馮應榴輯訂
清刻本
一册
十一行二十六字，小字雙行三十四字
白口，左右雙邊
存二卷（卷四十二至四十三）
488.1/032

0072
陶山集十六卷
（宋）陸佃撰
清同治十三年（1874）江西書局刻本
四册
九行二十一字
白口，四周雙邊
433/018

0073
王臨川全集一百卷目録二卷
（宋）王安石撰
清光緒九年（1883）聽香館刻本
十八册
十一行二十二字
黑口，左右雙邊
433/005

0074
王臨川全集一百卷目録二卷
（宋）王安石撰
清光緒九年（1883）聽香館刻本
十四册
十一行二十二字
黑口，左右雙邊
433/005部二

0075
王臨川全集一百卷目録二卷
（宋）王安石撰
清光緒九年（1883）溧陽繆氏小岻山館刻本
二十册

十一行二十二字
黑口，左右雙邊
433/005-2

0076
渭南文集五十卷
（宋）陸游撰
明虞山毛氏汲古閣刻本
十一册
八行十八字，小字雙行同
白口，左右雙邊
缺十五卷（卷一至十五）
433/002

0077
文恭集四十卷
（宋）胡宿撰
清同治十三年（1874）江西書局刻本
八册
九行二十一字，小字雙行同
白口，四周雙邊
433/019

0078
徐騎省集三十卷
（宋）徐鉉撰
清光緒十七年（1891）金陵書局刻本
一册
十行二十一字，小字雙行同
白口，四周雙邊
存三卷（卷一至三）
488.1/026

0079
學易集八卷
（宋）劉跂撰
清同治十三年（1874）江西書局刻武英殿聚珍版書本
二册
九行二十五字，小字雙行同
白口，四周雙邊
433/024

0080
岳忠武王文集八卷首一卷末一卷
（宋）岳飛撰　（清）黄邦寧纂
清乾隆三十五年（1770）刻本
四册
十行二十字，小字雙行同
白口，左右雙邊
433/001

0081
重刻黃文節山谷先生文集三十卷
（宋）黄庭堅撰
明振鄴堂刻本
十二册
十行二十字，小字雙行同
白口，四周單邊
*433/001

0082
朱子集一百四卷
（宋）朱熹撰
清刻本
八册
十二行二十四字，小字雙行同
下黑口，四周雙邊
存二十六卷（卷七十九至一百四）
488.1/016

0083
蘇文忠公詩編注集成四十六卷總案四十五卷諸家雜綴酌存一卷蘇海識餘四卷韵山堂詩集七卷
（清）王文誥輯訂
清光緒十四年（1888）浙江書局刻本
二十四册
十一行三十字，小字雙行同
白口，左右雙邊
433/008

0084
蘇文忠公詩編注集成四十六卷總案四十五卷
（清）王文誥輯訂

清光緒十四年（1888）浙江書局刻本
十三册
十一行三十字，小字雙行同
白口，左右雙邊
缺三十四卷（卷十三至四十六）
433/008部二

0085
林和靖詩集四卷拾遺一卷
（宋）林逋撰
清宣統二年（1910）上海文瑞樓石印本
二册
十四行三十字
白口，四周雙邊
433/17

0086
蒙齋集二十卷
（宋）袁甫撰
清同治十三年（1874）江西書局刻武英殿聚珍版書本
六册
九行二十一字，小字雙行同
白口，四周雙邊
433/022

金别集

0087
拙軒集六卷
（金）王寂撰
清同治十三年（1874）江西書局刻本
一册
九行二十一字
白口，四周雙邊
434/001

元别集

0088
楚國文憲公雪樓程先生文集三十卷
（元）程鉅夫撰
清宣統二年至民國十四年（1910—1925）陽湖陶氏涉園刻本
十册
十三行二十二字
黑口，四周雙邊
435/005

0089
郝文忠公陵川文集三十九卷附録一卷
（元）郝經撰
清嘉慶三年（1798）刻本
十册
十行二十二字
白口，左右雙邊
*435/004

0090
金淵集六卷
（元）仇遠撰
清同治十三年（1874）江西書局刻武英殿聚珍版書本
二册
九行二十一字，小字雙行同
白口，四周雙邊
435/008

0091
魯齋遺書十四卷
（元）許衡撰
明萬曆二十四年（1596）刻本
四册
十行二十二字
白口，四周雙邊
*435-1/001

0092
水雲村吟稿十二卷首一卷末一卷
（元）劉壎撰
清道光十年（1830）愛餘堂刻本
三册
八行二十字，小字雙行同
白口，四周雙邊
*435/006

0093
松雪齋集十卷外集一卷
（元）趙孟頫撰
清清德堂刻本
四册
十行十九字
白口，左右雙邊
*435/001

0094
雁門集六卷附一卷補遺一卷唱和一卷別録一卷
（元）薩都剌撰
清宣統二年（1910）刻本
四册
十行二十二字
下黑口，四周雙邊
435/002

明別集

0095
湘中草六卷
（明）湯傳楹撰
清刻本
一册
十行二十一字，小字雙行同
白口，四周單邊
存四卷（卷三至六）
488.1/015

0096
陶菴集二十二卷首一卷末一卷
（明）黃淳耀撰
清光緒五年（1879）刻本
八册
九行二十一字
下黑口，左右雙邊
436/006

0097
陳嚴野先生集三卷
（明）陳邦彦撰
缺一卷（卷一）
張閣學文集二卷
（明）張煌言撰
黃忠端公集三卷
（明）黃端素撰
清道光二十八年（1848）潘氏袁江節署刊同治五年（1866）吴坤修皖江印本
二册
十二行二十五字
白口，左右雙邊
488.1/013

0098
東越證學録十六卷
（明）周汝登撰
清活字印本
六册
十一行二十五字
白口，四周雙邊
31/021

0099
蠛蠓集五卷
（明）盧柟撰
清光緒二十年（1894）刻本
五册
九行十八字
白口，四周雙邊
436/008

0100
區太史詩集二十七卷
（明）區大相撰
清道光二十年（1840）南海伍氏詩雪軒刻粵十三家集本
五册
九行二十一字，小字雙行同
黑口，左右雙邊
436/009

0101
瞿忠宣公集十卷
（明）瞿式耜撰
清光緒十三年（1887）常熟瞿廷韶刻本
四册
十二行二十二字
下黑口，左右雙邊
436/004

0102
孫忠靖公遺集八卷首一卷末一卷
（明）孫傳庭撰
清咸豐六年（1856）刻本
八册
九行二十字
白口，四周雙邊
436/007

0103
太師誠意伯劉文成公集二十卷首一卷
（明）劉基撰
清乾隆栝芝南田果育堂刻本
十二册
十行二十三字
白口，左右雙邊
436/003

0104
文清公薛先生文集二十四卷
（明）薛瑄撰　（明）張鼎編
清雍正十二年（1734）河津薛氏刻本
十二册
十行二十字
白口，四周雙邊
*436/002-1

0105
熊襄愍公集十卷首一卷末一卷
（明）熊廷弼撰
清同治三年（1864）熊氏祠堂刻本
十册
九行二十四字
白口，四周單邊
436/015

0106
疑雨集四卷
（明）王彦泓撰
清刻本
三册
九行十八字
白口，左右雙邊
缺一卷（卷一）
436/04

0107
張忠敏公遺集十卷附録六卷
（明）張國維撰
清光緒五年（1879）江蘇書局刻本
六册
十行二十二字
下黑口，左右雙邊
436/005

0108
震川先生集三十卷别集十卷附録一卷
（明）歸有光撰
清光緒六年（1880）常熟歸氏刻本
十六册
十行二十字
白口，左右雙邊
54-49/002

0109
止止堂集五卷
（明）戚繼光撰
清光緒十四年（1888）山東書局刻本
四册
十行二十一字，小字雙行同
白口，四周雙邊
436/012

0110
紫柏老人集二十九卷
（明）釋真可撰　（明）釋德清閱
清刻本
五册
十行二十字
黑口，左右雙邊
存十五卷（卷十五至二十九）
398.1/006

清别集

0111
曝書亭詩録箋注十二卷
（清）朱彝尊撰　（清）江浩然箋注
清乾隆三十年（1765）惇裕堂刻本
六册
十一行二十一字，小字雙行同
白口，四周單邊
*437/167

0112
曝書亭集八十卷附録一卷
（清）朱彝尊撰
笛漁小稿十卷
（清）朱昆田撰
清康熙刻本
二十册
十二行二十三字，小字雙行三十字
白口，左右雙邊
*437/021

0113
曝書亭集八十卷附録一卷
（清）朱彝尊撰
清康熙刻本
二十册
十二行二十三字
白口，左右雙邊
437/021

0114
曝書亭集八十卷
（清）朱彝尊撰
清刻本
二册
十二行二十三字
白口，左右雙邊
存十七卷（卷七至二十三）
437/021-2

0115
茮聲館文集八卷首一卷詩集二十卷補遺四卷續補一卷
（清）朱爲弼撰
清咸豐二年（1852）刻本
十二册
十行二十字
黑口，左右雙邊
437/025

0116
梅崖居士文集三十卷首一卷外集八卷
（清）朱仕琇撰
清乾隆四十七年（1782）松谷刻本
十二册
九行二十五字
黑口，左右雙邊
*437/008

0117
春渚草堂故紙偶存詩一卷文二卷春渚草堂居士［朱彭年］年譜一卷
（清）朱彭年撰

清光緒二十一年（1895）刻本
四册
九行二十一字，小字雙行同
白口，四周雙邊
437/060

0118
笛漁小稿十卷
（清）朱昆田撰
清刻本
一册
十二行二十三字
白口，左右雙邊
437/003

0119
金粟山房詩抄十卷
（清）朱寯瀛撰
清光緒二十七年（1901）刻本
一册
九行二十一字，小字雙行同
白口，左右雙邊
缺四卷（卷七至十）
437/163

0120
笥河詩集二十卷
（清）朱筠撰
清嘉慶八年（1803）朱氏椒華吟舫刻本
八册
十行二十一字
白口，左右雙邊
437/066

0121
清芬閣集十二卷
（清）朱采撰　（清）趙濱彦校刊
清光緒三十四年（1908）上海商務印書館鉛印本
八册
十行二十四字，小字雙行不等
下黑口，四周雙邊
54–49/022

0122
巢經巢文集六卷詩集九卷詩後集四卷遺詩一卷附録一卷
（清）鄭珍撰
屈盧詩稿四卷
（清）鄭知同撰
清光緒二十年（1894）刻本
八册
十行二十一字，小字雙行同
黑口，左右雙邊
437/044

0123
板橋詩抄一卷詞抄一卷
（清）鄭燮撰
清司徒文膏刻本
一册
八行字數不等
白口，左右雙邊
437/158

0124
廣雅堂詩集不分卷
（清）張之洞撰
清宣統二年（1910）四川官印刷局鉛印本
二册
十行二十三字
白口，四周雙邊
437/064

0125
濂亭文集八卷
（清）張裕釗撰　（清）查燕緒編
清光緒八年（1882）查氏木漸齋刻本
四册
十行二十一字
黑口，左右雙邊
437/030

0126
嘉樹山房集二十卷外集二卷續集二卷
（清）張士元撰
清嘉慶二十四年（1819）刻本
四册
十行二十一字
白口，左右雙邊
437/042

0127
空明子全集
（清）張榮撰
清雍正六年（1728）謙益堂刻本
八册
十一行二十一字
黑口，四周單邊
存七種十五卷附刻一種一卷
子目：
詩集八卷
文集二卷
贈言一卷
雜録一卷
家乘私志一卷
張延年小言集一卷
六齡童子贈言一卷
附刻亡兒允諧年譜傳誄輓章一卷
*437/006

0128
月齋文集八卷詩集四卷
（清）張穆撰
清咸豐八年（1858）刻本
六册
十行二十二字，小字雙行同
白口，左右雙邊
437/020

0129
重訂楊園先生全集
（清）張履祥撰　（清）姚璉原輯　（清）萬斛泉編次
清同治十年（1871）江蘇書局刻本
十六册
十行二十二字，小字雙行同
白口，四周雙邊
子目：
詩文二十四卷
問目一卷
願學記三卷
讀易筆記一卷
讀史
讀史記
讀諸文集偶記
讀許魯齋心法偶記
讀厚語偶記
（以上合一卷）
言行見聞録四卷
經正録一卷附學規
初學備忘二卷
近鑑一卷
備忘録四卷附備忘録遺一卷
近古録四卷
訓子語二卷
補農書二卷　（明）沈□撰　下卷（清）張履祥補
喪葬雜録一卷附葬親社約一卷（清）張履祥輯　（清）唐灝儒撰
訓門人語三卷
附
張楊園先生年譜一卷　（清）蘇惇元撰
54-48/004

0130
陶園文集八卷詩集二十四卷詩餘二卷
（清）張九鉞撰
清道光七年（1827）刻本
十四册
十行二十一字
白口，左右雙邊
437/036

0131
茗柯文四編五卷
（清）張惠言撰

清光緒七年（1881）刻本
二册
十行二十一字
白口，四周雙邊
437/040

0132
蒿菴集三卷拾遺一卷附録一卷
（清）張爾岐撰
清光緒十五年（1889）山東書局刻本
二册
十行二十一字
白口，四周雙邊
437/126

0133
思綺堂文集十卷
（清）章藻功撰
清康熙六十一年（1722）章藻功刻本
十册
十行二十二字，小字雙行同
白口，四周單邊
*437/144

0134
大雲山房文稿初集四卷二集四卷
（清）惲敬撰
清光緒十四年（1888）湖北官書處刻本
八册
十行二十二字
黑口，四周雙邊
437/016

0135
大雲山房文稿初集四卷二集四卷
（清）惲敬撰
清光緒十四年（1888）湖北官書處刻本
八册
十行二十二字
黑口，四周雙邊
437/016部二

0136
大雲山房文稿初集四卷二集四卷補編一卷言事二卷
（清）惲敬撰
清同治八年（1869）雷信述齋刻本
十册
十行二十二字
黑口，四周雙邊
437/016-2

0137
甌香館集十二卷補遺詩一卷補遺畫跋一卷
（清）惲格撰 （清）蔣光煦輯
清刻本
三册
十行二十一字，小字雙行同
黑口，左右雙邊
缺三卷（甌香館集卷一至三）
437/166

0138
邃懷堂駢文箋注十六卷補箋一卷文集四卷哀忠集三卷
（清）袁翼撰 （清）朱舲箋注
清光緒十三年（1887）刻本
二十七册
十行二十一字，小字雙行同
白口，左右雙邊
437/141

0139
隨園詩話十六卷
（清）袁枚撰
清嘉慶六年（1801）刻本
十册
九行二十一字
白口，左右雙邊
44/028-2

0140
安般簃詩續抄十卷春闈雜咏一卷
（清）袁昶撰

清光緒十六年（1890）刻本
三册
十行二十二字
上黑口，左右雙邊
437/169

0141
漸西村人初集十三卷安般簃集十卷于湖小集六卷附録一卷
（清）袁昶撰
清光緒二十年（1894）袁氏刻本
九册
十行二十二字
上黑口，左右雙邊
437/052

0142
于湖小集六卷
（清）袁昶撰
清光緒二十年（1894）袁氏水明樓刻本
二册
十行二十二字，小字雙行同
黑口，左右雙邊
437/155

0143
于湖小集六卷
（清）袁昶撰
清光緒二十年（1894）袁氏水明樓刻本
一册
十行二十二字，小字雙行同
黑口，左右雙邊
存三卷（詩卷一至三）
437/155部二

0144
勉益齋偶存稿八卷續存稿十六卷
（清）裕謙撰
清光緒二年（1876）武昌勉益齋刻本
二十四册
九行二十字
白口，四周雙邊
2810/002

0145
藏園詩抄一卷
（清）游智開撰
清光緒二十五年（1899）刻本
一册
九行二十一字，小字雙行同
下黑口，四周雙邊
437/057

0146
詒晋齋集八卷後集一卷隨筆一卷
（清）永瑆撰
清道光二十八年（1848）載鋭刻本
四册
十二行二十二字，小字雙行同
黑口，四周雙邊
437/082

0147
萃錦吟八卷
（清）奕訢撰
清光緒十一年（1885）刻本
五册
九行二十一字，小字雙行同
白口，左右雙邊
437/096

0148
萃錦吟八卷
（清）奕訢撰
清光緒十一年（1885）刻本
五册
九行二十一字，小字雙行同
白口，左右雙邊
437/096部二

0149
歸盦文稿八卷
（清）葉裕仁撰
清光緒八年（1882）刻本
四册
十行二十一字

黑口，左右雙邊

437/177

0150

邃雅堂集十卷文集續編一卷

（清）姚文田撰

清道光元年（1821）江陰學使署刻本

五册

八行二十一字

白口，左右雙邊

437/085

0151

蜨庵賦抄二卷

（清）楊棨撰　（清）包國璋注

清刻本

一册

九行二十四字，小字雙行同

白口，左右雙邊

存一卷（卷二）

488.1/031

0152

息柯雜著四卷息柯賸事六卷

（清）楊翰撰

清同治十二年（1873）羊城九曜山房刻本

四册

九行十九字

白口，四周雙邊

缺二卷（息柯賸事卷一至二）

3101/003

0153

息柯賸事六卷

（清）楊翰撰

清刻本

二册

九行十九字

白口，四周雙邊

存四卷（卷三至六）

3101/003 部二

0154

鐵橋漫稿八卷

（清）嚴可均撰

清光緒十一年（1885）長洲蔣氏刻心矩齋叢書本

四册

十一行二十一字

黑口，左右雙邊

437-1/054

0155

學詁齋文集二卷

（清）薛壽撰

清光緒十五年（1889）廣雅書局刻本

一册

十一行二十四字，小字雙行同

黑口，四周單邊

54-49/012

0156

未灰齋文集八卷

（清）徐鼒撰

清咸豐十一年（1861）福寧郡齋刻本

三册

十一行二十三字

白口，四周雙邊

437/122

0157

一規八棱硯齋詩抄六卷類抄一卷詞抄一卷文抄一卷時文抄一卷

（清）徐廷華撰

清光緒九年（1883）武昌廌齋刻本

四册

十行二十二字，小字雙行同

黑口，左右雙邊

437/111

0158

一規八棱硯齋詩抄六卷類抄一卷詞抄一卷文抄一卷時文抄一卷

（清）徐廷華撰

清光緒九年（1883）武昌廨齋刻本
三册
十行二十二字，小字雙行同
黑口，左右雙邊
缺三卷（詩抄卷一至三）
437/111-2

0159
雅歌堂文集二十二卷
（清）徐經撰
清同治刻本
八册
十行二十一字
白口，四周雙邊
437/115

0160
敬孚類稿十六卷
（清）蕭穆撰
清光緒三十二年（1906）刻本
四册
十二行二十四字
黑口，左右雙邊
437/054

0161
冬花庵燼餘稿三卷
（清）奚岡撰
清同治十一年（1872）錢唐丁氏當歸草堂刻西泠五布衣遺著本
一册
十一行二十二字
白口，四周雙邊
437/110

0162
授堂詩抄八卷文抄八卷文抄續集二卷讀畫山房文抄二卷
（清）武億撰
清道光二十三年（1843）小石山房刻本
五册
十一行二十三字，小字雙行同
白口，左右雙邊
437/165

0163
吴學士文集四卷詩集五卷
（清）吴鼒撰　（清）梁肇煌編訂　（清）薛時雨編訂
清光緒八年（1882）江寧藩署刻本
六册
十一行二十四字，小字雙行同
白口，左右雙邊
437/028

0164
吴學士詩集五卷
（清）吴鼒撰
清光緒八年（1882）江寧藩署刻本
一册
十一行二十四字，小字雙行同
白口，左右雙邊
存二卷（卷一至二）
437/028

0165
有正味齋駢體文箋二十四卷
（清）吴錫麒撰　（清）王廣業箋
清咸豐九年（1859）青箱塾刻本
六册
十二行二十五字，小字雙行三十字
黑口，四周雙邊
缺六卷（卷十九至二十四）
437-49/058

0166
有正味齋詩集十六卷續集八卷駢體文二十四卷續集八卷詞集八卷續集二卷外集五卷
（清）吴錫麒撰
清嘉慶十三年（1808）刻本
十六册
十二行二十四字，小字雙行三十五字
黑口，四周單邊
437/058

0167
吴文節公遺集八十卷
（清）吴文鎔撰　（清）吴養原編
清咸豐七年（1857）刻本
十六册
十行二十一字，小字雙行同
白口，左右雙邊
子目：
奏議三十六卷
公牘二十七卷
尺牘五卷
文二卷
詩四卷
賦二卷
試律詩四卷
54–49/009

0168
梅村詩集箋注十八卷
（清）吴偉業撰　（清）吴翌鳳箋注
清光緒十年（1884）湖北官書處刻本
十二册
十行二十一字，小字雙行同
白口，左右雙邊
437/175

0169
梅村詩集箋注十八卷
（清）吴偉業撰　（清）吴翌鳳箋注
清嘉慶十九年（1814）嚴榮滄浪吟榭刻本
三册
十行二十一字，小字雙行同
白口，左右雙邊
存六卷（卷一至二、八至十一）
437/175–2

0170
桐城吴先生文集四卷尺牘五卷
（清）吴汝綸撰
清光緒三十年（1904）刻本
四册
九行二十一字
白口，左右雙邊
缺四卷（文集卷一、尺牘卷一、四至五）
488.1/003

0171
柈湖文集十二卷首一卷
（清）吴敏樹撰
清光緒十九年（1893）思賢講舍刻本
四册
十三行二十二字
白口，左右雙邊
437/136

0172
倭文端公遺書十一卷首二卷
（清）倭仁撰
清光緒二十年（1894）山東書局刻本
八册
十行二十一字，小字雙行同
白口，四周雙邊
子目：
卷首帝王盛軌一卷
卷首輔弼嘉謨一卷
講義一卷
奏疏一卷
爲學大指一卷
日記三卷
日記之餘一卷
雜稿一卷
嘉善録一卷附補録
吏治輯要一卷
莎車行紀一卷
54–49/013

0173
柳洲遺稿二卷
（清）魏之琇撰
清同治十一年（1872）錢塘丁氏當歸草堂刻西泠五布衣遺著本
一册
十一行二十二字，小字雙行同

白口，四周雙邊

437/129

0174
古微堂内集三卷外集七卷
（清）魏源撰
清光緒四年（1878）淮南書局刻本
四册
十行二十一字
白口，左右雙邊

437/045

0175
古微堂内集三卷外集七卷
（清）魏源撰
清光緒四年（1878）淮南書局刻本
四册
十行二十一字
白口，左右雙邊

437/148

0176
魏叔子文集外篇二十二卷首一卷
（清）魏禧撰
清雍正二年（1724）易堂刻本
十二册
九行二十字
白口，左右雙邊

*437/061

0177
魏興士文集六卷
（清）魏世傑撰
清易堂刻寧都三魏全集本
一册
九行二十字
白口，左右雙邊

488.1/014

0178
宧拾録十八卷
（清）王子音撰
清嘉慶十一年（1806）武寧王氏京師文會堂穆春園刻本
八册
八行十九字
白口，四周雙邊

*437/013

0179
龍壁山房文集五卷
（清）王拯撰
清光緒九年（1883）善化向氏刻本
二册
十二行二十四字，小字雙行同
黑口，四周雙邊

437/023

0180
函雅堂集二十四卷
（清）王咏霓撰
清光緒刻本
四册
十行二十四字，小字雙行同
黑口，四周單邊

437/164

0181
王壯武公遺集二十四卷
（清）王鑫撰
王壯武公（鑫）年譜二卷
（清）羅正鈞纂
清光緒十八年（1892）江寧湘鄉王氏刻本
六册
十行二十二字，小字雙行同
白口，四周雙邊

54–49/037

0182
夢樓詩集二十四卷
（清）王文治撰
清乾隆六十年（1795）食舊堂刻本
四册

十一行二十二字
白口，四周單邊
*437/002-1

0183
韵篁樓吟稿二卷
（清）王文瑞撰
清刻本
一册
八行十九字，小字雙行同
白口，左右雙邊
存一卷（卷二）
488.1/028

0184
煙霞萬古樓文集六卷
（清）王曇撰
清道光二十年（1840）刻本
二册
九行十九字
白口，四周雙邊
437/137

0185
漁洋山人精華録箋注十二卷補注一卷年譜一卷
（清）王士禛撰 （清）金榮箋注 （清）徐淮輯
清金氏鳳翽堂刻本
八册
十一行二十字，小字雙行三十一字
白口，左右雙邊
437/005：3

0186
帶經堂集九十二卷
（清）王士禛撰 （清）程哲編
清康熙四十九年至五十年（1710—1711）程氏七略書堂刻本
二十册
十行十九字，小字雙行二十七字
白口，左右雙邊
*437/005-1

0187
蠶尾續集二卷
（清）王士禛撰
清康熙刻本
一册
十行十九字，小字雙行二十八字
白口，左右雙邊
*437/005：2-2

0188
淵雅堂全集六十一卷
（清）王芑孫撰
清嘉慶九年（1804）王氏家刻本
二十四册
十行二十一字，小字雙行同
白口，左右雙邊
子目：
編年詩稿二十卷
續稿一卷
詩外集二卷
惕甫未定稿二十六卷
文外集四卷
文續稿一卷
讀賦卮言一卷
瑶想詞一卷
寫韵軒小稿二卷
波餘遺稿一卷
附録二卷
437/074

0189
湘綺樓詩集十四卷文集八卷
王闓運撰
清光緒三十三年（1907）長沙刻本
八册
十行二十一字
黑口，左右雙邊
438/030

0190
百柱堂全集内集三十四卷外集十九卷
（清）王柏心撰

彤雲閣遺稿一卷
（清）王家仕撰
清光緒二十四年（1898）貴陽成山唐氏刻本
十六册
十二行二十一字，小字雙行同
白口，四周單邊
437/093

0191
述學内篇三卷補遺一卷外篇一卷别録一卷附録一卷
（清）汪中撰
校勘記一卷
（清）方濬頤撰
清同治八年（1869）揚州書局刻本
二册
十三行三十字
白口，左右雙邊
381/027

0192
堯峰文抄五十卷
（清）汪琬撰　（清）林佶編
清康熙三十二年（1693）林佶寫刻本
六册
十三行二十五字
黑口，左右雙邊
*437/005

0193
自然好學齋詩抄十卷
（清）汪端撰
清同治十三年（1874）刻本
三册
十一行二十二字，小字雙行同
黑口，四周單邊
437/086

0194
古歡堂集四十八卷
（清）田雯撰
清康熙、乾隆間德州田氏刻本
十二册
十一行二十一字
黑口，左右雙邊
*437/001

0195
陶文毅公全集六十四卷首一卷末一卷
（清）陶澍撰
清道光二十年（1840）淮北士民公刻本
二十册
十行二十一字
白口，四周雙邊
54–49/016

0196
湯文正公家書一卷
（清）湯斌撰
人譜類記一卷
（明）劉宗周撰
清嘉慶二十年（1815）文英堂刻本
一册
十二行二十二字
白口，左右雙邊
481/005

0197
樂志堂詩集十二卷
（清）譚瑩撰
清刻本
一册
十行二十一字
黑口，左右雙邊
存三卷（卷十至十二）
488.1/012

0198
復堂類集文四卷詩十一卷詞三卷日記八卷
（清）譚獻撰
清光緒仁和譚氏刻半廠叢書初編本
六册
十一行二十二字

黑口，左右雙邊

437/019

0199

遜學齋詩抄十卷詩續抄五卷

（清）孫衣言撰

清同治三年（1864）刻本

四册

十一行二十三字，小字雙行同

黑口，左右雙邊

437/124

0200

遜學齋文抄十二卷首一卷末一卷續抄五卷

（清）孫衣言撰

清同治十二年（1873）刻本

八册

十一行二十三字，小字雙行同

黑口，左右雙邊

437/147

0201

芳茂山人詩録九卷

（清）孫星衍撰

清光緒十一年（1885）朱氏槐廬家塾刻本

二册

十一行二十字，小字雙行同

白口，左右雙邊

437/117

0202

孫淵如先生全集

（清）孫星衍撰

清光緒十一年（1885）長沙王氏刻本

五册

十行二十字

黑口，左右雙邊

存十種十五卷

子目：

平津館文稿二卷　缺一卷（卷上）

五松園文稿一卷

嘉穀堂集一卷

芳茂山人詩録目一卷

澄清堂詩稿二卷續稿一卷

濟上停雲集一卷

租船咏史集一卷

冶城絜養集二卷

冶城遺集一卷補遺一卷

長離閣集一卷

488.1/007

0203

卓山詩集十六卷

（清）帥家相撰

清嘉慶二年（1797）奉新帥氏刻本

八册

九行十八字，小字雙行同

白口，四周雙邊

*437/009

0204

禮耕堂叢説一卷史論五答一卷頡居暇唱一卷

（清）施國祁撰

清光緒湖城義塾刻本

一册

十行二十字，小字雙行同

黑口，四周雙邊

437/065

0205

清馥齋詩草不分卷

（清）沈湝撰

清光緒十九年（1893）刻本

一册

十行二十字

黑口，左右雙邊

437/098

0206

沈歸愚詩文全集六十八卷

（清）沈德潛撰

清乾隆教忠堂刻本

十三册

十行十九字，小字雙行同
白口，左右雙邊
子目：
歸愚詩抄二十卷
詩抄餘集十卷
矢音集四卷
説詩晬語二卷
歸愚詩餘一卷年譜一卷
文抄二十卷文抄餘集八卷
歸田集一卷附歸田投贈一卷
*437/001-1

0207
半巖廬遺集二卷
（清）邵懿辰撰
清光緒三十四年（1908）刻本
二册
九行二十一字
白口，左右雙邊
437/089

0208
揅經室集一集十四卷二集八卷三集五卷四集二卷四集詩十一卷續集十一卷再續集六卷外集五卷
（清）阮元撰
清道光三年（1823）文選樓刻本
二十四册
十行二十字，小字雙行同
白口，四周雙邊
437/153

0209
鮚埼亭集三十八卷經史答問十卷外編五十卷
（清）全祖望撰　（清）史夢蛟校
清同治十一年（1872）姚江借樹山房刻本
二十四册
十行二十一字，小字雙行同
白口，左右雙邊
子目：
鮚埼亭集三十八卷首一卷
全謝山先生經史問答十卷
鮚埼亭集外編五十卷
437/39

0210
鮚埼亭集三十八卷首一卷外編五十卷經史問答十卷
（清）全祖望撰　（清）史夢蛟校
清嘉慶九年（1804）姚江借樹山房刻同治十一年（1872）印本
二十四册
十行二十一字，小字雙行同
白口，左右雙邊
*437/127

0211
涵村詩集十卷
（清）秦文超撰
清光緒六年（1880）刻本
四册
八行二十字
白口，左右雙邊
437/109

0212
述古堂文集十二卷
（清）錢兆鵬撰
清光緒七年（1881）刻本
四册
十三行二十二字
黑口，左右雙邊
437/027

0213
續良吏述一卷
（清）錢儀吉撰
清光緒三年（1877）羊城刻本
一册
九行二十一字，小字雙行同
白口，四周雙邊
2712-49/015

0214
甘泉鄉人稿二十四卷曝書雜記三卷
（清）錢泰吉撰
郃農偶吟稿一卷
（清）錢炳森撰
清同治十一年（1872）刻本
六册
十行二十一字，小字雙行同
黑口，左右雙邊
437/034

0215
初學集二十卷
（清）錢謙益撰
牧翁先生［錢謙益］年譜一卷
（清）葛萬里編
清宣統三年（1911）上海國學扶輪社石印本
十一册
十四行三十一字，小字雙行同
白口，四周雙邊
437/072

0216
錢南園先生遺集五卷
（清）錢灃撰
清同治十一年（1872）湖南書局刻本
二册
十行二十一字
白口，左右雙邊
437/018

0217
香樹齋詩續集三十六卷
（清）錢陳群撰
清刻本
九册
十行十九字
白口，左右雙邊
存二十一卷（卷十至二十八、三十一至三十二）
488.1/005

0218
存素堂文稿四卷補遺一卷詩稿十四卷續編奏疏四卷附壬癸志稿二十八卷頤壽老人［錢寶琛］年譜二卷
（清）錢寶琛撰
清同治九年（1870）太倉錢氏刻本
十三册
十行二十一字
白口，左右雙邊
437/071

0219
寶綸堂詩抄六卷文抄八卷
（清）齊召南撰
清光緒十三年（1887）金峨山館刻本
四册
十行二十一字
黑口，左右雙邊
437/112

0220
歸樸龕叢稿續編四卷
（清）彭蘊章撰
清刻本
一册
十行二十一字
白口，四周雙邊
437/118

0221
松風閣詩抄二十六卷
（清）彭蘊章撰
清同治七年（1868）刻本
四册
十行二十一字
白口，左右雙邊
437/087

0222
南畇文稿十二卷詩稿二十四卷詩續稿三卷年譜一卷
（清）彭定求撰

清光緒七年（1881）刻本
十二册
十二行二十三字
黑口，四周單邊
437/041

0223
蘆屋圖詩文一卷
（清）潘榮陛輯
清乾隆十二年（1747）刻本
二册
九行二十字，小字雙行同
白口，四周雙邊
*412–49/001

0224
養一齋集二十五卷首一卷試帖一卷
（清）潘德輿撰
清道光二十九年（1849）刻本
四册
十行二十二字
白口，四周雙邊
437/121

0225
秋根書室詩文集十四卷
（清）孟傳鑄撰
清宣統二年（1910）孟氏緑野堂鉛印本
六册
十行二十二字
白口，四周雙邊
437/035

0226
西征集一卷
（清）孟傳鑄撰
清宣統二年（1910）孟氏緑野堂鉛印本
一册
十行二十二字
白口，四周雙邊
437/100

0227
柏梘山房文集十六卷續集一卷詩集十卷續集二卷駢體文二卷
（清）梅曾亮撰
清咸豐六年（1856）刻本
八册
十行二十一字
白口，四周雙邊
437/091

0228
東苑文抄二卷詩抄一卷蕊雲集一卷晚唱一卷
（清）毛先舒撰
清康熙刻思古堂十四種書本
一册
十行二十字
白口，左右雙邊
437/138

0229
樫華館試帖彙抄輯注十卷
（清）路德撰
清道光二十七年（1847）聚錦旭刻本
五册
九行二十二字，小字雙行同
黑口，四周雙邊
41/02

0230
樫華館試帖彙抄輯注十卷
（清）路德撰
清書業德刻本
一册
九行二十二字，小字雙行同
黑口，四周雙邊
存一卷（卷九）
41/02–2

0231
切問齋集十二卷首一卷
（清）陸燿撰
清光緒十八年（1892）江蘇書局刻本
四册

十一行二十一字
黑口，左右雙邊

437/055

0232
鎮亭山房詩集十八卷文集十二卷
（清）陸廷黻撰
清光緒刻本
十二册
十行二十一字，小字雙行同
白口，左右雙邊

437/024

0233
陸桴亭先生遺書
（清）陸世儀撰
清光緒二十五年（1899）京師刻本
二十册
十行二十字，小字雙行同
白口，左右雙邊
子目：
首一卷
尊道先生年譜一卷 （清）凌錫祺編輯
桴亭先生行狀行實一卷 （清）陳瑚狀 （清）陸允正述
桴亭先生文集六卷補遺一卷詩集十卷
論學酬答四卷
志學録一卷
性善圖説一卷
虛齋格致傳補注一卷
四書講義輯存一卷
淮雲問答輯存一卷
八陣發明一卷
月道疏一卷附月行九道圖并解
分野説一卷
治鄉三約一卷
制科議一卷
甲申臆議一卷
蘇松浮糧考一卷
婁江條議一卷
桑梓五防一卷
常平權法一卷
家祭禮一卷
支更説一卷
避地三策一卷附改折始末論

54–48/001

0234
嶺上白雲集十二卷窳翁文抄四卷
（清）陸懋修撰
清光緒二十三年（1897）刻本
四册
十一行二十三字，小字雙行同
白口，四周雙邊

437/104

0235
三魚堂文集十二卷外集六卷附録一卷清獻公［陸隴其］年譜一卷本傳一卷
（清）陸隴其撰
清光緒十五年（1889）涇陽柏經正堂刻本
八册
九行二十字
下黑口，四周單邊

437/031

0236
隨俟書屋詩集十一卷
（清）劉錫五撰
清嘉慶二十三年（1818）介休劉氏刻本
一册
十二行二十四字，小字雙行同
黑口，四周單邊
存六卷（卷一至六）

437/159

0237
劉端臨先生遺書八卷
（清）劉台拱撰
清光緒五年（1879）刻本
四册
十行二十字

下黑口，左右雙邊
437/172

0238
尚絅堂試帖輯注一卷
（清）劉嗣綰撰　（清）張熙寧輯
清刻本
一册
九行二十二字，小字雙行同
黑口，四周雙邊
437/116

0239
養晦堂文集十卷詩集二卷
（清）劉蓉撰
清光緒三年（1877）思賢講舍刻本
六册
十行二十四字，小字雙行同
黑口，左右雙邊
437/094

0240
劉孟塗集四十四卷
（清）劉開撰
清道光六年（1826）姚氏檗山草堂刻本
八册
十二行二十四字
黑口，四周單邊
437/022

0241
劉孟塗集四十四卷
（清）劉開撰
清道光六年（1826）姚氏檗山草堂刻本
八册
十二行二十四字
黑口，四周單邊
437/022-2

0242
孟塗先生遺詩二卷
（清）劉開撰
清光緒十五年（1889）桐城劉氏刻本
一册
十二行二十四字
黑口，四周單邊
437/146

0243
海峰先生文十卷詩六卷
（清）劉大櫆撰
清同治十三年（1874）刻本
六册
十一行二十三字
黑口，左右雙邊
437/078

0244
雲左山房詩抄八卷附一卷
（清）林則徐撰
清光緒十二年（1886）福州林氏刻本
二册
十行二十四字，小字雙行同
白口，左右雙邊
437/119

0245
歸田瑣記八卷
（清）梁章鉅撰
清道光二十五年（1845）刻本
四册
九行二十二字，小字雙行同
白口，四周雙邊
437/47

0246
節庵先生遺詩六卷
（清）梁鼎芬撰
清光緒盧氏慎始基齋刻本
二册
十二行二十一字，小字雙行同
黑口，四周單邊雙邊兼有
437/088

0247
虛白室試帖詩抄三卷
（清）厲祥官撰
清光緒二十一年（1895）漢上仿題襟館刻本
一册
八行二十字
黑口，四周雙邊
437/149

0248
樊榭山房集十卷續集十卷文集八卷集外詩三卷集外詞四卷
（清）厲鶚撰
清光緒十年（1884）刻本
九册
十一行二十一字
黑口，左右雙邊
437/125

0249
天嶽山館文抄四十卷
（清）李元度撰
清光緒六年（1880）爽溪精舍刻本
十六册
十行二十五字
下黑口，左右雙邊
437/092

0250
少鶴内集十卷
（清）李憲喬撰
清刻本
三册
十行二十二字
白口，左右雙邊
缺二卷（卷一至二）
488.1/006

0251
容齋千首詩不分卷
（清）李天馥撰 （清）毛奇齡選
清光緒十二年（1886）鉛印本
六册
九行十九字，小字雙行同
白口，四周雙邊
437/067

0252
蓮龕集十六卷
（清）李來泰撰 （清）李盛泰輯
清刻本
一册
九行十八字，小字雙行同
白口，四周單邊
存二卷（卷三至四）
488.1/029

0253
白華絳柎閣詩集十卷
（清）李慈銘撰
清光緒十六年（1890）刻本
六册
十一行二十一字，小字雙行同
白口，左右雙邊
437/090

0254
白華絳柎閣詩集十卷
（清）李慈銘撰
清光緒十六年（1890）刻本
二册
十一行二十一字，小字雙行同
白口，左右雙邊
437/090部二

0255
越縵堂駢體文四卷附散體文一卷
（清）李慈銘撰 （清）曾之撰編
清光緒二十三年（1897）刻本
四册
十一行二十一字，小字雙行同
白口，左右雙邊
437/24

0256
天問閣文集不分卷
（清）李長祥撰
海棠居初集一卷
（清）姚淑撰
清刻本
六册
九行二十字
白口，四周單邊
437/080

0257
拙尊園叢稿六卷
（清）黎庶昌撰
清光緒十九年（1893）上海醉六堂石印本
二册
十行二十五字
黑口，左右雙邊
437/079

0258
豸華堂文抄十二卷
（清）金應麟撰
清光緒元年（1875）刻本
四册
十二行二十四字
黑口，四周單邊
437/033

0259
冬心先生集四卷
（清）金農撰
清宣統二年（1910）京師書業公司石印本
三册
十行十八字
白口，左右雙邊
437/151

0260
忠雅堂詩集二十七卷詞集二卷補遺二卷
（清）蔣士銓撰
清刻本
五册
十二行二十四字
黑口，左右雙邊
缺十二卷（卷一至十二）
488.1/019

0261
知白齋詩抄五卷
（清）江人鏡撰
清光緒二十三年（1897）刻本
二册
九行二十一字，小字雙行同
黑口，左右雙邊
437/004

0262
南雷文定前集十一卷後集四卷三集二卷四集四卷附録一卷
（清）黄宗羲撰　（清）馮祖憲校訂
清慈溪馮氏耕餘樓刻本
八册
十一行二十四字，小字雙行同
黑口，左右雙邊
437/026

0263
香屑集十八卷首一卷末一卷
（清）黄之雋集
清宣統二年（1910）掃葉山房石印本
四册
十二行二十八字
白口，四周雙邊
437/17

0264
倚晴樓集
（清）黄燮清撰
清咸豐、同治間海鹽黄氏拙宜園刻本
十册
十一行二十一字，小字雙行同
白口，左右雙邊
存八種三十二卷

子目：
倚晴樓詩集十二卷續集四卷詩餘四卷
倚晴樓七種曲
茂陵絃二卷
帝女花二卷
脊令原二卷
鴛鴦鏡一卷
凌波影一卷
桃溪雪二卷
居官鑑二卷
437/28

0265
後永州集八卷
（清）黄文琛撰
清同治九年（1870）刻本
四册
十行十九字，小字雙行同
白口，四周雙邊
437/037

0266
鑑止水齋集二十卷
（清）許宗彦撰
清咸豐八年（1858）刻本
六册
十行二十字
黑口，左右雙邊
437/084

0267
鑑止水齋集二十卷
（清）許宗彦撰
清咸豐六年（1856）刻本
六册
十行二十字
黑口，左右雙邊
437/043

0268
養雲山館試帖四卷
（清）許球撰 （清）王榮紱注釋
清刻本
四册
九行二十五字，小字雙行同
白口，四周單邊
437/142

0269
攀古小廬文一卷
（清）許瀚撰 （清）高伯平輯
悔過齋文一卷
（清）顧廣譽撰
清刻本
一册
十二行二十字，小字雙行同
黑口，左右雙邊
54–49/015

0270
紫藤花室駢體文抄四卷
（清）洪良品撰
清光緒十八年（1892）刻本
一册
九行二十四字
白口，四周雙邊
437/077

0271
一鐙精舍甲部稿五卷
（清）何秋濤撰
清光緒五年（1879）淮南書局刻本
一册
十一行二十一字，小字雙行同
白口，左右雙邊
383/008

0272
道古堂文集四十八卷詩集二十六卷
（清）杭世駿撰
清乾隆四十一年（1776）刻本
六册
十行二十一字
白口，左右雙邊
437/145

0273
道古堂文集四十八卷詩集二十六卷
（清）杭世駿撰
清乾隆五十五年至五十七年（1790—1792）杭賓仁校刻本
六册
十行二十一字
白口，左右雙邊
存三十四卷（卷十三至四十六）
437/145：2

0274
雙牖堂詩集二卷文集一卷外集一卷餘一卷
（清）韓廷秀撰
清道光二十五年（1845）刻本
二册
九行二十五字，小字雙行同
白口，左右雙邊
437/29

0275
理堂文集十卷外集一卷詩集四卷日記八卷
（清）韓夢周撰
清道光三年至四年（1823—1824）静恒書屋刻本
九册
十行二十二字
白口，四周雙邊
437/038

0276
雲卧山莊别集五卷
（清）郭崑燾撰
清光緒十年（1884）湘陰郭氏岵瞻堂刻本
二册
十行二十二字
黑口，四周雙邊
437/123

0277
因寄軒文初集十卷二集六卷補遺一卷
（清）管同撰　（清）鄧嘉緝校刊
小异遺文一卷
（清）管嗣復撰
清光緒九年（1883）刻本
四册
十二行二十四字
黑口，左右雙邊
437/132

0278
顧亭林先生詩箋注十七卷校補一卷
（清）顧炎武撰　（清）徐嘉輯注　（清）李詳校補
清光緒二十三年（1897）徐氏味静齋刻本
六册
十一行二十四字，小字雙行三十三字
白口，左右雙邊
437/073

0279
龔定盦文集三卷續集四卷補編四卷文集補五卷年譜一卷詞選一卷拾遺一卷
（清）龔自珍撰
清宣統二年（1910）上海國學扶輪社鉛印本
七册
十三行三十字，小字雙行同
黑口，四周雙邊
437/015

0280
龔定盦文集三卷續集四卷補編四卷文集補五卷年譜一卷詞選一卷拾遺一卷
（清）龔自珍撰
清宣統元年（1909）上海國學扶輪社鉛印本
七册
十三行三十字，小字雙行同
黑口，四周雙邊
437/015部二

0281
清吟堂集九卷附神功聖德詩一卷隨輦集十卷續集一卷城北集八卷苑西集十二卷歸田集十四卷
（清）高士奇撰
清康熙刻本
八册
十一行二十字，小字雙行二十一字
黑口，四周單邊
*437/003

0282
霜紅龕集四十卷附録三卷年譜一卷
（清）傅山撰　丁寶銓輯
清宣統三年（1911）山陽丁氏刻本
十二册
十行二十一字
黑口，左右雙邊
54–49/032

0283
望溪先生文集十八卷集外文十卷集外文補遺二卷
（清）方苞撰　（清）戴鈞衡編
清集成圖書公司鉛印本
八册
十六行三十七字
白口，四周雙邊
08.09.10/15–22

0284
望溪集不分卷
（清）方苞撰
清刻本
七册
十行十九字
下黑口，左右雙邊
437/083

0285
求真是齋詩草二卷
（清）恩華撰
清咸豐十一年（1861）刻本
二册
十行二十字，小字雙行同
黑口，左右雙邊
437/051

0286
太鶴山人集十三卷
（清）端木國瑚撰
清道光二十年（1840）刻本
六册
九行二十二字
白口，左右雙邊
437/103

0287
荻芬書屋試帖二卷
（清）董醇撰
清咸豐八年（1858）刻本
一册
九行二十五字，小字雙行同
白口，四周雙邊
488.1/018

0288
用六集十二卷
（清）刁包撰
清道光二十三年（1843）順積樓刻本
六册
九行二十字
白口，左右雙邊
54–49/024

0289
碧香閣遺稿一卷
（清）單茝樓撰　（清）王瑋慶訂
清嘉慶十五年（1810）刻本
一册
八行二十一字，小字雙行同
白口，四周雙邊
437/135

0290
東原文集十卷
（清）戴震撰
清乾隆四十三年（1778）曲阜孔氏微波榭刻戴氏遺書本
三册
十行二十一字，小字雙行同
白口，四周雙邊
437/157

0291
戴東原集十二卷首一卷
（清）戴震撰
清光緒十年（1884）刻本
六册
十行二十一字，小字雙行同
白口，左右雙邊
437/157：2

0292
念堂詩草一卷
（清）崔旭撰
夢游仙館集一卷
（清）吴長卿撰
東郡趨廳集一卷
（清）邊浴禮撰
子壽詩抄一卷
（清）王柏心撰
利于不息齋集一卷
（清）孔昭焜撰
樹君詩抄一卷
（清）梅成棟撰
清刻本
二册
九行十九字
下黑口，四周雙邊
488.1/008

0293
存研樓文集十六卷
（清）儲大文撰　（清）張耀先編校
清刻本
八册
九行二十字
白口，左右雙邊
缺一卷（卷十六）
*437/002

0294
有恒心齋駢體文六卷
（清）程鴻詔撰
清同治十二年（1873）休寧吴文楷刻本
二册
十行二十四字
黑口，左右雙邊
437/029

0295
陳檢討集二十卷
（清）陳維崧撰　（清）程師恭注
清有美堂刻本
六册
十行二十二字，小字雙行同
黑口，左右雙邊
437/010

0296
湖海樓集拾遺一卷
（清）陳維崧撰　冒廣生編次
清宣統元年（1909）刻本
一册
十一行二十三字
白口，四周單邊
437/107

0297
冬暄草堂遺詩二卷
（清）陳豪撰
清宣統二年（1910）刻本
一册
九行二十字，小字雙行同
白口，四周單邊
存一卷（卷二）
437/105

0298
查浦詩抄十二卷
（清）查嗣瑮撰
清康熙六十一年（1722）刻本
六册
十一行二十一字，小字雙行同
白口，左右雙邊
*437/004

0299
曾文正公詩集三卷
（清）曾國藩撰
清光緒二年（1876）傳忠書局刻曾文正公全集本
一册
十行二十四字，小字雙行同
黑口，左右雙邊
437/101

0300
煉雪山房詩集八卷
（清）曹孔灼撰
清光緒八年（1882）刻本
五册
九行二十一字
白口，左右雙邊
437/099

0301
偶齋詩草外次集十卷
（清）寶廷撰
清刻本
三册
九行二十一字
下黑口，左右雙邊
437/139

0302
澧西草堂文集八卷
（清）柏景偉撰
清光緒二十六年（1900）鉛印本
八册
九行二十二字
白口，四周雙邊
437/128

0303
靈峰存稿不分卷
夏震武撰
清宣統二年（1910）京師印書局鉛印本
一册
十三行三十一字
下黑口，四周雙邊
437/069

0304
樊山集二十四卷續集二十八卷批判十四卷公牘三卷二家咏古詩一卷二家詩帖一卷詞抄五卷
樊增祥撰
清光緒十九年至二十八年（1893—1902）西安臬署刻本
二十四册
十二行二十三字，小字雙行同
黑口，左右雙邊
437/032：2

0305
亭林文集六卷餘集一卷
（清）顧炎武撰
清光緒三十二年（1906）俞鍾穎山隱居刻本
三册
九行二十字
黑口，左右雙邊
缺二卷（卷二至三）
437/170

0306
散原精舍詩二卷
陳三立撰
清宣統元年（1909）鉛印本
二册
十行二十二字
白口，四周雙邊
438/028

0307
蘭言詩抄四卷
（清）李瑞撰
清光緒刻本
一册
九行二十二字，小字雙行同
白口，四周雙邊
存二卷（卷三至四）
488.1/020

0308
惜裒先生尺牘八卷
（清）姚鼐撰
清宣統元年（1909）小萬柳堂刻本
四册
九行十八字
白口，左右雙邊
481/001

0309
惜裒先生尺牘八卷
（清）姚鼐撰
清宣統元年（1909）小萬柳堂刻本
四册
九行十八字
白口，左右雙邊
481/001 部二

0310
鄭齋漢學文編六卷
孫雄撰
清光緒三十四年（1908）鉛印師鄭叢書本
一册
十行三十字，小字雙行不等
白口，四周雙邊
存三卷（卷一至三）
488.1/024

總集類

通代之屬

0311
六臣注文選六十卷
（南朝梁）蕭統輯　（唐）李善等注
明嘉靖重刻元茶陵東山陳氏古迂書院刻本
六十册
十行十八字，小字雙行二十三字
白口，四周單邊
*411-1/001

0312
孫批胡刻文選五卷首一卷
（南朝梁）蕭統撰　（清）胡克家校刊
清光緒二十一年（1895）寶文書局石印本
五册
二十一行四十二字，小字雙行同
白口，四周雙邊
411/004-4

0313
六臣注文選六十卷
（南朝梁）蕭統輯　（唐）李善等注
清虞山毛氏汲古閣刻本
六册
十二行二十五字，小字雙行三十七字
白口，左右雙邊
存三十卷（卷一至三十）
411/004-5

0314
六臣注文選六十卷
（南朝梁）蕭統輯　（唐）李善等注
清朱墨套印本
八册
十二行二十五字，小字雙行三十七字
白口，左右雙邊

存三十一卷（卷三十至六十）
411/004-6

0315
重訂文選集評十五卷首一卷末一卷
（南朝梁）蕭統選 （清）于光華編次
清乾隆四十五年（1780）經綸堂刻本
十六册
九行二十字，小字雙行三十字
白口，四周單邊
411/045

0316
重訂文選集評十五卷首一卷末一卷
（南朝梁）蕭統選 （清）于光華編次
清同治十一年（1872）江蘇書局刻本
十六册
十行二十四字，小字雙行三十六字
白口，左右雙邊
411/019

0317
文選六十卷
（南朝梁）蕭統輯 （唐）李善注
考异十卷
（清）胡克家撰
清光緒十六年（1890）上海鴻文書局石印本
六册
二十行四十二字，小字雙行同
白口，四周雙邊
缺二卷（卷五十九至六十）
411/01-2

0318
文選六十卷
（南朝梁）蕭統輯 （唐）李善注
清光緒十八年（1892）上海廣百宋齋鉛印本
五册
十六行三十二字，小字雙行同
白口，四周雙邊
存三十卷（卷七至十八、二十五至三十六、五十五至六十）
17/188-197-2

0319
文選六十卷
（南朝梁）蕭統輯 （唐）李善注
清光緒十八年（1892）上海廣百宋齋鉛印本
十册
十六行三十二字，小字雙行同
白口，四周雙邊
17/188-197

0320
文選六十卷
（南朝梁）蕭統輯 （唐）李善注
清乾隆三十七年（1772）葉氏海緑軒朱墨印本
十二册
十二行二十五字，小字雙行三十七字
白口，左右雙邊
*411/004

0321
文選六十卷
（南朝梁）蕭統輯 （唐）李善注
清刻本
三册
十二行二十五字，小字雙行三十七字
白口，左右雙邊
存十八卷（卷十三至十八、三十六至四十七）
411/004-2

0322
古文苑二十一卷
（宋）章樵注
清光緒十二年（1886）江蘇書局刻本
四册
十行二十二字，小字雙行同
黑口，左右雙邊
411/014

0323
文苑英華辨證十卷
（宋）彭叔夏撰
清乾隆六十年（1795）常熟鮑氏刻知不足齋叢書本
二册
九行十七字，小字雙行二十六字
黑口，左右雙邊
411/038–2

0324
東萊先生古文關鍵二卷
（宋）吕祖謙編
清光緒二十四年（1898）江蘇書局刻本
二册
九行二十一字，小字雙行三十一字
白口，左右雙邊
411/031

0325
文苑英華一千卷
（宋）李昉輯
明隆慶元年（1567）刻本
一册
十一行二十二字，小字雙行同
白口，四周單邊
存十卷（卷九百九十一至一千）
34/1507

0326
古文舉例不分卷
（明）歸有光輯　（清）鄒壽祺重輯
清光緒三十一年（1905）杭州史學堂蘇州刻本
五册
十二行二十四字
白口，左右雙邊
411/026

0327
詩紀一百五十六卷
（明）馮惟訥編
明刻本
六册
九行十九字
白口，四周雙邊
缺三十七卷（卷一至三十、六十七至七十三）
*411//041

0328
歷代詩家不分卷
（明）范士楫輯　（清）戴明説選定
清順治十三年（1656）虞山毛氏汲古閣刻本
二册
九行二十一字，小字雙行同
白口，左右雙邊
*436/001

0329
批點七家詩合注七卷
（清）張熙宇評
清同治十一年（1872）書業德刻本
四册
九行二十五字
白口，左右雙邊
411/05

0330
批點七家詩選箋注七卷
（清）張熙宇輯評
清咸豐七年（1857）敬文堂刻本
四册
十行二十字
白口，四周單邊
412–49/021

0331
七十家賦抄六卷
（清）張惠言輯
清光緒四年（1878）宏達堂刻本
四册
十三行二十二字，小字雙行同

黑口，左右雙邊

411/012-2

0332

書業成重訂古文釋義新編八卷

（清）余誠評注

清同治五年（1866）協毓堂刻本

八册

十行二十二字，小字雙行同

白口，四周單邊

411/07

0333

重訂古文釋義新編八卷

（清）余誠評注

清光緒十二年（1886）京都老二酉堂刻本

八册

十行二十二字，小字雙行不等

白口，四周單邊

411/07-2

0334

古文辭類纂七十四卷

（清）姚鼐纂集

清道光合河康氏家塾刻本

十二册

十三行二十二字

黑口，左右雙邊

存四十四卷（卷十六至二十三，三十一至六十六）

411/007-3

0335

文成堂重訂古文釋義新編八卷

（清）余誠評注

清光緒十七年（1891）京都文成堂刻本

四册

十一行二十二字，小字雙行不等

白口，四周單邊

411/07-4

0336

古文辭類纂七十四卷

（清）姚鼐纂集

清同治八年（1869）江蘇書局刻本

十二册

十三行二十二字

黑口，左右雙邊

411/007-2

0337

古文辭類纂七十四卷

（清）姚鼐纂集

清同治八年（1869）江蘇書局刻本

七册

十三行二十二字

黑口，左右雙邊

存四十四卷（卷十六至二十三、三十一至六十六）

411/007-3

0338

古文辭類纂七十四卷

（清）姚鼐纂集

清光緒二十四年（1898）慎記書莊石印本

五册

二十行四十四字，小字雙行同

白口，左右雙邊

存十五卷（卷一至十五）

411/007-4

0339

古文辭類纂七十四卷

（清）姚鼐纂集

清光緒三十三年（1907）上海商務印書館鉛印本

七册

十六行三十三字

白口，左右雙邊

存十五卷（卷一至十五）

411/007-4

0340
全上古三代秦漢三國六朝文七百四十一卷
（清）嚴可均校輯
清光緒十三年至十九年（1887—1893）廣雅書局刻本
一百册
十三行二十五字，小字雙行同
黑口，四周單邊
411/009

0341
全上古三代秦漢三國六朝文七百四十一卷
（清）嚴可均校輯
清光緒十三年至十九年（1887—1893）廣雅書局刻本
七十五册
十三行二十五字，小字雙行同
黑口，四周單邊
缺四十三卷（全上古三代文十六卷、全秦文一卷、全齊文二十六卷）
411/009 部二

0342
全上古三代秦漢三國六朝文七百四十一卷
（清）嚴可均校輯
清光緒二十年（1894）黄岡王氏刻本
三十九册
十三行二十五字，小字雙行同
黑口，四周單邊
存三百卷（全上古三代文卷六至十一，全漢文卷一至四十六，全後漢文卷五十五至六十二、八十一至一百六，全三國文卷一至二十二、二十四至七十五，全梁文卷六十二至六十八，全陳文卷一至六、十三至十八，全後魏文卷十七至二十六，全隋文卷八至十五，全宋文卷一至八、二十五至三十二，全晋文卷一至七、三十至三十六、八十八至九十五、一百十八至一百六十一，全齊文卷一至七，全北齊文卷五至十，全後周文卷一至八）
411/009 部三

0343
古文淵鑒六十四卷
（清）徐乾學等編注
清同治十二年（1873）浙江書局刻本
三十二册
九行二十字，小字雙行同
黑口，四周單邊
411/006

0344
古文淵鑒六十四卷
（清）徐乾學等編注
清同治十二年（1873）浙江書局刻本
三十二册
九行二十字，小字雙行同
黑口，四周單邊
411/006 部二

0345
古文淵鑒六十四卷
（清）徐乾學等編注
清同治十二年（1873）浙江書局刻本
三十一册
九行二十字，小字雙行同
黑口，四周單邊
缺二卷（卷一至二）
411/006 部三

0346
古文淵鑒六十四卷
（清）徐乾學等編注
清同治十二年（1873）浙江書局刻本
六册
九行二十字，小字雙行同
黑口，四周單邊
存十三卷（卷十至十六、二十一至二十二、二十七至三十）
411/006 部四

0347
續古文辭類纂三十四卷
王先謙輯
清刻本

一册
十三行二十二字
白口，左右雙邊
存四卷（卷九至十二）
411/011

0348
集益録不分卷
（清）王棠彙訂
清抄本
二十四册
九行字數不等
白口，無版框
451/006

0349
漁洋山人古詩選五十卷
（清）王士禛選
清同治五年（1866）金陵書局刻本
十册
十行二十二字，小字雙行同
黑口，左右雙邊
411/003

0350
續古文苑二十卷
（清）孫星衍撰
清光緒九年（1883）江蘇書局刻本
六册
十一行二十字，小字雙行同
白口，左右雙邊
411/014-2

0351
悦心集四卷
（清）世宗胤禛輯
清雍正四年（1726）刻本
四册
九行二十二字
白口，四周單邊
*411/004

0352
古詩源十四卷
（清）沈德潛選
清康熙五十八年（1719）刻本
四册
十行十九字，小字雙行同
黑口，左右雙邊
*411/002

0353
古詩源十四卷
（清）沈德潛選
清光緒十八年（1892）湖南務本書局刻本
三册
九行二十一字，小字雙行同
黑口，左右雙邊
缺三卷（卷十二至十四）
411/002部二

0354
古文眉詮七十九卷首一卷
（清）浦起龍輯并評
清乾隆九年（1744）金匱浦氏静寄東軒刻本
二十四册
九行二十二字
白口，左右雙邊
*411/001

0355
文章游戲初編八卷二編八卷三編八卷四編八卷
（清）繆艮輯
清道光四年（1824）刻本
十六册
八行十八字
黑口，四周雙邊
412-49/008

0356
古文詞略讀本二十四卷
（清）梅曾亮輯

清光緒鉛印本
二册
十四行三十五字
白口，四周雙邊
存十四卷（卷十一至二十四）
411/015

0357
文選古字通補訓拾遺一卷
（清）吕錦文撰
清光緒二十七年（1901）懷硯齋刻本
一册
九行二十一字
黑口，左右雙邊
411/029

0358
駢體文抄三十一卷
（清）李兆洛輯
清同治六年（1867）婁江徐氏刻本
八册
十三行二十二字
黑口，左右雙邊
411/013

0359
賦抄箋略十五卷
（清）雷琳　（清）張杏濱箋　（清）王治堂輯
清嘉慶二十二年（1817）刻本
八册
九行十九字，小字雙行不等
白口，左右雙邊
*411/025

0360
評注才子古文大家十七卷歷朝九卷
（清）金聖嘆選　（清）王之績評注　（明）譚文昭等參訂
清文成堂書坊刻本
十二册
十行二十三字，小字雙行同
白口，四周單邊
41/001

0361
六朝文絜四卷
（清）許槤評選　（清）朱鈞參校
清光緒三年（1877）刻朱墨套印本
一册
十行二十二字
白口，四周雙邊
412-39/002

0362
賦海大觀三十二卷
（清）鴻寶齋主人編
清光緒十四年（1888）鴻寶齋石印本
二十八册
二十五行六十字
白口，四周雙邊
314/08

0363
御選唐宋文醇五十八卷
（清）高宗弘曆選　（清）允禄校對
清刻三色套印本
二十四册
九行二十二字
白口，四周雙邊
411/005

0364
御選唐宋文醇五十八卷
（清）高宗弘曆選　（清）允禄校對
清光緒三年（1877）浙江書局刻本
二十册
九行二十二字
白口，左右雙邊
411/005-2

0365
御選唐宋詩醇四十七卷目録二卷
（清）高宗弘曆選　（清）梁詩正等校刊

清光緒七年（1881）浙江書局刻本
二十册
九行十九字
白口，左右雙邊
411/005-3

0366
御選唐宋詩醇四十七卷目録二卷
（清）高宗弘曆選 （清）梁詩正等校刊
清光緒十八年（1892）學庫山房刻本
十四册
九行十九字
白口，左右雙邊
缺六卷（卷四十二至四十七）
411/005-3 部二

0367
御選唐宋詩醇四十七卷目録二卷
（清）高宗弘曆選 （清）梁詩正等校刊
清乾隆二十五年（1760）刻本
二十四册
九行十九字
白口，四周單邊
411/005-3 部三

0368
御選唐宋文醇五十八卷
（清）高宗弘曆選 （清）允禄校對
清尊經閣刻本
二十四册
九行二十二字
白口，四周單邊
411/005-4

0369
御選唐宋文醇五十八卷
（清）高宗弘曆選 （清）允禄校對
清刻本
十册
九行二十二字
白口，左右雙邊
存二十七卷（卷一至二十七）
411/005-5

0370
御選唐宋文醇五十八卷
（清）高宗弘曆選 （清）允禄校對
清刻本
八册
九行二十二字
白口，左右雙邊
存二十四卷（卷九至二十九、五十六至五十八）
411/005-6

0371
陳太僕評選唐宋八家文讀本八卷
（清）陳兆崙輯
清光緒二十八年（1902）山東書局石印本
六册
行數不等字數不等
白口，無版框
子目：
韓文選一卷
柳文選一卷
歐文選一卷
王文選一卷
曾文選一卷
三蘇文選三卷
49/027

0372
詩比興箋四卷
（清）陳沆撰
清咸豐四年（1854）刻本
二册
十行二十二字，小字雙行同
白口，左右雙邊
411/024

0373
經史百家雜抄二十六卷
（清）曾國藩纂 （清）李鴻章校刊
清光緒二年（1876）傳忠書局刻曾文正公全集本
二十六册
十行二十四字，小字雙行同

下黑口，四周單邊

411/034–2

0374

經史百家雜抄二十六卷

（清）曾國藩纂　（清）李鴻章校刊

清刻本

十三册

十行二十四字，小字雙行同

下黑口，四周單邊

存十三卷（卷十四至二十六）

411/034–3

0375

經史百家雜抄二十六卷

（清）曾國藩纂　（清）李鴻章校刊

清光緒三十二年（1906）上海商務印書館鉛印本

九册

十四行三十三字

白口，四周雙邊

缺六卷（卷五至六、十三至十四、二十五至二十六）

411/034部二

0376

經史百家簡編二卷

（清）曾國藩纂　（清）曾國荃審訂　（清）王定安校

清光緒十三年（1887）刻求實齋叢書本

二册

十行二十四字，小字雙行同

下黑口，左右雙邊

488.1/001

0377

十八家詩抄二十八卷

（清）曾國藩撰　（清）李鴻章審訂　（清）王定安校

清同治十三年（1874）傳忠書局刻曾文正公全集本

二十册

十行二十四字，小字雙行同

下黑口，左右雙邊

411/043

0378

十八家詩抄二十八卷

（清）曾國藩撰　（清）李鴻章審訂　（清）王定安校

清同治十三年（1874）傳忠書局刻曾文正公全集本

二十八册

十行二十四字，小字雙行同

下黑口，左右雙邊

411/043部二

0379

十八家詩抄二十八卷

（清）曾國藩撰　（清）李鴻章審訂　（清）王定安校

清刻本

六册

十行二十四字，小字雙行同

下黑口，左右雙邊

存六卷（卷二十一至二十六）

411/043部三

0380

十八家詩抄二十八卷

（清）曾國藩撰　（清）李鴻章審訂　（清）王定安校

清同治十三年（1874）傳忠書局刻曾文正公全集本

九册

十行二十四字，小字雙行同

下黑口，左右雙邊

存十卷（卷一至三、二十二至二十八）

411/043部四

0381

古文雅正十四卷

（清）蔡世遠選評

清光緒二十二年（1896）上海圖書集成

局鉛印本
一册
十三行四十字，小字雙行同
白口，四周單邊
存三卷（卷一至三）
488.1/025

0382
重訂古文雅正十四卷
（清）蔡世遠評選
清道光八年（1828）懷清書屋刻本
八册
九行二十五字
白口，左右雙邊
411/023

0383
涵芬樓古今文抄一百卷
吴曾祺輯
清宣統三年（1911）上海商務印書館鉛印本
一百册
十二行三十一字
白口，四周雙邊
411/010

0384
續古文辭類纂三十四卷
王先謙輯
清光緒三十三年（1907）上海商務印書館鉛印本
一册
十六行三十三字
白口，四周雙邊
存七卷（卷一至七）
411/007-5

0385
八代詩選二十卷
王闓運輯
清光緒七年（1881）尊經書局刻本
六册
十一行二十一字
白口，左右雙邊
441/16

0386
古唐詩合解十二卷
（清）王堯衢注
清刻本
六册
十一行二十四字，小字雙行同
白口，左右雙邊
441/008

0387
古唐詩合解十二卷
（清）王堯衢注
清刻本
六册
十一行二十一字，小字雙行同
白口，左右雙邊
412-42/004

0388
古唐詩合解十二卷
（清）王堯衢注
清刻本
二册
十一行二十一字，小字雙行同
白口，左右雙邊
存四卷（卷一至四）
412-42/004-2

0389
古唐詩合解十二卷
（清）王堯衢注
清三讓堂刻本
六册
十行二十五字，小字雙行同
白口，左右雙邊
411/46

0390
唐宋詩本七十六卷目録八卷
（清）戴第元輯

清乾隆三十八年（1773）大庾戴氏覽珠堂刻光緒四年（1878）續刻本
四十册
九行十九字，小字雙行同
白口，四周雙邊
*411/016

0391
賦抄札記六卷
（清）朱錦綬記
清光緒二十二年（1896）江蘇書局刻本
一册
十三行二十二字，小字雙行同
黑口，左右雙邊
488.1/022

0392
古今文繪玉集八卷稗集四卷
（清）陸次雲選
清康熙懷古堂刻本
十六册
九行十九字
白口，左右雙邊
*411/039

0393
列朝詩集丙集十六卷
（清）錢謙益輯
清刻本
二册
十五行二十八字
白口，四周雙邊
存四卷（卷十三至十六）
488.1/009

斷代之屬

0394
宋文鑑一百五十卷
（宋）吕祖謙輯
清光緒十二年（1886）江蘇書局刻本
二十四册
十四行二十五字，小字雙行同
白口，左右雙邊
412-44/001

0395
元文類七十卷目録三卷
（元）蘇天爵輯
清光緒十五年（1889）江蘇書局刻本
十册
十四行二十五字
白口，左右雙邊
412-47/001

0396
唐七律選四卷
（清）王錫等輯　（清）毛奇齡論定
清康熙刻本
一册
十行二十字，小字雙行同
白口，四周單邊
412-39/001

0397
八家四六文注八卷
（清）吴鼒輯　（清）許貞幹注
補注一卷
（清）陳衍撰
清光緒十八年（1892）上海圖書集成局鉛印本
八册
十三行四十字，小字雙行同
白口，四周單邊
411/047

0398
八家四六文注八卷
（清）吴鼒輯　（清）許貞幹注
補注一卷
（清）陳衍撰
清光緒十八年（1892）上海圖書集成局

鉛印本
八册
十三行四十字，小字雙行同
白口，四周單邊
411/047 部二

0399
八家四六文注八卷
（清）吴鼒輯 （清）許貞幹注
清光緒十八年（1892）上海圖書集成局鉛印本
七册
十三行四十字，小字雙行同
白口，四周單邊
412–49/001

0400
八家四六文注八卷首一卷
（清）吴鼒輯 （清）許貞幹注
清光緒十七年（1891）刻本
十六册
十一行二十三字
黑口，四周雙邊
412–49/017

0401
八旗文經五十六卷作者考三卷叙録一卷
（清）盛昱 （清）楊鍾義編
清光緒二十七年（1901）武昌刻本
十二册
十二行二十三字
黑口，左右雙邊
412–49/009

0402
八旗文經五十六卷作者考三卷叙録一卷
（清）盛昱 （清）楊鍾義編
清光緒二十七年（1901）武昌刻本
十二册
十二行二十三字
黑口，左右雙邊
412–49/009 部二

0403
八旗文經五十六卷作者考三卷叙録一卷
（清）盛昱 （清）楊鍾義編
清光緒二十七年（1901）武昌刻本
十册
十二行二十三字，小字雙行同
黑口，左右雙邊
存四十九卷（卷一至四十九）
412–49/009 部三

0404
讀雪山房唐詩三十四卷
（清）管世銘選
清光緒十二年（1886）湖北官書處刻本
十二册
十一行二十三字
黑口，四周雙邊
412–42/005

0405
感舊集十六卷
（清）王士禛輯
清乾隆十七年（1752）刻本
十六册
十一行二十一字，小字雙行二十七字
白口，左右雙邊
*412–49/013

0406
廣唐賢三昧集十卷
（清）文昭輯
清宣統元年（1909）荆州田氏後博古堂影印本
四册
七行字數不等
白口，左右雙邊
412–42/007

0407
國朝駢體正宗十二卷
（清）曾燠輯
清刻本

一册
十一行二十二字
白口，左右雙邊
存二卷（卷十一至十二）
412-49/015

0408
欽定國朝詩別裁集三十二卷
（清）沈德潛輯
清乾隆二十六年（1761）刻本
十二册
十行十九字，小字雙行二十九字
白口，左右雙邊
*412-049/014-2

0409
國朝文才調集不分卷
（清）許振禕集評　（清）鄧輔綸參訂
清刻本
一册
十行二十二字
白口，左右雙邊
488.1/035

0410
國朝文匯甲前集二十卷甲集六十卷乙集七十卷丙集三十卷丁集二十卷
（清）上海國學扶輪社輯
清宣統元年（1909）上海國學扶輪社石印本
九十五册
十五行三十二字
白口，左右雙邊
缺十二卷（甲集卷十一至十二，丙集卷十五至十八，丁集卷一至二、十七至二十）
412-49/010

0411
國朝文録八十二卷
（清）姚椿輯
清咸豐元年（1851）終南山館刻本
三十二册
十二行二十三字
白口，四周雙邊
412-49/012

0412
湖海文傳七十五卷
（清）王昶輯
清道光十七年（1837）經訓堂刻本
十六册
十二行二十三字
黑口，左右雙邊
412-49/011

0413
湖海文傳七十五卷
（清）王昶輯
清道光十七年（1837）經訓堂刻本
十四册
十二行二十三字
黑口，左右雙邊
412-49/011-2

0414
皇朝經世文編一百二十卷姓名總目二卷
（清）賀長齡輯
清光緒十五年（1889）上海廣百宋齋鉛印本
二十四册
十六行四十二字
白口，四周雙邊
412-49/004

0415
皇朝經世文編一百二十卷
（清）賀長齡輯
清道光七年（1827）刻本
七十三册
十一行二十四字
白口，左右雙邊
缺十四卷（卷一至十四）
412-49/004-2

0416
皇朝經世文編一百二十卷姓名總目三卷
（清）賀長齡輯
清光緒十二年（1886）思補樓石印本
六十册
十六行四十二字
白口，四周雙邊
412-49/004-3

0417
皇朝經世文續編一百二十卷
（清）葛士濬輯
清刻本
五十四册
十一行二十四字
白口，四周雙邊
缺三十九卷（卷一至十三、二十六、三十七至四十七、六十一至六十三、六十六至六十九、九十四、一百一至一百五、一百九）
412-49/004-4

0418
皇朝經世文續編一百二十卷
（清）葛士濬輯
清光緒二十七年（1901）上海久敬齋鉛印本
二十二册
十七行四十二字
白口，四周雙邊
缺二十二卷（卷六至九、四十九至六十一、一百一十六至一百二十）
412-49/004-5

0419
皇朝經世文續編一百二十卷
（清）葛士濬輯
清光緒十七年（1891）上海廣百宋齋鉛印本
二十四册
十七行四十二字
白口，四周雙邊
412-49/004-6

0420
皇朝經世文統編一百七卷
（清）□□輯
清光緒二十七年（1901）上海寶善齋石印本
五十二册
二十二行四十六字
黑口，四周雙邊
412-49/006

0421
皇朝蓄艾文編八十卷
（清）于寶軒輯
清光緒二十九年（1903）上海官書局鉛印本
三十六册
十四行三十二字
白口，四周雙邊
412-49/003

0422
金文雅十六卷金文雅作者考一卷
（清）莊仲方編
清光緒十七年（1891）江蘇書局刻本
四册
十四行二十五字
白口，左右雙邊
412/03

0423
金文最六十卷
（清）張金吾輯
清光緒二十一年（1895）蘇州書局刻本
十六册
十四行二十五字
白口，左右雙邊
412-46/001

0424
明詩別裁集十二卷
（清）沈德潛　（清）周準輯
清乾隆四年（1739）刻本
二册

十行十九字，小字雙行二十九字
白口，左右雙邊
*412-48/004

0425
明詩別裁集十二卷
（清）沈德潜　（清）周準輯
清文光堂刻本
六册
八行十六字，小字雙行同
白口，四周單邊
412-48/004-2

0426
明詩綜一百卷
（清）朱彝尊録　（清）汪森輯評
清西泠清來堂吴氏刻本
三十二册
十一行二十一字，小字雙行三十一字
白口，左右雙邊
412-48/001

0427
明文在一百卷
（清）薛熙纂　（清）何潔輯
清光緒十五年（1889）江蘇書局刻本
十册
十四行二十五字
白口，左右雙邊
412-48/002

0428
南宋文範七十卷外編四卷
（清）莊仲方編
清光緒十四年（1888）江蘇書局刻本
十六册
十四行二十五字
白口，左右雙邊
412/44/002

0429
南宋文録録二十四卷
（清）董兆熊輯
清光緒十七年（1891）蘇州書局刻本
六册
十四行二十五字
白口，左右雙邊
412-44/005

0430
全後漢文一百六卷
（清）嚴可均輯
清刻本
四册
十三行二十五字，小字雙行同
黑口，四周單邊
存三十六卷（卷六十三至九十八）
412-44/003

0431
全三國文七十五卷
（清）嚴可均輯
清刻本
三册
十三行二十五字，小字雙行同
黑口，四周單邊
存二十二卷（卷一至七、十五至二十二、三十七至四十三）
412-44/004

0432
全唐詩三十二卷
（清）曹寅等輯
清光緒十三年（1887）上海同文書局石印本
十六册
二十二行四十二字，小字雙行不等
白口，左右雙邊
缺十六卷（卷九至二十四）
412-42/008

0433
宋四六選二十四卷
（清）彭元瑞選　（清）曹振鏞編
清乾隆四十一年（1776）曹振鏞刻本
六册

九行十九字
白口，四周雙邊
存十二卷（卷一至十二）
412–44/004

0434
唐詩别裁集引典備注二十卷
（清）沈德潛選 （清）俞汝昌注
清道光十八年（1838）富春堂刻本
八册
十行十九字，小字雙行同
白口，四周雙邊
441/12

0435
唐詩貫珠箋六十卷
（清）胡以梅箋
清康熙五十四年（1715）素心堂刻本
六册
九行二十三字，小字雙行同
白口，四周單邊
存二十八卷（卷五至三十二）
412–42/006

0436
唐詩三百首注疏六卷續選一卷
（清）孫洙編 （清）章燮注
清道光十五年（1835）刻本
八册
八行二十字，小字雙行同
白口，四周單邊
412–42/009

0437
唐文粹一百卷
（宋）姚鉉輯
清光緒九年（1883）江蘇書局刻本
十六册
十四行二十五字
白口，左右雙邊
412–42/003

0438
唐文粹補遺二十六卷
（清）郭麐輯
清光緒十一年（1885）江蘇書局刻本
四册
十四行二十五字
白口，左右雙邊
412–42/003–2

0439
唐文粹補遺二十六卷
（清）郭麐輯
清刻本
一册
十四行二十五字
白口，左右雙邊
存七卷（卷二十至二十六）
412–42/003–3

0440
香痕奩影集四卷
（清）吴仲編 （清）童閏 （清）裴祖椿校
清宣統二年（1910）鉛印本
四册
九行二十二字，小字雙行同
白口，四周單邊
437–1/30

0441
玉堂才調集不分卷
（清）于鵬舉輯
清同治十三年（1874）紅杏山房刻本
六册
十行二十一字
白口，左右雙邊
411/037

0442
皇朝經世文新編二十一卷
麥仲華輯
清光緒二十七年（1901）夢坡室石印本
十八册
十五行三十至三十三字

黑口，四周雙邊

412-49/005

0443

皇朝經世文新編二十一卷

麥仲華輯

清光緒二十四年（1898）上海譯書局石印本

二十四册

十五行三十至三十三字

黑口，四周單邊

412-49/005-2

0444

遼文萃七卷遼史藝文志補證一卷西夏文綴二卷西夏藝文志一卷

王仁俊輯

清光緒三十年（1904）刻本

一册

十四行二十五字

白口，左右雙邊

412-46/002

類編之屬

0445

漢魏六朝百三名家集

（明）張溥輯

清光緒十八年（1892）善化章氏經濟堂刻本

十五册

六行十八字，小字雙行同

白口，左右雙邊

存十八種十九卷

子目：

漢褚先生集一卷　（漢）褚少孫撰
王諫議集一卷　（漢）王褒撰
陶隱居集一卷　（南朝梁）陶弘景撰
嵇中散集一卷　（三國魏）嵇康撰
魏鍾司徒集一卷　（三國魏）鍾會撰
邢特進集一卷　（北齊）邢邵撰
魏特進集一卷　（北齊）魏收撰
高令公集一卷　（北魏）高允撰
温侍讀集一卷　（北魏）温子昇撰
晋成公子安集一卷　（晋）成公綏撰
晋張孟陽集一卷　（晋）張載撰
陳張散騎集一卷　（南朝陳）張正見撰
庾開府集二卷　（北周）庾信撰（缺卷二）
阮步兵集一卷　（三國魏）阮籍撰
傅鶉觚集一卷　（晋）傅玄撰
晋張司空集一卷　（晋）張華撰
晋杜征南集一卷　（晋）杜預撰
魏荀公曾集一卷　（晋）荀勖撰

411/048

0446

漢魏六朝一百三家集

（明）張溥輯

清光緒五年（1879）彭懋謙信述堂刻本

九十一册

九行十八字

白口，四周單邊

存八十七種一百二卷

子目：

賈長沙集一卷　（漢）賈誼撰
司馬文園集一卷　（漢）司馬相如撰
董膠西集一卷　（漢）董仲舒撰
東方大中集一卷　（漢）東方朔撰
漢褚先生集一卷　（漢）褚少孫撰
漢劉子政集一卷　（漢）劉向撰
楊侍郎集一卷　（漢）揚雄撰
漢劉子駿集一卷　（漢）劉歆撰
馮曲陽集一卷　（漢）馮衍撰
東漢崔亭伯集一卷　（漢）崔駰撰
張河間集二卷　（漢）張衡撰
東漢李蘭臺集一卷　（漢）李尤撰
東漢荀侍中集一卷　（漢）荀悦撰
蔡中郎集二卷　（漢）蔡邕撰
東漢王叔師集一卷　（漢）王逸撰
孔少府集一卷　（漢）孔融撰
諸葛丞相集一卷　（三國蜀）諸葛亮撰

魏武帝集一卷 （漢）曹操撰
魏文帝集二卷 （三國魏）文帝曹丕撰
陳思王集二卷 （三國魏）曹植撰
陳記室集一卷 （漢）陳琳撰
王侍中集一卷 （漢）王粲撰
魏阮元瑜集一卷 （三國魏）阮瑀撰
魏劉公幹集一卷 （三國魏）劉楨撰
魏應德璉集一卷 （三國魏）應瑒撰
魏應休璉集一卷 （三國魏）應璩撰
阮步兵集一卷 （三國魏）阮籍撰
嵇中散集一卷 （三國魏）嵇康撰
魏鍾司徒集一卷 （三國魏）鍾會撰
晋杜征南集一卷 （晋）杜預撰
魏荀公曾集一卷 （晋）荀勖撰
傅鶉觚集一卷 （晋）傅玄撰
晋張司空集一卷 （晋）張華撰
孫馮翊集一卷 （晋）孫楚撰
晋摯太常集一卷 （晋）摯虞撰
晋束廣微集一卷 （晋）束皙撰
夏侯常侍集一卷 （晋）夏侯湛撰
潘黄門集一卷 （晋）潘岳撰
陸平原集二卷 （晋）陸機撰
陸清河集二卷 （晋）陸雲撰
晋成公子安集一卷 （晋）成公綏撰
晋張孟陽集一卷 （晋）張載撰
晋張景陽集一卷 （晋）張協撰
晋劉越石集一卷 （晋）劉琨撰
郭弘農集二卷 （晋）郭璞撰
晋王右軍集二卷 （晋）王羲之撰
晋王大令集一卷 （晋）王獻之撰
孫廷尉集一卷 （晋）孫綽撰
陶彭澤集一卷 （晋）陶潜撰
宋何衡陽集一卷 （南朝宋）何承天撰
宋傅光禄集一卷 （南朝宋）傅亮撰
謝康樂集二卷 （南朝宋）謝靈運撰
顔光禄集一卷 （南朝宋）顔延之撰
鮑參軍集二卷 （南朝宋）鮑照撰
宋袁陽源集一卷 （南朝宋）袁淑撰
謝法曹集一卷 （南朝宋）謝惠連撰
謝光禄集一卷 （南朝宋）謝莊撰
南齊竟陵王集二卷 （南朝齊）蕭子良撰
王文憲集一卷 （南朝齊）王儉撰
王寧朔集一卷 （南朝齊）王融撰
謝宣城集一卷 （南朝齊）謝朓撰
齊張長史集一卷 （南朝齊）張融撰
南齊孔詹事集一卷 （南朝齊）孔稚珪撰
梁武帝御製集二卷 （南朝梁）武帝蕭衍撰
梁昭明太子集一卷 （南朝梁）蕭統撰
梁簡文帝御製集二卷 （南朝梁）簡文帝蕭綱撰
梁元帝集一卷 （南朝梁）元帝蕭繹撰
江醴陵集二卷 （南朝梁）江淹撰
庾度支集一卷 （南朝梁）庾肩吾撰
何記室集一卷 （南朝梁）何遜撰
吴朝請集一卷 （南朝梁）吴均撰
陳後主集一卷 （南朝陳）後主陳叔寶撰
徐璞射集一卷 （南朝陳）徐陵撰
沈侍中集一卷 （南朝陳）沈炯撰
江令軍集一卷 （南朝陳）江總撰
陳張散騎集一卷 （南朝陳）張正見撰
高令公集一卷 （北魏）高允撰
温侍讀集一卷 （北魏）温子昇撰
邢特進集一卷 （北齊）邢卲撰
魏特進集二卷 （北齊）魏收撰
庾開府集一卷 （北周）庾信撰
王司空集一卷 （北周）王褒撰
隋煬帝集一卷 （隋）煬帝楊廣撰
盧武陽集一卷 （隋）盧思道撰
李懷州集一卷 （隋）李德林撰
牛奇章集一卷 （隋）牛弘撰
薛司隸集一卷 （隋）薛道衡撰

411/036

0447

詩詞雜俎

（明）毛晋輯

清古松堂刻本

八册
九行十九字，小字雙行同
白口，左右雙邊
存十二種二十五卷
子目：
衆妙集一卷 （宋）趙師秀輯
剪綃集二卷 （宋）李龏撰
石湖詩集一卷 （宋）范成大撰
月泉吟社一卷 （宋）吴渭輯
谷音二卷 （元）杜本輯
河汾諸老詩集八卷 （元）房祺輯
三家宫詞三卷 （明）毛晋輯
王建宫詞一卷 （唐）王建撰
花蕊夫人宫詞一卷 （後蜀）花蕊夫人（費氏）撰
王珪宫詞一卷 （宋）王珪撰
二家宫詞二卷 （明）毛晋撰
宋徽宗宫詞一卷 （宋）徽宗趙佶撰
楊太后宫詞一卷 （宋）楊皇后撰
元宫詞一卷 （明）蘭雪軒主人撰
漱玉詞一卷 （宋）李清照撰
斷腸詞一卷 （宋）朱淑真撰
龍輔女紅餘志二卷 （元）龍輔撰
*49/001

0448
唐宋八大家文抄一百四十四卷
（明）茅坤批評
明萬曆七年（1579）茅一桂刻本
六十册
九行十九字
白口，左右雙邊
*411/012

0449
二家詩抄二十卷
（清）邵長蘅編
清康熙三十四年（1695）刻本
五册
十行二十一字，小字雙行三十字
黑口，四周單邊
*412/002

0450
惠我録六卷
（清）李文瀚編
清道光二十六年（1846）味廬軒刻本
一册
九行十八字，小字雙行同
下黑口，四周雙邊
412-49/018

0451
宋元名家詞
（清）江標輯
清光緒二十一年（1895）思賢書局刻本
二册
十一行二十字，小字雙行同
黑口，左右雙邊
存七種八卷
子目：
和清真詞一卷 （宋）楊澤民撰
風雅遺音二卷 （宋）林正大撰
文山樂府一卷 （宋）文天祥撰
松雪齋詞一卷 （宋）趙孟頫撰
雪樓樂府一卷 （元）程文海（鉅夫）撰
雁門集一卷 （元）薩都剌撰
古山樂府一卷 （元）張埜撰
55.1/003

0452
唐四家詩集
（清）胡鳳丹輯
清光緒十三年（1887）湖北官書處刻本
四册
十行十八字，小字雙行同
白口，左右雙邊
存三種十六卷
子目：
王右丞集四卷 （唐）王維撰
孟襄陽集二卷 （唐）孟浩然撰
韋蘇州集十卷 （唐）韋應物撰
49/012

0453
唐宋八大家類選十四卷
（清）儲欣評選
清光緒十八年（1892）湖北官書處刻本
六册
八行二十五字
白口，左右雙邊
411/008

0454
唐宋十大家全集録
（清）儲欣輯
清光緒八年（1882）江蘇書局刻本
六册
九行二十五字
黑口，四周單邊
存三種十七卷
子目：
東坡先生全集録九卷 （宋）蘇軾撰
欒城先生全集録六卷 （宋）蘇轍撰
南豐先生全集録二卷 （宋）曾鞏撰
488.1/004

0455
貴池二妙集五十一卷
劉世珩編
清光緒二十五年（1899）貴池劉氏刻本
十二册
十三行二十三字
黑口，左右雙邊
49/005

0456
乾坤正氣集
（清）潘錫恩等輯
清道光二十八年（1848）潘氏袁江節署刻同治五年（1866）吴坤修皖江印本刻本
一百册
十二行二十五字，小字雙行同
白口，左右雙邊
存一百一種五百六十四卷
子目：
楚辭五卷 （周）屈原撰
孔北海集一卷 （漢）孔融撰
嵇中散集九卷 （三國魏）嵇康撰
張司空集一卷 （晋）張華撰
郭景純集二卷 （晋）郭璞撰
袁忠憲集一卷 （南朝宋）袁淑撰
李北海集六卷 （唐）李邕撰
司空表聖集四卷 （唐）司空圖撰
忠愍集一卷 （宋）李若水撰
傅忠肅集一卷 （宋）傅察撰
宗忠簡公集四卷 （宋）宗澤撰
忠正德文集八卷 （宋）趙鼎撰
陳修撰集四卷 （宋）陳東撰
高東溪集一卷 （宋）高登撰
歐陽修撰集三卷 （宋）歐陽澈撰
岳忠武王集八卷 （宋）岳飛撰
竹林愚隱集一卷 （宋）胡夢昱撰
楳野集十一卷 （宋）徐元杰撰
蒙川遺稿一卷 （宋）劉黻撰
文山先生全集十卷 （宋）文天祥撰
陸忠烈公書一卷 （宋）陸秀夫撰
謝叠山先生文集四卷 （宋）謝枋得撰
郝文忠公集二十五卷 （元）郝經撰
惟實集二卷 （元）劉鶚撰
青陽先生文集五卷 （元）余闕撰
羽庭集四卷 （元）劉仁本撰
師山先生文集九卷 （元）鄭玉撰
戴九靈集十九卷 （元）戴良撰
王忠文公集二十卷 （明）王褘撰
練中丞金川集一卷 （明）練子寧撰
遜志齋集二十二卷 （明）方孝孺撰
芻蕘集四卷 （明）周德撰
程巽隱先生文集二卷 （明）程本立撰
易齋集一卷 （明）劉璟撰
致身録一卷 （明）史仲彬撰
于忠肅公集四卷 （明）于謙撰
張文僖集一卷 （明）張益撰
劉兩溪文集二十卷 （明）劉球撰
周忠愍公垂光集二卷 （明）周璽撰

立齋遺文四卷　（明）鄒智撰
青霞集四卷　（明）沈鍊撰
桂洲文集四卷　（明）夏言撰
楊忠愍公集二卷　（明）楊繼盛撰
高子遺書六卷　（明）高攀龍撰
趙忠毅公文集十八卷　（明）趙南星撰
熊襄愍公集七卷　（明）熊廷弼撰
徐念陽公集八卷　（明）徐如珂撰
周忠愍奏疏二卷　（明）周起元撰
楊忠烈公文集五卷　（明）楊漣撰
左忠毅公集三卷　（明）左光斗撰
周忠介公燼餘集三卷　（明）周順昌撰
周忠毅公奏議四卷　（明）周宗建撰
從野堂存稿五卷　（明）繆昌期撰
落落齋遺集六卷　（明）李應昇撰
黃忠端公集三卷　（明）黃尊素撰
藏密齋集七卷　（明）魏大中撰
盧忠肅公文集二卷　（明）盧象昇撰
鹿忠節公集二十一卷　（明）鹿善繼撰
范文忠集九卷　（明）范景文撰
倪文正集四卷　（明）倪元璐撰
凌忠介公文集二卷　（明）凌義渠撰
吴忠節公遺集二卷　（明）吴麟徵撰
周文忠公集四卷　（明）周鳳翔撰
劉文烈公集一卷　（明）劉理順撰
申端愍公集一卷　（明）申佳胤撰
金忠潔公集二卷　（明）金鉉撰
賀文忠公集四卷　（明）賀逢聖撰
史忠正公集四卷　（明）史可法撰
瑶光閣集十卷　（明）黃端伯撰
左忠貞公文集八卷　（明）左懋第撰
王節愍公遺集二卷　（明）王道焜撰
劉子文編十卷　（明）劉宗周撰
祁忠惠公遺集八卷　（明）祁彪佳撰
陳忠裕全集八卷　（明）陳子龍撰
仍貽堂集二卷　（明）侯峒曾撰
陶庵文集十卷　（明）黃淳耀撰
谷濂先生遺書三卷　（明）黃淵耀撰
葛中翰集三卷　（明）葛麟撰
金太史集九卷　（明）金聲撰
温寶忠先生遺稿十卷　（明）温璜撰
樓山堂集十八卷　（明）吴應箕撰
白谷集四卷　（明）孫傳庭撰
堵文忠公集六卷　（明）堵允錫撰
王季重先生文集四卷　（明）王思任撰
黃石齋先生集十六卷　（明）黃道周撰
四明先生遺集一卷　（明）錢肅樂撰
蓮鬚閣集六卷　（明）黎遂球撰
影園集一卷　（明）鄭元勛撰
江止庵遺集八卷　（明）江天一撰
郝太僕遺集一卷　（明）郝景春撰
陳忠簡公遺集三卷　（明）陳子壯撰
王少司馬奏疏二卷　（明）王家楨撰
賜誠堂文集六卷　（明）管紹寧撰
陳嚴野先生集三卷　（明）陳邦彦撰
張閣學文集二卷　（明）張煌言撰
瞿忠宣公集八卷　（明）瞿式耜撰
夏節愍公集四卷　（明）夏完淳撰
蔡忠恪公語録一卷　（明）蔡懋德撰
高陽文集三卷　（明）孫承宗撰
觀復堂集二卷　（明）朱集璜撰
顔魯公文集十四卷　（唐）顔真卿撰

411/035

0457
初唐四傑文集二十一卷
（清）項家達輯
清光緒五年（1879）淮南書局刻本
四册
十二行二十二字
白口，左右雙邊

49/013

0458
初唐四傑文集二十一卷
（清）項家達輯
清抄本
四册
六行十八字
白口，無版框

49/013-2

0459
宋四名家詩抄四卷
（清）周之鱗 （清）柴升輯
清有文堂刻本
五册
十行二十一字，小字雙行同
黑口，左右雙邊
缺一卷（黄山谷詩抄一卷）
子目：
蘇東坡詩抄一卷
范石湖詩抄一卷
陸放翁詩抄一卷
49/021

郡邑之屬

0460
宛雅初編八卷
（明）梅鼎祚輯
宛雅二編八卷
（清）施閏章 （清）蔡蓁春輯
宛雅三編二十四卷
（清）施念曾 （清）張汝霖輯
清光緒元年（1875）劉氏樹本堂刻本
十二册
十行二十一字，小字雙行同
白口，左右雙邊
411/020

0461
白田風雅二十四卷
（清）朱彬輯
清光緒十二年（1886）金陵刻本
四册
十一行二十一字，小字雙行同
黑口，左右雙邊
413/006

0462
國朝畿輔詩傳六十卷
（清）陶樑輯 （清）崔旭校
清道光十九年（1839）紅豆樹館刻本
二十册
十行二十一字，小字雙行同
白口，左右雙邊
412-49/020

0463
國朝金陵詩徵四十八卷
（清）朱緒曾編
清光緒十一年（1885）刻本
十六册
十二行二十三字，小字雙行同
黑口，左右雙邊
413/007-1

0464
湖南文徵一百九十卷姓氏傳四卷目録六卷
（清）羅汝懷輯
清同治十年（1871）刻本
一百册
十行二十四字
白口，左右雙邊
413/002

0465
江蘇詩徵一百八十三卷
（清）王豫輯
清道光元年（1821）焦山海西庵詩徵閣刻本
四十册
十一行二十三字，小字雙行同
白口，四周單邊
413/010

0466
金陵詩徵四十四卷
（清）朱緒曾編
清光緒十八年（1892）刻本
三十二册
十二行二十三字
黑口，左右雙邊
413/007

0467
續金陵詩徵六卷首一卷
（清）朱緒曾輯
清光緒二十年（1894）刻本
六册
十二行二十三字，小字雙行同
黑口，左右雙邊
413/007-2

0468
蜀秀集九卷
（清）譚宗濬編
清光緒五年（1879）成都試院刻本
十册
十行二十字
下黑口，左右雙邊
413/005

0469
沅湘攬秀集六卷
（清）陸寶忠輯
清光緒十四年（1888）湖南學院刻本
五册
十行二十五字
白口，左右雙邊
413/008

0470
沅湘耆舊集二百卷
（清）鄧顯鶴撰
沅湘耆舊集前編四十卷
（清）鄧琮輯
清道光二十三年（1843）新化鄧氏南邨草堂刻本
六十册
十一行二十二字
白口，左右雙邊
413/001

0471
粵十三家集
（清）伍元薇輯
清道光二十年（1840）南海伍氏詩雪軒刻本
二十六册
九行二十一字
黑口，左右雙邊
存八種一百三十三卷
子目：
文溪集二十卷首一卷　（宋）李昴英撰
瑶石山人詩稿十六卷　（明）黎民表撰
蓮鬚閣集二十六卷首一卷（缺卷十一至十三）（明）黎遂球撰
中洲草堂遺集二十三卷首一卷末一卷（缺卷首，一至六）（明）陳子升撰
九谷集六卷　（清）方殿元撰
六瑩堂集九卷二集八卷（缺二集卷一至二）（清）梁佩蘭撰
大樗堂初集十二卷　（清）王隼撰
雲華閣詩略六卷首一卷附録一卷坡亭詞抄一卷　（清）易宏撰
55.1/002

氏族之屬

0472
明道文集五卷伊川文集八卷河南程氏遺書外書十二卷
（宋）程顥　（宋）程頤撰　（宋）朱熹輯
清刻本
六册
十二行二十二字
黑口，左右雙邊
49/015

0473
三蘇全集
（宋）蘇洵等撰　（清）弓翊清等編

清道光十二年（1832）眉州三蘇祠刻本
八十册
九行二十五字
黑口，四周單邊
子目：
嘉祐集二十卷 （宋）蘇洵撰
東坡全集八十四卷目録二卷 （宋）蘇軾撰
欒城集四十八卷目録二卷後集二十四卷三集十卷應詔集十二卷 （宋）蘇轍撰
斜川集六卷 （宋）蘇過撰
414/002

0474
三蘇全集
（宋）蘇洵等撰 （清）弓翊清等編
清道光十二年（1832）眉州三蘇祠刻本
八十册
九行二十五字
黑口，四周單邊
49/011

0475
歷科刁氏闈墨一卷
（清）刁包撰
清刻本
一册
九行二十二字，小字雙行二十六字
白口，左右雙邊
31/11.1

尺牘之屬

0476
尺牘稱呼合解不分卷
（清）江耀亭編
清光緒三十二年（1906）聚文堂木活字印本
一册
十三行三十一字
白口，四周雙邊
481/011

0477
名賢手札八卷
（清）郭慶藩輯
清光緒二十五年（1899）上海文盛書局石印本
四册
行數不等字數不等，小字雙行不等
白口，四周花邊
481/011-2

0478
分類尺牘備覽三十卷
（清）王韜撰
清光緒十四年（1888）上洋珍藝書局鉛印本
六册
三十行二十五字
白口，四周雙邊
481/06

0479
名賢手札不分卷
（清）郭慶藩輯
清光緒十一年（1885）上海同文書局石印本
四册
十行字數不等，小字雙行不等
白口，四周花邊
481/05

0480
新增尺牘初桄六集
（清）子虛氏輯 （清）停雲軒主人訂
清光緒十六年（1890）停雲軒刻本
六册
十二行二十六字，小字雙行同
白口，四周雙邊
481/002

課藝之屬

0481
中學國文讀本不分卷
林紓輯
清光緒三十四年至宣統二年（1908—1910）商務印書館鉛印本
八册
十行二十七字，小字雙行字
白口，四周雙邊
49/008

0482
高等學堂國文講義八卷
唐文治講授
清宣統元年（1909）上海文明書局鉛印本
二册
十二行三十二字
白口，四周雙邊
49/02

0483
玉堂試帖振采集六卷
（清）潘曾瑩編　（清）王熙源　（清）潘霨注
清道光二十三年（1843）刻本
五册
八行十九字，小字雙行同
白口，四周雙邊
缺一卷（卷六）
412-49/019

0484
玉堂試帖振采集六卷
（清）潘曾瑩編　（清）王熙源　（清）潘霨注
清道光二十三年（1843）刻本
四册
八行十九字，小字雙行同
白口，四周雙邊
存四卷（卷一至四）
412-49/019-2

0485
分韵試帖青雲集合注四卷
（清）楊逢春輯
清光緒十七年（1891）刻本
四册
九行二十二字，小字雙行同
白口，四周雙邊
437/44

0486
絳陽課帖一卷
（清）陳金鑑輯
清道光十八年（1838）從教書院刻本
一册
八行二十二字
黑口，四周雙邊
412-49/007

0487
目耕齋讀本三集
（清）徐楷評　（清）沈叔眉選
清光緒十八年（1892）袖海山房書局石印本
三册
十八行二十五字，小字雙行同
白口，四周雙邊
411/055

0488
目耕齋全集
（清）徐楷評　（清）沈叔眉選
清光緒十八年（1892）善成堂刻本
六册
九行二十二字
白口，左右雙邊
17/006

0489
七家試帖輯注彙抄七集
（清）王植桂輯注 （清）張熙宇輯評
清光緒十二年（1886）崇德書院刻本
六册
九行二十二字，小字雙行同
黑口，四周雙邊
存五集（澹香齋試帖、修竹齋試帖、西漚試帖、簡學齋試帖、桐雲閣試帖）
49/004

0490
青雲集分韵試帖詳注四卷
（清）楊逢春 （清）蕭應櫆輯 （清）沈品金等注
清刻本
一册
九行二十二字，小字雙行同
白口，四周雙邊
存一卷（卷三）
488.1/030

0491
授經簃課集一卷
（清）胡元玉編
清光緒十七年（1891）刻本
四册
黑口，左右雙邊
十二行二十三字
412–49/016

0492
新增注釋目耕齋初刻不分卷
（清）徐楷原評 （清）沈叔眉選 （清）黄貽相注釋
清光緒二十一年（1895）上海寶文書局石印本
六册
十八行四十二字，小字雙行同
白口，四周單邊
17/10

0493
學海堂二集二十二卷
（清）吴蘭修編
清刻本
一册
十行二十字
白口，四周單邊
存二卷（卷二十一至二十二）
34/2271

0494
欽定化治四書文不分卷
（清）方苞等編
清刻本
十二册
九行二十五字
白口，左右雙邊
17/003

0495
沅湘通藝録八卷四書文二卷
（清）江標輯
清光緒二十三年（1897）長沙使院刻靈鶼閣叢書本
十册
十一行二十三字
黑口，左右雙邊
413/004

題咏之屬

0496
佩文齋咏物詩選四百八十六卷
（清）張玉書等編
清康熙四十五年（1706）内府刻本
六十册
十一行二十一字
白口，左右雙邊
*411/003

0497
咏物詩選八卷
（清）俞琰輯
清雍正二年（1724）刻本
一册
十行二十一字，小字雙行同
黑口，左右雙邊
存二卷（卷一至二）
488.1/027

謡諺之屬

0498
古謡諺一百卷
（清）杜文瀾輯
清咸豐十一年（1861）曼陀羅華閣刻本
二十册
九行二十一字，小字雙行同
白口，左右雙邊
479/002

詩文評類

詩評之屬

0499
漁洋詩話二卷
（清）王士禛撰
清光緒十四年（1888）聚英堂刻本
二册
九行二十二字，小字雙行同
黑口，左右雙邊
44/001：2

0500
漁隱叢話前集六十卷
（宋）胡仔纂集
清道光二十六年（1846）刻海山仙館叢書本
六册
九行二十一字
黑口，左右雙邊
44/012

0501
漁隱叢話前集六十卷後集四十卷
（宋）胡仔纂集
清耘經樓刻本
十册
十三行二十一字
黑口，左右雙邊
44/002–2

0502
漁隱叢話前集六十卷後集四十卷
（宋）胡仔纂集
清乾隆五年至六年（1740—1741）耘經樓刻本
十册
十三行二十二字
黑口，四周單邊
*44/002–1

0503
静志居詩話二十四卷
（清）朱彝尊撰　（清）姚祖恩輯
清嘉慶二十四年（1819）扶荔山房刻本
三十六册
九行二十一字
白口，四周雙邊
*44/003

0504
蠡莊詩話十卷
（清）袁潔撰
清嘉慶二十年（1815）刻本
八册
八行十六字，小字雙行同
白口，四周雙邊
*44/008

0505
眉韵樓詩話八卷
（清）孫雄輯
清光緒晨風閣鉛印本
一册
十二行二十九字，小字雙行同
白口，四周雙邊
存二卷（卷五至六）
488.1/036

0506
聲調譜三卷
（清）趙執信撰
清乾隆三年（1738）刻本
一册
十行二十一字，小字雙行同
白口，四周單邊
*44/001

0507
五代詩話十卷
（清）王士禛輯　（清）鄭方坤删補
清乾隆十九年（1754）杞菊軒刻本
六册
十一行二十一字
白口，左右雙邊
*44/001-1

0508
小滄浪詩話四卷
（清）張燮承纂
清咸豐九年（1859）古汲郡賀氏刻本
二册
十行二十一字，小字雙行同
黑口，左右雙邊
44/016

0509
明詩紀事一百八十七卷
陳田輯
清光緒二十五年（1899）陳氏聽詩齋刻本
三十八册
十一行二十三字，小字雙行同
白口，左右雙邊
44/007

文評之屬

0510
鳴原堂論文二卷
（清）曾國藩審訂
清同治十二年（1873）勵志齋刻本
一册
十行二十四字，小字雙行同
白口，左右雙邊
411/033

0511
古文四象四卷
（清）曾國藩纂　（清）趙衡勘定
清光緒京師北新書局鉛印本
一册
十二行三十字
黑口，四周雙邊
存一卷（卷四）
488.1/034

0512
文心雕龍十卷
（南朝梁）劉勰撰　（清）黄叔琳注　（清）紀昀評
清道光十三年（1833）兩廣節署刻朱墨套印本
四册
十行二十一字，小字雙行同
白口，左右雙邊
44/07

0513
文心雕龍十卷
（南朝梁）劉勰撰　（清）黄叔琳注　（清）紀昀評

清刻本
三册
九行十九字，小字雙行二十八字
白口，左右雙邊
缺二卷（卷一至二）
44/009-2

0514
文心雕龍十卷
（南朝梁）劉勰撰　（清）黄叔琳注　（清）紀昀評
清光緒十九年（1893）思賢講舍刻本
三册
十行二十一字，小字雙行同
白口，左右雙邊
缺三卷（卷八至十）
44/009-3

0515
文心雕龍十卷
（南朝梁）劉勰撰　（清）黄叔琳注　（清）紀昀評
清乾隆六年（1741）刻本
一册
九行十九字，小字雙行二十八字
白口，左右雙邊
存二卷（卷一至二）
44/009-4

0516
古文筆法二十卷
（清）李扶九輯　（清）黄仁黼注
清石印本
二册
十六行三十字，小字雙行不等
白口，左右雙邊
存十三卷（卷八至二十）
488.1/023

0517
鳴原堂論文二卷
（清）曾國藩撰
清同治十二年（1873）勸志齋刻本
一册
十行二十四字，小字雙行同
白口，左右雙邊
411/033-2

詞類

類編之屬

0518
宋六十名家詞
（明）毛晋輯
清光緒十四年（1888）錢塘汪氏刻本
三十册
十一行二十字，小字雙行同
黑口，左右雙邊
子目：
珠玉詞一卷　（宋）晏殊撰
六一詞一卷　（宋）歐陽修撰
樂章集一卷　（宋）柳永撰
東坡詞一卷　（宋）蘇軾撰
山谷詞一卷　（宋）黄庭堅撰
淮海詞一卷　（宋）秦觀撰
小山詞一卷　（宋）晏幾道撰
東堂詞一卷　（宋）毛滂撰
放翁詞一卷　（宋）陸游撰
稼軒詞四卷　（宋）辛棄疾撰
片玉詞二卷補遺一卷　（宋）周邦彦撰
梅溪詞一卷　（宋）史達祖撰
白石詞一卷　（宋）姜夔撰
石林詞一卷　（宋）葉夢得撰
酒邊詞二卷　（宋）向子諲撰
溪堂詞一卷　（宋）謝逸撰
樵隱詞一卷　（宋）毛幵撰
竹山詞一卷　（宋）蔣捷撰
書舟詞一卷　（宋）程垓撰
坦菴詞一卷　（宋）趙師俠撰

惜香樂府十卷 （宋）趙長卿撰
西樵語業一卷 （宋）楊炎正撰
竹屋癡語一卷 （宋）高觀國撰
夢窗甲稿一卷乙稿一卷丙稿一卷丁稿一卷絶筆一卷補遺一卷 （宋）吴文英撰
近體樂府一卷 （宋）周必大撰
竹齋詩餘一卷 （宋）黄機撰
金谷遺音一卷 （宋）石孝友撰
散花菴詞一卷 （宋）黄昇撰
和清真詞一卷 （宋）方千里撰
後村别調一卷 （宋）劉克莊撰
蘆川詞一卷 （宋）張元幹撰
于湖詞三卷 （宋）張孝祥撰
洺水詞一卷 （宋）程珌撰
歸愚詞一卷 （宋）葛立方撰
龍洲詞一卷 （宋）劉過撰
初寮詞一卷 （宋）王安中撰
龍川詞一卷補一卷 （宋）陳亮撰
姑溪詞一卷 （宋）李之儀撰
友古詞一卷 （宋）蔡伸撰
石屏詞一卷 （宋）戴復古撰
海野詞一卷 （宋）曾覿撰
逃禪詞一卷 （宋）楊無咎撰
空同詞一卷 （宋）洪瑹撰
介菴詞一卷 （宋）趙彦端撰
平齋詞一卷 （宋）洪咨夔撰
文溪詞一卷 （宋）李公昂撰
丹陽詞一卷 （宋）葛勝仲撰
孏窟詞一卷 （宋）侯寘撰
克齋詞一卷 （宋）沈端節撰
雲窗詞一卷 （宋）張榘撰
竹坡詞三卷 （宋）周紫芝撰
聖求詞一卷 （宋）吕濱老撰
壽域詞一卷 （宋）杜安世撰
審齋詞一卷 （宋）王千秋撰
東浦詞一卷 （宋）韓玉撰
知稼翁詞一卷 （宋）黄公度撰
無住詞一卷 （宋）陳與義撰
後山詞一卷 （宋）陳師道撰
蒲江詞一卷 （宋）盧祖皋撰
琴趣外篇六卷 （宋）晁補之撰
烘堂詞一卷 （宋）盧炳撰

461/003

0519

宋六十一家詞選十二卷

（清）馮煦編
清光緒十三年（1887）冶城山館刻本
四册
九行二十一字，小字雙行同
黑口，左右雙邊

461/013-2

0520

宋七家詞選七卷

（清）戈載輯
清光緒十一年（1885）刻本
三册
九行二十字
黑口，左右雙邊

461/017

0521

小檀欒室彙刻閨秀詞

徐乃昌輯
清光緒二十一年至二十二年（1895—1896）南陵徐乃昌刻本
二十九册
十一行二十一字，小字雙行同
黑口，左右雙邊
子目：
第一集
琴清閣詞一卷 （清）楊芸撰
生香館詞一卷 （清）李佩金撰
茝香詞一卷 （清）顧翎撰
衍波詞一卷 （清）孫蓀意撰
鴻雪樓詞一卷 （清）沈善寶撰
玉雨詞一卷 （清）曹慎儀撰
古春軒詞一卷 （清）梁德繩撰
洞簫樓詞一卷 （清）王倩撰
聽雪詞一卷 （清）歸懋儀撰

古雪詩餘一卷　（清）楊繼端撰
第二集
拙政園詩餘三卷　（清）徐燦撰
梅華園詩餘一卷　（清）鍾韞撰
玉窗詩餘一卷　（清）葛宜撰
貯素樓詞一卷　（清）蘇穆撰
緑月樓詞一卷　（清）江瑛撰
静一齋詩餘一卷　（清）周詒蘩撰
冷香齋詩餘一卷　（清）周翼杶撰
寱湘樓詞一卷　（清）宗婉撰
繡餘詞一卷　（清）錢念生撰
簪華閣詩餘一卷　（清）翁端恩撰
第三集
栖香閣詞二卷　（清）顧貞立撰
蠹窗詩餘一卷　（清）張令儀撰
絳雪詞一卷　（清）薛瓊撰
浣紗詞一卷　（清）沈纕撰
青藜閣詞一卷　（清）江珠撰
碧桃館詞一卷　（清）趙我佩撰
松籟閣詩餘一卷　（清）沈榛撰
鮮潔亭詩餘一卷　（清）蔣紉蘭撰
澹音閣詞一卷　（清）趙友蘭撰
寫韻樓詞一卷　（清）陳嘉撰
第四集
烣水軒詞一卷　（清）莊盤珠撰
雨花盦詩餘一卷　（清）錢斐仲撰
寱影樓詞一卷　（清）關鍈撰
澹蘜軒詞一卷　（清）張緌英撰
緯青詞一卷　（清）張紈英撰
餐漱玉詞一卷澗南詞一卷　（清）許德蘋撰
瀌月軒詩餘一卷　（清）趙棻撰
月樓琴語一卷　（清）蕭恒貞撰
倩影樓遺詞一卷　（清）陸蒨撰
寫均樓詞一卷　（清）吴尚熹撰
第五集
華簾詞一卷香南雪北詞一卷　（清）吴藻撰
烣篰詞一卷　（清）吕采芝撰
聞妙香室詞一卷　（清）陸珊撰
長真閣詩餘一卷　（清）席佩蘭撰
烣瘦閣詞一卷　（清）唐韞貞撰
緑寱軒遺詞一卷　（清）錢湘撰
賦鸞樓詞一卷　（清）陳珍瑶撰
光霽樓詞一卷　（清）陸蓉佩撰
翠螺閣詞一卷　（清）凌祉媛撰
彈緑詞一卷　（清）濮文綺撰
第六集
聽雨樓詞二卷　（清）孫雲鶴撰
瑶華閣詞一卷補遺一卷　（清）袁綬撰
九疑僊館詞一卷　（清）談印梅撰
金粟詞一卷　（清）朱璵撰
澹僊詞四卷　（清）熊璉撰
有誠堂詩餘一卷　（清）方彦珍撰
玉簫詞一卷　（清）殷秉璣撰
芷衫詩餘一卷　（清）高佩華撰
菊籬詞一卷　（清）陶淑撰
哦月樓詩餘一卷　（清）儲慧撰
第七集
嘯雪菴詩餘一卷　（清）吴綃撰
繡閑詞一卷　（清）徐元端撰
三秀齋詞一卷　（清）鮑之芬撰
德風亭詞一卷　（清）王貞儀撰
碧梧紅蕉館詞一卷　（清）左錫璇撰
冷吟僊館詩餘一卷　（清）左錫嘉撰
蓮因室詞一卷　（清）鄭蘭孫撰
慈暉館詞一卷　（清）阮恩灤撰
曇華詞一卷　（清）汪淑娟撰
蕉窗詞一卷　（清）鄧瑜撰
第八集
錦囊詩餘一卷　（清）商景蘭撰
澹香樓詞一卷　（清）葛秀英撰
補欄詞一卷　（清）劉琬懷撰
晚香居詞二卷　（清）張玉珍撰
瘦吟詞一卷　（清）許淑慧撰
浣青詩餘一卷　（清）錢孟鈿撰
茶香閣詞一卷　（清）黄婉璚撰
雯窗瘦影詞一卷　（清）許誦珠撰
佩烣閣詞一卷　（清）吴茝撰

慧福樓詞一卷 （清）俞繡孫撰
第九集
鏡閣新聲一卷 （清）朱中楣撰
古香樓詞一卷 （清）錢鳳綸撰
梨雲榭詞一卷 （清）鍾筠撰
湘筠館詞二卷 （清）孫雲鳳撰
韞玉樓詞一卷 （清）屈秉筠撰
楚畹閣詩餘一卷 （清）季蘭韵撰
壽研山房詞一卷 （清）曹景芝撰
含青閣詩餘一卷 （清）屈蕙纕撰
繡墨軒詞一卷 （清）俞慶曾撰
飲露詞一卷 （清）李道清撰
第十集
鸝吹詞一卷 （明）沈宜修撰
芳雪軒詞一卷 （明）葉紈紈撰
疏香閣詞一卷 （明）葉小鸞撰
雪壓軒詞一卷 （清）賀雙卿撰
倚雲閣詞一卷 （清）張友書撰
翠薇僊館詞一卷 （清）孫瑩培撰
唾絨詞一卷 （清）吴小姑撰
霞珍詞一卷 繆珠蓀撰
崦樓詞一卷 沈鵲應撰
華影吹笙室詞一卷 李慎溶撰
附
閨秀詞抄十六卷補遺一卷續補遺二卷 徐乃昌輯

461/011

0522
小檀欒室彙刻閨秀詞第九集
徐乃昌輯
清光緒二十一年至二十二年（1895—1896）南陵徐乃昌刻本
一册
十一行二十一字，小字雙行同
黑口，左右雙邊
存四種五卷
子目：
鏡閣新聲一卷 （清）朱中楣撰
古香樓詞一卷 （清）錢鳳綸撰
梨雲榭詞一卷 （清）鍾筠撰
湘筠館詞二卷 （清）孫雲鳳撰

461/007

别集之屬

0523
草窗詞二卷補二卷
（宋）周密撰 朱祖謀輯
清光緒二十六年（1900）無著盦刻本
一册
十行二十一字，小字雙行同
黑口，左右雙邊

462-44/015

0524
曝書亭詞拾遺三卷
（清）朱彝尊撰 （清）翁之潤輯
志异一卷
（清）翁之潤撰
清光緒二十二年（1896）常熟翁之潤刻本
一册
十二行二十三字
白口，左右雙邊

437/30

0525
雙橋小築詞存六卷集餘一卷
（清）江人鏡撰
清光緒二十三年（1897）刻本
二册
九行二十一字，小字雙行同
黑口，左右雙邊

462-49/002

總集之屬

0526
絶妙好詞箋七卷續抄一卷
（宋）周密編 （清）查爲仁 （清）厲鶚箋
清刻本
二册

九行二十一字，小字雙行同
白口，四周單邊
缺二卷（卷一至二）
488.1/002

0527
詞林萬選四卷
（明）楊慎編
清虞山毛氏汲古閣刻本
一册
九行二十字，小字雙行同
白口，左右雙邊
461/015

0528
詞選二卷附録一卷
（清）張惠言輯
續詞選二卷
（清）董毅輯
清道光十年（1830）刻本
一册
十二行二十七字
白口，四周雙邊
461/008

0529
詞選二卷附録一卷
（清）張惠言輯
續詞選二卷
（清）董毅輯
清道光十年（1830）刻本
一册
十二行二十七字
白口，四周雙邊
461/008-2

0530
詞綜三十八卷
（清）朱彝尊輯
明詞綜十二卷
（清）王昶編
清嘉慶七年（1802）青浦王氏三泖漁莊刻本
八册
十行二十一字，小字雙行同
黑口，左右雙邊
461/001

0531
國朝詞綜四十八卷二集八卷
（清）王昶纂
清嘉慶七年（1802）青浦王氏刻本
八册
十行二十一字，小字雙行同
黑口，左右雙邊
461/004

0532
國朝詞綜續編二十四卷
（清）黄燮清編
清同治十二年（1873）湖北鄂垣刻本
八册
十一行二十一字，小字雙行同
白口，左右雙邊
461/004.2

0533
清綺軒詞選十三卷
（清）夏秉衡選
清乾隆十六年（1751）清綺軒刻本
六册
六行十二字
黑口，左右雙邊
*461/012

0534
昭代詞選三十八卷
（清）蔣重光選輯
清乾隆三十二年（1767）經鉏堂刻本
十三册
十行二十字，小字雙行同
黑口，左右雙邊
*461/002

0535
國朝金陵詞抄八卷
陳作霖輯
清光緒二十八年（1902）刻本
四册
十二行二十三字，小字雙行同
白口，左右雙邊
461/006

詞譜之屬

0536
白香詞譜箋四卷
（清）舒夢蘭輯　（清）謝朝徵箋
清光緒十一年（1885）刻本
三册
十行二十四字，小字雙行同
黑口，左右雙邊
463/001

詞韵之屬

0537
詞林正韵三卷
（清）戈載輯
清刻本
一册
十行二十二字，小字雙行同
白口，左右雙邊
缺一卷（卷上）
463/007

0538
詞律校勘記二十卷
（清）杜文瀾撰
清咸豐十一年（1861）曼陀羅華閣刻本
一册
九行二十一字，小字雙行同
白口，左右雙邊
存十卷（卷一至十）
488.1/010

0539
詞律二十卷
（清）萬樹撰
清光緒二年（1876）吴下刻本
十二册
七行二十一字，小字雙行同
白口，左右雙邊
463/006

0540
詞律拾遺八卷
（清）徐本立輯
詞律補遺一卷
（清）杜文瀾編
清同治十二年（1873）吴下刻本
四册
七行二十一字，小字雙行同
白口，左右雙邊
463/002

詞話之屬

0541
小三吾亭詞二卷附一卷
冒廣生撰
清光緒二十年（1894）刻如皋冒氏叢书本
一册
十行二十四字，小字雙行同
黑口，左右雙邊
462–49/005

曲類

雜劇之屬

0542
紫釵記二卷
（明）湯顯祖撰
清刻本
一册
九行十九字，小字雙行同
白口，左右雙邊
472/019

0543
雪中人一卷一片石一卷
（清）蔣士銓填詞
清紅雪樓刻本
一册
九行二十二字，小字雙行同
白口，四周單邊
472/013

0544
衣鉢真傳古才子西厢記不分卷
（清）□□編
清抄本
一册
行數不等字數不等
白口，無版框
471/005

傳奇之屬

0545
還魂記二卷
（明）湯顯祖撰
明刻本
二册
九行十九字
白口，左右雙邊
472-1/001

0546
牡丹亭還魂記二卷
（明）湯顯祖撰
清光緒十二年（1886）上海同文書局石印本
四册
十行二十二字，小字雙行同
白口，四周單邊
472/005

0547
納書楹南柯記全譜二卷
（清）葉堂訂譜　（清）王文治参訂
清乾隆五十七年（1792）長洲葉氏納書楹刻本
二册
六行十八字，小字雙行不等
白口，四周雙邊
471/006

0548
納書楹紫釵記全譜二卷
（清）葉堂訂譜　（清）王文治参訂
清乾隆五十七年（1792）長洲葉氏納書楹刻本
二册
六行十八字，小字雙行不等
白口，四周雙邊
471/006：2

0549
納書楹邯鄲記全譜二卷
（清）葉堂訂譜　（清）王文治参訂
清乾隆五十七年（1792）長洲葉氏納書楹刻本
二册
六行十八字，小字雙行不等

白口，四周雙邊
471/006：3

0550
納書楹牡丹亭全譜二卷
（清）葉堂訂譜 （清）王文治參訂
清乾隆五十七年（1792）長洲葉氏納書楹刻本
一册
六行十八字，小字雙行不等
白口，四周雙邊
存一卷（卷下）
471/006：4

0551
旗亭記二卷
（清）盧見曾撰
清乾隆二十四年（1759）刻本
六册
十行二十一字，小字雙行同
白口，四周單邊
463/09

彈詞之屬

0552
笑中緣圖說十二卷七十五回
（清）曹春江撰
清石印本
四册
十八行三十六字
白口，四周雙邊
474/002

0553
新刻玉釧緣全傳三十二卷
（清）西湖居士撰
清大文堂刻本
八册
十行二十二字
白口，四周單邊
存四卷（卷一至四）
474/001-2

0554
新刻玉釧緣全傳三十二卷
（清）西湖居士撰
清學庫山房刻本
六十四册
十行二十二字
白口，四周單邊
474/001

小說類

長篇之屬

0555
新編五代史平話八卷
（宋）□□撰
清宣統三年（1911）毘陵董氏誦芬室刻本
二册
十五行二十五字
黑口，四周單邊
472/001

0556
四大奇書第一種十九卷首一卷一百二十回
（明）羅本撰 （清）金聖嘆書 （清）毛宗崗評
清大文堂刻本
二十册
十二行二十八字，小字雙行同
白口，四周單邊
453/003-2

0557
四大奇書第一種五十一卷首一卷一百二十回
（明）羅本撰 （清）金聖嘆書 （清）

毛宗崗評
清善成堂刻本
二十册
十二行二十八字，小字雙行同
白口，四周單邊
474/006

0558
西游真詮六卷一百回
（明）吴承恩撰　（清）陳士斌詮解
清刻本
四册
十四行三十三字
白口，四周單邊
453/011

0559
東周列國全志二十三卷一百八回
（清）蔡界評點
清咸豐四年（1854）刻本
二十三册
十二行二十六字，小字雙行同
白口，左右雙邊
453/004-2

0560
東周列國全志二十三卷一百八回
（清）蔡界評點
清光緒十九年（1893）澹雅書局刻本
二十四册
十二行二十六字，小字雙行同
白口，四周單邊
453/004-3

0561
花月痕全書十六卷五十二回
（清）眠鶴主人（魏秀仁）撰
清光緒十四年（1888）福州雙笏廬刻本
十六册
九行二十一字
白口，左右雙邊
453/007

0562
精訂綱鑑廿四史通俗衍義二十六卷四十回
（清）吕撫撰
清光緒十三年（1887）上海廣百宋齋石印本
六册
十二行三十三字
白口，四周雙邊
453/002

0563
新刻黄掌綸先生評訂神仙鑑首集二十二卷
（清）徐道述　（清）李理贊
清刻本
二册
十行二十二字，小字雙行同
白口，四周單邊
存一卷（卷一）
398.1/031

0564
續紅樓夢三十卷
（清）秦子忱撰
清嘉慶四年（1799）抱甕軒刻本
十二册
九行二十字
黑口，四周單邊
453/008

0565
增評加批金玉緣圖説十六卷首一卷一百二十回
（清）曹霑撰　（清）高鶚續撰　（清）蝶薌仙史評訂
清光緒三十二年（1906）上海桐蔭軒石印本
十六册
二十行四十字
白口，四周單邊
488.1/017

短篇之屬

0566
槐西雜志四卷
（清）紀昀撰
清連元閣刻本
二册
十行二十字
白口，四周雙邊
451/014

0567
繪圖後聊齋志异十二卷
（清）王韜撰
清光緒二十九年（1903）上海點石齋石印本
六册
十六行四十字
上黑口，四周單邊
451/015

0568
詳注聊齋志异圖咏十六卷首一卷
（清）蒲松齡撰（清）吕湛恩注
清光緒十二年（1886）上海同文書局石印本
八册
十四行三十六字，小字雙行同
白口，四周雙邊
451/010

新學部

叢編類

0001
自强齋時務叢書
（清）□□輯
清光緒新學書局刻本
二十七册
十行字數不等
白口，左右雙邊
子目：
富國策四卷 （清）陳次亮撰
庸書内篇二卷 （清）陳次亮撰
庸書外篇二卷 （清）陳次亮撰
雲南勘界籌邊記二卷 （清）姚文棟撰
校邠廬抗議二卷 （清）馮桂芬撰
東方時局論略一卷 鄧鏗撰
西學課程彙編一卷 （清）出洋肄業局譯 （清）沈敦和校訂
危言四卷 湯壽潛撰
明夷待訪録一卷 （清）黄宗羲撰
歐洲東方交涉記十二卷 （英國）麥高爾輯 （美國）林樂知 （清）瞿昂來譯
英俄印度交涉書一卷續編一卷 （英國）馬文輯撰 （英國）羅亨利 （清）瞿昂來譯
帕米爾圖説一卷 （清）許景澄撰
西徼日記一卷 （清）黄懋材撰
印度諸記一卷 （清）黄懋材撰
游歷芻言一卷 （清）黄懋材撰
勸學篇二卷（缺内篇）（清）張之洞撰
214./034

0002
經世齋時務叢書
（清）賜書堂輯
清光緒二十一年至二十二年（1895—1896）上海書局石印本
六册
行數不等字數不等
白口，四周單邊
子目：
各國時事類編十八卷（缺卷十三至十八）（清）沈純輯
盛世危言續編三卷 （清）杞憂生輯撰
盛世危言外編二卷 （清）馮桂芬輯撰
新政論議一卷 何啓 胡禮垣撰
書曾襲侯中國先睡後醒論後一卷 何啓 胡禮垣撰
公法總論一卷 （英國）羅柏村撰 （英國）傅蘭雅 （清）汪振聲譯
214./027

0003
質學叢書初集
（清）武昌質學會輯
清光緒二十二年至二十三年（1896—1897）武昌質學會刻本
四十二册
十一行二十三字，小字雙行同
黑口，四周單邊
子目：
危言四卷 （清）湯震撰
新政策一卷 （英國）李提摩太撰
整頓中國條議一卷 （美國）福士達撰
佐治芻言三卷 （英國）傅蘭雅口譯 （清）應祖錫筆述
肄業要覽一卷 （英國）史本守撰 （清）顏永京譯
德國學校論略二卷附録一卷 （德國）花之安譯述
西學書目表四卷附讀西學書法一卷 梁啓超撰
天文歌略一卷 （清）葉瀾撰
地學歌略一卷 （清）葉瀚撰

（清）葉瀾撰
西學略述十卷　（英國）艾約瑟譯
格致古微五卷表一卷　（清）王仁俊撰
采風記五卷　宋育仁撰
中俄界約斠注六卷附帕米爾分界私議一卷中俄界綫簡明説一卷首一卷　（清）錢恂撰
中俄交界記一卷　（清）王錫祺輯
德國合盟紀事本末一卷　（清）徐建寅譯述
德國議院章程一卷　（清）徐建寅譯述
比利時國考察罪犯會紀略一卷　（英國）傅蘭雅譯撰
農學新法一卷　（英國）貝德禮撰　（英國）李提摩太譯
蠶務説略一卷　（英國）康發達述
英國鑄錢説略一卷　（英國）傅蘭雅撰
生利分利之别論一卷　（英國）李提摩太撰
戰法學二卷　（日本）石井忠利撰
長江礮臺芻議一卷附長江下游礮臺礮位編目一卷　姚錫光撰
借箸籌防論略一卷附礮概淺説一卷　（德國）來春石泰撰　（清）沈敦和譯述
擬請中國嚴整武備説一卷　（德國）瑞乃爾撰
列國陸軍制九卷　（美國）林樂知口譯　（清）瞿昂來筆述
德國水師事宜一卷　（清）卞長勝譯
海戰指要一卷　（美國）金楷理口譯　（清）趙元益筆述
管礮法程四卷　（德國）瑞乃爾譯
法國海軍職要一卷　（清）馬建忠述

51/037

0004

西政叢抄六種

（清）養春堂主人輯
清光緒二十八年（1902）石印本
七册
二十二行四十八字
黑口，四周雙邊
子目：
史學不分卷
掌故不分卷
輿地不分卷
算學不分卷
商學不分卷
交涉不分卷

37/005-2

0005

西政叢書

梁啓超輯
清光緒二十三年（1897）慎記書莊石印本
三十二册
十八行四十字，小字雙行字
白口，四周雙邊
存二十三種九十八卷
子目：
希臘志略七卷
羅馬志略十三卷首一卷
德國合盟紀事本末一卷　（清）徐建寅譯述
肄業要覽一卷　（清）顔永京譯
德國學校論略一卷
佐治芻言一卷
公法總論一卷
農學新法一卷
工程致富論略十三卷
考工紀要十七卷
富國養民策一卷
保富述要一卷
法國海軍職要一卷
自强軍洋操課程十卷
英法正概一卷
日雜事詩三卷
日本新政考二卷
適可齋記言四卷
四上書記四卷

庸書八卷
續富國策四卷
中外交涉類要表一卷
光緒通商綜覈表一卷

45/509

0006

教育叢書初集

羅振玉編
清光緒二十七年（1901）教育世界出版所刻本
八册
十三行二十六字
黑口，左右雙邊

214./033

0007

西學啓蒙十六種

（英國）赫德輯 （英國）艾約瑟譯
清光緒二十四年（1898）石印本
十六册
十四行四十字
白口，四周單邊
子目：
西學略述十卷
地志啓蒙四卷
地學啓蒙八卷
化學啓蒙不分卷
辯學啓蒙二十七章
羅馬志略十三卷
格致總學啓蒙三卷
格致質學啓蒙十一章
動物學啓蒙八卷
植物學啓蒙不分卷
希臘志略七卷年表一卷
歐洲史略十三卷
地理治學啓蒙七卷
身理啓蒙十章
天文啓蒙七卷
富國養民策十六章

214./021-3

0008

西學啓蒙十六種

（英國）赫德輯 （英國）艾約瑟譯
清光緒二十四年（1898）石印本
十六册
十四行四十字
白口，四周單邊

214./021-2

0009

西學啓蒙十六種

（英國）赫德輯 （英國）艾約瑟譯
清光緒二十四年（1898）石印本
十六册
十四行四十字
白口，四周單邊

214./021

0010

二約釋義叢書

（英國）韋廉臣等撰
清光緒二十三年（1897）上海美華書館鉛印本
一册
十三行三十三字，小字雙行同
白口，四周雙邊
子目：
二約聖書溯源三卷 （英國）韋廉臣撰
舊約聖書前五本小引一卷 （英國）韋廉臣撰
舊約聖書中十七本小引一卷 （英國）文教治撰
舊約聖書後十七本小引一卷 （英國）文教治撰
聖經翼二卷 （英國）理一視輯
新約聖書小引一卷 （英國）文教治 （英國）密撒母耳撰
四福音目録合編一卷 （英國）密撒母耳撰
聖經所載諸國見於漢書考一卷 （英國）艾約瑟撰

聖經各等考二卷　（英國）艾約瑟撰
猶太國曆一卷　（英國）艾約瑟撰
舊約年代表一卷　（英國）艾約瑟撰
聖書動植物備考二卷　（英國）□□撰
古國憑經一卷　（英國）□□撰
選民交涉一卷　（英國）□□撰
舊約希奇諸事一卷　（英國）韋廉臣撰
舊約比喻等事一卷　（英國）韋廉臣撰
新約希奇諸事一卷　（英國）韋廉臣撰

312-4/002

0011

西學輯存六種

（英國）偉烈亚力口譯　（清）王韜輯
清光緒十六年（1890）鉛印本
六册
十三行二十四字
白口，四周雙邊
子目：
西國天學源流一卷
重學淺説一卷
西學圖説一卷
西學原始考一卷
泰西著述考一卷
華英通商事略一卷

251.1/015

史志類

諸國史之屬

0012

四裔編年表四卷

（美國）林樂知　嚴良勛譯　（清）李鳳苞編
清上海江南製造局刻本
一册
行數不等字數不等，小字雙行不等
白口，左右雙邊

2101/017

0013

四裔編年表四卷

（美國）林樂知　嚴良勛譯　（清）李鳳苞編
清上海江南製造局刻本
四册
行數不等字數不等，小字雙行不等
白口，左右雙邊

2101/017部二

0014

萬國通鑑四卷首一卷

（美國）謝衛樓撰　（清）趙如光譯
清光緒二十八年（1902）上海書局石印本
四册
十八行三十八字，小字雙行同
下黑口，四周雙邊

2101/012

0015

萬國通鑑四卷首一卷

（美國）謝衛樓撰　（清）趙如光譯
清光緒二十八年（1902）上海書局石印本
四册
十八行三十八字，小字雙行同
下黑口，四周雙邊

2101/012部二

0016

英法義比志譯略四卷

吴宗濂譯　（清）趙元益等述
清光緒二十五年（1899）上海石印本
二册
十四行二十五字
白口，四周雙邊
子目：

英吉利志譯略一卷
法郎西志譯略一卷
意大利志譯略一卷
比利時志譯略一卷
2102/005

0017
英法義比志譯略四卷
吴宗濂譯 （清）趙元益等述
清光緒二十五年（1899）上海石印本
二册
十四行二十五字
白口，四周雙邊
子目：
英吉利志譯略一卷
法郎西志譯略一卷
意大利志譯略一卷
比利時志譯略一卷
2102/005部二

0018
西洋史要圖一卷
（清）□□撰
清光緒金粟齋石印本
一册
白口，無版框
2101/018

0019
歐羅巴通史四卷
（日本）箕作元八 （日本）峰岸米造纂 （清）徐有成等譯
清光緒二十六年（1900）上海東亚譯書會鉛印本
四册
十行二十五字，小字雙行同
白口，四周雙邊
940/41

0020
歐羅巴通史四卷
（日本）箕作元八 （日本）峰岸米造纂 （清）徐有成等譯
清光緒二十六年（1900）上海東亚譯書會鉛印本
四册
十行二十五字，小字雙行同
白口，四周雙邊
2101/027

0021
五大洲志三卷
（日本）辻武雄撰
清光緒二十八年（1902）東京泰東同文局鉛印本
二册
十二行三十字
白口，四周雙邊
缺一卷（卷上）
251.1/012

0022
世界近世史不分卷
（日本）松平康國撰 （清）中國國民叢書社譯
清光緒二十八年（1902）上海商務印書館鉛印本
一册
十五行三十二字
黑口，四周單邊
2101/029

0023
節本泰西新史攬要八卷
（英國）馬墾西撰 （英國）李提摩太譯 周慶雲節録
清光緒二十七（1901）夢坡室刻本
二册
十二行二十四字
黑口，左右雙邊
2101/032

別國史之屬

0024
德國最近進步史三卷
（美國）林樂知譯 （清）吴禕述
清光緒三十年（1904）上海商務印書館鉛印本
一册
十二行二十九字
白口，四周雙邊
2101/034

0025
俄史輯譯四卷
（清）闞裴迪譯 （清）徐景羅重譯
清光緒二十四年（1898）上海富强齋鉛印本
二册
二十行四十四字
下黑口，四周雙邊
2101/026

0026
俄史輯譯四卷
（清）闞裴迪譯 （清）徐景羅重譯
清光緒二十四年（1898）上海富强齋鉛印本
二册
二十行四十四字
下黑口，四周雙邊
2101/026-2

0027
俄史輯譯四卷
（英國）闞裴迪譯 （清）徐景羅重譯
清光緒十四年（1888）益智書會刻本
四册
十行二十二字
黑口，四周雙邊
2101/002

0028
重訂法國志略二十四卷
（清）王韜輯
清光緒十五年（1889）弢園鉛印本
十册
十三行二十三字
白口，四周雙邊
2101/010

0029
重訂法國志略二十四卷
（清）王韜輯
清光緒十五年（1889）弢園鉛印本
十册
十三行二十三字
白口，四周雙邊
2101/024

0030
俄國政俗通考三卷
（清）印度廣學會編輯 （美國）林樂知 （清）任廷旭譯
清光緒二十六年（1900）上海廣學會鉛印本
二册
十二行二十八字
白口，四周雙邊
2101/021

0031
俄國政俗通考三卷
（清）印度廣學會編輯 （美國）林樂知 （清）任廷旭譯
清光緒二十六年（1900）上海廣學會鉛印本
二册
十二行二十八字
白口，四周雙邊
2101/021-2

0032
朝鮮近世史二卷
（日本）北總林泰輔編 劉世珩譯

清光緒二十九年（1903）上海鴻寶書局石印本
二册
十二行二十五字，小字雙行同
白口，四周雙邊
2101/030

0033
埃及近世史不分卷
（日本）柴四郎撰 （清）章起渭譯
清光緒二十九年（1903）上海商務印書館鉛印本
一册
十五行三十二字，小字雙行同
黑口，四周單邊
2101/033

0034
印度史攬要三卷
（英國）竇星亨德偉良撰 （清）任廷旭譯
清光緒二十七年（1901）上海美華書館鉛印本
三册
十二行二十七字
白口，四周雙邊
2101/022

0035
印度史攬要三卷
（英國）竇星亨德偉良撰 （清）任廷旭譯
清光緒二十七年（1901）上海美華書館鉛印本
三册
十二行二十七字
白口，四周雙邊
2101/022部二

0036
俄國新志八卷
（英國）陔勒低撰 （英國）傅蘭雅 （清）潘松譯
清光緒二十七年（1901）上海書局石印本
四册
十行二十二字
黑口，左右雙邊
2101/020

0037
俄國新志八卷
（英國）陔勒低撰 （英國）傅蘭雅 （清）潘松譯
清光緒二十四年（1898）江南製造總局刻本
三册
十行二十二字
黑口，左右雙邊
2101/020-2

0038
俄國新志八卷
（英國）陔勒低撰 （英國）傅蘭雅 （清）潘松譯
清光緒二十七年（1901）上海書局石印本
三册
十行二十二字
黑口，左右雙邊
缺三卷（卷三至五）
2101/020-3

0039
法國新志四卷
（英國）陔勒低撰 （英國）傅紹蘭口譯 （清）潘松筆述
清光緒二十七年（1901）上海書局石印本
四册
十行二十二字
黑口，左右雙邊
2101/019

0040
法國新志四卷
（英國）陔勒低撰 （英國）傅紹蘭口譯

（清）潘松筆述
清光緒二十四年（1898）江南製造總局刻本
二册
十行二十二字
黑口，左右雙邊
2101/019-2

0041
法國新志四卷
（英國）陔勒低撰　（英國）傅紹蘭口譯
（清）潘松筆述
清光緒二十七年（1901）上海書局石印本
四册
十行二十二字
黑口，左右雙邊
2101/019-3

0042
法國新志四卷
（英國）陔勒低撰　（英國）傅紹蘭口譯
（清）潘松筆述
清光緒二十七年（1901）上海書局石印本
四册
十行二十二字
黑口，左右雙邊
2101/019-4

0043
法國新志四卷
（英國）陔勒低撰　（英國）傅紹蘭口譯
（清）潘松筆述
清光緒二十四年（1898）上海江南製造局刻本
二册
十行二十二字
黑口，左右雙邊
2101/019-5

0044
日本維新慷慨史二卷
（日本）西村三郎編輯　趙必振譯
清光緒二十八年（1902）上海廣智書局鉛印本
一册
十二行三十一字
白口，四周雙邊
存一卷（卷二）
251.1/032

戰記之屬

0045
布匿第二次戰紀五卷
（英國）阿納樂德撰　林紓 魏易譯
清光緒二十九年（1903）北京大學堂官書局鉛印本
一册
十四行三十二字
白口，四周雙邊
存三卷（卷三至五）
24-49/026

0046
布匿第二次戰紀五卷
（英國）阿納樂德撰　林紓 魏易譯
清光緒二十九年（1903）北京大學堂官書局鉛印本
一册
十四行三十二字
白口，四周雙邊
存三卷（卷三至五）
24-49/026-2

0047
中東戰紀本末八卷續編四卷
（美國）林樂知著譯　（清）蔡爾康輯
清光緒二十三年（1897）上海圖書集成局鉛印本
十二册
十三行四十字，小字雙行同
白口，四周單邊
24-49/027

0048
中東戰紀本末八卷
（美國）林樂知著譯 （清）蔡爾康輯
清光緒二十二年（1896）上海圖書集成局鉛印本
八册
十三行四十字，小字雙行同
白口，四周單邊
24-49/027-2

0049
普法戰紀二十卷
（清）張宗良口譯 （清）王韜輯撰
清光緒二十一年（1895）弢園鉛印本
十册
十一行二十三字，小字雙行同
黑口，四周雙邊
2101/001

政治法律類

政治之屬

0050
西國近事彙編九十六卷
（美國）金楷理口譯 （清）蔡錫齡筆述
清光緒上海機器製造局鉛印本
九十六册
十行二十四字
上黑口，四周雙邊
2101/031

0051
西國近事彙編二十四卷
（美國）金楷理口譯 （清）蔡錫齡筆述
清光緒四年（1878）上海機器製造局鉛印本
二十册
十行二十四字
上黑口，四周雙邊
缺四卷（丙申卷一，甲申卷二、四，乙酉卷四）
2101/031-2

0052
西國近事彙編三十二卷
（美國）金楷理口譯 （清）蔡錫齡筆述
清同治十三年（1874）鉛印本
十二册
二十四行四十五字
上黑口，四周雙邊
2101/031-3

0053
西國近事彙編甲戌四卷
（美國）金楷理口譯 （清）蔡錫齡筆述
清刻本
二册
十二行二十一字，小字雙行同
黑口，左右雙邊
存二卷（卷三至四）
2101/031-4

0054
西國近事彙編三十二卷
（美國）金楷理口譯 （清）蔡錫齡筆述
清光緒二十三年（1897）慎記書莊石印本
二册
二十四行四十四字
白口，四周雙邊
存四卷（乙亥卷一至二、丙子卷三至四）
2101/031-5

0055
佐治芻言一卷
（英國）傅蘭雅口譯 （清）應祖錫筆述
清光緒二十四年（1898）上海書局石印本
四册
十行二十二字

白口，四周雙邊

2810/001

0056

佐治芻言一卷

（英國）傅蘭雅口譯 （清）應祖錫筆述

清光緒二十四年（1898）上海書局石印本

四册

十行二十二字

白口，四周雙邊

2810/001部二

0057

佐治芻言一卷

（英國）傅蘭雅口譯 （清）應祖錫筆述

清光緒江南製造總局鉛印本

三册

十行二十二字

白口，四周雙邊

2810/001部三

0058

東方時局論略三章

（清）鄧鏗撰

清光緒十五年（1889）鉛印本

一册

十行二十二字

白口，四周雙邊

398.1/008

0059

政治汎論四卷

（美國）威爾遜撰　商務印書館譯

清光緒二十九年（1903）上海商務印書館鉛印政學叢書本

二册

十七行三十七字，小字雙行同

黑口，四周單邊

398.1/020

0060

政群源流考二卷

（美國）韋爾生撰 （清）李維格 （清）伍光建譯

清光緒二十八年（1902）南洋公學譯書院鉛印本

一册

十二行三十二字

上黑口，四周雙邊

398.1/006

0061

列國政要一百三十二卷首一卷

（清）戴鴻慈 （清）端方輯

清光緒三十三年（1907）商務印書館上海石印本

三十二册

十行二十八字，小字雙行同

白口，四周雙邊

2101/005

0062

列國政要一百三十二卷首一卷

（清）戴鴻慈 （清）端方輯

清光緒三十三年（1907）商務印書館上海石印本

三十二册

十行二十八字，小字雙行同

白口，四周雙邊

2101/005部二

0063

列國政要續編九十四卷

（清）戴鴻慈 （清）端方輯

清宣統三年（1911）商務印書館石印本

八册

十行二十八字

白口，四周雙邊

存二十五卷（卷七十至九十四）

2101/005部三

0064
七國新學備要一卷
（英國）李提摩太撰
清光緒二十四年（1898）上海商務印書館鉛印本
一册
十三行二十二字
白口，四周雙邊
284/033

律例之屬

0065
比較國法學四編
（日本）末岡精一撰　商務印書館譯
清光緒三十二年（1906）上海商務印書館鉛印本
一册
十七行三十七字
黑口，四周單邊
2101/025

學校類

0066
費爾巴爾圖派之教育三卷
（美國）查勒士德曷爾毛撰　（日本）中島端譯
清光緒教育世界社鉛印本
一册
十五行三十二字
黑口，四周雙邊
2101/011

0067
日本各校紀略一卷
（清）張大鏞撰
清光緒二十五年（1899）浙江書局刻本
一册
十行二十一字，小字雙行同
白口，左右雙邊
2101/008

0068
日本各校紀略一卷
（清）張大鏞撰
清光緒二十五年（1899）浙江書局刻本
一册
十行二十一字，小字雙行同
白口，左右雙邊
2101/008 部二

0069
日本各校紀略一卷
（清）張大鏞撰
清光緒二十五年（1899）浙江書局刻本
一册
十行二十一字，小字雙行同
白口，左右雙邊
2101/008 部三

0070
日本各校紀略一卷
（清）張大鏞撰
清光緒二十五年（1899）浙江書局刻本
一册
十行二十一字，小字雙行同
白口，左右雙邊
2101/008 部四

0071
日本各校紀略一卷
（清）張大鏞撰
清光緒二十五年（1899）浙江書局刻本
一册
十行二十一字，小字雙行同
白口，左右雙邊
2101/008 部五

0072
日本各校紀略一卷
（清）張大鏞撰
清光緒二十五年（1899）浙江書局刻本
一册
十行二十一字，小字雙行同
白口，左右雙邊
2101/008 部六

0073
調查日本郵電學堂報告書二卷
李景銘　方兆鰲編
清宣統元年（1909）郵傳部圖書通譯局鉛印本
一册
十二行三十三字
白口，四周雙邊
2101/016

交涉類

公法之屬

0074
公法會通十卷
（德國）步倫撰　（美國）丁韙良譯
清光緒六年（1880）同文館鉛印本
五册
九行二十字，小字雙行同
白口，四周雙邊
285/026

0075
公法便覽四卷續一卷
（美國）丁韙良譯
清光緒三年（1877）同文館鉛印本
六册
九行二十字
白口，四周雙邊
289/040

0076
各國交涉公法論三集十六卷校勘記一卷
（英國）費利摩羅巴德撰　（英國）傅蘭雅口譯　（清）俞世爵筆述
清光緒二十四年（1898）江南製造總局鉛印本
十六册
十一行二十四字
白口，四周雙邊
285/011

0077
各國交涉公法論三集十六卷校勘記一卷
（英國）費利摩羅巴德撰　（英國）傅蘭雅口譯　（清）俞世爵筆述
清光緒二十四年（1898）江南製造總局鉛印本
十六册
十一行二十四字
白口，四周雙邊
285/011-2

外交之屬

0078
中西紀事二十四卷首一卷
（清）夏燮撰
清光緒十一年（1885）琉璃廠木活字印本
六册
十行十八字，小字雙行同
下黑口，四周雙邊
23-49/004

0079
通商各國條約不分卷
（清）總理各國事務衙門編
清光緒鉛印本
十一册
九行二十三字

白口，四周雙邊

251.1/037

0080

中俄約章會要三卷續編一卷

（清）總理各國通商事務衙門編

清光緒八年（1882）同文館鉛印本

四册

八行二十字

白口，四周雙邊

285/018

0081

英俄印度交涉書一卷續編一卷

（英國）馬文撰 （英國）羅亨利（清）瞿昂來譯

清江南製造總局刻本

一册

十行二十二字

黑口，左右雙邊

285/15

0082

英俄印度交涉書一卷續編一卷

（英國）馬文撰 （英國）羅亨利（清）瞿昂來譯

清江南製造總局刻本

一册

十行二十二字

黑口，左右雙邊

285/15-2

兵制類

海軍之屬

0083

北洋海軍章程不分卷

（清）總理海軍事務衙門編

清鉛印本

六册

九行二十一字

白口，四周雙邊

284/046

0084

美國水師考不分卷

（英國）巴那比（美國）克里撰 （英國）傅蘭雅（清）鍾天緯譯

清光緒江南製造總局鉛印本

一册

十行二十四字

上黑口，四周雙邊

2101/028

0085

英國水師考不分卷

（英國）巴那比（美國）克里撰 （英國）傅蘭雅（清）鍾天緯譯

清鉛印本

一册

十行二十四字

上黑口，四周雙邊

55.2/002

0086

英國水師考不分卷

（英國）巴那比（美國）克里撰 （英國）傅蘭雅（清）鍾天緯譯

清末江南製造總局鉛印本

一册

十行二十四字

上黑口，四周雙邊

55.2/002-2

0087

俄國水師考一卷

（英國）百拉西撰 （英國）傅紹蘭譯 （清）李嶽蘅譯

清光緒江南製造總局鉛印本

一册

十行二十四字
白口，四周雙邊
2101/009

陸軍之屬

0088
列國陸軍制不分卷
（美國）歐潑登撰 （美國）林樂知（清）翟昂來譯
清光緒江南製造總局刻本
三册
十行二十二字，小字雙行同
黑口，左右雙邊
210.1/014

0089
行軍指要六卷
（英國）哈密撰 （美國）金楷理口譯 （清）趙元益筆述
清光緒二十七年（1901）上海製造局刻本
六册
十行二十二字，小字雙行同
黑口，左右雙邊
35/002

農政類

農務之屬

0090
農務全書上編十六卷中編十六卷下編十六卷
（美國）施妥縷撰 舒高第口譯 趙詒琛筆述
清光緒三十三年至宣統元年（1907—1909）江南製造局刻本
十八册
十行二十二字
黑口，左右雙邊
缺十三卷（中編卷八至十六，下編卷一至四）
36/005

0091
農務全書上編十六卷中編十六卷
（美國）施妥縷撰 舒高第口譯 趙詒琛筆述
清光緒三十三年至宣統元年（1907—1909）江南製造局刻本
三册
十行二十二字
黑口，左右雙邊
存六卷（上編卷一至二、十五至十六，中編卷五至六）
36/005-2

礦物類

0092
金石識别十二卷
（美國）代那撰 （美國）瑪高温口譯 （清）華蘅芳筆述
清同治十一年（1872）江南製造總局刻本
六册
十行二十二字，小字雙行同
黑口，左右雙邊
393/003

0093
寶藏興焉十二卷
（英國）費而奔撰 （英國）傅蘭雅口譯 （清）徐壽筆述
清刻本
八册

十行二十二字
黑口，左右雙邊
缺五卷（卷一至五）

395/001

工藝類

雜工之屬

0094
考工記要十七卷附圖一卷
（英國）瑪體生撰 （英國）傅蘭雅（清）鍾天緯譯
清光緒七年（1881）刻本
八册
十行二十二字
黑口，左右雙邊

3105/004

0095
考空氣炮工記不分卷
（清）傅雲龍撰
清光緒二十一年（1895）石印本
一册
十四行二十八字
黑口，四周雙邊

251.1/008

財經類

0096
新譯列國歲計政要不分卷
（清）海上譯社譯
清光緒二十七年（1901）海上譯社鉛印本
十册
十二行三十四字，小字雙行同
白口，四周雙邊

55.2/004

0097
列國歲計政要十二卷
（英國）麥丁富得力編纂 （美國）林樂知口譯 （清）鄭昌棪筆述
清光緒元年（1875）江南製造總局刻本
六册
十行二十二字
黑口，左右雙邊

284/021

0098
各國條款税則不分卷
（□）□□輯
清刻本
二十册
九行字數不等
白口，四周雙邊

285/014

0099
中外時務經濟統宗十八卷
（清）□□編
清光緒二十八年（1902）石印本
三册
十五行三十六字
上黑口，四周單邊
存三卷（卷一至三）

2102/003

0100
中外時務經濟統宗十八卷
（清）□□編
清光緒二十八年（1902）石印本
三册
十五行三十六字
上黑口，四周單邊
存三卷（卷一至三）

2102/003 部二

0101
中外時務經濟統宗十八卷
（清）□□編
清光緒二十八年（1902）石印本
三册
十五行三十六字
上黑口，四周單邊
存三卷（卷一至三）
2102/003部三

0102
富國養民策十六章
（英國）艾約瑟譯
清光緒二十四年（1898）製造書局刻本
二册
十三行二十八字
白口，四周雙邊
284/015

0103
保富述要不分卷
（英國）布來德撰 （英國）傅蘭雅口譯
（清）徐家寶筆述
清江南製造總局刻本
二册
十行二十二字，小字雙行同
黑口，左右雙邊
284/034

0104
國政貿易相關書二卷
（英國）法拉撰 （英國）傅蘭雅口譯
（清）徐家寶筆述
清刻本
二册
十行二十二字
黑口，左右雙邊
285/027

0105
富國策三卷
（英國）法思德撰 （清）汪鳳藻譯
清光緒六年（1880）同文館鉛印本
三册
九行二十字
白口，四周雙邊
284/014

0106
富國策三卷
（英國）法思德撰 （清）汪鳳藻譯
清光緒二十五年（1899）上海美華書館鉛印本
一册
十四行三十四字
白口，四周雙邊
284/014-2

0107
富國策三卷
（英國）法思德撰 （清）汪鳳藻譯
清光緒二十四年（1898）鉛印本
三册
十一行三十字
白口，四周雙邊
284/014-3

0108
富國策三卷
（英國）法思德撰 （清）汪鳳藻譯
清光緒二十四年（1898）鉛印本
三册
十一行三十字
白口，四周雙邊
284/014-4

0109
原富五部附中西年表
（英國）斯密亚丹撰　嚴復譯
清光緒二十七年（1901）鉛印本
七册
十二行三十二字
上黑口，左右雙邊
398.1/002

0110
原富五部
（英國）斯密亚丹撰　嚴復譯
清光緒二十七年（1901）南洋公學譯書院鉛印本
三册
十五行三十二字
上黑口，四周單邊
缺二卷（丁、戊）
398.1/002-2

0111
原富部戊不分卷
（英國）斯密亚丹撰　嚴復譯
清南洋公學譯書院鉛印本
二册
十二行三十二字
上黑口，四周雙邊
398.1/002-3

船政類

0112
航海章程一卷初議紀録一卷
（美國）費蘭克林撰　（清）鳳儀口譯　（清）徐家寶筆述
清江南製造總局刻本
一册
十行二十二字
黑口，左右雙邊
285/025

格致類

0113
時務通考三十一卷
（清）點石齋主人輯
清光緒二十三年（1897）上海點石齋石印本
二十四册
二十行四十五字，小字雙行同
下黑口，四周雙邊
281/025

0114
時務通考三十一卷
（清）點石齋主人輯
清光緒二十三年（1897）上海點石齋石印本
二十四册
二十行四十五字，小字雙行同
下黑口，四周雙邊
281/025-2

0115
時務通考三十一卷首一卷目録三十一卷
（清）點石齋主人輯
清光緒二十三年（1897）上海點石齋石印本
二十册
二十行四十五字，小字雙行同
下黑口，四周雙邊
09/216-235

0116
穆勒名學甲部八篇乙部七篇丙部十三篇
（英國）穆勒約翰撰　嚴復譯
清光緒三十一年（1905）金粟齋鉛印本
八册
十行二十五字
黑口，左右雙邊
398.1/004

0117
科學叢書第一集
教育世界社輯　（清）樊炳清譯
清光緒二十七年（1901）教育世界出版所石印本
一册
十五行三十二字

黑口，四周雙邊
存二種八章
子目：
倫理學五章 （日本）文部省撰
應用心理學三章 （日本）林吾一撰
55.2/005

算學類

數學之屬

0118
筆算數學三卷
（美國）狄考文輯 （清）鄒立文述
清光緒二十九年（1903）上海美華書館鉛印本
三册
十五行三十二字
白口，四周雙邊
395/003

0119
筆算數學三卷
（美國）狄考文輯 （清）鄒立文述
清光緒二十九年（1903）上海美華書館鉛印本
一册
十五行三十二字
白口，四周雙邊
存一卷（卷一）
395/003-2

0120
算式解法十四卷
（美國）好敦司等撰 （英國）傅蘭雅口譯 （清）華蘅芳筆述
清光緒二十五年（1899）江南製造局刻本
二册
十行二十二字
黑口，左右雙邊
395/008

0121
數學理九卷附録一卷
（英國）棣麽甘撰 （英國）傅蘭雅口譯 （清）趙元益筆述
清光緒二十三年（1897）上海積山書局石印本
四册
十行二十二字
黑口，左右雙邊
398.1/011

0122
數學理九卷附録一卷
（英國）棣麽甘撰 （英國）傅蘭雅口譯 （清）趙元益筆述
清刻本
四册
十行二十二字，小字雙行同
黑口，左右雙邊
398.1/016

代數之屬

0123
代數通藝録十六卷
（清）方愷撰
清光緒二十五年（1899）上海書局石印本
四册
十二行二十六字
白口，四周單邊
缺三卷（卷十至十二）
398.1/005

0124
代數通藝録十六卷
（清）方愷撰

清光緒二十五年（1899）上海書局石印本
五册
十二行二十六字
白口，四周單邊
398.1/005-2

0125
代數通藝録十六卷
（清）方愷撰
清光緒二十五年（1899）上海書局石印本
五册
十二行二十六字
白口，四周單邊
398.1/005-3

幾何之屬

0126
形學備旨十卷開端一卷
（美國）狄考文選譯 （清）鄒立文筆述
清光緒二十九年（1903）上海美華書館鉛印本
二册
十二行三十四字
白口，四周雙邊
398.1/003

0127
形學備旨十卷開端一卷
（美國）狄考文選譯 （清）鄒立文筆述
清光緒二十九年（1903）上海美華書館鉛印本
二册
十二行三十四字
白口，四周雙邊
398.1/003-2

0128
形學備旨十卷開端一卷
（美國）狄考文選譯 （清）鄒立文筆述
清光緒二十九年（1903）上海美華書館鉛印本
二册
十二行三十四字
白口，四周雙邊
398.1/003-3

地學類

地理學之屬

0129
埏紘外乘二十五卷補遺一卷
（美國）林樂知撰　嚴良勛譯
清光緒二十七年（1901）上海江南製造局刻本
八册
十行二十二字
黑口，左右雙邊
2101/015

0130
埏紘外乘二十五卷補遺一卷
（美國）林樂知撰　嚴良勛譯
清光緒二十七年（1901）上海江南製造局刻本
五册
十行二十二字
黑口，左右雙邊
缺八卷（卷十八至二十五）
2101/015-2

0131
地學淺釋三十八卷
（英國）雷俠兒著 （美國）瑪高温口譯 （清）華蘅芳筆述

地學指略三卷
（英國）文教治口譯 （清）李慶軒筆述
清光緒二十四年（1898）石印本
四册
二十行四十四字
白口，四周雙邊
393/001

0132
地學淺釋三十八卷
（英國）雷俠兒撰 （美國）瑪高温口譯 （清）華蘅芳筆述
清江南製造總局刻本
四册
十行二十二字
黑口，左右雙邊
存二十卷（卷一至二十）
393/001–2

0133
地學淺釋三十八卷
（英國）雷俠兒撰 （美國）瑪高温口譯 （清）華蘅芳筆述
地學指略三卷
（英國）文教治口譯 （清）李慶軒筆述
清光緒二十四年（1898）石印本
四册
二十行四十四字
白口，四周雙邊
393/001–2

0134
地學淺釋三十八卷
（英國）雷俠兒撰 （美國）瑪高温口譯 （清）華蘅芳筆述
地學指略三卷
（英國）文教治口譯 （清）李慶軒筆述
清光緒二十四年（1898）石印本
四册
二十行四十四字
白口，四周雙邊
393/001–3

0135
地學淺釋三十八卷
（英國）雷俠兒撰 （美國）瑪高温口譯 （清）華蘅芳筆述
地學指略三卷
（英國）文教治口譯 （清）李慶軒筆述
清光緒二十四年（1898）石印本
四册
二十行四十四字
白口，四周雙邊
393/001–4

地志學之屬

0136
海道圖説十五卷附長江圖説一卷
（英國）金約翰輯 （英國）傅蘭雅口譯 （清）王德均筆述
清江南製造總局刻本
十册
十行二十二字
黑口，四周單邊
294/008

0137
海道圖説十五卷附長江圖説一卷
（英國）金約翰輯 （英國）傅蘭雅口譯 （清）王德均筆述
清光緒二十二年（1896）上海書局石印本
七册
十七行四十字
黑口，四周雙邊
294/008–2

0138
地理全志不分卷
（英國）慕維廉撰
清光緒九年（1883）刻本
二册

十行二十三字
白口，四周雙邊
2102/008

全體學類

0139
民種學二卷
（德國）哈伯蘭撰　林紓 魏易譯
清光緒二十九年（1903）北京大學堂官書局鉛印本
一册
十二行二十七字，小字雙行不等
黑口，四周雙邊
55.2/006

0140
全體通考十八卷
（英國）德貞撰
清光緒十二年（1886）同文館鉛印本
十四册
九行二十字，小字雙行同
白口，四周雙邊
缺五卷（卷七、十三、十五至十六、十八）
37/009

醫學類

0141
法律醫學二十四卷首一卷附一卷
（英國）該惠連（英國）弗里愛撰（英國）傅蘭雅口譯（清）趙元益筆述
清光緒二十五年（1899）江南製造局刻本
十册
十行二十二字
黑口，左右雙邊
289/004

診療之屬

0142
婦科不分卷
（美國）湯麥斯撰（清）舒高第（清）鄭昌棪譯
清光緒二十六年（1900）江南製造局鉛印本
五册
十行二十四字
上黑口，四周雙邊
37/008

0143
婦科不分卷
（美國）湯麥斯撰（清）舒高第（清）鄭昌棪譯
清光緒二十六年（1900）江南製造局鉛印本
六册
十行二十四字
上黑口，四周雙邊
37/008-2

0144
婦科精蘊圖說五卷
（美國）妥瑪氏撰（清）孔慶高筆譯
清刻本
四册
十行二十四字，小字雙行同
白口，四周雙邊
缺一卷（卷一）
398.1/021

0145
濟急法不分卷
（英國）舍白辣撰（英國）秀耀春口譯（清）趙元益筆述
清光緒二十九年（1903）江南製造局刻本
一册

十行二十二字
黑口，左右雙邊

37/007

衛生之屬

0146
保全生命論一卷附一卷
（英國）古蘭肥勒撰 （英國）秀耀春口譯 （清）趙元益筆述
清光緒二十七年（1901）上海製造局刻本
一册
十行二十二字
白口，左右雙邊

37/006

游記類

0147
東埔治以北探路記十五卷
（法國）晃西士加尼撰
清光緒二十五年（1899）味經刊書處刻本
十册
十行二十二字
白口，左右雙邊

2102/004

報章類

0148
丙午新民叢報彙編不分卷
梁啓超編
清光緒三十三年（1907）普新端記書局石印本
一册
十六行三十八字，小字雙行同
白口，四周單邊

55.2/003

0149
教育世界十八卷
羅振玉撰
清光緒二十七年（1901）刻本
三册
十三行二十六字，小字雙行同
黑口，左右雙邊
缺五卷（卷十四至十八）

55.2/001

議論類

通論之屬

0150
西學考略二卷
（美國）丁韙良撰
清光緒九年（1883）同文館鉛印本
二册
九行二十字
白口，四周雙邊

2810/003

0151
西學通考三十六卷
（清）胡兆鸞輯
清光緒二十三年（1897）長沙刻本
十四册
十行二十五字，小字雙行同
黑口，左右雙邊

383/012

0152
萬國分類時務大成續集四十四卷
（清）雙管閣主人輯
清光緒二十九年（1903）上海書局石印本
二十四册
二十行四十二字
白口，四周雙邊
2101/006-2

0153
洋務經濟通考十六卷
（清）應祖錫纂
清光緒二十八年（1902）上海鴻寶齋石印本
十二册
二十行四十四字
白口，四周雙邊
2810/008

0154
洋務新論六卷
（英國）李提摩太撰 （清）仲英輯
清光緒二十四年（1898）上海書局石印本
六册
十七行三十五字
黑口，四周雙邊
2102-2/003

0155
群學肄言十六卷
（英國）斯賓塞爾撰 嚴復譯
清光緒二十九年（1903）上海文明編譯書局鉛印本
四册
十一行二十七字
白口，四周雙邊
395/010-2

0156
群學肄言十六卷
（英國）斯賓塞爾撰 嚴復譯
清光緒二十九年（1903）上海文明編譯書局鉛印本
四册
十一行二十七字
白口，四周雙邊
395/010

0157
新斆分類文編六卷
（清）江標評選
清光緒二十四年（1898）勁草主人刻本
五册
十二行二十四字，小字雙行同
黑口，左右雙邊
384/007

其他之屬

0158
經濟通考續集十六卷
（清）應祖錫纂
清光緒二十九年（1903）上海鴻寶書局石印本
十二册
二十行四十四字
白口，四周雙邊
2810/008.2

雜撰類

雜記

0159
戒禮須知不分卷
（英國）傅蘭雅輯
清光緒十二年（1886）刻本
一册

十行二十二字
白口，四周雙邊
398.1/023

0160
戒禮須知不分卷
（英國）傅蘭雅輯
清光緒十二年（1886）刻本
一册
十行二十二字
白口，四周雙邊
398.1/022

0161
養蒙正軌一卷
（英國）秀耀春譯　（清）汪振聲譯
清光緒鉛印本
一册
十行二十四字
上黑口，四周雙邊
398.1/007

小説之屬

0162
拿破崙本紀四十二章
（英國）洛加德撰　林紓　魏易譯
清光緒三十一年（1905）京師學務處官書局鉛印本
四册
十三行三十一字
下黑口，四周單邊
2101/004

0163
拿破崙本紀四十二章
（英國）洛加德撰　林紓　魏易譯
清光緒三十一年（1905）京師學務處官書局鉛印本
一册
十三行三十一字
下黑口，四周單邊
存十一章（卷三十二至四十二）
2101/004-2

類叢部

叢書類

彙編之屬

0001
樂府指迷一卷
（宋）沈義父撰
詞源二卷
（宋）張炎撰
詞旨一卷
（元）陸輔之撰
清刻本
一册
十一行二十字
黑口，左右雙邊
454/02

0002
玉海二百卷辭學指南四卷附刻十五種
（宋）王應麟撰
清光緒九年（1883）浙江書局刻本
一百二十二册
十行二十字，小字雙行同
白口，四周單邊
附刻子目：
詩考一卷
詩地理考六卷
通鑑地理通釋十四卷
急就篇四卷 （漢）史游撰 （唐）顔師古注 （宋）王應麟補注
小學紺珠十卷
姓氏急就篇二卷
六經天文篇二卷
通鑑答問五卷
漢藝文志考證十卷
踐阼篇集解一卷
周書王會補注一卷
漢制考四卷
周易鄭康成注一卷 （漢）鄭玄撰 （宋）王應麟輯
王深寧（應麟）先生年譜一卷 （清）張大昌撰
校補玉海瑣記二卷
314/009

0003
廣漢魏叢書
（明）何允中輯
清嘉慶刻本
九十六册
六行二十字，小字雙行同
白口，左右雙邊
存七十八種四百四十六卷
子目：
經翼
易傳三卷 （漢）京房撰 （三國吴）陸績注
焦氏易林四卷 （漢）焦贛撰
周易略例一卷 （三國魏）王弼撰 （唐）邢璹注
古三墳一卷 （晋）阮咸注
詩傳孔氏傳一卷 （周）端木賜撰
詩説一卷 （漢）申培撰
韓詩外傳十卷 （漢）韓嬰撰
大戴禮記十三卷 （漢）戴德撰 （北周）盧辯注
春秋繁露十七卷 （漢）董仲舒撰
白虎通德論四卷 （漢）班固撰 校勘補遺一卷又闕文一卷 校勘補遺 （清）盧文弨撰 闕文 （清）莊述祖輯
獨斷一卷 （漢）蔡邕撰
中經一卷 （漢）馮融撰
孝傳一卷 （晋）陶潛撰
方言十三卷 （漢）揚雄撰 （晋）郭璞注
釋名四卷 （漢）劉熙撰
博雅十卷 （三國魏）張揖撰 （隋）曹憲音

小爾雅一卷 （漢）孔鮒撰
別史
吴越春秋六卷 （漢）趙曄撰 （宋）徐天祜音注
越絶書十五卷 （漢）袁康撰
十六國春秋十六卷 （北魏）崔鴻撰
鄴中記一卷 （晋）陸翽撰
汲冢周書十卷校正補遺一卷附録一卷 （晋）孔晁注
竹書紀年二卷 （南朝梁）沈約注
穆天子傳六卷 （晋）郭璞注
漢武帝内傳一卷 （漢）班固撰
飛燕外傳一卷 （漢）伶玄撰
雜事秘辛一卷 （漢）□□撰
群輔録一卷 （晋）陶潜撰
神僊傳十卷 （晋）葛洪撰
高士傳三卷 （晋）皇甫謐撰
英雄記抄一卷 （三國魏）王粲撰
子餘
参同契一卷 （漢）魏伯陽撰
陰符經一卷 （漢）張良等注
素書一卷 （漢）黄石公撰 （宋）張商英注
心書一卷 （三國蜀）諸葛亮撰
孫子二卷 （周）孫武撰 （漢）曹操注
新語二卷 （漢）陸賈撰
新書十卷 （漢）賈誼撰
新序十卷 （漢）劉向撰
新論十卷 （北齊）劉晝撰
淮南鴻烈解二十一卷 （漢）劉安撰 （漢）高誘注
孔叢二卷附詰墨一卷 （漢）孔鮒撰
法言十卷 （漢）揚雄撰 （宋）宋咸注
抱朴子内篇四卷外篇四卷 （晋）葛洪撰
申鑒五卷 （漢）荀悦撰 （明）黄省曾注
中論二卷 （漢）徐幹撰
中説二卷 （隋）王通撰
枕中書一卷 （晋）葛洪撰
潛夫論十卷 （漢）王符撰
天禄閣外史八卷 （漢）黄憲撰
説苑二十卷 （漢）劉向撰
論衡三十卷 （漢）王充撰
載籍
搜神記八卷（缺卷一至七）（晋）干寳撰
神异經一卷 （漢）東方朔撰 （晋）張華注
海内十洲記一卷 （漢）東方朔撰
述异記二卷 （南朝梁）任昉撰
續齊諧記一卷 （南朝梁）吴均撰
別國洞冥記四卷 （漢）郭憲撰
西京雜記六卷 （漢）劉歆撰
拾遺記十卷 （前秦）王嘉撰 （南朝梁）蕭綺録
博物志十卷 （晋）張華撰 （宋）周日用 （宋）盧□注
古今注三卷 （晋）崔豹撰
風俗通義十卷 （漢）應劭撰
人物志三卷 （三國魏）劉邵撰 （北魏）劉昞注
文心雕龍十卷 （南朝梁）劉勰撰
詩品三卷 （南朝梁）鍾嶸撰
書品一卷 （南朝梁）庾肩吾撰
顔氏家訓二卷 （北齊）顔之推撰 附考證一卷 （宋）沈揆撰
鹽鐵論十二卷 （漢）桓寬撰 （明）張之象注
三輔黄圖六卷補遺一卷 （漢）□□撰
華陽國志十四卷 （晋）常璩撰
伽藍記五卷 （北魏）楊衒之撰
水經二卷 （漢）桑欽撰
星經二卷 （漢）甘公撰 （漢）石申撰
荊楚歲時記一卷 （南朝梁）宗懔撰
南方草木狀三卷 （晋）嵇含撰
竹譜一卷 （晋）戴凱之撰
古今刀劍録一卷 （南朝梁）陶弘景撰

鼎録一卷 （南朝梁）虞荔撰
51/001-2

0004
古今説海
（明）陸楫輯
清道光元年（1821）苕溪邵氏酉山堂刻本
四十册
八行十六字
白口，左右雙邊
子目：
説選部
小録家
北征録一卷 （明）金幼孜撰
北征後録一卷 （明）金幼孜撰
北征記一卷 （明）楊榮撰
偏記家
平夏録一卷 （明）黄標撰
江南別録一卷 （宋）陳彭年撰
三楚新録三卷 （宋）周羽翀撰
溪蠻叢笑一卷 （宋）朱輔撰
遼志一卷 （宋）葉隆禮撰
金志一卷 （宋）宇文懋昭撰
蒙韃備録一卷 （宋）孟珙撰
北邊備對一卷 （宋）程大昌撰
桂海虞衡志一卷 （宋）范成大撰
真臘風土記一卷 （元）周達觀撰
北户録一卷 （唐）段公路撰
西使記一卷 （元）劉郁撰
北轅録一卷 （宋）周煇撰
滇載記一卷 （明）楊慎撰
星槎勝覽四卷 （明）費信撰
説淵部
別傳家
靈應傳一卷 （唐）□□撰
洛神傳一卷 （唐）薛瑩撰
夢游録一卷 （唐）任蕃撰
吴保安傳一卷 （唐）牛肅撰
崑崙奴傳一卷 （唐）楊巨源撰
鄭德璘傳一卷 （唐）薛瑩撰
李章武傳一卷 （唐）李景亮撰
韋自東傳一卷 （唐）□□撰
趙合傳一卷 （唐）□□撰
杜子春傳一卷 （唐）鄭還古撰
裴伷先別傳一卷 （唐）□□撰
震澤龍女傳一卷 （唐）薛瑩撰
袁氏傳一卷 （後蜀）顧敻撰
少室仙姝傳一卷 （唐）□□撰
李林甫外傳一卷 （唐）□□撰
遼陽海神傳一卷 （明）蔡羽述
蚍蜉傳一卷 （唐）□□撰
甘棠靈會録一卷
顔濬傳一卷 （唐）□□撰
張無頗傳一卷 （唐）□□撰
板橋記一卷 （唐）□□撰
鄴侯外傳一卷 （唐）李蘩撰
洛京獵記一卷 （唐）□□撰
玉壺記一卷 （唐）□□撰
姚生傳一卷 （唐）□□撰
唐晅手記一卷 （唐）唐晅撰
獨孤穆傳一卷 （唐）□□撰
王恭伯傳一卷 （唐）□□撰
中山狼傳一卷 （宋）謝良撰
崔煒傳一卷 （唐）□□撰
陸顒傳一卷 （唐）□□撰
潤玉傳一卷
李衛公別傳一卷 （唐）□□撰
齊推女傳一卷 （唐）□□撰
魚服記一卷 （唐）□□撰
聶隱娘傳一卷 （唐）鄭文寶撰
袁天綱外傳一卷 （唐）□□撰
曾季衡傳一卷 （唐）□□撰
蔣子文傳一卷 （唐）羅鄴撰
張遵言傳一卷 （唐）□□撰
侯元傳一卷 （唐）□□撰
同昌公主外傳一卷 （唐）蘇鶚撰
睦仁蒨傳一卷 （唐）陳鴻撰
韋鮑二生傳一卷 （唐）□□撰
張令傳一卷 （唐）□□撰
李清傳一卷 （唐）□□撰
薛昭傳一卷 （唐）□□撰
王賈傳一卷 （唐）□□撰

烏將軍記一卷 （唐）王惲撰
竇玉傳一卷 （唐）□□撰
柳參軍傳一卷 （唐）□□撰
人虎傳一卷 （唐）李景亮撰
馬自然傳一卷 （唐）□□撰
竇應録一卷 （唐）□□撰
白蛇記一卷 （唐）□□撰
巴西侯傳一卷 （唐）□□撰
柳歸舜傳一卷 （唐）□□撰
求心録一卷 （唐）□□撰
知命録一卷 （唐）□□撰
山莊夜怪録一卷 （唐）□□撰
五真記一卷 （唐）□□撰
小金傳一卷 （唐）□□撰
林靈素傳一卷 （宋）趙與時撰
海陵三仙傳一卷 （宋）□□撰
說略部
雜記家
默記一卷 （宋）王銍撰
宣政雜録一卷 （宋）江萬里撰
靖康朝野僉言一卷 （宋）□□撰
朝野遺紀一卷 （宋）□□撰
墨客揮犀一卷 （宋）彭乘撰
續墨客揮犀一卷 （宋）彭乘撰
聞見雜録一卷 （宋）蘇舜欽撰
山房隨筆一卷 （元）蔣子正撰
諧史一卷 （宋）沈俶撰
昨夢録一卷 （宋）康與之撰
三朝野史一卷 （元）吴萊撰
鐵圍山叢談一卷 （宋）蔡絛撰
孔氏雜説一卷 （宋）孔平仲撰
瀟湘録一卷 （唐）李隱撰
三水小牘一卷 （唐）皇甫枚撰
談藪一卷 （宋）龐元英撰
清尊録一卷 （宋）廉布撰
暌車志一卷 （宋）郭彖撰
話腴一卷 （宋）陳郁撰
朝野僉載一卷 （唐）張鷟撰
古杭雜記一卷 （元）李有撰
夢齋筆談一卷 （宋）葉夢得撰
文昌雜録一卷 （宋）龐元英撰
就日録一卷 （宋）趙□撰
碧湖雜記一卷 （宋）謝枋得撰
錢氏私志一卷 （宋）錢世昭撰
遂昌山樵雜録一卷 （元）鄭元祐撰
高齋漫録一卷 （宋）曾慥撰
桐陰舊話一卷 （宋）韓元吉撰
霏雪録一卷 （明）劉績撰
東園友聞一卷 （元）□□撰
拊掌録一卷 （元）元懷撰
記纂部
逸事家
漢武故事一卷 （漢）班固撰
艮嶽記一卷 （宋）張淏撰
青溪寇軌一卷 （宋）方勺撰
煬帝海山記一卷 （唐）韓偓撰
煬帝迷樓記一卷 （唐）韓偓撰
煬帝開河記一卷 （唐）韓偓撰
散録家
江行雜録一卷 （宋）廖瑩中撰
行營雜録一卷 （宋）趙葵撰
避暑漫抄一卷 （宋）陸游撰
養痾漫筆一卷 （宋）趙溍撰
虛谷閑抄一卷 （元）方回撰
蓼花洲閑録一卷 （宋）高文虎撰
雜纂家
樂府雜録一卷 （唐）段安節撰
教坊記一卷 （唐）崔令欽撰
孫内翰北里志一卷 （唐）孫棨撰
青樓集一卷 （元）雪蓑釣隱（夏庭芝）撰
雜纂三卷 （唐）李商隱撰 （宋）王君玉續 （宋）蘇軾續
損齋備忘録一卷 （明）梅純撰
復辟録一卷 （明）楊瑄撰
靖難功臣録一卷 （明）朱當□撰
備遺録一卷 （明）張芹撰
49/010

0005
古今説海
（明）陸楫輯
清道光元年（1821）苕溪邵氏酉山堂刻本
二十四册
八行十六字
白口，左右雙邊
49/010部二

0006
古今説海
（明）陸楫輯
清道光元年（1821）苕溪邵氏酉山堂刻本
十五册
八行十六字
白口，左右雙邊
存一百五種一百十卷
子目：
北征録一卷　（明）金幼孜撰
北征後録一卷　（明）金幼孜撰
北征記一卷　（明）楊榮撰
平夏録一卷　（明）黄標撰
江南别録一卷　（宋）陳彭年撰
三楚新録三卷　（宋）周羽翀撰
溪蠻叢笑一卷　（宋）朱輔撰
遼志一卷　（宋）葉隆禮撰
金志一卷　（宋）宇文懋昭撰
蒙韃備録一卷　（宋）孟珙撰
北邊備對一卷　（宋）程大昌撰
桂海虞衡志一卷　（宋）范成大撰
真臘風土記一卷　（元）周達觀撰
北户録一卷　（唐）段公路撰
西使記一卷　（元）劉郁撰
北轅録一卷　（宋）周輝撰
滇載記一卷　（明）楊慎撰
星槎勝覽四卷　（明）費信撰
靈應傳一卷　（唐）佚名撰
洛神傳一卷　（唐）薛瑩撰
夢游録一卷　（唐）任蕃撰
吴保安傳一卷　（唐）牛肅撰
崑崙奴傳一卷　（唐）楊巨源撰
鄭德璘傳一卷　（唐）薛瑩撰
李章武傳一卷　（唐）李景亮撰
韋自東傳一卷　（唐）佚名撰
趙合傳一卷　（唐）佚名撰
杜子春傳一卷　（唐）鄭還古撰
裴伷先别傳一卷　（唐）佚名撰
震澤龍女傳一卷　（唐）薛瑩撰
袁氏傳一卷　（後蜀）顧夐撰
少室仙姝傳一卷　（唐）佚名撰
李林甫外傳一卷　（唐）佚名撰
遼陽海神傳一卷　（明）蔡羽述
蚍蜉傳一卷　（唐）佚名撰
甘棠靈會録一卷
顔濬傳一卷　（唐）佚名撰
張無頗傳一卷　（唐）佚名撰
板橋記一卷　（唐）佚名撰
鄴侯外傳一卷　（唐）李蘩撰
洛京獵記一卷　（唐）佚名撰
玉壺記一卷　（唐）佚名撰
姚生傳一卷　（唐）佚名撰
唐晅手記一卷　（唐）唐晅撰
獨孤穆傳一卷　（唐）佚名撰
王恭伯傳一卷　（唐）佚名撰
中山狼傳一卷　（宋）謝良撰
崔偉傳一卷　（唐）佚名撰
陸顒傳一卷　（唐）佚名撰
潤玉傳一卷
李衛公别傳一卷　（唐）佚名撰
齊推女傳一卷　（唐）佚名撰
魚服記一卷　（唐）佚名撰
聶隱娘傳一卷　（唐）鄭文寶撰
袁天綱外傳一卷　（唐）佚名撰
曾季衡傳一卷　（唐）佚名撰
蔣子文傳一卷　（唐）羅鄴撰
張遵言傳一卷　（唐）佚名撰
侯元傳一卷　（唐）佚名撰
同昌公主外傳一卷　（唐）蘇鶚撰
睦仁蒨傳一卷　（唐）陳鴻撰
韋鮑二生傳一卷　（唐）佚名撰
張令傳一卷　（唐）佚名撰
李清傳一卷　（唐）佚名撰

薛昭傳一卷 （唐）佚名撰
王賈傳一卷 （唐）佚名撰
烏將軍記一卷 （唐）王惲撰
竇玉傳一卷 （唐）佚名撰
柳參軍傳一卷 （唐）佚名撰
人虎傳一卷 （唐）李景亮撰
馬自然傳一卷 （唐）佚名撰
寶應録一卷 （唐）佚名撰
白蛇記一卷 （唐）佚名撰
巴西侯傳一卷 （唐）佚名撰
柳歸舜傳一卷 （唐）佚名撰
求心録一卷 （唐）佚名撰
知命録一卷 （唐）佚名撰
山莊夜怪録一卷 （唐）佚名撰
五貞記一卷 （唐）佚名撰
小金傳一卷 （唐）佚名撰
林靈素傳一卷 （宋）趙與時撰
海陵三仙傳一卷 （宋）佚名撰
默記一卷 （宋）王銍撰
宣政雜録一卷 （宋）江萬里撰
靖康朝野僉言一卷 （宋）佚名撰
朝野遺紀一卷 （宋）佚名撰
墨客揮犀一卷 （宋）彭乘撰
續墨客揮犀一卷 （宋）彭乘撰
聞見雜録一卷 （宋）蘇舜欽撰
山房隨筆一卷 （元）蔣子正撰
諧史一卷 （宋）沈俶撰
昨夢録一卷 （宋）康輿之撰
三朝野史一卷 （元）吴萊撰
鐵圍山叢談一卷 （宋）蔡絛撰
孔氏雜説一卷 （宋）孔平仲撰
瀟湘録一卷 （唐）李隱撰
三水小牘一卷 （唐）皇甫枚撰
談藪一卷 （宋）龐元英撰
清尊録一卷 （宋）廉布撰
睽車志一卷 （宋）郭彖撰
話腴一卷 （宋）陳郁撰
朝野僉載一卷 （唐）張鷟撰
漢武故事一卷 （漢）班固撰
艮嶽記一卷 （宋）張淏撰
青溪寇軌 （宋）方勺撰

451/021

0007

稗海

（明）商濬輯
清康熙振鷺堂刻本
一百册
九行二十字
白口，四周單邊
子目：
第一函
博物志十卷 （晋）張華撰 （宋）周日用 （宋）盧□注
西京雜記六卷 （晋）葛洪撰
王子年拾遺記十卷 （前秦）王嘉撰 （南朝梁）蕭綺録
搜神記八卷 （晋）干寶撰
述异記二卷 （南朝梁）任昉撰
續博物志十卷 （宋）李石撰
摭言一卷 （南漢）王定保撰
小名録二卷 （唐）陸龜蒙撰
雲溪友議十二卷 （唐）范攄撰
獨异志三卷 （唐）李亢撰
第二函
杜陽雜編三卷 （唐）蘇鶚撰
東觀漢記三卷 （唐）裴庭裕撰
大唐新語十三卷 （唐）劉肅撰
因話録六卷 （唐）趙璘撰
玉泉子一卷 （唐）□□撰
北夢瑣言二十卷 （宋）孫光憲撰
第三函
樂善録二卷 （宋）李昌齡撰
蠡海集一卷 （明）王逵撰
過庭録一卷 （宋）范公稱撰
泊宅編三卷 （宋）方勺撰
閑窗括异志一卷 （宋）魯應龍撰
搜采异聞録五卷 （宋）永亨撰
東軒筆録十五卷 （宋）魏泰撰
青箱雜記十卷 （宋）吴處厚撰
蒙齋筆談（節録岩下放言）二卷 （宋）葉夢得（誤題鄭景望）撰
畫墁録一卷 （宋）張舜民撰
第四函
游宦紀聞十卷 （宋）張世南撰

夢溪筆談二十六卷補筆談一卷（宋）沈括撰
學齋佔畢纂一卷（宋）史繩祖撰
袪疑説纂一卷（宋）儲泳撰
墨莊漫録十卷（宋）張邦基撰
侍兒小名録拾遺一卷（宋）張邦幾撰
補侍兒小名録一卷（宋）王銍撰
續補侍兒小名録一卷（宋）温豫撰
第五函
嬾真子五卷（宋）馬永卿撰
歸田録二卷（宋）歐陽修撰
東坡先生志林十二卷（宋）蘇軾撰
蘇黄門龍川别志二卷（宋）蘇轍撰
澠水燕談録十卷（宋）王闢之撰
冷齋夜話十卷（宋）釋惠洪撰
老學庵筆記十卷（宋）陸游撰
第六函
雲麓漫抄四卷（宋）趙彦衛撰
石林燕語十卷（宋）葉夢得撰
避暑録話二卷（宋）葉夢得撰
清波雜志三卷（宋）周輝撰
墨客揮犀十卷（宋）彭乘撰
异聞總録四卷（宋）□□撰
遂昌雜録一卷（元）鄭元祐撰
續
第七函
酉陽雜俎二十卷（唐）段成式撰
宣室志十卷補遺一卷（唐）張讀撰
河東先生龍城録二卷（唐）柳宗元撰
鶴林玉露十六卷補遺一卷（宋）羅大經撰
第八函
儒林公議二卷（宋）田況撰
侯鯖録八卷（宋）趙令畤撰
暌車志六卷（宋）郭彖撰
江隣幾雜志一卷（宋）江休復撰
桯史十五卷（宋）岳珂撰
隨隱漫録五卷（宋）陳世崇撰
楓窻小牘二卷（宋）百歲寓翁（袁褧）撰（宋）袁頤續
耕讀稿一卷（宋）胡錡撰
厚德録四卷（宋）李元綱撰
第九函
西溪叢語二卷（宋）姚寬撰
野客叢書三十卷附録一卷（宋）王楙撰
螢雪叢説二卷（宋）俞成撰
孫公談圃三卷（宋）孫升述（宋）劉延世録
許彦周詩話一卷（宋）許顗撰
後山居士詩話一卷（宋）陳師道撰
第十函
齊東野語二十卷（宋）周密撰
癸辛雜識前集一卷後集一卷續集二卷别集二卷（宋）周密撰
山房隨筆一卷（元）蔣子正撰
*49/016

0008
説郛續四十六弓
（明）陶珽輯
清順治三年（1646）兩浙督學周南李際期宛委山堂刻本
四十六册
九行二十字，小字雙行同
白口，左右雙邊
子目：
弓一
正學編一卷（明）陳琛撰
聖學範圍圖説一卷（明）岳元聲撰
元圖大衍一卷（明）馬一龍撰
周易稽疑一卷（明）朱睦㮮撰
周易會占一卷（明）程鴻烈撰
戊申立春考證一卷（明）邢雲路撰
讀史訂疑一卷（明）王世懋撰
書傳正誤一卷（明）郭孔太撰
莊子闕誤一卷（宋）陳景元撰

廣莊一卷 （明）袁宏道撰
弓二
草木子一卷 （明）葉子奇撰
豢龍子一卷 （明）董穀撰
觀微子一卷 （明）朱袞撰
海樵子一卷 （明）王崇慶撰
沆瀣子一卷 （明）蔣鐄撰
郁離子微一卷 （明）劉基撰
潛溪邃言一卷 （明）宋濂撰
蘿山雜言一卷 （明）宋濂撰
何子雜言一卷 （明）何景明撰
華川卮辭一卷 （明）王禕撰
青巖叢録一卷 （明）王禕撰
廣成子解一卷 （宋）蘇軾撰
空同子一卷 （明）李夢陽撰
續志林一卷 （明）王禕撰
弓三
冥影契一卷 （明）董穀撰
宵練匣一卷 （明）朱得之撰
玄機通一卷 （明）仇俊卿撰
求志編一卷 （明）王文禄撰
從政録一卷 （明）薛瑄撰
遒徇編一卷 （明）葉秉敬撰
海涵萬象録一卷 （明）黄潤玉撰
補衍一卷 （明）王文禄撰
機警一卷 （明）王文禄撰
筆疇一卷 （明）陳世寶（一題王達）撰
古言一卷 （明）鄭曉撰
燕書一卷 （明）宋濂撰
庸書一卷 （明）崔銑撰
松窗寤言一卷 （明）崔銑撰
後渠漫記一卷 （明）崔銑撰
仰子遺語一卷 （明）胡憲仲撰
蒙泉雜言一卷 （明）岳正撰
槎菴燕語一卷 （明）來斯行撰
容臺隨筆一卷 （明）董其昌撰
弓四
未齋雜言一卷 （明）黎久撰
南山素言一卷 （明）潘府撰
類博雜言一卷 （明）岳正撰
思玄庸言一卷 （明）桑悦撰
東田辠言一卷 （明）馬中錫撰
侯城雜誡一卷 （明）方孝孺撰
西原約言一卷 （明）薛蕙撰
凝齋筆語一卷 （明）王鴻儒撰
方山紀述一卷 （明）薛應旂撰
經世要談一卷 （明）鄭善夫撰
儼山纂録一卷 （明）陸深撰
奇子雜言一卷 （明）楊春芳撰
拘虛晤言一卷 （明）陳沂撰
文昌旅語一卷 （明）王文禄撰
鷄鳴偶記一卷 （明）蘇濬撰
讀書筆記一卷 （明）祝允明撰
汲古叢語一卷 （明）陸樹聲撰
病榻寤言一卷 （明）陸樹聲撰
清暑筆談一卷 （明）陸樹聲撰
弓五
遵聞録一卷 （明）梁億撰
賢識録一卷 （明）陸釴撰
在田録一卷 （明）張定撰
逐鹿記一卷 （明）王禕撰
壟起雜事一卷 （明）楊儀撰
龍興慈記一卷 （明）王文禄撰
聖君初政記一卷 （明）沈文撰
一統肇基録一卷 （明）夏原吉撰
東朝紀一卷 （明）王泌撰
椒宮舊事一卷 （明）王達撰
復辟録一卷 （明）楊瑄撰
保孤記一卷 （明）楊儀撰
祕録一卷 （明）李夢陽撰
弓六
明良録略一卷 （明）沈士謙撰
明良記一卷 （明）楊儀撰
明臣十節一卷 （明）崔銑撰
造邦賢勛録略一卷 （明）王禕撰
備遺録一卷 （明）張芹撰
明輔起家考一卷 （明）徐儀世撰
掾曹名臣録一卷 （明）王鴻儒撰
殉身録一卷 （明）裘玉撰
致身録一卷 （明）史仲彬撰
弓七
翊運録一卷 （明）劉基撰
遜國記一卷 （明）□□撰
革除遺事一卷 （明）黄佐撰
擁絮迂談一卷 （明）朱鷺撰

天順日録一卷　（明）李賢撰
九朝野記一卷　（明）祝允明撰
玉池談屑一卷　（明）□□撰
嵩陽雜識一卷　（明）□□撰
溶溪雜記一卷　（明）□□撰
郊外農談一卷　（明）□□撰
冶城客論一卷　（明）陸采撰
西皋雜記一卷　（明）□□撰
滄江野史一卷　（明）□□撰
澤山雜記一卷　（明）□□撰
沂陽日記一卷　（明）□□撰
海上紀聞一卷　（明）□□撰
孤樹裒談一卷　（明）李默撰
西墅雜記一卷　（明）楊穆撰
弓八
藩獻記一卷　（明）朱謀㙔撰
琬琰録一卷　（明）楊廉撰
瑣綴録一卷　（明）尹直撰
代醉編一卷　（明）張鼎思撰
明興雜記一卷　（明）陳敬則撰
水東記略一卷　（明）葉盛撰
玉壺遐覽一卷　（明）胡應麟撰
良常仙系記一卷　（明）鄒迪光撰
賜游西苑記一卷　（明）李賢撰
延休堂漫録一卷　（明）□□撰
濯纓亭筆記一卷　（明）戴冠撰
弓九
錦衣志一卷　（明）王世貞撰
馬政志一卷　（明）歸有光撰
冀越通一卷　（明）唐樞撰
邊紀略一卷　（明）鄭曉撰
制府雜録一卷　（明）楊一清撰
醫閭漫記一卷　（明）賀欽撰
征藩功次一卷　（明）王守仁撰
兵符節制一卷　（明）王守仁撰
十家牌法一卷　（明）王守仁撰
保民訓要一卷　（明）劉宗周撰
弓十
備倭事略一卷　（明）歸有光撰
北虜紀略一卷　（明）汪道昆撰
雲中事記一卷　（明）蘇祐撰
南巡日録一卷　（明）陸深撰
北還録一卷　（明）陸深撰
北使録一卷　（明）李實撰
西征記一卷　（明）宗臣撰
北征記一卷　（明）楊榮撰
北征録一卷　（明）金幼孜撰
北征後録一卷　（明）金幼孜撰
北征事迹一卷　（明）袁彬撰　（明）尹直録
弓十一
平夏録一卷　（明）黄標撰
平夷録一卷　（明）趙輔撰
平定交南録一卷　（明）丘濬撰
撫安東夷記一卷　（明）馬文升撰
哈密國王記一卷　（明）馬文升撰
滇南慟哭記一卷　（明）王紳撰
琉球使略一卷　（明）陳侃撰
日本寄語一卷　（明）薛俊撰
朝鮮紀事一卷　（明）倪謙撰
建州女直考一卷　（明）天都山臣撰
夷俗記二卷　（明）蕭大亨撰
弓十二
否泰録一卷　（明）劉定之撰
遇恩録一卷　（明）劉仲璟撰
彭公筆記一卷　（明）彭時撰
翦勝野聞一卷　（明）徐禎卿撰
庭聞述略一卷　（明）王文禄撰
今言一卷　（明）鄭曉撰
觚不觚録一卷　（明）王世貞撰
金臺紀聞一卷　（明）陸深撰
玉堂漫筆一卷　（明）陸深撰
弓十三
皇明盛事一卷　（明）王世貞撰
雙槐歲抄一卷　（明）黄瑜撰
後渠雜識一卷　（明）崔銑撰
古穰雜録一卷　（明）李賢撰
震澤紀聞一卷　（明）王鏊撰
菽園雜記一卷　（明）陸容撰
莘野纂聞一卷　（明）伍餘福撰
駒陰冗記一卷　（明）闌莊撰
客座新聞一卷　（明）沈周撰
枝山前聞一卷　（明）祝允明撰
尊俎餘功一卷　（明）□□撰
漱石閑談一卷　（明）王元楨撰

平江記事一卷　（元）高德基撰
弓十四
南翁夢録一卷　（越南）黎澄撰
公餘日録一卷　（明）湯沐撰
中洲野録一卷　（明）程文憲撰
三餘贅筆一卷　（明）都印撰
懸笥瑣探一卷　（明）劉昌撰
蘇談一卷　（明）楊循吉撰
吴中故語一卷　（明）楊循吉撰
庚巳編一卷　（明）陸粲撰
續巳編一卷　（明）郎瑛撰
長安客話一卷　（明）蔣一葵撰
快雪堂漫録一卷　（明）馮夢禎撰
雲夢藥溪談一卷　（明）文翔鳳撰
聞雁齋筆談一卷　（明）張大復撰
鬱岡齋筆麈一卷　（明）王肯堂撰
弓十五
胡氏雜説一卷　（明）胡儼撰
劉氏雜志一卷　（明）劉定之撰
丹鉛雜録一卷　（明）楊慎撰
書肆説鈴一卷　（明）葉秉敬撰
田居乙記一卷　（明）方大鎮撰
碧里雜存一卷　（明）董穀撰
聽雨紀談一卷　（明）都穆撰
宦游紀聞一卷　（明）張誼撰
意見一卷　（明）陳于陛撰
識小編一卷　（明）周賓所撰
語言談一卷　（明）張獻翼撰
子元案垢一卷　（明）何孟春撰
弓十六
西樵野記一卷　（明）侯甸撰
甲乙剩言一卷　（明）胡應麟撰
寒檠膚見一卷　（明）毛元仁撰
語窺今古一卷　（明）洪文科撰
諂蒭録一卷　（明）陳沂撰
新知録一卷　（明）劉仕義撰
涉异志一卷　（明）閔文振撰
前定録補一卷　（明）朱佐撰
維園鉛擿一卷　（明）謝廷讚撰
攬茝微言一卷　（明）顧其志撰
墨池浪語一卷　（明）胡維霖撰
雪濤談叢一卷　（明）江盈科撰
春雨雜述一卷　（明）解縉撰
世説舊注一卷　（南朝梁）劉孝標撰　（明）楊慎録
弓十七
簷曝偶談一卷　（明）顧元慶撰
病逸漫記一卷　（明）陸釴撰
蜩笑偶言一卷　（明）鄭瑗撰
東谷贅言一卷　（明）敖英撰
篷軒别記一卷　（明）楊循吉撰
蓬窗續録一卷　（明）馮時可撰
瑯琊漫抄一卷　（明）文林撰
高坡异纂一卷　（明）楊儀撰
水南翰記一卷　（明）李如一（一題張衮）撰
藜牀瀋餘一卷　（明）陸濬原撰
霏雪録一卷　（明）劉績撰
已瘧編一卷　（明）劉玉撰
夢餘録一卷　（明）唐錦撰
祐山雜説一卷　（明）馮汝弼撰
江漢叢談一卷　（明）陳士元撰
投甕隨筆一卷　（明）姜南撰
洗硯新録一卷　（明）姜南撰
丑莊日記一卷　（明）姜南撰
輟築記一卷　（明）姜南撰
弓十八
雙溪雜記一卷　（明）王瓊撰
二酉委譚一卷　（明）王世懋撰
窺天外乘一卷　（明）王世懋撰
百可漫志一卷　（明）陳鼒撰
近峰聞略一卷　（明）皇甫録（誤題皇甫庸）撰
近峰記略一卷　（明）皇甫録（誤題皇甫庸）撰
寓圃雜記一卷　（明）王錡撰
青溪暇筆一卷　（明）姚福撰
方洲雜録一卷　（明）張寧撰
遼邸記聞一卷　（明）錢希言撰
宛委餘編一卷　（明）王世貞撰
溪山餘話一卷　（明）陸深撰
委巷叢談一卷　（明）田汝成撰

無用閑談一卷　（明）孫緒撰
弓十九
逌旃璅言一卷　（明）蘇祐撰
井觀瑣言一卷　（明）鄭瑗撰
林泉隨筆一卷　（明）張綸撰
推蓬寤語一卷　（明）李豫亨撰
讕言長語一卷　（明）曹安撰
震澤長語一卷　（明）王鏊撰
桑榆漫志一卷　（明）陶輔撰
延州筆記一卷　（明）唐覲撰
戒菴漫筆一卷　（明）李詡撰
暖姝由筆一卷　（明）徐充撰
農田餘話一卷　（明）長谷真逸撰
雨航雜録一卷　（明）馮時可撰
菊坡叢語一卷　（明）單宇撰
玄亭涉筆一卷　（明）王志遠撰
野航史話一卷　（明）茅元儀撰
西峰淡話一卷　（明）茅元儀撰
大賓辱語一卷　（明）姜南撰
抱璞簡記一卷　（明）姜南撰
弓二十
寶櫝記一卷　（明）滑惟善撰
脚氣集一卷　（宋）車若水撰
望崖録一卷　（明）王世懋撰
燕閑録一卷　（明）陸深撰
閑中今古録一卷　（明）黄溥撰
緑雪亭雜言一卷　（明）敖英撰
春風堂隨筆一卷　（明）陸深撰
雲蕉館紀談一卷　（明）孔邇撰
蒹葭堂雜抄一卷　（明）陸楫撰
鳳凰臺記事一卷　（明）馬生龍撰
願豐堂漫書一卷　（明）陸深撰
天爵堂筆餘一卷　（明）薛崗撰
壁疏一卷　（明）凌登名撰
譚輅一卷　（明）張鳳翼撰
戲瑕一卷　（明）錢希言撰
麈餘一卷　（明）謝肇淛撰
談剩一卷　（明）胡江撰
弓二十一
雲林遺事一卷　（明）顧元慶撰
比事摘録一卷　（明）□□撰
墐户録一卷　（明）楊慎撰
蟫籰弧筆一卷　（明）楊慎撰
病榻手吷一卷　（明）楊慎撰
枕譚一卷　（明）陳繼儒撰
群碎録一卷　（明）陳繼儒撰
記事珠一卷　（唐）馮贄撰
俗呼小録一卷　（明）李翊撰
名公像記一卷　（明）遯園居士（顧起元）撰
傷逝記一卷　（明）遯園居士（顧起元）撰
弓二十二
景仰撮書一卷　（明）王達撰
仰山脞録一卷　（明）閔文振撰
見聞紀訓一卷　（明）陳良謨撰
先進遺風一卷　（明）耿定向撰
畜德録一卷　（明）陳沂撰
新倩籍一卷　（明）徐禎卿撰
國寶新編一卷　（明）顧璘撰
金石契一卷　（明）祝肇撰
西州合譜一卷　（明）張鴻磐撰
弓二十三
兒世説一卷　（明）趙瑜撰
香案牘一卷　（明）陳繼儒撰
女俠傳一卷　（明）鄒之麟撰
貧士傳二卷　（明）黄姬水撰
弓二十四
客越志一卷　（明）王穉登撰
雨航紀一卷　（明）王穉登撰
明月篇一卷　（明）王穉登撰
荆溪疏一卷　（明）王穉登撰
閩部疏一卷　（明）王世懋撰
入蜀紀見一卷　（明）郝郊撰
黄山行六頌一卷　（明）吴士權撰
弓二十五
瀛涯勝覽一卷　（明）馬歡撰
海槎餘録一卷　（明）顧岕撰
吴中勝記一卷　（明）華鑰撰
泉南雜志一卷　（明）陳懋仁撰
南陸志一卷　（明）崔銑撰
貴陽山泉志一卷　（明）慎蒙撰

雲南山川志一卷 （明）楊慎撰
金陵冬游記略一卷 （明）羅洪先撰
弓二十六
廬陽客記一卷 （明）楊循吉撰
居山雜志一卷 （明）楊循吉撰
武夷游記一卷 （明）吴拭撰
太湖泉志一卷 （明）潘之恒撰
半塘小志一卷 （明）潘之恒撰
諸寺奇物記一卷 （明）遯園居士（顧起元）撰
西干十寺記一卷 （明）謝廷瓚撰
西浮籍一卷 （明）錢希言撰
楚小志一卷 （明）錢希言撰
朔雪北征記一卷 （明）屠隆撰
烏蠻瀧夜談記一卷 （明）董傳策撰
邊堠紀行一卷 （元）張德輝撰
滇行紀略一卷 （明）馮時可撰
銀山鐵壁謾談一卷 （明）李元陽撰
游台宕路程一卷 （明）陶望齡撰
榕城隨筆一卷 （明）凌登名撰
西吴枝乘一卷 （明）謝肇淛撰
禮白嶽紀一卷 （明）李日華撰
弓二十七
居家制用一卷 （元）陸梳山撰
清齋位置一卷 （明）文震亨撰
鼂采清課一卷 （明）費元禄撰
巖棲幽事一卷 （明）陳繼儒撰
林水録一卷 （明）彭年撰
山棲志一卷 （明）慎蒙撰
玉壺冰一卷 （明）都穆撰
弓二十八
帝城景物略一卷 （明）劉侗撰（明）于奕正撰
熙朝樂事一卷 （明）田汝成撰
賞心樂事一卷 （宋）張鎡撰
吴社編一卷 （明）王穉登撰
武陵競渡略一卷 （明）清陵亭長（楊嗣昌）撰
清閑供一卷 （明）程羽文撰
林下盟一卷 （明）沈仕撰
田家曆一卷 （明）程羽文撰
古今諺一卷 （明）楊慎輯
畫舫約一卷 （清）汪汝謙撰
南陔六舟記一卷 （明）潘之恒撰
宛陵二水評一卷 （明）潘之恒撰
弓二十九
明經會約一卷 （明）林希恩撰
讀書社約一卷 （明）丁奇遇撰
林間社約一卷 （明）馮時可撰
勝蓮社約一卷 （明）虞淳熙撰
生日會約一卷 （明）高兆麟撰
月會約一卷 （明）嚴武順撰
紅雲社約一卷 （明）徐𤊹撰
紅雲續約一卷 （明）謝肇淛撰
浣俗約一卷 （明）李日華撰
運泉約一卷 （明）李日華撰
霞外雜俎一卷 （明）鐵脚道人（杜巽才）撰
韋弦佩一卷 （明）屠本畯撰
禪門本草補一卷 （明）袁中道撰
蘇氏家語一卷 （明）蘇士潜撰
韵史一卷 （明）陳梁撰
弓三十
陰符經解一卷 （明）湯顯祖撰
胎息經疏一卷 （明）王文禄撰
析骨分經一卷 （明）寧一玉撰
醫先一卷 （明）王文禄撰
葬度一卷 （明）王文禄撰
農説一卷 （明）馬一龍撰
友論一卷 （明西洋）利瑪竇撰
田家五行一卷 （明）婁元禮撰
居家宜忌一卷 （明）瞿佑撰
放生辯惑一卷 （明）陶望齡撰
弓三十一
長者言一卷 （明）陳繼儒撰
清言一卷續一卷 （明）屠隆撰
歸有園塵談一卷 （明）徐學謨撰
木几冗談一卷 （明）彭汝讓撰
偶譚一卷 （明）李鼎撰
玉笑零音一卷 （明）田藝蘅撰
寓林清言一卷 （明）黄汝亨撰

狂言紀略一卷 （明）黄汝亨撰
弓三十二
切韵射標一卷 （明）李世澤撰
發音録一卷 （明）張位撰
讀書十六觀一卷 （明）陳繼儒撰
文章九命一卷 （明）王世貞撰
歌學譜一卷 （明）林希恩撰
三百篇聲譜一卷 （明）張蔚然撰
陽關三叠圖譜一卷 （明）田藝蘅撰
弓三十三
談藝録一卷 （明）徐禎卿撰
秇圃擷餘一卷 （明）王世懋撰
詩文浪談一卷 （明）林希恩撰
歸田詩話一卷 （明）瞿佑撰
南濠詩話一卷 （明）都穆撰
蓉塘詩話一卷 （明）姜南撰
敬君詩話一卷 （明）葉秉敬撰
蜀中詩話一卷 （明）曹學佺撰
麓堂詩話一卷 （明）李東陽撰
夷白齋詩話一卷 （明）顧元慶撰
存餘堂詩話一卷 （明）朱承爵撰
娱書堂詩話一卷 （宋）趙與虤撰
升菴辭品一卷 （明）楊慎撰
弓三十四
千里面譚一卷 （明）楊慎撰
詩家直説一卷 （明）謝榛撰
詩談一卷 （明）徐泰撰
香宇詩談一卷 （明）田藝蘅撰
西園詩麈一卷 （明）張蔚然撰
雪濤詩評一卷 （明）江盈科撰
閨秀詩評一卷 （明）江盈科撰
閑書杜律一卷 （明）楊慎撰
樂府指迷一卷 （宋）張炎撰
墨池瑣録一卷 （明）楊慎撰
弓三十五
書畫史一卷 （明）陳繼儒撰
書畫金湯一卷 （明）陳繼儒撰
論畫瑣言一卷 （明）董其昌撰
丹青志一卷 （明）王穉登撰
繪妙一卷 （明）茅一相撰
畫麈一卷 （明）沈顥撰
畫説一卷 （明）莫是龍撰
畫禪一卷 （明）釋蓮儒撰
竹派一卷 （明）釋蓮儒（一題元吴鎮）撰
弓三十六
射經一卷 （明）李呈芬撰
鄉射直節一卷 （明）何景明撰
名劍記一卷 （明）李承勛撰
玉名詁一卷 （明）楊慎撰
古奇器録一卷 （明）陸深撰
紙箋譜一卷 （元）鮮于樞撰
箋譜銘一卷 （明）屠隆撰
十友圖贊一卷 （明）顧元慶撰
古今印史一卷 （明）徐官撰
硯譜一卷 （明）沈仕撰
弓三十七
水品一卷 （明）徐獻忠撰
煮泉小品一卷 （明）田藝蘅撰
茶譜一卷 （明）顧元慶撰
茶録一卷 （明）馮時可撰
茶疏一卷 （明）許次紓撰
茶箋一卷 （明）聞龍撰
茶解一卷 （明）羅廩撰
羅岕茶記一卷 （明）熊明遇撰
岕茶箋一卷 （明）馮可賓撰
茶寮記一卷 （明）陸樹聲撰
煎茶七類一卷 （明）徐渭（一題高叔嗣）撰
焚香七要一卷 （明）朱權（臞仙）撰
弓三十八
觴政一卷 （明）袁宏道撰
文字飲一卷 （明）屠本畯撰
醉鄉律令一卷 （明）田藝蘅撰
小酒令一卷 （明）田藝蘅撰
弈問一卷 （明）王世貞撰
弈旦評一卷 （明）馮元仲撰
弈律一卷 （明）王思任撰
詩牌譜一卷 （明）王良樞輯（明）周履靖校續
宣和牌譜一卷 （明）瞿佑撰
壺矢銘一卷 （明）袁九齡撰

朝京打馬格一卷 （明）文翔鳳撰
彩選百官鐸一卷 （明）□□撰
弓三十九
穎譜一卷 （明）鄣樵叟撰
六博譜一卷 （明）潘之恒撰
兼三圖一卷 （明）屠豳叟撰
數錢葉譜一卷 （明）汪道昆撰
楚騷品一卷 （明）汪道昆撰
嘉賓心令一卷 （明）巢玉菴撰
葉子譜一卷續一卷 （明）潘之恒撰
運掌經一卷 （明）黎遂球撰
牌經一卷馬吊脚例一卷 （明）龍子猶（馮夢龍）撰
骰陣譜一卷 （明）袁福徵撰
弓四十
瓶史一卷 （明）袁宏道撰
瓶花譜一卷 （明）張丑撰
瓶史月表一卷 （明）屠本畯撰
花曆一卷 （明）程羽文撰
花小名一卷 （明）程羽文撰
學圃雜疏三卷 （明）王世懋撰
花疏一卷
果疏一卷
瓜蔬疏一卷
葯圃同春一卷 （明）夏旦撰
募種兩堤桃柳議一卷 （明）聞啓祥撰
草花譜一卷 （明）高濂撰
亳州牡丹表一卷 （明）薛鳳翔撰
牡丹八書一卷 （明）薛鳳翔撰
弓四十一
荔枝譜二卷 （明）徐𤊹撰
荔枝譜一卷 （明）宋珏撰
荔枝譜一卷 （明）曹蕃撰
荔枝譜一卷 （明）鄧慶采撰
記荔枝一卷 （明）吴載鰲撰
廣菌譜一卷 （明）潘之恒撰
種芋法一卷 （明）黄省曾撰
野菜箋一卷 （明）屠本畯撰
野蔌品一卷 （明）高濂撰
弓四十二
蘿經一卷 （明）蔣德璟撰
獸經一卷 （明）黄省曾撰
虎苑一卷 （明）王穉登撰
名馬記一卷 （明）李翰撰
促織志一卷 （明）袁宏道撰
促織志一卷 （明）劉侗撰
海味索隱一卷 （明）屠本畯撰
魚品一卷 （明）遯園居士（顧起元）撰
弓四十三
冥寥子游一卷 （明）屠隆撰
廣寒殿記一卷 （明）宣宗朱瞻基撰
洞簫記一卷 （明）陸粲撰
周顛仙人傳一卷 （明）太祖朱元璋撰
一瓢道士傳一卷 （明）袁中道撰
醉叟傳一卷 （明）袁宏道撰
拙效傳一卷 （明）袁宏道撰
李公子傳一卷 （明）陳繼儒撰
楊幽妍别傳一卷 （明）陳繼儒撰
阿寄傳一卷 （明）田汝成撰
義虎傳一卷 （明）祝允明撰
倉庚傳一卷 （明）楊慎撰
煮茶夢記一卷 （元）楊維楨撰
西玄青鳥記一卷 （明）茅元儀撰
弓四十四
女紅餘志一卷 （元）龍輔撰
燕都妓品一卷 （明）冰華梅史（曹大章）撰
蓮臺仙會品一卷 （明）曹大章撰
廣陵女士殿最一卷 （明）萍鄉花史（曹大章）撰
秦淮士女表一卷 （明）曹大章撰
曲中志一卷 （明）潘之恒撰
金陵妓品一卷 （明）潘之恒撰
秦淮劇品一卷 （明）潘之恒撰
曲艷品一卷後一卷續一卷 （明）潘之恒撰
劇評一卷 （明）潘之恒撰
弓四十五
艾子後語一卷 （明）陸灼撰
雪濤小説一卷 （明）江盈科撰
應諧録一卷 （明）劉元卿撰

笑禪録一卷 （明）潘游龍撰
談言一卷 （明）江盈科撰
權子一卷 （明）耿定向撰
雜纂三續一卷 （明）黄允交撰
弓四十六
猥談一卷 （明）祝允明撰
异林一卷 （明）徐禎卿撰
語怪一卷 （明）祝允明撰
幽怪録一卷 （明）田汝成撰
*51/002

0009
香艷叢書
（清）蟲天子輯
清宣統上海國學扶輪社鉛印本
四十四册
十三行三十字
黑口，左右雙邊
存十二集二百六十三種二百八十六卷
子目：
第一集
鴛鴦牒一卷 （明）程羽文撰
美人譜一卷 （清）徐震撰
花底拾遺一卷 （明）黎遂球撰
補花底拾遺一卷 （清）張潮撰
十眉謡一卷 （清）徐士俊撰
閑情十二憮一卷 （明）蘇士琨撰
黛史一卷 （清）張芳撰
小星志一卷 （清）丁雄飛撰
胭脂紀事一卷 （清）伍瑞龍撰
十美詞記一卷 （清）鄒樞撰
悦容編一卷 （明）衛泳撰
香天談藪一卷 （清）吴雷發撰
婦人集一卷 （清）陳維崧撰 （清）冒褒注
婦人集補一卷 （清）冒丹書撰
艷體連珠一卷 （明）葉小鸞撰
侍兒小名録拾遺一卷 （宋）張邦畿撰
補侍兒小名録一卷 （宋）王銍撰
續補侍兒小名録一卷 （宋）温豫撰
妒律一卷 （清）陳元龍撰
三婦評牡丹亭雜記一卷 （清）吴人輯
龜臺琬談一卷 （清）張正茂撰
潮嘉風月記一卷 （清）俞蛟撰
第二集
三風十愆記二卷 （清）瀛若氏撰
艷囮二則一卷 （清）嚴虞惇撰
筆夢叙一卷附顧仲恭討錢岱檄一卷
絳雲樓俊遇一卷 （清）□□撰
金姬小傳一卷别記一卷 （明）楊儀撰
滇黔土司婚禮紀一卷 （清）陳鼎撰
衍琵琶行一卷 （清）曹秀先撰
西湖小史一卷 （清）李鼎撰
十國宫詞二卷 （清）孟彬撰
啓禎宫詞一卷 （清）劉城撰
海鷗小譜一卷 （清）趙執信撰
邵飛飛傳一卷 （清）陳鼎撰
婦學一卷 （清）章學誠撰
婦人鞋襪考一卷 （清）余懷撰
纏足談一卷 （清）袁枚撰
百花彈詞一卷 （清）錢濤撰
今列女傳一卷附録一卷 （清）□□撰
李師師外傳一卷 （宋）□□撰
紅樓百美詩一卷 （清）潘容卿撰
百花扇序一卷 （清）趙杏樓撰
閑餘筆話一卷 （清）湯傳楹撰
第三集
敝帚齋餘談節録一卷 （明）沈德符撰
影梅庵憶語一卷 （清）冒襄撰
王氏復仇記一卷
紅樓葉戲譜一卷 （清）曼華室女史（徐畹蘭）撰
釵小志一卷 （唐）朱揆撰
妝臺記一卷 （唐）宇文士及撰
髻鬟品一卷 （唐）段成式撰
漢雜事秘辛一卷 （漢）□□撰
大業拾遺記一卷 （唐）顔師古撰
元氏掖庭記一卷 （元）陶宗儀撰
焚椒録一卷 （遼）王鼎撰

美人判一卷 （清）尤侗撰
清閑供一卷 （明）程羽文撰
看花述异記一卷 （清）王晫撰
新婦譜一卷 （清）陸圻撰
新婦譜補一卷 （清）陳確撰
新婦譜補一卷 （清）查琪撰
古艷樂府一卷 （清）楊淮撰
比紅兒詩注一卷 （清）沈可培撰
某中丞夫人一卷 （清）□□撰
妖婦齊王氏傳一卷 （清）□□撰
老狐談歷代麗人記一卷 （清）鵝湖逸士撰
宫詞一卷 （清）徐昂發撰
天啓宫詞一卷 （明）蔣之翹撰
啓禎宫詞一卷 （清）高兆撰

第四集

趙后遺事一卷 （宋）秦醇撰
金縷裙記一卷
冥音録一卷 （唐）朱慶餘撰
三夢記一卷 （唐）白行簡撰
名香譜一卷 （宋）葉廷珪撰
清尊録一卷 （宋）廉布撰
蜀錦譜一卷 （元）費著撰
春夢録一卷 （元）鄭禧撰
牡丹榮辱志一卷 （宋）丘璩撰
芍藥譜一卷 （宋）王觀撰
花經一卷 （宋）張翊撰
花九錫一卷 （唐）羅虬撰
瑶臺片玉甲種三卷 （明）施紹莘撰
閨律一卷 （清）芙蓉外史撰
續艷體連珠一卷 （清）□□撰
勝朝彤史拾遺記六卷 （清）毛奇齡撰

第五集

玉臺書史一卷 （清）厲鶚撰
北里志一卷 （唐）孫棨撰
教坊記一卷 （唐）崔令欽撰
青樓集一卷 （元）黄雪簑撰
麗情集一卷 （宋）張君房撰
荻樓雜抄一卷
琵琶録一卷 （唐）段安節撰
魏王花木志一卷
桂海花木志一卷 （宋）范成大撰
楚辭芳草譜一卷 （宋）謝翱撰
瑶臺片玉乙種三卷 （□）江詒撰
王翠翹傳一卷 （清）余懷撰
擬合德諫飛燕書一卷 （明）吴從先撰
金小品傳一卷 （明）吴從先撰
徐郎小傳一卷 （明）吴從先撰
頓子真小傳一卷 （明）吴從先撰
妓虎傳一卷 （明）吴從先撰
香本紀一卷 （明）吴從先撰
楊娥傳一卷 （清）劉鈖撰
黔苗竹枝詞一卷 （清）舒位撰
黑美人别傳一卷 （清）□□撰
某中丞一卷 （清）□□撰
女盗俠傳一卷 （清）西陽撰
女俠翠雲娘傳一卷 （清）秋星撰
記某生爲人唆訟事一卷 （清）□□撰
記栗主殺賊事一卷 （清）潮聲撰
女俠荆兒記一卷 （清）□□撰
餘墨偶談節録一卷 （清）孫樗撰

第六集

漢宫春色一卷
黑心符一卷 （唐）于義方撰
竹夫人傳一卷 （宋）張耒撰
湯媪傳一卷 （明）吴寬撰
周櫟園奇緣記一卷 （清）徐忠撰
彩雲曲并序一卷 樊增祥撰
苗妓詩一卷 （清）貝青喬撰
十國宫詞一卷 （清）秦雲撰
梵門綺語録一卷 （清）□□撰
琴譜序一卷 （清）王錦撰
代少年謝狎妓書一卷 （明）袁中道撰
小脚文一卷 （清）曠望生撰
冷廬雜識節録一卷 （清）陸以湉撰
韵蘭序一卷 （清）梁紹壬撰
迷樓記一卷
劉無雙傳一卷 （唐）薛調撰

步非煙傳一卷 （唐）皇甫枚撰
譚節婦祠堂記一卷 （明）烏斯道撰
月夜彈琴記一卷 （明）□□撰
醋説一卷 （清）了緣子撰
戲擬青年上政府請弛禁早婚書一卷 （清）□□撰
自由女請禁婚嫁陋俗禀稿一卷（清）□□撰
婦女贊成禁止娶妾律之大會議一卷 （清）□□撰
擬王之臣與其友絶交書一卷 （清）吴山秀撰
代某校書謝某狎客饋送局帳啓一卷 （清）□□撰
懺船娘張潤金疏一卷 （清）□□撰
冶游自懺文一卷 （清）□□撰
問蘇小小鄭孝女秋瑾松風和尚何以同葬於西泠橋試研究其命意所在一卷 （清）招招舟子撰
冶游賦一卷 （清）陳寅生撰
閨中十二曲一卷 （清）□□撰
盤珠詞一卷 （清）莊盤珠撰
鬘華室詩選一卷 （清）徐畹蘭撰

第七集

梵門綺語録一卷 （清）□□撰
恨塚銘一卷 （清）陸伯周撰
七夕夜游記一卷 （清）沈逢吉撰
俞三姑傳一卷 （明）□□撰
過墟志感一卷 （清）墅西逸叟撰
文海披沙摘録一卷 （明）謝肇淛撰
述懷小序一卷 （清）朱文娟撰
河東君傳一卷 （清）陳玉璂撰
懼内供狀一卷 （清）□□撰
靈應傳一卷 （唐）□□撰
神山引曲一卷 （清）玉泉樵子撰
宋詞媛朱淑真事略一卷 （清）□□撰
張靈崔瑩合傳一卷 （清）黄周星撰
菊譜一卷 （宋）劉蒙撰
菊譜一卷 （宋）史正志撰
小螺菴病榻憶語一卷 （清）孫道乾撰
夢游録一卷 （唐）任蕃撰
歌者葉記一卷 （唐）沈亚之撰

第八集

香蓮品藻一卷 （清）方絢撰
金園雜纂一卷 （清）方絢撰
貫月査一卷 （清）方絢撰
采蓮船一卷 （清）方絢撰
響屧譜一卷 （宋）楊無咎撰 （清）方絢注
馮燕傳一卷 （唐）沈亚之撰
女官傳一卷 （清）屈大均撰
書葉氏女事一卷 （清）屈大均撰
貞婦屠印姑傳一卷 （清）羅有高撰
廬山二女一卷
洞簫記一卷 （明）陸粲撰
五石瓠節録一卷 （清）劉鑾撰
洛陽牡丹記一卷 （宋）歐陽修撰
王嬌傳一卷
記某生爲人雪冤事一卷 （清）□□撰
虎丘弔真娘墓文一卷 （清）姚燮撰
玉鉤斜哀隋宫人文一卷 （清）姚燮撰
玉梅後詞一卷 （清）夔笙撰
雙頭牡丹燈記一卷
玫瑰花女魅一卷 （清）□□撰
織女一卷
蘇四郎傳一卷
菽園贅談節録一卷 （清）邱煒萲撰
香咳集選三卷（卷一至三）（清）許夔臣輯

第九集

五代月花一卷 （清）李調元撰
喬復生王再來二姬合傳一卷 （清）李漁撰

憹母傳一卷　（明）王鏊撰
十八娘傳一卷　（清）趙古農撰
真真曲一卷　（明）貝瓊撰
至正妓人行一卷　（明）李禎撰
圓圓傳一卷　（清）陸次雲撰
温柔鄉記一卷　（清）梁國正撰
金漳蘭譜一卷　（宋）趙時庚撰
王氏蘭譜一卷　（宋）王貴學撰
斷袖篇一卷　（清）吴下阿蒙撰
鬱輪袍傳一卷　（唐）鄭還古撰
杜秋傳一卷　（唐）杜牧撰
妙女傳一卷　（唐）顧非熊撰
烈女李三行一卷　（清）胡天游撰
蘇小小考一卷　（清）梁紹壬撰
甲癸議一卷　（清）嚴可均撰
悼亡詞一卷　（清）沈星煒撰
夏閨晚景瑣説一卷　（清）湯春生撰
茯苓仙傳奇一卷　（清）玉泉樵子撰
香咳集選三卷（卷四至六）（清）許夔臣輯
第十集
玉臺書史一卷　（清）湯漱玉輯
古鏡記一卷　（隋）王度撰
太恨生傳一卷　（清）徐瑶撰
春人賦一卷　易順鼎撰
廣東火刼機記一卷　（清）梁恭辰撰
姍姍傳一卷　（清）黄永撰
虞美人傳一卷　（清）沈廷桂撰
黄竹子傳一卷　（清）吴蘭修撰
春娘傳一卷　（清）王明清撰
金華神記一卷　（宋）崔公度撰
貞烈婢黄翠花傳一卷　（清）□□撰
花仙傳一卷　（清）□□撰
薄命曲一卷　（清）孫學勤撰
猗覺寮雜記一卷　（宋）朱翌撰
徐娘自述詩記一卷　（清）繆艮撰
物妖志一卷　（清）葆光子撰
梅譜一卷　（宋）范成大撰
梅品一卷　（宋）張功甫撰
洛陽牡丹記一卷　（清）周師厚撰
陳州牡丹記一卷　（宋）張邦基撰
天彭牡丹譜一卷　（宋）陸游撰
海棠譜一卷　（宋）陳思撰
第十一集
梵門綺語録一卷
靈物志一卷
花鳥春秋一卷　（清）張潮撰
一歲芳華一卷　（明）程羽文撰
太曼生傳一卷
黄九煙先生和楚女詩一卷　（清）黄周星撰
千春一恨集唐詩六十首一卷（清）黄周星撰
武宗外紀一卷　（清）毛奇齡撰
明制女官考一卷　（清）黄百家撰
閨墨萃珍一卷　（清）□□輯
婚啓一卷　（清）陳著撰
遼陽海神傳一卷　（明）蔡羽述
巫娥志一卷
志許生奇遇一卷
志舒生遇异一卷
集美人名詩一卷　（清）冒襄撰
媿孅封傳奇一卷　（清）楊恩壽撰
玄妙洞天記一卷
西湖游幸記一卷　（宋）周密撰
西湖六橋桃評一卷　（清）曹之璜撰
續髻鬟品一卷　（□）鮑協中撰
瓊花集五卷　（明）曹璿撰
第十二集
淞濱瑣話二卷（卷一至二）（清）王韜撰
湘煙小録一卷　（清）陳裴之撰
竹西花事小録一卷　（清）芬利它行者撰
燕臺花事録一卷　（清）蜀西樵也撰
喟菴叢録一卷　（清）戴坤撰
課婢約一卷　（清）王晫撰
婦德四箴一卷　（清）徐士俊撰

桂枝香一卷 （清）楊恩壽撰
夢梁録一卷 （宋）吴自牧撰
金釗記一卷
俠女希光傳一卷
百花園夢記一卷
55.1/001

0010
廣雅書局叢書
（清）廣雅書局輯
清光緒廣雅書局刻本
十册
十一行二十四字，小字雙行同
黑口，四周單邊
存三十八種七十四卷
子目：
晋書輯本 （清）湯球輯
晋書十七卷補遺一卷 （南朝齊）臧榮緒撰
晋書十一卷 （晋）王隱撰
晋書一卷 （晋）虞預撰
晋書一卷 （晋）朱鳳撰
晋書一卷 （南朝宋）謝靈運撰
晋書一卷 （南朝梁）蕭子雲撰
晋史草一卷 （南朝梁）蕭子顯撰
晋書一卷 （南朝梁）沈約撰
晋中興書七卷 （南朝宋）何法盛撰
晋諸公别傳一卷
漢晋春秋輯本 （清）湯球輯
晋春秋一卷 （唐）杜延業撰
三十國春秋輯本 （清）湯球輯
三十國春秋一卷 （南朝梁）蕭方等撰
三十國春秋一卷 （南朝宋）武敏之撰
蜀李書一卷 （晋）常璩撰
漢趙記一卷 （前趙）和苞撰
趙書一卷 （□燕）田融撰
趙書一卷 （□）吴篤撰
燕書一卷 （□燕）范亨撰
秦書一卷 （前秦）車頻撰
南燕書一卷 （□燕）王景暉撰
秦記一卷 （南朝宋）裴景仁撰
後秦記一卷 （北魏）姚和都撰
涼記一卷 （□燕）張諮撰
西河記一卷 （晋）喻歸撰
涼記一卷 （北涼）段龜龍撰
敦煌實録一卷 （北魏）劉昞撰
南燕書一卷 （□燕）張詮撰
燕志一卷 （北魏）高閭撰
二石傳一卷 （晋）王度撰
晋陽秋輯本 （清）湯球輯
晋陽秋三卷 （晋）孫盛撰
續晋陽秋二卷 （南朝宋）檀道鸞撰
晋紀輯本 （清）湯球撰
晋紀一卷 （晋）干寶撰
晋紀一卷 （晋）陸機撰
惠帝起居注一卷 （晋）陸機撰
晋紀一卷 （晋）曹嘉之撰
晋紀一卷 （晋）鄧粲撰
晋紀一卷 （南朝宋）劉謙之撰
晋紀一卷 （南朝宋）裴松之撰
212–37/003

0011
榆園叢刻
（清）許增輯
清同治、光緒間杭州許氏榆園刻本
三十六册
十四行二十五字，小字雙行同
黑口，左右雙邊
子目：
白石道人詩集二卷集外詩一卷附録一卷附録補遺一卷 （宋）姜夔撰
附
詩説一卷 （宋）姜夔撰
白石道人歌曲四卷别集一卷 （宋）姜夔撰
附
白石詩詞評論一卷補遺一卷 （清）許增輯
白石道人逸事一卷逸事補遺一卷 （清）□□輯
山中白雲詞八卷附録一卷逸事一卷

（宋）張炎撰
詞源二卷 （宋）張炎撰
衍波詞二卷 （清）王士禛撰
納蘭詞五卷補遺一卷 （清）納蘭成德（性德）撰
靈芬館詞 （宋）郭麐撰
蘅夢詞二卷
浮眉樓詞二卷
懺餘綺語二卷
爨餘詞一卷
拜石山房詞抄四卷 （清）顧翰撰
憶雲詞甲稿一卷乙稿一卷丙稿一卷丁稿一卷刪存一卷 （清）項廷紀（鴻祚）撰
微波詞一卷 （清）錢枚撰
松壺畫贅二卷 （清）錢杜撰
松壺畫憶二卷 （清）錢杜撰
縵雅堂駢體文八卷 （清）王詒壽撰
笙月詞五卷 （清）王詒壽撰
花影詞一卷 （清）王詒壽撰
附
娛園叢刻 （清）許增輯
藏書記要一卷 （清）孫從添撰
附
流通古書約一卷 （明）曹溶撰
閑者軒帖考一卷 （清）孫承澤撰
漫堂墨品一卷 （明）宋犖撰
雪堂墨品一卷 （清）張仁熙撰
筆史一卷 （清）梁同書撰
金粟箋説一卷 （清）張燕昌撰
端溪硯史三卷 （清）吴蘭修撰
陽羨名陶録二卷 （明）吴騫撰
書畫説鈐一卷 （清）陸時化撰
頻羅庵論書一卷 （清）梁同書撰
賞延素心録一卷 （清）周二學撰
51/020

0012
武英殿聚珍版書
（清）紀昀等編
清同治十三年（1874）江西書局刻本
一百十八册
九行二十一字，小字雙行同白口，左右雙邊
存五十一種三百八十六卷
子目：
經部
郭氏傳家易説十一卷總論一卷 （宋）郭雍撰
易象易言一卷 （宋）蔡淵撰
易緯十二卷 （漢）鄭康成注
易緯乾坤鑿度二卷
易緯稽覽圖二卷
易緯通卦驗二卷
易緯是類謀一卷
易緯乾鑿度二卷
易緯辨終備一卷
易緯乾元序制記一卷 （漢）鄭康成注
易緯坤靈圖一卷
禹貢指南四卷 （宋）毛晃撰
融堂書解二十卷 （宋）錢時撰
續吕氏家塾讀詩記三卷 （宋）戴溪撰
絜齋毛詩經筵講義四卷 （宋）袁燮撰
儀禮識誤三卷 （宋）張淳撰
儀禮釋宫一卷 （宋）李如圭撰
春秋傳説例一卷 （宋）劉敞撰
春秋辨疑四卷 （宋）蕭楚撰
鄭志三卷 （三國魏）鄭小同撰
史部
五代史纂誤三卷 （宋）吴縝撰
魏鄭公諫續録二卷 （元）翟思忠輯
鄴中記一卷 （晋）陸翽撰
水經注四十卷 （北魏）酈道元撰
嶺表録异三卷 （唐）劉恂撰
麟臺故事五卷 （宋）程俱撰
宋朝事實二十卷 （宋）李攸撰
漢官舊儀二卷補遺一卷 （漢）衛宏撰
欽定武英殿聚珍版程式一卷 （清）金簡撰
直齋書録解題二十二卷 （宋）

陳振孫撰
子部
傅子一卷 （晋）傅玄撰
帝範四卷 （唐）太宗李世民撰
公是弟子記四卷 （宋）劉敞撰
明本釋三卷 （宋）劉荀撰
農桑輯要七卷 （元）司農司撰
孫子算經三卷 （唐）李淳風等注
海島算經一卷 （晋）劉徽撰 （唐）李淳風等注釋
五曹算經五卷 （唐）李淳風等注
夏侯陽算經三卷 （□）夏侯陽撰
五經算術二卷 （北周）甄鸞撰 （唐）李淳風等注
墨法集要一卷 （明）沈繼孫撰
雲谷雜紀四卷首一卷末一卷 （宋）張淏撰
甕牖閑評八卷 （宋）袁文撰
考古質疑六卷 （宋）葉大慶撰
澗泉日記三卷 （宋）韓淲撰
老子道德經二卷 （三國魏）王弼注
集部
南陽集六卷 （宋）趙湘撰
文恭集四十卷 （宋）胡宿撰
陶山集十六卷 （宋）陸佃撰
學易集八卷 （宋）劉跂撰
茶山集八卷 （宋）曾幾撰
絜齋集二十四集 （宋）袁燮撰
蒙齋集二十卷 （宋）袁甫撰
拙軒集六卷 （金）王寂撰
金淵集六卷 （元）仇遠撰
附
文苑英華辯證十卷 （宋）彭叔夏撰
歲寒堂詩話二卷 （宋）張戒撰
碧溪詩話十卷 （宋）黄徹撰
浩然齋雅談三卷 （宋）周密撰

51/009

0013
靈鶼閣叢書
（清）江標輯
清光緒元和江標湖南使院刻本
十七册
十一行二十三字，小字雙行同
黑口，左右雙邊
存三十九種五十二卷
子目：
第一集
菉友臆説一卷附録一卷 （清）王筠撰
教童子法一卷 （清）王筠撰
汶民遺文一卷 （清）孫傳鳳撰
韓詩遺説二卷訂譌一卷 （清）臧庸撰 （清）陶方琦校
漢事會最人物志三卷 （清）惠棟輯
皇象本急就章一卷 （漢）史游撰 （清）鈕樹玉撰
説文解字索隱一卷補例一卷 （清）張度撰
欽定四庫全書總目提要四部類叙一卷 （清）江標輯
先正讀書訣一卷 （清）周永年輯
第二集
朔方備乘札記一卷 （清）李文田撰
使德日記一卷 （清）李鳳苞撰
德國議院章程一卷 （清）徐建寅撰
英軺私記一卷 （清）劉錫鴻撰
新加坡風土記一卷 （清）李鍾珏撰
中西度量權衡表一卷 （清）□□撰
積古齋藏器目一卷 （清）阮元撰
平安館藏器目一卷 （清）葉志詵撰
清儀閣藏器目一卷 （清）張廷濟撰
懷米山房藏器目一卷 （清）曹載奎撰
兩罍軒藏器目一卷 （清）吴雲撰
木庵藏器目一卷 （清）程振甲撰

梅花草盦藏器目一卷 （清）丁彦臣撰
簠齋藏器目一卷 （清）陳介祺撰
簋齋藏器目一卷 （清）吴大澂撰
士禮居藏書題跋記續二卷 （清）黄丕烈撰
天壤閣雜記一卷 （清）王懿榮撰
第三集
聽圖西疆雜述詩四卷（缺卷一至二）（清）蕭雄撰
瓊州雜事詩一卷 （清）程秉劍撰
匪石山人詩一卷 （清）鈕樹玉撰
衍波詞一卷 （清）孫蓀意撰
董華亭書畫録一卷 （明）董其昌撰 （清）清浮山人輯
第四集
文史通義補編一卷附抄本目録一卷刊本所有抄本所無目一卷 （清）章學誠撰 附 （清）□□輯
前塵夢影録二卷 （清）徐康撰
西游録注一卷 （清）李文田撰
澳大利亚洲新志一卷 吴宗濂譯 （清）趙元益譯
第五集
國語校文一卷 （清）汪中撰
嘉蔭簃藏器目一卷 （清）劉喜海撰
愛吾鼎齋藏器目一卷 （清）李璋煜撰
石泉書屋藏器目一卷 （清）李佐賢撰

51/050

0014

别下齋叢書

（清）蔣光煦編
清道光海昌蔣氏刻本
二十四册
十一行二十一字，小字雙行同
黑口，左右雙邊

子目：
周易集傳八卷 （元）龍仁夫學
詩氏族考六卷 （清）李超孫輯
春秋三傳异文釋十二卷 （清）李富孫撰
春秋左傳异文釋十卷
春秋公年傳异文釋一卷
春秋穀梁傳异文釋一卷
靖海紀略四卷 （明）曹履泰撰
箕田考一卷 （朝鮮）韓百謙撰 （朝鮮）李家煥 （朝鮮）李義駿輯
峽石山水志一卷 （清）蔣宏任撰
西洋朝貢典録三卷 （明）黄省曾撰
漢魏六朝墓銘纂例四卷 （清）李富孫撰
拜經樓藏書題跋記五卷附録一卷 （清）吴壽暘纂
石藥爾雅二卷 （唐）梅彪撰
德星堂家訂一卷 （清）許汝霖撰
文泉子集六卷 （唐）劉蜕撰
得全居士詞一卷 （宋）趙鼎撰
澹菴長短句一卷 （宋）胡銓撰
燕喜詞一卷 （宋）曹冠撰
茗齋詩餘二卷 （清）彭孫貽撰
甌香館集十二卷補遺二卷附録一卷 （清）惲格撰
瓊花集五卷 （明）曹璿編
七頌堂詞繹一卷 （清）劉體仁撰
金粟詞話一卷 （清）彭孫遹撰
初月樓古文緒論一卷 （清）吴德旋撰 （清）吕璜纂
初月樓論書隨筆一卷 （清）吴德旋撰
山静居詩話一卷 （清）方薰撰
曝書雜記二卷 （清）錢泰吉撰
小蓬海遺詩一卷屑屑集一卷 （清）翁雒撰
江山風月譜一卷有聲畫一卷 （清）許光治撰
詩辨説一卷 （宋）趙悳撰

51/042

0015

古逸叢書

（清）黎庶昌輯

清光緒遵義黎氏日本東京使署影刻本

四十九册

行數不等字數不等，小字雙行不等

白口，左右雙邊

子目：

爾雅三卷 （晉）郭璞注

春秋穀梁傳十二卷附考异一卷 （晉）范寧集解 （唐）陸德明音義 楊守敬撰

論語十卷 （三國魏）何晏集解

周易六卷附晦庵先生校正周易繫辭精義二卷 （宋）程頤傳附 （宋）吕祖謙撰

孝經一卷 （唐）玄宗李隆基注

老子道德經二卷 （周）李耳撰 （三國魏）王弼注

荀子二十卷 （周）荀况撰 （唐）楊倞注

南華真經注疏十卷 （晉）郭象注 （唐）成玄英疏

楚辭集注八卷辯證二卷後語六卷 （宋）朱熹撰

尚書釋音二卷 （唐）陸德明撰

玉篇殘四卷（存卷九、十八至十九、二十七）又二卷（卷九、二十二）（南朝梁）顧野王撰

廣韵五卷附校札一卷 （宋）陳彭年等重修 （清）黎庶昌撰

廣韵五卷 （宋）陳彭年等重修

玉燭寶典十二卷（缺卷九）（隋）杜臺卿撰

文館詞林殘十四卷（存卷一百五十六至一百五十八、三百四十七、四百五十二至四百五十三、四百五十七、四百五十九、六百六十五至六百六十七、六百七十、六百九十一、六百九十九）（唐）許敬宗等輯

琱玉集殘卷二卷（存卷十二、十四）

姓解三卷 （宋）邵思撰

韵鏡一卷

日本國見在書目録一卷 （日本）藤原佐世撰

史略六卷 （宋）高似孫撰

漢書食貨志一卷（缺卷下）（漢）班固撰 （唐）顔師古注

急就篇一卷 （漢）史游撰

杜工部草堂詩箋四十卷外集一卷補遺十卷傳序碑銘一卷目録二卷年譜二卷詩話二卷 （宋）魯訔輯（宋）蔡夢弼會箋 （宋）黄鶴集注

碣石調幽蘭一卷 （南朝陳）丘公明撰

天台山記一卷 （唐）徐靈府撰

太平寰宇記殘六卷（存一百十三至一百十八）（宋）樂史撰

51/010

0016

古逸叢書

（清）黎庶昌輯

清光緒遵義黎氏日本東京使署影刻本

四十九册

行數不等字數不等，小字雙行不等

白口，左右雙邊

51/010部二

0017

函海

（清）李調元輯

清刻本

十七册

十行二十字，小字雙行同

白口，四周雙邊

存二十五種一百二卷

子目：

鄭氏古文尚書十卷 （漢）鄭玄注 （宋）王應麟撰 （清）李調元案

江南餘載二卷 （宋）鄭文寶撰

江淮异人録二卷 （宋）吴淑撰
青溪弄兵録一卷 （宋）王彌大輯
張氏可書一卷 （宋）張知甫撰
建炎筆録三卷 （宋）趙鼎撰
辯巫筆録一卷 （宋）趙鼎撰
省心雜言一卷 （宋）李邦獻撰
三國雜事二卷 （宋）唐庚撰
五國故事二卷 （宋）□□撰
東原録一卷 （宋）龔鼎臣撰
肯綮録一卷 （宋）趙叔向撰
檀弓叢訓二卷 （明）楊慎撰
古儁八卷 （明）楊慎輯
謝華啓秀八卷 （明）楊慎撰
譚苑醍醐八卷 （明）楊慎撰
玉名詁一卷 （明）楊慎撰
异魚圖贊四卷 （明）楊慎撰
升庵先生（楊慎）年譜一卷 （明）□□撰
异魚圖贊補三卷 （清）胡世安撰
萬善堂集十卷李石亭文集六卷 （清）李化楠撰
童山文集二十卷（缺卷一至三、五至二十）（清）李調元撰
緝古算經一卷 （唐）王孝通撰并注
主客圖一卷 （唐）張爲撰
蘇氏演義二卷 （唐）蘇鶚撰
51/060

0018
李氏五種
（清）李兆洛撰
清光緒二十四年（1898）上海掃葉山房石印本
十册
八行二十二字，小字雙行同
白口，四周雙邊
子目：
歷代地理志韵編今釋二十卷
皇朝輿地韵編二卷
歷代地理沿革圖一卷 （清）六嚴撰 （清）馬徵麐增輯
皇朝一統輿圖一卷
紀元編三卷末一卷 （清）六承如録
214/024

0019
劉果敏公全集
（清）劉典撰
清光緒刻本
十六册
十行二十四字
黑口，左右雙邊
子目：
劉果敏公奏稿八卷
劉果敏公批牘六卷（缺卷六）
劉果敏公書劄一卷
劉果敏公文集一卷
劉果敏公從戎識實一卷
54-49/031

0020
雅雨堂藏書
（清）盧見曾輯
清乾隆二十一年（1756）德州盧氏雅雨堂刻本
二十八册
十行二十一字，小字雙行同
白口，四周單邊
子目：
封氏聞見記十卷 （唐）封演撰
李氏易傳十七卷附周易音義一卷 （唐）李鼎祚集解 （唐）陸德明撰 附鄭氏周易三卷 （漢）鄭玄撰 （宋）王應麟輯 （清）惠棟補輯
尚書大傳四卷附補遺一卷續補遺一卷考异一卷 （漢）伏勝撰 （漢）鄭玄注 （清）盧文弨輯并撰考异一卷
鄭司農集一卷 （漢）鄭玄撰
周易乾鑿度二卷 （漢）鄭玄撰
大戴禮記十三卷 （北周）盧辯注
戰國策三十三卷 （漢）高誘注
匡謬正俗八卷 （唐）顔師古撰

摭言十五卷 （南漢）王定保撰
北夢瑣言二十卷 （宋）孫光憲撰
文昌雜録六卷補遺一卷 （宋）龐元英撰

*51/001

0021
雅雨堂叢書
（清）盧見曾輯
清乾隆二十一年（1756）德州盧氏雅雨堂刻本
二十七册
十行二十一字，小字雙行同
白口，四周單邊
存十種一百三十二卷
子目：
李氏易傳十七卷附周易音義一卷 （唐）李鼎祚集解 （唐）陸德明撰
周易乾鑿度二卷 （漢）鄭玄撰
尚書大傳四卷附補遺一卷續補遺一卷考异一卷 （漢）伏勝撰 （漢）鄭玄注 （清）盧文弨輯并撰
大戴禮記十三卷 （北齊）盧辯注
戰國策三十三卷 （漢）高誘注
匡謬正俗八卷 （唐）顔師古撰
摭言十五卷 （南漢）王定保撰
北夢瑣言二十卷 （宋）孫光憲撰
封氏聞見記十卷 （唐）封演撰
文昌雜録六卷 （宋）龐元英撰

51/002部二

0022
功順堂叢書
（清）潘祖蔭輯
清光緒吴縣潘氏刻本
二十四册
九行二十二字，小字雙行同
黑口，左右雙邊
子目：
春秋左氏傳補注十二卷 （清）沈欽韓撰
春秋左氏傳地名補注十二卷 （清）沈欽韓撰
周人經説八卷（缺卷五至八）（清）王紹蘭撰
王氏經説六卷王氏音略考證一卷王氏音略一卷 （清）王紹蘭撰
論語孔注辨僞二卷 （清）沈濤撰
爾雅補注殘本一卷 （清）劉玉麐撰
急就章一卷考證一卷 （漢）史游撰 （清）鈕樹玉校并撰考證
説文古籀疏證六卷 （清）莊述祖撰
國史考异六卷 （清）潘檉章撰 （清）吴炎訂
平定羅刹方略四卷 （清）□□撰
西清筆記二卷 （清）沈初撰
涇林續記一卷 （清）周元暐撰
廣陽雜記五卷 （清）劉獻廷撰
無事爲福齋随筆二卷 （清）韓泰華撰
范石湖詩集注三卷 （清）沈欽韓撰
半氈齋題跋二卷 （清）江藩撰
南澗文集二卷 （清）李文藻撰
冬青館古宫詞三卷 （清）張鑑撰 （清）桂榮注

51/038

0023
南菁札記
（清）溥良輯
清光緒二十年（1894）江陰使署刻本
一册
九行二十二字
白口，左右雙邊
存四種四卷
子目：
讀四元玉鑑記一卷　崔朝慶撰
讀代數術記一卷　崔朝慶撰
盈朒演代一卷　韓保徵撰
代數盈朒細草一卷　張東烈撰

55.1/008

0024
守山閣叢書
（清）錢熙祚輯

清光緒十五年（1889）上海鴻文書局據清錢氏本影印
四十册
十一行二十三字，小字雙行同
黑口，左右雙邊
存四十一種二百七十八卷
子目：
經部
易説四卷 （五代）趙善譽撰
易象鈎解四卷 （明）陳士元撰
易圖明辨十卷 （清）胡渭撰
禹貢説斷四卷 （宋）傅寅撰
三家詩拾遺十卷 （清）范家相撰
周禮疑義舉要七卷 （清）江永撰
儀禮釋宫一卷 （宋）李如圭撰
儀禮釋例一卷 （清）江永撰
禮記訓義擇言八卷 （清）江永撰
春秋正旨一卷 （明）高拱撰
春秋左傳補注六卷 （清）惠棟撰
古微書三十六卷 （明）孫瑴輯 （清）錢熙祚附注
尊孟辨三卷續辨二卷别録一卷 （宋）余允文撰
四書箋義纂要十二卷補遺一卷續遺一卷 （宋）趙悳撰
大學章句箋義一卷或問箋義一卷注疏纂要一卷
中庸章句箋義一卷或問箋義一卷注疏纂要一卷
論語集注箋義三卷
孟子集注箋義三卷
律吕新論二卷 （清）江永撰
經傳釋詞十卷 （清）王引之撰
孫氏唐韵考五卷 （清）紀容舒撰
史部
吴郡志五十卷附校勘記一卷 （宋）范成大撰　校勘記 （清）錢熙祚撰
嶺海輿圖一卷 （明）姚虞撰
吴中水利書一卷 （宋）單鍔撰
四明它山水利備覽二卷 （宋）魏峴撰
河防通議二卷 （元）沙克什撰
廬山記三卷 （宋）陳舜俞撰
廬山記略一卷 （南朝宋）釋慧遠撰
北道刊誤志一卷 （宋）王瓘撰
河朔訪古記三卷 （元）納新撰
大唐西域記十二卷 （唐）釋玄奘譯 （唐）釋辯機撰
職方外紀五卷首一卷 （明西洋）艾儒略撰
七國考十四卷 （明）董説撰
歷代建元考二卷總論一卷類考一卷前編一卷外編四卷 （清）鍾淵映撰
荒政叢書十卷附録二卷 （清）俞森輯
救荒全書一卷 （五代）董煟撰
荒政叢書一卷 （明）林希元撰
荒政考一卷 （明）屠隆撰
荒政議一卷 （明）周孔教撰
賑豫紀略一卷 （明）鍾化民撰
荒箸略一卷 （明）劉世教撰
救荒策一卷 （清）魏禧撰
常平倉考一卷 （清）俞森撰
義倉考一卷 （清）俞森撰
社倉考一卷 （清）俞森撰
歷代兵制八卷 （宋）陳傅良撰
籀史二卷（缺卷下）（宋）翟耆年撰
子部
少儀外傳二卷 （宋）吕祖謙撰
辨惑編四卷附録一卷 （元）謝應芳撰
神機制敵太白陰經十卷 （唐）李筌撰
守城録四卷 （宋）陳規 （宋）湯璹撰

51/027-2

0025
守山閣叢書
（清）錢熙祚輯

清光緒十五年（1889）上海鴻文書局據清錢氏本影印
一百一册
十一行二十三字，小字雙行同
黑口，左右雙邊
子目：
經部
易説四卷 （五代）趙善譽撰
易象鈎解四卷 （明）陳士元撰
易圖明辨十卷 （清）胡渭撰
禹貢説斷四卷 （宋）傅寅撰
三家詩拾遺十卷 （清）范家相撰
周禮疑義舉要七卷 （清）江永撰
儀禮釋宫一卷 （宋）李如圭撰
儀禮釋例一卷 （清）江永撰
禮記訓義擇言八卷 （清）江永撰
春秋正旨一卷 （明）高拱撰
春秋左傳補注六卷 （清）惠棟撰
古微書三十六卷 （明）孫瑴輯 （清）錢熙祚附注
尊孟辨三卷續編二卷别録一卷 （宋）余允文撰
四書箋義纂要十二卷補遺一卷續遺一卷 （宋）趙悳撰
大學章句箋義一卷或問箋義一卷注疏纂要一卷
中庸章句箋義一卷或問箋義一卷注疏纂要一卷
論語集注箋義三卷
孟子集注箋義三卷
律吕新論二卷 （清）江永撰
經傳釋詞十卷 （清）王引之撰
孫氏唐韵考五卷 （清）紀容舒撰
古韵標準四卷詩韵舉例一卷 （清）江永撰 （清）戴震参定
史部
三國志辨誤三卷 （宋）□□撰
宋季三朝政要六卷 （宋）□□撰
蜀鑑十卷 （宋）郭允蹈撰
春秋别典十五卷 （明）薛虞畿撰
咸淳遺事二卷 （宋）□□撰
大金弔伐録四卷 （金）□□撰
平宋録三卷 （元）劉敏中撰
元朝征緬録一卷 （元）□□撰
招捕總録一卷 （元）□□撰
京口耆舊傳九卷 （宋）□□撰
昭忠録一卷 （宋）□□撰
九國志十二卷附拾遺一卷 （宋）路振撰 （宋）張唐英補 （清）錢熙祚輯
越史略三卷 （越南）□□撰
吴郡志五十卷附校勘記一卷 （宋）范成大撰 （清）錢熙祚輯
嶺海輿圖一卷 （明）姚虞撰
吴中水利書一卷 （宋）單鍔撰
四明它山水利備覽二卷 （宋）魏峴撰
河防通議二卷 （元）沙克什撰
廬山記三卷 （宋）陳舜俞撰
廬山記略一卷 （南朝宋）釋慧遠撰
北道刊誤志一卷 （宋）王瓘撰
河朔訪古記三卷 （元）納新撰
大唐西域記十二卷 （唐）釋玄奘譯 （唐）釋辯機撰
職方外紀五卷首一卷 （明西洋）艾儒略撰
七國考十四卷 （明）董説撰
歷代建元考二卷總論一卷類考一卷前編一卷外編四卷 （清）鍾淵映撰
荒政叢書十卷附録二卷 （清）俞森輯
救荒全書一卷 （五代）董煟撰
荒政叢書一卷 （明）林希元撰
荒政考一卷 （明）屠隆撰
荒政議一卷 （明）周孔教撰
賑豫紀略一卷 （明）鍾化民撰
荒箸略一卷 （明）劉世教撰
救荒策一卷 （清）魏禧撰
常平倉考一卷 （清）俞森撰
義倉考一卷 （清）俞森撰
社倉考一卷 （清）俞森撰
歷代兵制八卷 （宋）陳傅良撰
籀史二卷（原缺下卷）（宋）翟耆年撰

子部
少儀外傳二卷 （宋）吕祖謙撰
辨惑編四卷附録一卷 （元）謝應芳撰
神機制敵太白陰經十卷 （唐）李筌撰
守城録四卷 （宋）陳規撰 （宋）湯璹撰
練兵實紀九卷雜集六卷 （明）戚繼光撰
折獄龜鑑八卷 （宋）鄭克撰
脉經十卷 （晋）王叔和撰
難經集注五卷 （明）王九思撰
新儀象法要三卷 （宋）蘇頌撰
簡平儀説一卷 （明西洋）熊三拔撰 （明）徐光啓劄記
渾蓋通憲圖説二卷首一卷 （明）李之藻撰
圜容較義一卷 （明西洋）利瑪竇授 （明）李之藻譯
曉庵新法六卷 （清）王錫闡撰
五星行度解一卷 （清）王錫闡撰
數學八卷續數學一卷 （清）江永撰
數學補論一卷
歲實消長辯一卷
恒氣注歷辯一卷
冬至權度一卷
七政衍一卷
金水發微一卷
中西合法擬草一卷
算賸一卷
正弧三角疏義一卷
推步法解五卷 （清）江永撰
李虚中命書三卷 （周）鬼谷子撰 （唐）李虚中注
珞琭子三命消息賦注二卷 （宋）徐子平撰
珞琭子賦注二卷 （宋）釋曇瑩撰
天步真原人命部三卷 （清西洋）穆尼閣撰 （清）薛鳳祚譯
太清神鑑六卷 （後周）王朴撰
羯鼓録一卷 （唐）南卓撰
樂府雜録一卷 （唐）段安節撰
棋經一卷 （宋）張儗撰
遠西奇器圖説録最三卷 （明西洋）登玉函口授 （明）王徵譯繪
新製諸器圖説一卷 （明）王徵撰
鬻子一卷附校勘記逸文一卷 （周）鬻熊撰 （唐）逢行珪注 （清）錢熙祚撰并輯逸文
尹文子一卷附校勘記逸文一卷 （周）尹文撰 （清）錢熙祚撰并輯逸文
慎子一卷附逸文一卷 （周）慎到撰 （清）錢熙祚校并輯逸文
公孫龍子一卷 （周）公孫龍撰 （宋）謝希深注
人物志三卷 （三國魏）劉邵撰 （北魏）劉昞注
近事會元五卷附校勘記一卷 （宋）李上交撰 （清）錢熙祚撰
靖康緗素雜記十卷 （宋）黄朝英撰
能改齋漫録十八卷 （宋）吴曾撰
緯略十二卷 （宋）高似孫撰
坦齊通編一卷 （宋）邢凱撰
潁川語小二卷 （宋）陳昉撰
愛日齋叢抄五卷 （宋）葉□撰
日損齋筆記一卷附録一卷 （元）黄潽撰
樵香小記二卷 （清）何琇撰
日聞録一卷 （元）李翀撰
玉堂嘉話八卷 （元）王惲撰
古今姓氏書辯證四十卷附校勘記三卷 （宋）鄧名世撰 （清）錢熙祚撰
明皇雜録二卷補遺一卷附校勘記逸文一卷 （唐）鄭處誨撰 （清）錢熙祚撰并輯逸文
大唐傳載一卷 （唐）□□撰
賈氏譚録一卷 （宋）張洎撰
東齋記事五卷補遺一卷 （宋）范鎮撰
續世説十二卷 （宋）孔平仲撰
玉壺野史十卷 （宋）釋文瑩撰

唐語林八卷附校勘記一卷 （宋）王讜撰 （清）錢熙祚撰
萍州可談三卷附校勘記一卷 （宋）朱彧撰 （清）錢熙祚撰
高齋漫録一卷 （宋）曾慥撰
張氏可書一卷 （宋）張知甫撰
步里客談二卷 （五代）陳長方撰
東南紀聞三卷 （元）□□撰
菽園雜記十五卷 （明）陸容撰
漢武帝内傳一卷附録一卷附校勘記一卷 （漢）班固撰 （清）錢熙祚撰
大方廣佛華嚴經音義四卷 （唐）釋慧苑撰
文子二卷附校勘記一卷 （周）辛釿撰 （清）錢熙祚撰
文始真經言外經旨三卷 （宋）陳顯微撰
周易參同契考异一卷 （宋）朱熹撰 （宋）黄瑞節附録

集部

古文苑二十一卷附校勘記一卷 （宋）章樵注 （清）錢熙祚撰
觀林詩話一卷 （宋）吴聿撰
餘師録四卷 （宋）王正德撰
詞源二卷 （宋）張炎撰

51/027

0026

國學萃編第十五期

（清）沈宗畸輯
清光緒鉛印本
一册
十二行二十九字
白口，四周雙邊

51/030

0027

懺花盦叢書

（清）宋澤元輯
清光緒十三年（1887）山陰宋氏刻本
一册
十行二十一字
白口，左右雙邊
存三種六卷
子目：

毛詩异同評三卷 （晋）孫毓撰 （清）馬國翰輯
難孫氏毛詩評一卷 （晋）陳統撰 （清）馬國翰輯
古文尚書辨一卷 （清）朱彝尊撰
附
古文尚書考一卷 （清）陸隴其撰

55.1/004

0028

岱南閣叢書

（清）孫星衍輯
清乾隆、嘉慶間蘭陵孫氏刻本
三十六册
九行二十一字，小字雙行同
白口，四周雙邊
存八種一百二十三卷
子目：

古文尚書十卷逸文二卷 （漢）馬融 （漢）鄭玄注 （宋）王應麟撰集 （清）孫星衍補集 逸文 （清）江聲輯 （清）孫星衍補訂
春秋釋例十五卷 （晋）杜預撰 （清）莊述祖 （清）孫星衍校
倉頡篇三卷 （清）孫星衍輯
燕丹子三卷 （清）孫星衍輯
孫子十家注十三卷附敘録一卷遺説一卷 （宋）吉天保輯 （清）孫星衍 （清）吴人驥校 敘録 （清）畢以珣撰 遺説 （宋）鄭友賢撰
元和郡縣圖志四十卷（缺十九至二十、二十三至二十四、三十五至三十六）闕卷逸文一卷 （唐）李吉甫撰
括地志八卷 （唐）李泰等撰 （清）孫星衍輯

故唐律疏議三十卷附釋文纂例（缺卷二十二至三十）（唐）長孫無忌等撰　附　（元）王元亮撰
51/057

0029
平津館叢書
（清）孫星衍輯
清嘉慶蘭陵孫氏刻本
四十八册
十一行二十字，小字雙行同
白口，左右雙邊
存四十二種二百五十四卷
子目：
六韜六卷附逸文一卷　（周）吕望撰　（清）孫星衍校　逸文　（清）孫同元輯
魏武帝注孫子三卷　（漢）曹操撰
吴子二卷　（周）吴起撰
司馬灋三卷　（周）司馬穰苴撰
尸子二卷　（周）尸佼撰
燕丹子三卷　（清）孫星衍校
牟子一卷　（漢）牟融撰　（清）孫星衍校
黄帝五書　（清）孫星衍校
黄帝龍首經二卷
黄帝金匱玉衡經一卷
黄帝授三子玄女經一卷
廣黄帝本行記一卷　（唐）王瓘撰
軒轅黄帝傳一卷
漢禮器制度一卷　（漢）叔孫通撰　（清）孫星衍輯
漢官一卷　（清）孫星衍輯
漢官解詁一卷　（漢）王隆撰　（漢）胡廣注　（清）孫星衍輯
漢舊儀二卷附補遺二卷　（漢）衛宏撰　（清）孫星衍校并輯補遺
漢官儀二卷　（漢）應劭撰　（清）孫星衍輯
漢官典職儀式選用一卷　（漢）蔡質撰　（清）孫星衍輯
漢儀一卷　（三國吴）丁孚撰　（清）孫星衍輯
魏三體石經遺字考一卷　（清）孫星衍撰
琴操二卷附補遺一卷　（漢）蔡邕撰　（清）孫星衍校并輯補遺
穆天子傳六卷附録一卷　（晋）郭璞注　（清）洪頤煊校
竹書紀年二卷　（南朝梁）沈約注　（清）洪頤煊校
物理論一卷　（晋）楊泉撰　（清）孫星衍輯
譙周古史考一卷　（三國蜀）譙周撰　（清）章宗源輯
建立伏博士始末二卷　（清）孫星衍撰
華氏中藏經三卷　（漢）華佗撰　（清）孫星衍校
素女方一卷
千金寶要六卷　（清）孫思邈撰　（清）孫星衍校
祕授清寧丸方一卷　（清）孫星衍輯
寰宇訪碑録十二卷　（清）孫星衍撰　（清）邢澍撰
古刻叢抄一卷　（元）陶宗儀撰　（清）孫星衍重編
三輔黄圖一卷　（漢）□□撰　（清）孫星衍校　（清）莊逵吉校
説文解字十五卷　（漢）許慎撰　（宋）徐鉉等校定
渚宫舊事五卷附補遺一卷　（唐）余知古撰　（清）孫星衍校并輯補遺
孔子集語十七卷　（清）孫星衍輯
尚書考异六卷　（明）梅鷟撰
續古文苑二十卷　（清）孫星衍輯
尚書今古文注疏三十卷　（清）孫星衍撰
芳茂山人詩録九卷　（清）孫星衍撰
長離閣詩集一卷　（清）王采薇撰
抱朴子内篇二十卷外篇五十卷　（晋）葛洪撰
*51/006

0030
平津館叢書
（清）孫星衍輯
清光緒十一年（1885）朱氏槐廬家塾刻本
一册
十一行二十字，小字雙行同
白口，左右雙邊
存四種七卷
子目：
物理論一卷 （晉）楊泉撰 （清）孫星衍輯
譙周古史考一卷 （三國蜀）譙周撰 （清）章宗源輯
建立伏博士始末二卷 （清）孫星衍撰
華氏中藏經三卷（存卷上）（漢）華佗撰 （清）孫星衍校
*51/006-2

0031
黄帝五書
（清）孫星衍校
清光緒十一年（1885）朱氏槐廬家塾刻平津館叢書本
一册
十一行二十字，小字雙行同
白口，左右雙邊
子目：
黄帝龍首經二卷
黄帝金匱玉衡經一卷
黄帝授三子玄女經一卷
廣黄帝本行記一卷 （唐）王瓘撰
軒轅黄帝傳一卷
315/012

0032
永嘉叢書
（清）孫衣言輯
清同治、光緒間瑞安孫氏詒善祠塾刻本
四十四册
十三行二十二字，小字雙行同
黑口，左右雙邊
存九種一百四十卷
子目：
集韵考正十卷 （清）方成珪撰
蒙川先生遺稿四卷補遺一卷 （宋）劉黻撰
開禧德安守城録一卷 （宋）王致遠撰
艮齋先生薛常州浪語集三十五卷 （宋）薛季宣撰
竹軒雜著六卷補遺一卷 （宋）林季仲撰
止齋先生文集五十二卷附録一卷 （宋）陳傅良撰
横塘集二十卷 （宋）許景衡撰
劉左史文集四卷 （宋）劉安節撰
劉給諫文集五卷 （宋）劉安上撰
52/006

0033
汪龍莊先生遺書
（清）汪輝祖撰
清光緒八年至十二年（1882—1886）山東書局刻本
四册
十行二十四字，小字雙行同
白口，左右雙邊
存二種五卷
子目：
佐治藥言一卷續一卷
病榻夢痕録二卷録餘一卷
54-49/036

0034
龍莊先生遺書
（清）汪輝祖撰
清光緒八年至十二年（1882—1886）山東書局刻本
四册
十行二十二字，小字雙行同
白口，左右雙邊
存二種五卷

子目：
佐治藥言一卷續一卷
病榻夢痕録二卷録餘一卷
54–53/036

0035
秘書廿一種
（清）汪士漢輯
清乾隆七年（1742）文盛堂刻本
十册
十行二十字，小字雙行同
白口，四周單邊
子目：
汲冢周書十卷　（晉）孔晁注
吴越春秋六卷　（漢）趙曄撰　（宋）徐天祜音注
拾遺記十卷　（前秦）王嘉撰　（南朝梁）蕭綺録
白虎通德論二卷　（漢）班固撰
山海經十八卷　（晉）郭璞撰
博物志十卷　（晉）張華撰
桂海虞衡志一卷　（宋）范成大撰
續博物志十卷　（宋）李石撰
博异記一卷　（唐）鄭還谷撰
高士傳三卷　（晉）皇甫謐撰
劍俠傳四卷　（唐）段成式撰
楚史檮杌一卷
晋史乘一卷
竹書紀年二卷　（南朝梁）沈約注
中華古今注三卷　（後唐）馬縞撰
古今注三卷　（晉）崔豹撰
三墳一卷　（晉）阮咸注
風俗通義四卷　（漢）應劭撰
列仙傳二卷　（漢）劉向撰
集异記一卷　（唐）薛用弱撰
續齊諧記一卷　（南朝梁）吴均撰
381/002

0036
菉友肊説一卷附録一卷教童子法一卷
（清）王筠撰
清光緒二十一年（1895）元和江氏靈鶼閣刻本
一册
十一行二十三字
黑口，左右雙邊
382/015

0037
增訂漢魏叢書八十七種四百八十六卷
（清）王謨輯
清光緒二十年（1894）湖南藝文書局刻本
一百册
十行二十字，小字雙行同
白口，左右雙邊
存八十五種四百八十卷
子目：
經翼
焦氏易林校略十六卷　（漢）焦贛撰
易傳三卷　（漢）京房撰　（三國吴）陸績注
周易略例一卷　（三國魏）王弼撰（唐）邢璹注
古三墳一卷　（晉）阮咸注
汲冢周書十卷　（晉）孔晁注
詩傳孔氏傳一卷　（周）端木賜撰
詩説一卷　（漢）申培撰
韓詩外傳十卷　（漢）韓嬰撰
毛詩草木鳥獸蟲魚疏二卷　（三國吴）陸璣撰
大戴禮記十三卷　（漢）戴德撰（北周）盧辯注
春秋繁露十七卷　（漢）董仲舒撰
白虎通德論四卷　（漢）班固撰
獨斷一卷　（漢）蔡邕撰
忠經一卷　（漢）馬融撰
孝傳一卷　（晉）陶潜撰
小爾雅一卷　（漢）孔鮒撰
方言十三卷　（漢）揚雄撰　（晉）郭璞注
博雅十卷　（三國魏）張揖撰

（隋）曹憲音
釋名八卷 （漢）劉熙撰
別史
越絶書十五卷 （漢）袁康撰
竹書紀年二卷 （南朝梁）沈約注
穆天子傳六卷 （晋）郭璞注
吴越春秋三卷 （漢）趙曄撰（宋）徐天祐音注
西京雜記六卷 （漢）劉歆撰
漢武帝内傳一卷 （漢）班固撰
飛燕外傳一卷 （漢）伶玄撰
雜事秘辛一卷 （漢）□□撰
華陽國志十四卷 （晋）常璩撰
元經薛氏傳十卷 （隋）王通撰（隋）薛收傳 （宋）阮逸撰
群輔録一卷 （晋）陶潛撰
英雄記抄一卷 （漢）王粲撰
高士傳三卷 （晋）皇甫謐撰
蓮社高賢傳一卷 （晋）□□撰
神仙傳十卷 （晋）葛洪撰
子餘
孔叢二卷附詰墨一卷 （漢）孔鮒撰
新語二卷 （漢）陸賈撰
新書十卷 （漢）賈誼撰
新序十卷 （漢）劉向撰
説苑二十卷 （漢）劉向撰
淮南鴻烈解二十一卷 （漢）劉安撰 （漢）高誘注
鹽鐵論十卷 （漢）桓寛撰 （明）張之象注
揚子法言十卷 （漢）揚雄撰（宋）宋咸注
申鑒五卷 （漢）荀悦撰 （明）黄省曾注
論衡三十卷 （漢）王充撰
潛夫論十卷 （漢）王符撰
中論二卷 （漢）徐幹撰
中説二卷 （隋）王通撰
風俗通義十卷 （漢）應劭撰
人物志三卷 （三國魏）劉邵撰（北魏）劉昞注
新論十卷 （北齊）劉晝撰
顔氏家訓七卷 （北齊）顔之推撰
參同契一卷 （漢）魏伯陽撰
陰符經一卷 （漢）張良等注
風后握奇經一卷附握奇經續圖一卷八陣總述一卷 （漢）公孫弘解 （□）□□撰 （晋）馬隆述
素書一卷 （漢）黄石公撰 （宋）張商英注
心書一卷 （三國蜀）諸葛亮撰
載籍
古今注三卷 （晋）崔豹撰
中華古今注三卷 （後唐）馬縞撰
博物志十卷 （晋）張華撰 （宋）周日用撰 （宋）盧□注
文心雕龍十卷 （南朝梁）劉勰撰
詩品三卷 （南朝梁）鍾嶸撰
書品一卷 （南朝梁）庾肩吾撰
尤射一卷 （三國魏）繆襲撰
拾遺記十卷 （前秦）王嘉撰（南朝梁）蕭綺録
述异記二卷 （南朝梁）任昉撰
續齊諧記一卷 （南朝梁）吴均撰
搜神記二十卷 （晋）干寶撰
搜神後記十卷 （晋）陶潛撰
還冤記一卷 （北齊）顔之推撰
神异經一卷 （漢）東方朔撰（晋）張華注
海内十洲記一卷 （漢）東方朔撰
別國洞冥記四卷 （漢）郭憲撰
枕中書一卷 （晋）葛洪撰
佛國記一卷 （晋）釋法顯撰
伽藍記五卷 （北魏）楊衒之撰
三輔黄國六卷 （漢）□□撰
水經二卷 （漢）桑欽撰
星經二卷 （漢）甘公 （漢）石申撰
荆楚歲時記一卷 （南朝梁）宗懔撰
南方草木狀三卷 （晋）嵇含撰
竹譜一卷 （晋）戴凱之撰

禽經一卷 （周）師曠撰 （晉）張華注
古今刀劍録一卷 （南朝梁）陶弘景撰
鼎録一卷 （南朝梁）虞荔撰
天禄閣外史八卷 （漢）黄憲撰

51/001-3

0038
唐代叢書
（清）王文誥輯
清嘉慶十一年（1806）刻本
三十六册
九行二十一字
白口，四周單邊
子目：
初集
尚書故實一卷 （唐）李綽撰
中朝故事一卷 （南唐）尉遲偓撰
金鑾密記一卷 （唐）韓偓撰
杜陽雜編三卷 （唐）蘇鶚撰
幽閑鼓吹一卷 （唐）張固撰
桂苑叢談一卷 （唐）馮翊撰
劉賓客嘉話録一卷 （唐）韋絢録
松窗雜記一卷 （唐）杜荀鶴撰
次柳氏舊聞一卷 （唐）李德裕撰
大唐傳載一卷 （唐）□□輯
開元天寶遺事一卷 （唐）王仁裕撰
開天傳信記一卷 （唐）鄭棨撰
大唐新語一卷 （唐）劉肅撰
明皇雜録一卷 （唐）鄭處誨撰
常侍言旨一卷 （唐）柳珵撰
隋唐嘉話一卷 （唐）劉餗撰
朝野僉載一卷 （唐）張鷟撰
二集
雲溪友議一卷 （唐）范攄撰
國史補一卷 （唐）李肇撰
因話録一卷 （唐）趙璘輯
劇談録一卷 （唐）康駢輯
法苑珠林一卷 （唐）釋道世編
南楚新聞一卷 （唐）尉遲樞撰
宣室志一卷 （唐）張讀撰
甘澤謡一卷 （唐）袁郊撰
金華子雜編一卷 （南唐）劉崇遠撰
耳目記一卷 （唐）張鷟撰
瀟湘録一卷 （唐）李隱撰
玉泉子一卷 （唐）□□輯
小説舊聞記一卷 （唐）柳公權撰
摭言一卷 （南漢）王定保撰
記事珠一卷 （唐）馮贄撰
諧噱録一卷 （唐）朱揆撰
義山雜纂一卷 （唐）李商隱撰
龍城録一卷 （唐）柳宗元撰
三集
嶺表録异一卷 （唐）劉恂撰
來南録一卷 （唐）李翱撰
平泉山居草木記一卷 （唐）李德裕撰
北户録一卷 （唐）段公路撰
終南十志一卷 （唐）盧鴻撰
洞天福地記一卷 （前蜀）杜光庭撰
北里志一卷 （唐）孫棨撰
迷樓記一卷 （唐）韓偓撰
海山記一卷 （唐）韓偓撰
開河記一卷 （唐）韓偓撰
吴地記一卷 （唐）陸廣微撰
南部煙花記一卷 （前蜀）馮贄撰
洛中九老會一卷 （唐）白居易等撰
教坊記一卷 （唐）崔令欽撰
湘中怨詞一卷 （唐）沈亚之撰
二十四詩品一卷 （唐）司空圖撰
本事詩一卷 （唐）孟棨撰
比紅兒詩一卷 （唐）羅虬撰
貞娘墓詩一卷 （唐）□□輯
書法一卷 （唐）歐陽詢撰 （明）王道焜注
畫學秘訣一卷 （唐）王維撰
續畫品録一卷 （唐）李嗣真撰
貞觀公私畫史一卷 （唐）裴孝源撰

歌者葉記一卷 （唐）沈亚之撰
嘯旨一卷 （唐）孫廣撰
李謩吹笛記一卷 （唐）楊巨源撰
衛公故物記一卷 （唐）韋端符撰
茶經三卷 （唐）陸羽撰
十六湯品一卷 （唐）蘇廙撰
煎茶水記一卷 （唐）張又新撰
食譜一卷 （唐）韋巨源撰
四集
醉鄉日月一卷 （唐）皇甫松撰
花九錫一卷 （唐）羅虬撰
紫花梨記一卷 （唐）許默撰
耒耜經一卷 （唐）陸龜蒙撰
五木經一卷 （唐）李翱撰
肉攫部一卷 （唐）段成式撰
樂府雜録一卷 （唐）段安節撰
羯鼓録一卷 （唐）南卓撰
小名録一卷 （唐）陸龜蒙撰
藥譜一卷 （唐）侯寧極撰
异疾志一卷 （唐）段成式撰
大藏治病藥一卷 （唐）釋靈澈録
夢游録一卷 （唐）任蕃撰
三夢記一卷 （唐）白行簡撰
妝樓記一卷 （唐）張泌撰
李泌傳一卷 （唐）李蘩撰
李林甫外傳一卷 （唐）□□撰
東城老父傳一卷 （唐）陳鴻撰
馮燕傳一卷 （唐）沈亚之撰
高力士傳一卷 （唐）郭湜撰
虬髯客傳一卷 （唐）張説撰
奇男子傳一卷 （唐）許棠撰
蔣子文傳一卷 （唐）羅鄴撰
杜子春傳一卷 （唐）鄭還古撰
墨崑崙傳一卷 （唐）馮延巳録
陶峴傳一卷 （唐）沈既濟撰
申宗傳一卷 （唐）孫頠撰
靈應傳一卷 （唐）□□撰
睦仁蒨傳一卷 （唐）陳鴻撰
柳毅傳一卷 （唐）李朝威撰
仙吏傳一卷 （唐）太上隱者撰
英雄傳一卷 （唐）雍陶撰
劍俠傳一卷 （唐）段成式撰
廣陵妖亂志一卷 （唐）羅隱撰
周秦行紀一卷 （唐）牛僧孺撰
梅妃傳一卷 （唐）曹鄴撰
楊太真外傳二卷 （宋）樂史撰
長恨歌傳一卷 （唐）陳鴻傳 （唐）白居易撰
五集
紅綫傳一卷 （唐）楊巨源撰
劉無雙傳一卷 （唐）薛調撰
霍小玉傳一卷 （唐）蔣防撰
牛應貞傳一卷 （唐）宋若昭撰
謝小娥傳一卷 （唐）李公佐撰
李娃傳一卷 （唐）白行簡撰
楊娼傳一卷 （唐）房千里撰
章臺柳傳一卷 （唐）許堯佐撰
非煙傳一卷 （唐）皇甫枚撰
揚州夢記一卷 （唐）于鄴撰
杜秋傳一卷 （唐）杜牧撰
龍女傳一卷 （唐）薛瑩撰
妙女傳一卷 （唐）顧非熊撰
神女傳一卷 （唐）孫頠輯
雷民傳一卷 （唐）沈既濟撰
會真記一卷 （唐）元稹撰
黑心符一卷 （唐）于義方撰
南柯記一卷 （唐）李公佐撰
枕中記一卷 （唐）李泌撰
酉陽雜俎二卷 （唐）段成式撰
諾皋記一卷 （唐）段成式撰
支諾皋一卷 （唐）段成式撰
壠上記一卷 （唐）蘇頲撰
前定録一卷 （唐）鍾輅撰
卓异記一卷 （唐）李翱撰
摭异記一卷 （唐）李濬撰
志怪録一卷 （唐）陸勛撰
集异記一卷 （唐）薛用弱撰
集异志一卷 （唐）陸勛撰
六集
博异志一卷 （唐）鄭還古撰
幽怪録一卷 （唐）王惲撰
續幽怪録一卷 （唐）李復言撰
聞奇録一卷 （五代）于逖輯
錦裙記一卷 （唐）陸龜蒙撰

靈應録一卷 （五代）于逖撰
鬼塚志一卷 （唐）褚遂良撰
幻影傳一卷 （唐）薛昭藴輯
幻戲志一卷 （唐）蔣防撰
幻异志一卷 （唐）孫頠撰
稽神録一卷 （宋）徐鉉撰
冥音録一卷 （唐）朱慶餘撰
離魂記一卷 （唐）陳元祐撰
再生記一卷 （後蜀）閻選撰
冤債志一卷 （唐）吴融撰
尸媚傳一卷 （南唐）張泌撰
奇鬼傳一卷 （唐）杜青荑撰
才鬼記一卷 （唐）鄭蕡撰
妖妄傳一卷 （唐）朱希濟撰
東陽夜怪録一卷 （唐）王洙撰
靈鬼志一卷 （唐）常沂撰
物怪録一卷 （唐）徐嶷撰
靈怪録一卷 （前蜀）牛嶠撰
人虎傳一卷 （唐）李景亮撰
白猿傳一卷 （唐）□□撰
獵狐記一卷 （唐）孫恂撰
任氏傳一卷 （唐）沈既濟撰
袁氏傳一卷 （後蜀）顧敻撰
夜義傳一卷 （唐）段成式撰
金剛經鳩异一卷 （唐）段成式撰
鸎鵡舍利塔記一卷 （唐）韋皋撰

49/018

0039

唐代叢書

（清）王文誥輯
清同治三年（1864）緯文堂刻本
二十册
九行二十一字
白口，左右雙邊

51/62

0040

觀自得齋叢書

（清）徐士愷輯
清光緒石埭徐氏刻本
二十册
十一行二十一字，小字雙行同
下黑口，四周雙邊
存二十九種七十八卷
子目：
倉頡篇三卷 （清）陳其榮輯
續高士傳五卷 （清）高兆撰
征東實紀一卷 （明）錢世楨撰
雲間志三卷續入一卷 （宋）楊潛撰
崑山郡志六卷 （元）楊譓撰
浙程備覽五卷 （明）于敏中撰
黑龍江述略六卷 （清）徐宗亮撰
國朝未刊遺書志略一卷 （清）朱記榮撰
唐昭陵石迹考略五卷附謁唐昭陵記一卷 （清）林侗撰
泉志校誤四卷 （清）金嘉采撰
多暇録二卷 （清）程庭鷺撰
清儀閣金石題識四卷 （清）張廷濟撰 （清）陳其榮輯
北窗囈語一卷 （明）朱燾撰
明宫詞一卷 （清）程嗣章撰
袁海叟詩集四卷補一卷 （明）袁凱撰
漁洋山人集外詩二卷 （清）王士禛撰
樊榭山房集外詩一卷 （清）厲鶚撰
寄生山館詩賸一卷瘦玉詞抄一卷 （清）徐士怡撰
大瓠堂詩録八卷 （清）孫周撰
梅村詩話一卷 （清）吴偉業撰
律詩定體一卷 （清）王士禛撰
漁洋山人詩問二卷 （清）王士禛撰
然燈記聞一卷 （清）王士禛撰 （清）何世瑾録
别集
投壺儀節一卷 （明）汪禔撰
馬戲圖譜一卷 （宋）李清照撰 （明）王蘭芳增輯
牙牌參禪圖譜一卷 （清）劉遵陸撰
詩牌譜一卷 （明）王良樞撰 （明）

周履靖校續
暢叙譜一卷 （清）沈德潛撰
倫敦竹枝詞一卷 （清）局中門外漢撰
51/033

0041
咫進齋叢書
（清）姚覲元輯
清光緒九年（1883）歸安姚氏刻本
五册
十三行二十二字，小字雙行同
黑口，左右雙邊
存二十三種三十六卷
子目：
第一集
公羊問答二卷 （清）凌曙撰
孝經疑問一卷 （明）姚舜牧撰
瘞鶴銘圖考一卷 （清）汪士鋐撰
蘇齋唐碑選一卷 （清）翁方鋼撰
姚氏藥言一卷 （明）姚舜牧撰
咽喉脉證通論一卷
務民義齋算學 （清）徐有壬撰
測圜密率三卷
橢圜正術一卷
截球解義一卷
弧三角拾遺一卷
朔食九服里差三卷
用表推日食三差三卷
造各表簡法一卷
大雲山房十二章圖說二卷 （清）惲敬撰
大雲山房雜記二卷 （清）惲敬撰
棠湖詩稿一卷 （宋）岳珂撰
春草堂遺稿一卷 （清）姚陽元撰
第二集
古今韵考四卷 （清）李因篤撰
前徽録一卷 （清）姚世錫撰
三十五舉一卷附校勘記一卷 （元）吾丘衍撰 校勘記 （清）姚覲元撰
續三十五舉一卷 （清）桂馥撰
再續三十五舉一卷 （清）姚晏撰
第三集
銷燬抽燬書目一卷
51/026-2

0042
咫進齋叢書
（清）姚覲元輯
清光緒九年（1883）歸安姚氏刻本
十八册
十三行二十二字，小字雙行同
黑口，左右雙邊
子目：
第一集
春秋公羊禮疏十一卷 （清）凌曙撰
公羊問答二卷 （清）凌曙撰
孝經疑問一卷 （明）姚舜牧撰
説文答問疏證六卷 （清）薛傳均撰
瘞鶴銘圖考一卷 （清）汪士鋐編
蘇齋唐碑選一卷 （清）翁方綱撰
姚氏藥言一卷 （明）姚舜牧撰
咽喉脉證通論一卷
務民義齋算學 （清）徐有壬撰
測圜密率三卷
橢圜正術一卷
截球解義一卷
弧三角拾遺一卷
朔食九服里差三卷
用表推日食三差一卷
造各表簡法一卷
大雲山房十二章圖説二卷 （清）惲敬撰
大雲山房雜記二卷 （清）惲敬撰
棠湖詩稿一卷 （宋）岳珂撰
春草堂遺稾一卷 （清）姚陽元撰
第二集
小爾雅疏證五卷 （清）葛其仁撰
説文引經考二卷補遺一卷 （清）吴玉搢撰
説文檢字二卷補遺一卷 （清）

毛謨輯 （清）姚覲元補遺
古今韵考四卷 （清）李因篤撰
前徽録一卷 （清）姚世錫撰
中州金石目四卷補遺一卷 （清）姚晏撰
三十五舉一卷附校勘記一卷 （元）吾丘衍撰 （清）姚覲元撰
續三十五舉一卷 （清）桂馥撰
再續三十五舉一卷 （清）姚晏撰
安吴論書一卷 （清）包世臣撰
寒秀草堂筆記四卷 （清）姚衡撰
第三集
禮記天算釋一卷 （清）孔廣牧撰
孝經鄭注一卷 （漢）鄭玄注 （清）嚴可均輯
爾雅補郭二卷 （清）翟灝撰
説文新附考六卷 （清）鄭珍撰
汲古閣説文訂一卷 （清）段玉裁撰
説文校定本二卷 （清）朱士端撰
四聲等子一卷
銷燬抽燬書目一卷
禁書總目一卷
違礙書目一卷
慎疾芻言一卷 （清）徐大椿撰
陽宅闢謬一卷 （清）梅漪老人（姚文田）撰
清閟齋詩存三卷 （清）周鼎樞撰
51/026

0043
春在堂全書
（清）俞樾撰
清光緒二十五年（1899）刻本
二十五册
十行二十一字
黑口，左右雙邊
存五十六種八十四卷
子目：
群經平議
春秋左傳平議三卷（缺卷一）
論語平議二卷
孟子平議二卷
爾雅平議一卷
春秋外傳國語平議二卷
諸子平議
管子平議六卷
晏子春秋平議一卷
老子平議一卷
墨子平議三卷
荀子平議四卷
列子平議一卷
莊子平議三卷
商子平議一卷
韓非子平議一卷
吕氏春秋平議三卷
春秋繁露平議二卷
賈子平議二卷
淮南内篇平議四卷
曲園雜纂
閩行日記一卷
吴中唱和詩一卷
梵珠一卷
百空曲一卷
十二月花神議一卷
銀瓶徵一卷
吴絳雪年譜一卷
五行占一卷
集千字文詩一卷
隱書一卷
老圓一卷
俞樓雜纂
易窮通變化論一卷
周易互體徵一卷
八卦方位説一卷
卦氣續考一卷
詩名物證古一卷
禮記鄭讀考一卷
禮記异文箋一卷
鄭君駁正三禮考一卷
九族考一卷
玉佩考一卷
喪服私論一卷
左傳連珠一卷

論語鄭義一卷
續論語駢枝一卷
論語古注擇從一卷
孟子古注擇從一卷
孟子高氏學一卷
孟子纘義内外篇一卷
四書辨疑辨一卷
群經賸義一卷
讀文子一卷
讀公孫龍子一卷
讀山海經一卷
讀楚辭一卷
讀漢碑一卷
讀昌黎先生集一卷
春在堂雜文續編五卷（缺卷一至三）（清）俞樾撰
54-49/035-2

0044
春在堂全書
（清）俞樾撰
清同治至光緒刻本
一百一十四册
十行二十一字，小字雙行同
白口，左右雙邊
子目：
群經平議三十五卷 （清）俞樾撰
周易平議二卷
尚書平議四卷
周書平議一卷
毛詩平議四卷
周禮平議二卷
考工記世室重屋明堂考一卷
儀禮平議二卷
大戴禮記平議二卷
小戴禮記平議四卷
春秋公羊傳平議一卷
春秋穀梁傳平議一卷
春秋左傳平議三卷
春秋外傳國語平議二卷
論語平議二卷
孟子平議二卷
爾雅平議二卷
諸子平議三十五卷
管子平議六卷
晏子春秋平議一卷
老子平議一卷
墨子平議三卷
荀子平議四卷
列子平議一卷
莊子平議三卷
商子平議一卷
韓非子平議一卷
吕氏春秋平議三卷
春秋繁露平議二卷
賈子平議二卷
淮南子内篇平議四卷
揚子太玄平議一卷
揚子法言平議二卷
第一樓叢書三十卷
易貫五卷
玩易篇一卷
論語小言一卷
春秋名字解詁補義一卷
古書疑義舉例七卷
兒笘録四卷
讀書餘録二卷
詁經精舍自課文二卷
湖樓筆談七卷
曲園雜纂五十卷
艮宧易説一卷
達齋書説一卷
達齋詩説一卷
達齋春秋論一卷
達齋叢説一卷
荀子詩説一卷
何劭公論語義一卷
士昏禮對席圖一卷
樂記异文考一卷
生霸死霸考一卷
春秋歲星考一卷
卦氣直日考一卷
七十二候考一卷
左傳古本分年考一卷

春秋人地名對一卷
邵易補原一卷
讀韓詩外傳一卷
讀吴越春秋一卷
讀越絶書一卷
讀鶡冠子一卷
讀鹽鐵論一卷
讀潛夫論一卷
讀論衡一卷
讀中論一卷
讀抱朴子一卷
讀文中子一卷
改吴一卷
説項一卷
正毛一卷
評袁一卷
通李一卷
議郎一卷
訂胡一卷
日知録小箋一卷
苓子一卷
小繁露一卷
韵雅一卷
小浮梅閑話一卷
續五九枝譚一卷
閩行日記一卷
吴中唱和詩一卷
梵珠一卷
百空曲一卷
十二月花神議一卷
銀瓶徵一卷
吴絳雪年譜一卷
五行占一卷
集千字文詩一卷
隱書一卷
老圓一卷
俞樓雜纂五十卷
易窮通變化論一卷
周易互體徵一卷
八卦方位説一卷
詩名物證古一卷
禮記鄭讀考一卷
禮記异文箋一卷
卦氣續考一卷
鄭君駁正三禮考一卷
九族考一卷
玉佩考一卷
喪服私論一卷
左傳連珠一卷
論語鄭義一卷
續論語駢枝一卷
論語古注擇從一卷
孟子古注擇從一卷
孟子高氏學一卷
孟子纘義内外篇一卷
四書辨疑辨一卷
群經賸義一卷
讀文子一卷
讀公孫龍子一卷
讀山海經一卷
讀楚辭一卷
讀漢碑一卷
讀昌黎先生集一卷
讀王觀國學林一卷
讀王氏稗疏一卷
莊子人名考一卷
楚辭人名考一卷
駢隸一卷
讀隸輯詞一卷
廣雅釋詁疏證拾遺一卷
著書餘料一卷
佚文一卷
佚詩一卷
銘篇一卷
玉堂舊課一卷
廣楊園近鑑一卷
壺東漫録一卷
百哀篇一卷
咏物廿一首一卷
五五一卷
枕上三字訣一卷
廢醫論一卷
九宫衍數一卷
金剛經訂義一卷
一笑一卷
説俞一卷

俞樓經始一卷
賓萌集六卷外集四卷
春在堂雜文二卷續編五卷三編四卷四編八卷五編八卷六編十卷補遺六卷（缺補遺六卷）
春在堂詩編二十三卷詞録三卷
春在堂隨筆十卷
春在堂尺牘六卷
楹聯録存五卷附録一卷（缺卷四至五）
四書文一卷
茶香室經説十六卷
經課續編八卷
九九銷夏録十四卷
金剛般若波羅蜜經注二卷
太上感應篇纘義二卷
游藝録六卷
小蓬萊謡一卷
袖中書二卷
東瀛詩紀二卷
東海投桃集一卷
慧福樓幸草一卷
曲園自述詩一卷補一卷
曲園墨戲一卷
曲園三要一卷
八卦葉子格
三才中和牌譜
勝游圖
瓊英小録一卷
春在堂全書録要一卷
春在堂全書校勘記一卷 （清）蔡啓盛撰
春在堂傳奇二種
梓潼傳一卷
驪山傳一卷
新定牙牌數一卷
春在堂輓言一卷 （清）德清同鄉公輓
右台仙館筆記十六卷（缺卷一至三、七至十二、十六）

54-49/035

0045

正誼堂全書

（清）張伯行輯 （清）楊浚重輯

清同治五年（1866）福州正誼書局刻八年至九年（1869—1870）增刻本

一百二十册

十行二十二字，小字雙行同

白口，左右雙邊

子目：

周濂溪先生全集十三卷 （宋）周敦頤撰
二程文集十二卷 （宋）程顥 （宋）程頤撰
張横渠先生文集十二卷 （宋）張載撰
朱子文集十八卷 （宋）朱熹撰
楊龜山先生集六卷 （宋）楊時撰
尹和靖先生集一卷 （宋）尹焞撰
羅豫章先生文集十卷 （宋）羅從彦撰
李延平先生文集四卷 （宋）李侗撰
張南軒先生文集七卷 （宋）張栻撰
黄勉齋先生文集八卷 （宋）黄榦撰
陳克齋先生集五卷 （宋）陳文蔚撰
許魯齋先生集六卷 （元）許衡撰
薛敬軒先生文集十卷 （明）薛瑄撰
胡敬齋先生文集三卷 （明）胡居仁撰
諸葛武侯文集四卷 （三國蜀）諸葛亮撰
唐陸宣公文集四卷首一卷 （唐）陸贄撰
韓魏公集二十卷 （宋）韓琦撰
司馬温公文集十四卷 （宋）司馬光撰
文山先生文集二卷 （宋）文天祥撰
謝叠山先生文集二卷 （宋）謝枋得撰
方正學先生文集七卷 （明）方孝孺撰
楊椒山先生文集二卷 （明）楊繼盛撰

二程粹言二卷 （宋）楊時輯
伊洛淵源録十四卷 （宋）朱熹撰
上蔡先生語録三卷 （宋）謝良佐撰
程氏家塾讀書分年日程三卷 （元）程端禮撰
朱子學的二卷 （明）丘濬輯
陳清瀾先生學蔀通辯十二卷 （明）陳建撰
薛文清公讀書録八卷 （明）薛瑄撰
胡敬齋先生居業録八卷 （明）胡居仁撰
道南源委六卷 （明）朱衡撰
羅整庵先生困知記四卷 （明）羅欽順撰
陸桴亭思辨録輯要二十二卷 （清）陸世儀撰
王學質疑五卷附録一卷 （清）張烈撰
讀禮志疑六卷 （清）陸隴其撰
讀朱隨筆四卷 （清）陸隴其撰
陸稼書先生問學録四卷 （清）陸隴其撰
陸稼書先生松陽抄存一卷 （清）陸隴其撰
石守道先生集二卷 （宋）石介撰
高東溪先生遺集二卷 （宋）高登撰
真西山先生集八卷 （宋）真德秀撰
熊勿軒先生文集六卷 （宋）熊禾撰
吴朝宗先生聞過齋集四卷 （元）吴海撰
魏莊渠先生集二卷 （明）魏校撰
羅整庵先生存稿二卷 （明）羅欽順撰
陳剩夫先生集四卷 （明）陳真晟撰
張陽和文選三卷 （明）張元忭撰
湯潛庵先生集二卷 （清）湯斌撰
陸稼書先生文集二卷 （清）陸隴其撰
道統録二卷附録一卷 （清）張伯行撰
二程語録十八卷 （宋）朱熹輯
朱子語類輯略八卷 （清）張伯行撰
濂洛關閩書十九卷 （清）張伯行輯
近思録十四卷 （宋）朱熹（宋）吕祖謙輯 （清）張伯行集解
廣近思録十四卷 （清）張伯行輯
困學録集粹八卷 （清）張伯行撰
小學集解六卷 （清）張伯行撰
濂洛風雅九卷 （清）張伯行輯
學規類編二十七卷 （清）張伯行撰
養正類編十三卷 （清）張伯行撰
居濟一得八卷 （清）張伯行撰
正誼堂文集十二卷 （清）張伯行撰
正誼堂續集八卷 （清）張伯行撰
增刻
唐宋八大家文抄十九卷 （清）張伯行撰
范文正公文集九卷 （宋）范仲淹撰
楊大洪先生文集二卷 （明）楊漣撰
海剛峰先生集二卷 （明）海瑞撰
續近思録十四卷 （清）張伯行集解

51/012

0046
貸園叢書初集
（清）周永年輯
清乾隆五十四年（1789）歷城周氏竹西書屋刻本
十一册
十一行二十二字，小字雙行同
黑口，左右雙邊
存十種四十二卷
子目：
九經古義十六卷 （清）惠棟撰
易例二卷 （清）惠棟撰
春秋左傳補注六卷 （清）惠棟撰
左傳評三卷 （清）李文淵撰
聲韵考四卷 （清）戴震撰
石刻鋪叙二卷 （宋）曾宏父撰
三事忠告四卷 （元）張養浩撰
牧民忠告二卷
風憲忠告一卷
廟堂忠告一卷
鳳墅殘帖釋文二卷 （清）錢大昕撰

蒿菴閑話二卷 （清）張爾岐撰
談龍録一卷 （清）趙執信撰

51/046

0047

校經山房叢書二十六種九十九卷

（清）朱記榮輯
清光緒三十年（1904）朱氏槐廬刻本
三十一册
行數不等字數不等
黑口，四周單邊
子目：
傳經表一卷通經表一卷 （清）畢沅撰
古易音訓二卷 （宋）吕祖謙撰 （清）宋咸熙輯
春秋夏正二卷 （清）胡天游撰
家語疏證六卷 （清）孫志祖撰
漢書西域傳補注二卷 （清）徐松撰
晋書地理志新補正五卷 （清）畢沅撰
［乾道］臨安志十五卷（缺卷四至十五）附札記一卷 （宋）周淙撰 札記 （清）錢保塘撰
弟子職集解一卷 （清）莊述祖撰
吕子校補二卷 （清）梁玉繩撰
疑年表一卷太歲超辰表三卷 （清）汪曰楨撰
竹汀先生日記抄三卷 （清）錢大昕撰 （清）何元錫輯
鍾山札記四卷 （清）盧文弨撰
銅熨斗齋隨筆八卷 （清）沈濤撰
癖談六卷 （清）蔡雲撰
知聖道齋讀書跋二卷 （清）彭元瑞撰
曝書雜記三卷 （清）錢泰吉撰
經籍跋文一卷 （清）陳鱣撰
拜經樓藏書題跋記五卷附録一卷 （清）吳壽暘撰
廉石居臧書記二卷 （清）孫星衍撰
平津館鑒藏記書籍三卷補遺一卷續編一卷 （清）孫星衍撰
志銘廣例二卷 （清）梁玉繩撰
金石例補二卷 （清）郭麐撰
元魏滎陽鄭文公摩崖碑跋一卷 （清）諸可寶撰
溉亭述古録二卷 （清）錢塘撰
後甲集二卷 （清）章大來撰
晚學集八卷 （清）桂馥撰

51/056

0048

訥盦叢稿

顧鳴鳳輯
清宣統三年（1911）刻本
六册
十行二十四字
黑口，四周單邊
子目：
念蕿池館文存四卷
泰西人物志一卷
小辟疆園詩存一卷
武陵著作譚一卷
西吴類牘摘要一卷
勤補拙齋漫録一卷
養閑草堂隨筆二卷
蝸巢聯語一卷

49/014

0049

聚學軒叢書四種十四卷

劉世珩輯
清光緒貴池劉氏刻本
三册
十一行二十一字，小字雙行同
白口，左右雙邊
子目：
第一集
毛詩草木鳥獸蟲魚疏校正二卷（缺卷一）（清）趙佑撰
晋泰始笛律匡謬一卷 （清）凌廷堪撰
第二集
尚書隸古定釋八卷附隸古定經文

二卷 （清）李遇孫撰　劉世珩録
春秋三家异文覈一卷 （清）朱駿聲撰

55.1/006

0050
隨庵徐氏叢書
徐乃昌輯
清光緒至民國南陵徐乃昌刻本
二十四册
行數不等字數不等，小字雙行不等
黑白口兼有，左右雙邊
子目：
詞林韵釋一卷 （宋）□□撰
吴越春秋十卷附札記一卷逸文一卷 （漢）趙曄撰 （宋）徐天祜音注　札記　徐乃昌撰并輯逸文
蒼崖先生金石例十卷附札記一卷 （元）潘昂霄撰　札記　繆荃孫撰
中朝故事一卷 （南唐）尉遲偓撰
雲仙散録十卷附札記一卷 （唐）馮贄撰　札記　徐乃昌撰
述异記二卷 （南朝梁）任昉撰
離騷集傳一卷 （宋）錢杲之撰
唐女郎魚玄機詩一卷 （唐）魚玄機撰
篋中集一卷附札記一卷 （唐）元結輯　札記　徐乃昌撰
樂府新編陽春白雪前集五卷後集五卷 （元）楊朝英輯
續編
補漢兵志一卷附札記一卷 （宋）錢文子撰　札記　徐乃昌撰
吕氏鄉約一卷鄉儀一卷 （宋）吕大忠撰
劉涓子鬼遺方五卷 （南朝齊）龔慶宣撰
廣成先生玉函經一卷 （前蜀）杜光庭撰
三曆撮要一卷 （宋）□□撰
忘憂清樂集一卷 （宋）李逸民輯
酒經三卷 （宋）大隱翁（朱肱）撰
白虎通德論十卷 （漢）班固撰
風俗通義十卷 （漢）應劭撰
續幽怪録四卷附札記一卷佚文一卷 （唐）李復言撰　札記佚文　徐乃昌撰

51/034

0051
積學齋叢書
徐乃昌輯
清光緒南陵徐氏刻本
十六册
十一行二十一字，小字雙行同
黑口，左右雙邊
子目：
周易考占一卷 （清）金榜撰
尚書伸孔篇一卷 （清）焦廷琥撰
韓詩内傳徵四卷叙録二卷補遺一卷疑義一卷 （清）宋綿初撰
周禮故書考一卷 （清）程際盛輯
周官禮經注正誤一卷 （清）張宗泰撰
冕服考四卷 （清）焦廷琥撰
孟子七篇諸國年表一卷説一卷 （清）張宗泰撰
爾雅注疏本正誤五卷 （清）張宗泰撰
説文徐氏新補新附考證一卷 （清）錢大昭撰
輶軒使者絶代語釋别國方言箋疏十三卷附劉歆與揚雄書一卷 （清）錢繹撰集
補續漢書藝文志二卷 （清）錢大昭撰
後漢郡國令長考一卷 （清）錢大昭撰
水經釋地八卷 （清）孔繼涵撰
劉更生年表一卷 （清）梅毓撰

管子義證八卷 （清）洪頤煊撰
臨川答問一卷 （清）李聯琇撰 （清）劉壽曾録
同度記一卷 （清）孔繼涵撰
增廣新術二卷 （清）羅士琳演
炳蠋室雜文一卷 （清）江藩撰
南陵縣建置沿革表一卷　徐乃昌撰
51/049

0052
觀古堂彙刻書十三種二十七卷
葉德輝輯
清光緒二十八年（1902）長沙葉氏刻本
八册
十一行二十二字，小字雙行同
黑口，左右雙邊
子目：
三家詩補遺三卷 （清）阮元撰
爾雅補注四卷 （清）周春撰
爾雅圖贊一卷 （晉）郭璞撰 （清）嚴可均集
山海經圖贊二卷 （晉）郭璞撰 （清）嚴可均集
説文段注校三種　葉德輝輯
徐星伯説文段注札記一卷 （清）徐松撰 （清）劉肇隅編校
龔定菴説文段注札記一卷 （清）龔自珍撰 （清）劉肇隅編校
桂未谷説文段注抄一卷補抄一卷 （清）段玉裁撰 （清）桂馥抄 （清）劉肇隅校録
明南雍經籍考二卷 （明）梅鷟撰
萬卷堂書目四卷 （明）朱睦㮮撰
絳雲樓書目補遺一卷 （清）錢謙益撰
静惕堂書目宋人集一卷元人文集一卷 （清）曹溶撰
徵刻唐宋祕本書目一卷附考證一卷徵刻書啓五先生事略一卷 （清）黄虞稷編次 （清）周在浚編次 葉德輝撰
竹崦盦傳抄書目一卷 （清）趙魏撰
51/048

0053
雙楳景闇叢書
葉德輝輯
清光緒、宣統間長沙葉氏郎園刻本
五册
十一行二十二字，小字雙行同
黑口，左右雙邊
子目：
素女經一卷
素女方一卷
玉房祕訣一卷指要一卷
洞玄子一卷
天地陰陽交歡大樂賦一卷 （唐）白行簡撰
青樓集一卷 （元）雪蓑漁隱（夏庭芝）撰
板橋雜記三卷 （清）余懷撰
吴門畫舫録一卷 （清）西溪山人撰
燕蘭小譜五卷 （清）安樂山樵（吴長元）撰
海漚小譜一卷 （清）秋谷老人（趙執信）撰
觀劇絶句三卷 （清）金德瑛等撰
木皮散人鼓詞一卷 （明）賈鳧西撰
附
萬古愁曲一卷 （清）歸莊撰
乾嘉詩壇點將録一卷 （清）舒位撰
東林點將録一卷 （明）王紹徽撰
重刻足本乾嘉詩壇點將録一卷 （清）舒位撰
秦雲擷英小譜一卷 （清）王昶輯
49/019

0054
粵雅堂叢書
（清）伍崇曜輯
清道光、光緒間南海伍氏刻本
四百一十册
九行二十一字
黑口，左右雙邊
子目：
第一集
南部新書十卷 （宋）錢易撰

中吴紀聞六卷 （宋）龔明之撰
志雅堂雜抄二卷 （宋）周密撰
焦氏筆乘六卷續八卷 （明）焦竑撰
東城雜記二卷 （清）厲鶚撰
第二集
奉天録四卷 （唐）趙元一撰
咸淳遺事二卷 （宋）□□撰
昭忠録一卷 （宋）□□撰
月泉吟社一卷 （宋）吴渭輯
谷音二卷 （元）杜本輯
河汾諸老詩集八卷 （元）房祺輯
揭文安公文粹二卷 （元）揭傒斯撰
玉笥集十卷 （元）張憲撰
潞水客談一卷附録一卷 （明）徐貞明撰
陶庵夢憶八卷 （清）張岱撰
天香閣隨筆二卷 （清）李介撰
天香閣集一卷 （清）李介撰
第三集
芻蕘奥論二卷 （宋）張方平撰
唐史論斷三卷 （宋）孫甫撰
叔苴子内篇六卷外篇二卷 （明）莊元臣撰
西洋朝貢典録三卷 （明）黄省曾撰
五代詩話十卷 （清）王士禛輯（清）鄭方坤刪補
第四集
易圖明辨十卷 （清）胡渭撰
四書逸箋六卷 （清）程大中撰
古韵標準四卷詩韵舉例一卷 （清）江永撰
四聲切韵表一卷凡例一卷 （清）江永撰
緒言三卷 （清）戴震撰
聲類四卷 （清）錢大昕撰
宋遼金元四史朔閏考二卷 （清）錢大昕撰
第五集
國史經籍志五卷附録一卷 （明）焦竑撰
文史通義八卷 （清）章學誠撰
校讎通義三卷 （清）章學誠撰
第六集
經義考補正十二卷 （清）翁方綱撰
小石帆亭五言詩續抄八卷首一卷（清）翁方綱輯
蘇詩補注八卷 （清）翁方綱撰
附
志道集一卷 （宋）顧禧撰
石洲詩話八卷 （清）翁方綱撰
北江詩話六卷 （清）洪亮吉撰
玉山草堂續集六卷 （清）錢林撰
第七集
虎鈐經二十卷 （宋）許洞撰
打馬圖經一卷 （宋）李清照撰
叙古千文一卷 （宋）胡寅撰（宋）黄灝注
草廬經略十二卷 （明）□□撰
字觸六卷 （清）櫟下老人（周亮工）撰
今世説八卷 （清）王晫撰
飲水詩集一卷詞集一卷 （清）納蘭成德（性德）撰
第八集
雙溪集十五卷附遺言一卷 （宋）蘇籀撰
日湖漁唱一卷補遺一卷續補遺一卷 （宋）陳允平撰
瑟譜六卷 （元）熊朋來撰
秋笳集八卷附録一卷 （清）吴兆騫撰
燕樂考原六卷 （清）凌廷堪撰
第九集
絳雲樓書目四卷 （清）錢謙益撰 （清）陳景雲注
述古堂藏書目四卷宋板書目一卷 （清）錢曾撰
石柱記箋釋五卷 （清）鄭元慶撰
林屋唱酬録一卷 （清）馬曰琯

等輯
焦山紀游集一卷（清）馬曰琯等輯
沙河逸老小稿六卷嶰谷詞一卷（清）馬曰琯等輯
南齋集六卷詞二卷（清）馬曰璐撰
第十集
九國志十二卷（宋）路振撰（宋）張唐英補
胡子知言六卷疑義一卷附録一卷（宋）胡宏撰
蒿庵閑話二卷（清）張爾岐撰
後漢書補注二十四卷（清）惠棟撰
後漢書補表八卷（清）錢大昭撰
第十一集
詩書古訓六卷（清）阮元撰
十三經音略十三卷附録一卷（清）周春撰
説文聲系十四卷（清）姚文田撰
第十二集
鄭志三卷附録一卷（漢）鄭玄撰（三國魏）鄭小同編
文館詞林殘四卷（存卷六百六十二、六百六十四、六百九十八、六百九十五）（唐）許敬宗等輯
兩京新記殘一卷（存卷三）（唐）章述撰
新譯大方廣佛華嚴經音義四卷（唐）釋慧苑撰
道德真經注四卷（元）吴澄撰
太上感應篇注二卷（清）惠棟撰
歷代帝王年表三卷（清）齊召南撰
紀元編三卷末一卷（清）李兆洛撰（清）六承如録
第十三集
中興禦侮録二卷（宋）□□撰
襄陽守城録一卷（宋）趙萬年撰
宋季三朝政要五卷附録一卷（宋）□□
詞源二卷（宋）張炎撰
精選名儒草堂詩餘三卷（元）鳳林書院輯
樓山堂集二十七卷（明）吴應箕撰
第十四集
朱子年譜四卷考异四卷（清）王懋竑撰
附
朱子論學切要語二卷（清）王懋竑輯
韓柳年譜八卷（清）馬曰璐輯
韓文（愈）類譜七卷（宋）魏仲舉輯
韓吏部文公集年譜一卷（宋）吕大防撰
韓文公歷官記一卷（宋）程俱撰
韓子年譜五卷（宋）洪興祖撰
柳先生（宗元）年譜一卷（宋）文安禮撰
疑年録四卷（清）錢大昕撰
續疑年録四卷（清）吴修撰
米海岳（芾）年譜一卷（清）翁方綱撰
元遺山先生（好問）年譜三卷附墓圖記略一卷（清）翁方綱撰
第十五集
崇文總目五卷補遺一卷附録一卷（宋）王堯臣等撰（清）錢東垣等輯釋
菉竹堂書目六卷（明）葉盛撰
菉竹堂碑目六卷（明）葉盛撰
寒山堂金石林時地考二卷（明）趙均撰
勝飲編十八卷（清）郎廷極撰
采硫日記三卷（清）郁永河撰
嵩洛訪碑日記一卷（清）黄易撰
通志堂經解目録一卷（清）翁方綱撰
蘇米齋蘭亭考八卷（清）翁方

綱撰
石渠隨筆八卷 （清）阮元撰
第十六集
周官新義十六卷附考工記解二卷 （宋）王安石撰
爾雅新義二十卷附叙録一卷 （宋）陸佃撰
春秋穀梁傳時月日書法釋例四卷 （清）許桂林撰
第十七集
群經音辨七卷 （宋）賈昌朝撰
相臺書塾刊正九經三傳沿革例一卷 （宋）岳珂撰
九經補韵一卷附録一卷 （宋）楊伯嵒 （清）錢侗考證
詞林韵釋二卷 （宋）□□撰
漢書地理志稽疑六卷 （清）全祖望撰
國策地名考二十卷首一卷 （清）程恩澤撰 （清）狄子奇箋
第十八集
儀禮石經校勘記四卷 （清）阮元撰
隸經文四卷 （清）江藩撰
樂縣考二卷 （清）江藩撰
國朝漢學師承記八卷 （清）江藩撰
附
國朝經師經義目録一卷 （清）江藩撰
國朝宋學淵源記二卷附記一卷 （清）江藩撰
顧亭林先生（炎武）年譜四卷附録一卷 （清）張穆撰
閻潜邱先生（若璩）年譜四卷 （清）張穆撰
第十九集
秋園雜佩一卷 （清）陳貞慧撰
倪文正公（元璐）年譜四卷 （清）倪會鼎撰
南雷文定前集十一卷後集四卷三集三卷詩歷四卷附録一卷 （清）黄宗羲撰
程侍郎遺集十卷附録一卷 （清）程恩澤撰
第二十集
李元賓文集文編三卷外編二卷續編一卷 （唐）李觀撰 文編 （唐）陸希聲輯 外編 （宋）趙昂輯 續編 （清）秦恩復輯
吕衡州集十卷附考證一卷 （唐）吕温撰 孝證 （清）顧廣圻撰
西崑酬倡集二卷 （宋）楊億輯
羅鄂州小集六卷 （宋）羅願撰
附
羅郢州遺文一卷 （宋）羅頌撰
樂府雅詞六卷拾遺二卷 （宋）曾慥輯
陽春白雪八卷外集一卷 （宋）趙聞禮輯
揅經室詩録五卷 （清）阮元撰
第二十一集
孟子音義二卷 （宋）孫奭撰
兩漢博聞十二卷 （宋）楊侃撰
春秋五禮例宗十卷（缺卷四至六） （宋）張大亨撰
兒易外儀十五卷 （明）倪元璐撰
春秋國都爵姓考一卷附補一卷 （清）陳鵬撰 補 （清）曾釗撰
儀禮管見三卷附録一卷 （清）褚寅亮撰
孝經今文音義一卷 （唐）陸德明撰
第二十二集
孝肅包公奏議十卷 （宋）包拯撰
續世説十二卷 （宋）孔平仲撰
寶刻類編八卷 （宋）□□撰
書義主意六卷 （元）王充耘撰
群英書義二卷 （明）張泰撰 （明）劉錦文編選
焦氏類林八卷 （明）焦竑撰
西域釋地一卷西陲要略四卷 （清）祁韵士撰

第二十三集
續談助五卷 （宋）晁載之輯
卷一
十洲記 （漢）東方朔撰
洞冥記 （漢）郭憲撰
琵琶録 （唐）段安節撰
卷二
北道刊誤志 （宋）王瓘撰
卷三
乘軺録 （宋）路振撰
文武兩朝獻替記 （唐）李德裕撰
牛羊日曆 （唐）劉軻撰
聖宋掇遺 （宋）□□撰
沂公筆録 （宋）王曾撰
竹譜 （晋）戴凱之撰
筍譜 （宋）釋贊寧撰
硯録 （宋）唐詢撰
三水小牘 （唐）皇甫枚撰
漢武故事 （漢）班固撰
卷四
漢孝武内傳 （漢）班固撰
殷雲小説 （南朝梁）殷雲撰
大業雜記 （唐）杜寶撰
卷五
營造法式 （宋）李誡撰
緑珠傳 （宋）樂史撰
膳夫經手録 （唐）楊曄撰
益齋亂稿十卷拾遺一卷附集志一卷 （朝鮮）李齊賢撰
静齋至正直記四卷 （元）孔齊撰
鳳氏經説三卷 （清）鳳應韶撰
比雅十九卷 （清）洪亮吉撰
廣釋名二卷首一卷 （清）張金吾撰
求表捷術九卷 （清）戴煦撰
對數簡法二卷
續對數簡法一卷
外切密率四卷
假數測圓一卷
第二十四集
［乾道］臨安志十五卷（缺卷四至十五）（宋）周淙撰
京口耆舊傳九卷 （宋）□□撰
輿地碑記目四卷 （宋）王象之撰
紹興題目録一卷
寶祐登科録一卷
河朔訪古記三卷 （元）納新撰
長物志十二卷 （明）文震亨撰
墨志一卷 （明）麻三衡撰
唐昭陵石迹考略五卷附謁唐昭陵記一卷 （清）林侗撰
瘞鶴銘考一卷 （清）汪士鋐撰
小山畫譜二卷 （清）鄒一桂撰
雲中紀程二卷 （清）高懋功撰
太清神鑒六卷 （後周）王朴撰
第二十五集
漢唐事箋前集十二卷後集八卷 （元）朱禮撰
馭交記十二卷 （明）張鏡心撰 （明）冒起宗訂
三國志補注六卷 （清）杭世駿撰
述學内篇三卷外篇一卷補遺一卷 （清）汪中撰
黔書四卷 （清）田雯撰
續黔書八卷 （清）張澍撰
煙霞萬古樓文集六卷詩選二卷仲瞿詩録一卷 （清）王曇撰
梅邊吹笛譜二卷補録一卷 （清）凌廷堪撰
第二十六集
帝範二卷 （唐）太宗李世民撰
臣軌二卷 （唐）武則天撰
四聲等子一卷
群書治要五十卷（缺卷四、十三、二十）（唐）魏徵等輯
第二十七集
周易新講義十卷 （宋）龔原撰
泰軒易傳六卷 （宋）李中正撰
崔舍人玉堂類稿二十卷西垣類稿二卷附録一卷 （宋）崔敦詩撰
第二十八集
唐才子傳十卷 （元）辛文房撰
樂經律吕通解五卷 （清）汪烜撰

六書轉注録十卷 （清）洪亮吉撰
延令宋版書目（一名季滄葦書目）一卷 （清）季振宜撰
墨緣彙觀録四卷 （清）松泉居士（安岐）録
第二十九集
兒易内儀以六卷 （明）倪元璐撰
蜀中名勝記三十卷 （明）曹學佺撰
補宋書刑法志一卷 （清）郝懿行撰
補宋書食貨志一卷 （清）郝懿行撰
晋宋書故一卷 （清）郝懿行撰
第三十集
姑溪居士文集五十卷後集二十卷 （宋）李之儀撰
授堂文抄八卷 （清）武億撰
南北朝文抄二卷 （清）彭兆蓀輯

51/011

通類之屬

0055
初學記三十卷
（唐）徐堅等撰
明萬曆十五年（1587）徐守銘寧壽堂刻本
二十四册
九行十八字，小字雙行二十四字
白口，左右雙邊

*314/002

0056
初學記三十卷
（唐）徐堅等撰
明萬曆二十五年至二十六年（1597—1598）維揚陳大科刻本
八册
九行二十字，小字雙行同
白口，左右雙邊

*314/002-2

0057
古香齋鑒賞袖珍初學記三十卷
（唐）徐堅等撰
清古香齋刻本
十六册
九行十八字，小字雙行同
白口，四周雙邊

35/350-365

0058
北堂書抄一百六十卷首一卷
（唐）虞世南撰 （清）孔廣陶校注
清光緒十四年（1888）南海孔氏三十三萬卷堂刻本
二十册
十二行二十二字，小字雙行同
黑口，四周單邊

314/016

0059
小學紺珠十卷
（宋）王應麟輯
元刻明遞修本
十册
十行二十字，小字雙行同
白口，左右雙邊

*314/007

0060
新編古今事文類聚前集六十卷後集五十卷續集二十八卷别集三十二卷
（宋）祝穆編 （元）富大用編
明萬曆三十二年（1604）唐富春德壽堂刻本
六十册
十一行二十四字
白口，四周單邊

*314/001

0061
廣博物志五十卷
（明）董斯張纂 （明）楊鶴訂
清光緒五年（1879）學海堂刻本

二十册
九行十八字，小字雙行同
白口，左右雙邊
451/025

0062
廣博物志五十卷
（明）董斯張纂 （明）楊鶴訂
明萬曆四十三年（1615）高暉堂刻本
二十册
九行十八字，小字雙行同
白口，四周單邊
*451/001

0063
山堂肆考二百二十八卷補遺十二卷
（明）彭大翼撰
明萬曆四十七年（1619）梅墅石渠閣刻本
三十册
十一行二十二字
白口，四周單邊
*314./004

0064
事物考八卷
（明）王三聘撰
清乾隆三十九年（1774）刻本
四册
十行二十字
白口，四周單邊
*383/014

0065
唐類函二百卷
（明）俞安期纂
明萬曆刻本
二十册
十行二十字，小字雙行同
白口，四周單邊
缺一百卷（卷一至一百）
*314/005

0066
增訂二三場群書備考四卷
（明）袁黄撰 （明）袁儼注 （明）沈昌世增
明崇禎刻本
四册
九行二十一字，小字雙行同
白口，四周單邊
*383/001-1

0067
增訂二三場群書備考四卷
（明）袁黄撰 （明）袁儼注 （明）沈昌世增
明崇禎刻本
四册
九行二十一字，小字雙行同
白口，四周單邊
*383/001-2

0068
增補事類統編九十三卷首一卷
（清）黄葆真輯
清光緒十四年（1888）上海積山書局石印本
十二册
十五行四十二字，小字雙行同
白口，四周單邊
314/09

0069
類腋五十五卷
（清）姚培謙 （清）張卿雲輯
類腋補遺一卷
（清）張隆孫輯
清檢香齋刻本
十册
九行二十四字，小字雙行同
白口，左右雙邊
314-1/002

0070
子史精華一百六十卷
（清）張廷玉等編
清光緒十二年（1886）上海同文書局石印本
八册
十六行四十八字，小字雙行同
白口，四周雙邊
314/004

0071
記事珠十卷
（清）張以謙撰
清嘉慶二十一年（1816）知不足軒刻本
五册
十行二十四字，小字雙行同
白口，左右雙邊
存五卷（卷一至五）
314/010

0072
淵鑑類函四百五十卷
（清）張英等撰
清光緒二十三年（1897）上海點石齋石印本
十册
三十行二十一字，小字雙行同
白口，四周單邊
314/011-2

0073
淵鑑類函四百五十卷目録四卷
（清）張英等撰 （清）王士禛編
清光緒十八年（1892）上海點石齋石印本
五十七册
三十行六十三字，小字雙行同
白口，四周單邊
缺二十一卷（卷二百六十至二百六十六、三百一十二至三百二十五）
28/001

0074
淵鑑類函四百五十卷
（清）張英等撰
清光緒九年（1883）上海點石齋石印本
十册
三十行六十三字，小字雙行同
白口，四周單邊
28/001-1

0075
淵鑑類函四百五十卷目録四卷
（清）張英等撰 （清）王士禛編
清康熙四十九年（1710）清吟堂刻本
一百四十册
十行二十一字，小字雙行同
黑口，四周雙邊
*314./006

專類之屬

0076
藝文類聚一百卷
（唐）歐陽詢撰 （明）王元貞校
清光緒五年（1879）宏達堂刻本
二册
十行二十字，小字雙行同
白口，左右雙邊
314/003

0077
新增説文韵府群玉二十卷
（元）陰時夫輯 （元）陰中夫注 （明）王元貞校正
清大文堂刻本
二十册
十一行二十二字，小字雙行同
白口，四周單邊
314/015

0078
韵府群玉二十卷
（元）陰時夫輯 （元）陰中夫注
清乾隆七年（1742）刻本
六册
九行十六字，小字雙行同
白口，四周雙邊
*314/004

0079
五車韵瑞一百六十卷附洪武正韵一卷
（明）凌稚隆編
明金閶葉瑶池刻本
三十二册
十行二十字，小字雙行二十七字
白口，左右雙邊
*183-1/001

0080
新刊校正增補圓機詩韵活法全書十四卷
（明）王世貞增校 （清）蔣先庚重訂
清聚秀堂刻本
八册
十一行三十一字，小字雙行同
白口，四周單邊
183/013

0081
歷代政治類編十二卷
（清）柴紹炳輯
清光緒二十七年（1901）上海自强書局石印本
四册
十四行三十字
白口，四周雙邊
281/038

0082
格致鏡原一百卷
（清）陳元龍撰
清雍正十三年（1735）刻本
二十八册
十一行二十一字，小字雙行同
黑口，左右雙邊
314/001

0083
格致鏡原一百卷
（清）陳元龍撰
清雍正十三年（1735）刻本
二十八册
十一行二十一字，小字雙行同
黑口，左右雙邊
*314/001

0084
格致鏡原一百卷
（清）陳元龍撰
清雍正十三年（1735）刻本
三十二册
十一行二十一字，小字雙行同
黑口，左右雙邊
*314/001-2

0085
格致鏡原一百卷
（清）陳元龍撰
清光緒上海大同書局石印本
十六册
十一行二十一字，小字雙行同
黑口，左右雙邊
314/001-3

0086
重編留青新集二十四卷
（清）馮善長編
清光緒十六年（1890）鉛印本
十二册
十四行四十字
白口，四周雙邊
48/001

0087
分類字錦六十四卷
（清）何焯等編
清康熙内府刻本

六十四册
八行二十四字，小字雙行同
白口，左右雙邊
*182/003

0088
年華録四卷
（清）全祖望輯
清嘉慶二十年（1815）刻本
二册
九行二十字，小字雙行同
白口，四周雙邊
2711-1/027

0089
新纂氏族箋釋八卷
（清）熊峻運撰
清文光堂刻本
四册
十行二十七字，小字雙行同
白口，四周單邊
275/04

0090
韵海鴛鴦十六卷
（清）尋樂居士編輯
清咸豐十年（1860）尋樂軒刻本
六册
八行二十字，小字雙行同
白口，左右雙邊
442/001

0091
御定駢字類編二百四十卷
（清）張廷玉等編
清光緒十三年（1887）上海同文書局石印本
四十八册
二十行四十二字，小字雙行同
白口，四周雙邊
314/017

0092
佩文韵府一百六卷
（清）張玉書等編
韵府拾遺一百六卷
（清）張廷玉等編
清嶺南潘氏海山仙館刻本
一百八十册
十二行二十五字，小字雙行同
白口，四周單邊
314/008

0093
佩文韵府一百六卷
（清）張玉書等編
韵府拾遺一百六卷
（清）張廷玉等編
清光緒十五年（1889）上海點石齋石印本
二十四册
三十六行七十五字，小字雙行同
白口，四周雙邊
314/008-3

0094
唐人説薈二十卷
（清）陳世熙輯
清同治三年（1864）刻唐代叢書本
二十册
九行二十一字
白口，左右雙邊
51/02

輯佚之屬

0095
二酉堂叢書
（清）張澍輯
清道光元年（1821）武威張氏二酉堂刻本
八册

十行二十四字，小字雙行同
白口，左右雙邊
子目：
三輔决録二卷 （漢）趙岐撰 （晋）摯虞注
皇甫司農集一卷 （漢）皇甫規撰
張太常集一卷 （漢）張奂撰
三輔故事一卷
十三州志一卷 （北魏）闞駰撰
凉州記一卷 （北凉）段龜龍撰
凉州异物志一卷
西河舊事一卷
西河記一卷 （晋）喻歸撰
沙州記一卷附録一卷 （南朝宋）段國撰
風俗通姓氏篇二卷 （漢）應劭撰 （清）張澍輯注
三秦記一卷 （□）辛□撰
三輔舊事一卷
陰常侍詩集一卷詩話一卷 （南朝陳）陰鏗撰
李尚書詩集一卷附李氏事迹一卷 （唐）李益撰
段太尉集一卷 （漢）段穎撰
周生烈子一卷 （三國魏）周生烈撰
漢皇德傳一卷 （漢）侯瑾撰
世本五卷 （漢）宋衷注 （清）張澍補注
司馬法一卷逸文一卷 （周）司馬穰苴撰
子夏易傳一卷 （周）卜商撰

2712-34/002

0096

玉函山房輯佚書目耕帖續補十六卷附二卷

（清）馬國翰輯
清光緒十五年（1889）李元璡刻本
四册
九行二十字，小字雙行同
白口，四周雙邊
子目：
經編尚書類
尚書逸篇二卷
尚書百兩篇一卷 （秦）張霸撰
經編詩類
孟仲子詩論一卷 （周）孟仲子撰
經編論語類
論語燕傳説一卷
夏侯論語説一卷 （漢）夏侯勝撰
王氏論語説一卷 （漢）王駿撰
經編孟子類
逸孟子一卷
經編爾雅類
逸爾雅一卷
經編小學類
小學篇一卷 （晋）王義撰
史編地理類
荆州記三卷 （宋）盛弘之撰
子編五行類
五行傳記一卷 （漢）許商撰
目耕帖
大學一卷
中庸一卷
附
書後一卷
手稿存目一卷

51/005

0097

玉函山房輯佚書

（清）馬國翰輯
清光緒十年（1884）楚南湘遠堂刻本
二十六册
九行二十字
黑口，四周雙邊
存一百三十六種一百五十六卷
子目：
周官禮類九卷
周禮鄭氏音一卷 （漢）鄭玄撰
周官禮干氏注一卷 （晋）干寶撰
周禮徐氏音一卷 （晋）徐邈撰
周禮李氏音一卷 （晋）李軌撰
周禮聶氏音一卷 （□）聶□撰
周官禮儀疏一卷 （北周）沈重撰
周禮劉氏音二卷 （□）劉昌宗撰
周禮戚氏音一卷 （南朝陳）戚

衮撰
儀禮類二十五卷
大戴喪服變除一卷 （漢）戴德撰
冠禮約制一卷 （漢）何休撰
鄭氏婚禮一卷 （漢）鄭衆撰
喪服經傳馬氏注一卷 （漢）馬融撰
鄭氏喪服變除一卷 （漢）鄭玄撰
新定禮一卷 （漢）劉表撰
喪服經傳王氏注一卷 （三國魏）王肅撰
王氏喪服要記一卷 （三國魏）王肅撰
喪服變除圖一卷 （三國吴）射慈撰
喪服要集一卷 （晋）杜預撰
喪服經傳袁氏注一卷 （晋）袁準撰
集注喪服經傳一卷 （晋）孔倫撰
喪服經傳陳氏注一卷 （□）陳銓撰
喪服釋疑一卷 （晋）劉智撰
蔡氏喪服譜一卷 （晋）蔡謨撰
賀氏喪服譜一卷 （晋）賀循撰
葬禮一卷 （晋）賀循撰
賀氏喪服要記一卷 （晋）賀循撰
喪服要記注一卷 （□）謝徽撰
葛氏喪服變除一卷 （晋）葛洪撰
凶禮一卷 （晋）孔衍撰
集注喪服經傳一卷 （南朝宋）裴松之撰
略注喪服經傳一卷 （南朝宋）雷次宗撰
喪服難問一卷 （南朝宋）崔凱撰
喪服古今集記一卷 （南朝齊）王儉撰
禮記類二十八卷
禮記馬氏注一卷 （漢）馬融撰
禮記盧氏注一卷 （漢）盧植撰
禮傳一卷 （漢）荀爽撰
月令章句一卷 （漢）蔡邕撰
月令問答一卷 （漢）蔡邕撰
禮記王氏注二卷 （三國魏）王肅撰
禮記孫氏注一卷 （三國魏）孫炎撰
禮記音義隱一卷 （□）謝□撰
禮記范氏音一卷 （晋）范宣撰
禮記徐氏音三卷 （晋）徐邈撰
禮記劉氏音一卷 （□）劉昌宗撰
禮記略解一卷 （南朝宋）庾蔚之撰
禮記隱義一卷 （南朝梁）何胤撰
禮記新義疏一卷 （南朝梁）賀瑒撰
禮記皇氏義疏四卷 （南朝梁）皇侃撰
禮記沈氏義疏一卷 （北周）沈重撰
禮記義證一卷 （北魏）劉芳撰
禮記熊氏義疏四卷 （北周）熊安生撰
禮記外傳一卷 （唐）成伯璵撰 （唐）張幼倫注
通禮類二十一卷
石渠禮論一卷 （漢）戴聖撰
魯禮禘祫志一卷 （漢）鄭玄撰
三禮圖一卷 （漢）鄭玄撰 （漢）阮諶撰
問禮俗一卷 （三國魏）董勛撰
雜祭法一卷 （晋）盧諶撰
祭典一卷 （晋）范汪撰
後養議一卷 （晋）干寶撰
禮雜問一卷 （晋）范寧撰
雜禮議一卷 （晋）吴商撰
禮論答問一卷 （晋）徐廣撰
禮論一卷 （南朝宋）何承天撰
禮論條牒一卷 （南朝宋）任預撰
禮義答問一卷 （南朝齊）王儉撰
禮論抄略一卷 （南朝齊）荀萬秋撰
禮統一卷 （南朝梁）賀述撰
禮疑義一卷 （南朝梁）周捨撰
三禮義宗四卷 （南朝梁）崔靈恩撰
釋疑論一卷 （唐）元行冲撰

樂類十四卷
樂經一卷 （漢）陽成子長撰
樂記一卷 （漢）劉向校撰
樂元語一卷 （漢）劉德撰
琴清英一卷 （漢）揚雄撰
樂社大義一卷 （南朝梁）武帝蕭衍撰
鍾律緯一卷 （南朝梁）武帝蕭衍撰
古今樂録一卷 （南朝陳）釋智匠撰
樂書一卷 （北魏）信都芳撰
樂部一卷
琴歷一卷
樂律義一卷 （北周）沈重撰
樂譜集解一卷 （隋）蕭吉撰
琴書一卷 （唐）趙惟暕撰
春秋類五十一卷
春秋大傳一卷 （漢）□□撰
春秋决事一卷 （漢）董仲舒撰
公羊嚴氏春秋一卷 （漢）嚴彭祖撰
春秋公羊顔氏記一卷 （漢）顔安樂撰
春秋穀梁傳章句一卷 （漢）尹更始撰
春秋穀梁傳説一卷 （漢）劉向撰
春秋左氏傳章句一卷 （漢）劉歆撰
春秋牒例章句一卷 （漢）鄭衆撰
春秋左氏傳解詁二卷 （漢）賈逵撰
春秋左氏長經章句一卷 （漢）賈逵撰
春秋三傳异同説一卷 （漢）馬融撰
解疑論一卷 （漢）戴宏撰
春秋文謚例一卷 （漢）何休撰
春秋左氏傳解誼四卷 （漢）服虔撰
春秋成長説一卷 （漢）服虔撰
春秋左氏膏肓釋痾一卷 （漢）服虔撰
春秋釋例一卷 （漢）潁容撰
左氏奇説一卷 （漢）彭汪撰
春秋左傳許氏注一卷 （漢）許淑撰
春秋左氏經傳章句一卷 （三國魏）董遇撰
春秋左傳王氏注一卷 （三國魏）王肅撰
春秋左氏傳嵇氏音一卷 （三國魏）嵇康撰
春秋穀梁傳糜氏注一卷 （三國魏）糜信撰
春秋公羊穀梁傳解詁一卷 （晋）劉兆撰
春秋左氏傳義注一卷 （晋）孫毓撰
春秋公羊穀梁二傳評一卷 （晋）江熙撰
春秋穀梁傳徐氏注一卷 （晋）徐乾撰
春秋土地名一卷 （晋）京相璠撰
春秋穀梁傳注義一卷 （晋）徐邈撰
春秋徐氏音一卷 （晋）徐邈撰
春秋左氏函傳義一卷 （晋）干寶撰
薄叔元問穀梁義一卷 （晋）范寧撰
春秋穀梁傳鄭氏説一卷 （晋）鄭嗣撰
春秋左氏經傳義略一卷 （南朝陳）沈文阿撰
續春秋左氏傳義略一卷 （南朝陳）王元規撰
春秋傳駮一卷 （北魏）賈思同撰
春秋左傳義疏一卷 （□）蘇寬撰
春秋左氏傳述義二卷 （隋）劉炫撰
春秋規過二卷 （隋）劉炫撰
春秋攻昧一卷 （隋）劉炫撰
春秋井田記一卷

春秋集傳一卷 （唐）啖助撰
春秋闡微纂類義統一卷 （唐）趙匡撰
春秋通例一卷 （隋）陸希聲撰
春秋折衷論一卷 （唐）陳岳撰
雜史類五卷
古文瑣語一卷
帝王要略一卷 （三國吴）環濟撰
三五曆記一卷 （三國吴）徐整撰
年曆一卷 （晋）皇甫謐撰
汲冢書抄一卷 （晋）束皙撰
雜傳類二卷
聖賢高士傳一卷 （三國魏）嵇康撰 （南朝宋）周續之注
鑒戒象贊一卷 （北魏）常景撰
目録類一卷
七略别録一卷 （漢）劉向撰

0098

玉函山房輯佚書

（清）馬國翰輯
清光緒十年（1884）楚南書局刻本
二册
九行二十字
黑口，四周雙邊
存十五種十六卷
子目：
經編國語類
國語章句一卷 （漢）鄭衆撰
國語解詁二卷 （漢）賈逵撰
國語虞氏注一卷 （三國吴）虞翻撰
國語唐氏注一卷 （三國吴）唐固撰
國語孔氏注一卷 （晋）孔晁撰
國語音一卷
經編通禮類
禮雜問一卷 （晋）范寧撰
雜禮議一卷 （晋）吴商撰
禮論答問一卷 （晋）徐廣撰
禮論一卷 （南朝宋）何承天撰
禮論條牒一卷 （南朝宋）任預撰
禮義答問一卷 （南朝齊）王儉撰
禮論抄略一卷 （南朝齊）荀萬秋撰
禮統一卷 （南朝梁）賀述撰
禮疑義一卷 （南朝梁）周捨撰

0099

玉函山房輯佚書

（清）馬國翰輯
清光緒九年（1883）長沙嫏嬛館刻本
二册
九行二十字
白口，四周雙邊
存二十種二十卷
子目：
經編小學類
通俗文一卷 （漢）服虔撰
埤蒼一卷 （三國魏）張揖撰
古今字詁一卷 （三國魏）張揖撰
雜字一卷 （三國魏）張揖撰
雜字解詁一卷 （三國魏）周成撰
聲類一卷 （三國魏）李登撰
經編春秋類
春秋成長説一卷 （漢）服虔撰
春秋左氏膏肓釋痾一卷 （漢）服虔撰
春秋釋例一卷 （漢）潁容撰
左氏奇説一卷 （漢）彭汪撰
春秋左傳許氏注一卷 （漢）許淑撰
春秋左氏經傳章句一卷 （三國魏）董遇撰
春秋左傳王氏注一卷 （三國魏）王肅撰
春秋左傳嵇氏音一卷 （三國魏）嵇康撰
春秋穀梁傳糜氏注一卷 （三國魏）糜信撰
春秋公羊穀梁傳解詁一卷 （晋）劉兆撰
春秋左氏傳義注一卷 （晋）孫

毓撰
春秋公羊穀梁二傳評一卷 （晉）江熙撰
春秋穀梁傳徐氏注一卷 （晉）徐乾撰
春秋土地名一卷 （晉）京相璠撰

51/005-2

郡邑之屬

0100
湖北叢書
（清）趙尚輔輯
清光緒十七年（1891）三餘草堂刻本
一百册
十行十八字，小字雙行二十四字
黑口，四周單邊
子目：
御定易經通注四卷 （清）傅以漸撰 （清）曹本榮撰
易領四卷 （明）郝敬撰
周易集解纂疏十卷 （清）李道平撰
易筮遺占一卷 （清）李道平撰
易象通義六卷 （清）秦篤輝撰
尚書辨解十卷 （明）郝敬撰
毛詩原解三十六卷 （明）郝敬撰
詩傳名物集覽十二卷 （清）陳大章撰
春秋非左二卷 （明）郝敬撰
春秋楚地答問一卷 （清）易本烺撰
論語類考二十卷 （明）陳士元撰
四書逸箋六卷 （清）程大中撰
孟子雜記四卷 （明）陳士元撰
孟子要略五卷附録一卷識一卷 （宋）朱熹撰 （清）劉傳瑩輯 （清）曾國藩按
孔子家語疏證十卷 （清）陳士珂輯
伸顧一卷附劄記一卷 （清）易本烺撰 （清）王家鳳撰
讀史賸言四卷 （清）秦篤輝撰
江漢叢談二卷 （明）陳士元纂
雲杜故事一卷 （清）易本烺撰
導江三議一卷附上何方伯書 （清）王柏心撰
姓觿十卷附録一卷劄記一卷 （明）陳士元撰
姓觿刊誤一卷劄記一卷 （清）易本烺撰
名疑集四卷劄記一卷 （明）陳士元撰
繹志十九卷劄記一卷 （清）胡承諾撰
讀書説四卷 （清）胡承諾撰 附胡承諾年譜一卷 （清）□□撰
蠕範八卷劄記一卷 （清）李元撰
平書八卷 （清）秦篤輝撰
楚辭十七卷 （周）屈原等撰 （漢）劉向編集 （漢）王逸章句

52/003 部二

0101
湖北叢書
（清）趙尚輔輯
清光緒十七年（1891）三餘草堂刻本
八十一册
十行十八字，小字雙行二十四字
黑口，四周單邊
存二十九種二百二十一卷
子目：
御定易經通注四卷 （清）傅以漸 （清）曹本榮撰
易領四卷 （明）郝敬撰
周易集解纂疏十卷 （清）李道平撰
易筮遺占一卷 （清）李道平撰
易象通義六卷 （清）秦篤輝撰
尚書辨解十卷 （明）郝敬撰
毛詩原解三十六卷 （明）郝敬撰
詩傳名物集覽十二卷 （清）陳大章撰
春秋非左二卷 （明）郝敬撰

春秋楚地答問一卷 （清）易本烺撰
論語類考二十卷 （明）陳士元撰
四書逸箋六卷 （清）程大中撰
孟子雜記四卷 （明）陳士元撰
孟子要略五卷附録一卷識一卷 （宋）朱熹撰 （清）劉傳瑩輯 （清）曾國藩按
孔子家語疏證十卷 （清）陳士珂輯
仲顧一卷附劄記一卷 （清）易本烺撰 劄記 （清）王家鳳撰
讀史賸言四卷 （清）秦篤輝撰
江漢叢談二卷 （明）陳士元纂
雲杜故事一卷 （清）易本烺撰
導江三議一卷附上何方伯書 （清）王柏心撰
姓觿十卷附録一卷劄記一卷刊誤一卷 （明）陳士元撰 刊誤 （清）易本烺撰
名疑集四卷 （明）陳士元撰
繹志十九卷 （清）胡承諾撰
讀書説四卷 （清）胡承諾撰附胡承諾年譜一卷 （清）□□撰
蠕範八卷 （清）李元撰
平書八卷 （清）秦篤輝撰
楚辭十七卷 （漢）王逸章句

52/003

0102
湖北叢書
（清）趙尚輔輯
清光緒十七年（1891）三餘草堂刻本
十三册
十行二十字，小字雙行同
黑口，四周單邊
存七種八十九卷
子目：
史懷二十卷（缺卷一至二）（明）鍾惺述
讀史賸言四卷 （清）秦篤輝撰
學統五十三卷（缺卷六至五十三）（清）熊賜履撰
雲杜故事一卷 （清）易本烺撰
導江三議一卷附上何方伯書 （清）王柏心撰
平書八卷 （清）秦篤輝撰
樞言一卷續一卷 （清）王柏心撰

52/003 部三

家集之屬

0103
項城袁氏家集
丁振鐸輯
清宣統三年（1911）清芬閣鉛印本
五十六册
十行二十四字，小字雙行同
下黑口，四周雙邊
子目：
端敏公遺著卷首二卷奏議二十卷函牘二卷 （清）袁甲三撰
中議公遺著事實紀略一卷自乂瑣言二卷 （清）袁保慶撰
文誠公遺著卷首一卷奏議六卷函牘二卷文稿拾遺一卷詩稿拾遺一卷 （清）袁保恒撰
閣學公遺著卷首一卷公牘十卷書札四卷書札録遺一卷文稿拾遺一卷詩稿拾遺一卷雪鴻吟社詩鍾二卷聯語録存一卷 （清）袁保齡撰
袁氏家書六卷 （清）袁世傳輯
母德録一卷 （清）袁世傳撰 （清）袁世威撰

53/001

0104
項城袁氏家集
丁振鐸輯
清宣統三年（1911）清芬閣鉛印本
五十六册
十行二十四字，小字雙行同
下黑口，四周雙邊

53/001 部二

自著之屬

0105
求益齋全集
（清）强汝詢撰
清光緒二十四年（1898）江蘇書局刻本
八册
九行二十五字，小字雙行同
白口，左右雙邊
子目：
求益齋讀書記六卷
求益齋隨筆二卷
漢州郡縣吏制考二卷
金壇見聞記二卷
求益齋文集八卷
54–49/006

0106
李文忠公全集一百六十五卷首一卷
（清）李鴻章撰　（清）吴汝綸編
清光緒三十四年（1908）金陵書局刻本
一百册
十二行二十五字
白口，左右雙邊
54–49/030

0107
胡文忠公遺集八十六卷首一卷
（清）胡林翼撰　（清）鄭敦謹編　（清）曾國荃編　（清）胡鳳丹重編
清光緒元年（1875）湖北崇文書局刻本
三十二册
十行二十字，小字雙行同
黑口，四周雙邊
子目：
奏疏五十一卷
宦黔書牘七卷
撫鄂書牘二十五卷
撫鄂批札三卷
54–49/014 部二

0108
胡文忠公遺集八十六卷首一卷
（清）胡林翼撰　（清）鄭敦謹編　（清）曾國荃編　（清）胡鳳丹重編
清光緒元年（1875）湖北崇文書局刻本
三十二册
十行二十字，小字雙行同
黑口，四周雙邊
54–49/014

0109
胡文忠公遺集八十六卷首一卷
（清）胡林翼撰　（清）鄭敦謹編　（清）曾國荃編
清同治六年（1867）黄鶴樓刻本
三十六册
十行二十字
黑口，四周雙邊
287/013

0110
胡文忠公遺集八十六卷首一卷
（清）胡林翼撰　（清）鄭敦謹編　（清）曾國荃編　（清）胡鳳丹重編
清光緒十四年（1888）上海著易堂鉛印本
八册
十七行四十字
白口，四周雙邊
存十七卷（卷一至十七）
287/013-2

0111
胡文忠公遺集八十六卷首一卷
（清）胡林翼撰　（清）曾國荃輯　（清）胡鳳丹重編
清光緒二十七年（1901）上海圖書集成局鉛印本
八册
十四行四十二字
白口，四周單邊
437/150

0112
洪北江全集
(清)洪亮吉撰
清光緒三年至五年(1877—1879)陽湖洪用懃授經堂刻本
八十四册
十一行二十一字,小字雙行同
黑口,左右雙邊
子目:
洪北江先生年譜一卷 (清)吕培等撰
傳經表二卷通經表二卷
漢魏音四卷
比雅十卷
乾隆府廳州縣圖志五十卷
補三國疆域志二卷
東晋疆域志四卷
遣戍伊犁日記一卷
天山客話一卷
外家紀聞一卷
曉讀書齋初録二卷二録二卷三録二卷四録二卷
擬兩晋南北史樂府二卷
卷施閣文甲集十卷續一卷補遺一卷乙集八卷續編一卷詩二十卷
附鮚軒詩八卷
北江詩話六卷
史目表二卷 (清)洪飴孫撰
更生齋文甲集四卷乙集四卷續集二卷詩八卷續集十卷
更生齋詩餘二卷
附鮚軒外集唐宋小樂府一卷
六書轉注録十卷
弟子職箋釋一卷
春秋左傳詁二十卷
十六國疆域志十六卷

54-49/028

0113
洪北江全集
(清)洪亮吉撰
清光緒三年至五年(1877—1879)陽湖洪用懃授經堂刻本
二十八册
十一行二十一字,小字雙行同
黑口,左右雙邊
存十三種一百二十六卷
子目:
更生齋詩集八卷續集十卷(缺卷一至二,續三至四)
更生齋詩餘二卷
擬兩晋南北史樂府二卷
附鮚軒外集唐宋小樂府一卷
北江詩話六卷
六書轉注録十卷(缺卷四至六)
弟子職箋釋一卷
史目表二卷 (清)洪飴孫撰
春秋左傳詁二十卷(缺卷三至八、十九至二十)
漢魏音四卷
比雅十卷
乾隆府廳州縣圖志五十卷(缺卷八至九、十四至五十)
洪北江先生年譜一卷 (清)吕培等撰

54-49/028-2

0114
洪北江全集
(清)洪亮吉撰
清光緒三年至五年(1877—1879)陽湖洪用懃授經堂刻本
二十册
十一行二十一字,小字雙行同
黑口,左右雙邊
存五種八十五卷
子目:
弟子職箋釋一卷
春秋左傳詁二十卷
漢魏音四卷
比雅十卷
乾隆府廳州縣圖志五十卷(缺卷十七至五十)

54-49/028-3

0115
曾文正公全集
（清）曾國藩撰 （清）李瀚章輯
清同治、光緒間傳忠書局刻本
一百三十二册
十行二十四字，小字雙行同
黑口，左右雙邊
子目：
首一卷
曾文正公奏稿三十卷
十八家詩抄二十八卷 （清）李鴻章審定 （清）王定安校
經史百家雜抄二十六卷 （清）李鴻章審訂
經史百家簡編二卷 （清）曾國荃審訂
鳴原堂論文二卷 （清）曾國荃審訂
曾文正公詩集三卷文集三卷
曾文正公書札三十三卷
曾文正公批牘六卷
曾文正公雜著四卷
求闕齋讀書録十卷 （清）王啓原編輯
求闕齋日記類抄二卷 （清）王啓原校編
曾文正公年譜十二卷 （清）黎庶昌撰
孟子要略五卷附録一卷 （宋）朱熹撰 （清）劉傳瑩輯
曾文正公大事記四卷 （清）王定安撰
54–49/027

0116
曾文正公全集
（清）曾國藩撰 （清）李瀚章輯
清同治、光緒間傳忠書局刻本
一百六十册
十行二十四字，小字雙行同
黑口，左右雙邊
子目：
首一卷
曾文正公奏稿三十卷
十八家詩抄二十八卷 （清）李鴻章審定 （清）王定安校
經史百家雜抄二十六卷 （清）李鴻章審訂
經史百家簡編二卷 （清）曾國荃審訂
鳴原堂論文二卷 （清）曾國荃審訂
曾文正公詩集三卷文集三卷
曾文正公書札三十三卷
曾文正公批牘六卷
曾文正公雜著四卷
求闕齋讀書録十卷 （清）王啓原編輯
求闕齋日記類抄二卷 （清）王啓原校編
曾文正公年譜十二卷 （清）黎庶昌撰
孟子要略五卷附録一卷 （宋）朱熹撰 （清）劉傳瑩輯
曾文正公家書十卷
曾文正公家訓二卷
54–49/027部二

0117
曾文正公全集
（清）曾國藩撰 （清）李瀚章輯
清同治、光緒間傳忠書局刻本
十五册
十行二十四字，小字雙行同
黑口，左右雙邊
存兩種四十七卷
子目：
首一卷
曾文正公書札三十三卷（缺卷一至四、二十三至二十七）
曾文正公雜著四卷
54–49/027部三

0118
曾文正公全集
（清）曾國藩撰

清光緒十四年（1888）鴻文書局鉛印本
四十四册
十七行四十一字
白口，四周雙邊
存十七種一百八十七卷
子目：
首一卷
曾文正公奏稿三十卷
十八家詩抄二十八卷
經史百家雜抄二十六卷
經史百家簡編二卷
鳴原堂論文二卷
曾文正公詩集四卷文集四卷
曾文正公書札三十三卷
曾文正公批牘六卷
曾文正公雜著四卷
求闕齋讀書録十卷
求闕齋日記類抄二卷　（清）王啓原輯
曾文正公年譜十二卷　（清）黎庶昌撰
孟子要略五卷附録一卷
曾文正公家書十卷
曾文正公家訓二卷
曾文正公大事記四卷
曾文正公榮哀録一卷

54–49/027–2

0119
顧端文公遺書
（明）顧憲成撰
清光緒三年（1877）涇里宗祠刻本
八册
十行二十字
下黑口，四周雙邊
存六種三十卷
子目：
小心齋劄記十八卷　（明）馮從吾等校
虞山商語三卷
仁文商語一卷
經正堂商語一卷
當下繹一卷
證性編六卷

54–48/006

0120
顧端文公遺書
（明）顧憲成撰
清光緒三年（1877）涇里宗祠刻本
八册
十行二十字
下黑口，左右雙邊
存四種二十八卷
子目：
還經録一卷
自反録一卷
涇里藏稿二十二卷
顧端文公年譜四卷　（明）顧與沐撰　（清）顧樞輯　（清）顧貞觀補

54–48/006–2

0121
王文成公全書
（明）王守仁撰
清同治、光緒間刻本
二十四册
九行二十一字，小字雙行同
白口，左右雙邊
存七種三十八卷
子目：
傳習録三卷附朱子晚年定論
文録五卷
别録十卷
外集七卷
文録續編六卷
年譜三卷附録二卷　（明）錢德洪撰　（明）王畿輯
世德紀一卷附録一卷　（明）錢德洪輯　（明）王畿輯

54–48/003

0122

王文成公全書

（明）王守仁撰

清同治、光緒間刻本

十九册

九行二十一字，小字雙行同

白口，左右雙邊

存五種三十卷

子目：

別録十卷

外集七卷

文録續編六卷

年譜三卷附録二卷 （明）錢德洪撰 （明）王畿輯

世德紀一卷附録一卷 （明）錢德洪輯 （明）王畿輯

54–48/003 部二

0123

王文成公全書

（明）王守仁撰

清同治、光緒間刻本

十二册

九行二十一字，小字雙行同

白口，左右雙邊

存四種二十卷

子目：

外集七卷

文録續編六卷

年譜三卷附録二卷 （明）錢德洪撰 （明）王畿輯

世德紀一卷附録一卷 （明）錢德洪輯 （明）王畿輯

54–48/003 部三

0124

抗希堂十六種

（清）方苞撰

清康熙至嘉慶桐城方氏抗希堂刻本

五十六册

九行二十四字

白口，四周雙邊

子目：

周官集注十二卷

周官析疑三十六卷

考工記析疑四卷

周官辨一卷

離騷經正義一卷

春秋直解十二卷

春秋通論四卷

春秋比事目録四卷

禮記析疑四十八卷

儀禮析疑十七卷

喪禮或問一卷

左傳義法舉要一卷 （清）方苞述 （清）王兆符録 （清）程崟録

史記注補正一卷

删定管子一卷 （周）管仲撰 （清）方苞删定

删定荀子一卷 （周）荀况撰 （清）方苞删定

望溪先生文不分卷

望溪先生文外集不分卷

*54–49/003

0125

抗希堂十六種

（清）方苞撰

清刻本

二十三册

十行十九字

下黑口，四周單邊

缺三十八卷（周官析疑卷五至十、二十八至三十六，春秋比事目録卷一至二，禮記析疑卷二十八至四十八）

141/005

0126

亭林先生遺書彙輯

（清）顧炎武撰

清光緒十四年（1888）校經山房刻本

二十四册

十一行二十字

白口、黑口兼有，左右雙邊

子目：
卷首國史儒林傳一卷
左傳杜解補正三卷
九經誤字一卷
五經同异三卷
韵補正一卷
聖安紀事二卷
顧氏譜系考一卷
明季實録一卷
歷代帝王宅京記二十卷
營平二州地名記一卷
昌平山水記二卷
京東考古録一卷
山東考古録一卷
譎觚十事一卷
求古録一卷
金石文字記六卷
石經考一卷
菰中隨筆一卷
救文格論一卷
亭林雜録一卷
亭林文集六卷
亭林詩集五卷
亭林餘集一卷
亭林軼詩一卷
附
顧亭林先生年譜一卷 （清）吴映奎輯
亭林先生神道表 （清）全祖望撰
同志贈言一卷 （清）沈岱瞻纂

54–49/023

0127

亭林先生遺書彙輯

（清）顧炎武撰
清光緒十四年（1888）校經山房刻本
二十四册
十一行二十字
白口、黑口兼有，左右雙邊

54–49/023 部二

0128

顧亭林先生遺書

（清）顧炎武撰
清光緒十一年（1885）上海掃葉山房刻本
十六册
十一行二十字
白口，左右雙邊
存六種十七卷補遺十一種十五卷
子目：
遺書
左傳杜解補正三卷
九經誤字一卷
亭林文集六卷
亭林詩集五卷
韵補正一卷
顧氏譜系考一卷
補遺
五經同异三卷
亭林餘集一卷
亭林雜録一卷
聖安紀事二卷
同志贈言一卷 （清）沈岱瞻輯
亭林軼詩一卷
顧亭林先生年譜一卷附一卷 （清）吴映奎撰
山東考古録一卷
京東考古録一卷
菰中隨筆一卷
救文格論一卷

54–49/023：2

0129

寶樹堂遺書

（清）郭夢星撰
清光緒二十一年（1895）濰縣郭氏刻本
四册
十二行二十三字，小字雙行同
白口，左右雙邊
子目：
尚書小札二卷
漢書古字類一卷

午窗隨筆四卷

54–49/021

0130

得一齋雜著四種

（清）黄楙材撰

清光緒十二年（1886）刻新陽趙氏叢刊本

四册

八行二十五字

白口，左右雙邊

子目：

印度劄記二卷

西徼水道一卷

游歷芻言一卷

西輶日記四卷

214./018–2

0131

顨軒孔氏所著書

（清）孔廣森撰

清嘉慶二十二年（1817）曲阜孔氏儀鄭堂刻本

十二册

十行十九字，小字雙行同

黑口，左右雙邊

子目：

春秋公羊經傳通義十一卷叙一卷

大戴禮記補注十三卷序録一卷

詩聲類十二卷聲類分例一卷

禮學卮言六卷

經學卮言六卷

少廣正負術内篇三卷外篇三卷

駢儷文三卷

54–49/038

0132

鹿州全集

（清）藍鼎元撰

清光緒五年（1879）藍謙修補刻本

二十册

九行二十字

白口，左右雙邊

子目：

鹿洲初集二十卷

鹿洲公案二卷

東征集六卷

平臺紀略一卷

修史試筆二卷

棉陽學準五卷

鹿洲奏疏一卷

54–49/010

0133

竹柏山房

（清）林春溥撰

清嘉慶、咸豐間刻本

十八册

十二行二十二字，小字雙行同

黑口，四周單邊

存八種四十一卷

子目：

古史紀年十四卷

孔門師弟年表一卷後説一卷孟子時事年表一卷後説一卷

孔子世家補訂一卷

孟子列傳纂一卷

孟子外書補證一卷

四書拾遺六卷

古書拾遺四卷

開卷偶得十卷

51/061

0134

竹柏山房

（清）林春溥撰

清嘉慶、咸豐間刻本

十八册

十二行二十二字，小字雙行同

黑口，四周單邊

存八種四十一卷

子目：

古史紀年十四卷

孔門師弟年表一卷後説一卷孟子時事年表一卷後説一卷

孔子世家補訂一卷
孟子列傳纂一卷
孟子外書補證一卷
四書拾遺六卷
古書拾遺四卷
開卷偶得十卷

51/061-2

0135
觀象廬叢書
（清）吕調陽撰
清光緒十四年（1888）彭門吴氏刻本
七十册
九行二十二字，小字雙行同
黑口，四周雙邊
存二十八種一百十一卷
子目：
易一貫六卷
六書十二聲傳十二卷解字贅言一卷
志學編八種
大學節訓一卷
中庸節訓一卷
洪範原數一卷
釋天一卷
重訂談天正議一卷
三代紀年考一卷
周官司徒類考一卷
考工記考一卷圖一卷
釋地三種
群經釋地六卷
古史釋地三卷
諸子釋地一卷
詩序議四卷
史表號名通釋三卷
古律吕考一卷
曰若編七卷
五藏山經傳五卷海内經附傳一卷
漢地理志詳釋四卷
穆天子傳釋一卷
逸經釋一卷
齊民要術十卷 （北魏）賈思勰撰
論孟疑義一卷
弧角拾遺一卷 （清）徐有壬撰 （清）賈步緯注
下學菴勾股六術一卷 （清）項名達撰 （明）賈步緯撰
商周彝器釋銘六卷（缺卷四至五）
重訂越南圖説六卷 （清）盛慶紱撰
輿地今古圖考二十二卷（缺卷二十二）

51/028

0136
西河合集
（清）毛奇齡撰
清康熙李塨刻乾隆三十五（1770）蕭山陸凝瑞堂修補本
一百二十册
白口，四周單邊
子目：
經集
首一卷
仲氏易三十卷
推易始末四卷
河圖洛書原舛編一卷
太極圖説遺議一卷
易小帖五卷
易韵四卷
古文尚書冤詞八卷
尚書廣德録五卷
舜典補亡一卷
國風省篇一卷
毛詩寫官記四卷
詩札二卷
詩傳詩説駁義五卷
白鷺洲主客説詩一卷
續詩傳鳥名三卷
昏禮辨正一卷
廟制折衷二卷
大小宗通繹一卷
北郊配位尊西向議一卷
辨定嘉靖大禮議二卷
辨定祭禮通俗譜五卷
喪禮吾説篇十卷

曾子問講録四卷
春秋毛氏傳三十六卷
春秋屬辭比事記四卷
春秋條貫篇十一卷
春秋占筮書三卷
春秋簡書刊誤二卷
四書索解四卷 （清）王錫輯
論語稽求篇七篇
大學證文四卷
大學知本圖説一卷
中庸説五卷
四書賸言四卷
四書賸言補二卷
聖門釋非録五卷
逸講箋三卷
聖諭樂本解説二卷
竟山樂録四卷
皇言定聲録八卷
李氏學樂録二卷 （清）李塨撰
孝經問一卷
周禮問二卷
大學問一卷
明堂問一卷
學校問一卷
郊社禘祫問一卷
經問十八卷
經問補三卷
文集
首一卷
誥詞一卷
頌一卷
主客辭二卷
奏疏一卷
議四卷
揭子一卷
箚子二卷
史館擬判一卷
書八卷
牘札一卷
箋一卷
序三十四卷
引弁首一卷
題題詞題端一卷
跋一卷
書後緣起一卷
碑記十一卷
傳十一卷
王文成傳本二卷
墓碑銘二卷
墓表五卷
墓志銘十六卷
神道碑銘二卷
塔志銘二卷
事狀四卷
易齋馮公（溥）年譜一卷
記事一卷
集課記一卷
説一卷
録一卷
制科雜録一卷
後觀石録一卷
越語肯綮録一卷
何御史孝子祠主復位録一卷
湘湖水利志三卷
蕭山縣志刊誤三卷
杭志三詰三誤辨一卷
天問補注一卷
館課擬文一卷
折客辨學文一卷
答三辨文一卷
釋二辨文一卷
辨聖學非道學文一卷
辨忠臣不徒死文一卷
古禮今律無繼嗣文一卷
古今無慶生日文一卷
禁室女守志殉死文一卷
勝朝彤史拾遺記六卷
武宗外紀一卷
後鑒録七卷
蠻司合志十五卷
韵學要指（一名古今通韵括略）
十一卷
賦四卷
九懷詞一卷

誄文一卷
詩話八卷
詞話二卷
填詞六卷
擬連廂詞一卷
二韵詩三卷
七言絶句八卷
排律六卷
七言古詩十三卷
五言律詩六卷
七言律詩十卷
七言排律一卷
五言格詩五卷
雜體詩一卷
五言三韵律
七言三韵律
六言詩
徐都講詩一卷　（清）徐昭華撰

54–49/026

0137

香禪精舍集

（清）潘鍾瑞撰
清光緒長洲潘氏香禪精舍刻本
十三册
十行十九字
白口，左右雙邊
存十種二十七卷
子目：
奉思録四卷
蘇臺麋鹿記二卷
香禪精舍游記三卷
鄂行日記二卷
歙行日記二卷
虎阜石刻僅存録一卷附舊佚録一卷
舊存今佚録一卷
金石文字跋尾二卷
附
紀游草四卷
香禪詞四卷
貞烈編一卷

437/075

0138

東山草堂集

（清）邱嘉穗撰
清光緒八年（1882）漢陽邱氏刻本
八册
十行二十二字，小字雙行同
黑口，四周單邊
子目：
東山草堂邇言六卷
東山草堂陶詩箋注五卷
考訂大學經傳解一卷附録原傳一卷
東山草堂詩集八卷續編一卷

54–49/001

0139

果堂全集

（清）沈彤撰
清乾隆吴江沈氏果堂刻本
七册
九行二十一字，小字雙行同
白口，四周雙邊
存五種七卷
子目：
儀禮小疏一卷
儀禮鄭注監本刊誤一卷
尚書小疏一卷
春秋左氏小疏一卷
周官禄田考三卷

54–49/041

0140

果堂全集

（清）沈彤撰
清乾隆吴江沈氏果堂刻本
七册
九行二十一字，小字雙行同
白口，左右雙邊
存五種七卷
子目：
儀禮小疏一卷
儀禮鄭注監本刊誤一卷
尚書小疏一卷

春秋左氏小疏一卷
周官禄田考三卷

54–49/041–2

0141
東海褰冥氏三十以前舊學四種
（清）譚嗣同撰
清光緒二十三年（1897）金陵刻本
一册
十六行二十八字
白口，四周雙邊
子目：
寥天一閣文二卷
莽蒼蒼齋詩二卷
遠遺堂集外文初編一卷續編一卷
石菊影廬筆識二卷

54–49/007

0142
古愚老人消夏録
（清）汪汲撰
清乾隆、嘉慶間古愚山房刻本
十六册
九行二十四字，小字雙行同
白口，四周單邊
子目：
事物原會四十卷
十三經紀字一卷
字典紀字一卷
韵府紀字一卷
疊字編一卷
詞名集解六卷續編二卷
宋樂類編二卷
南北詞名宫調彙録二卷
院本名目一卷
雜劇待考一卷
琴曲萃覽一卷
樂府標源二卷
樂府遺聲一卷
漱經齋座右銘類編一卷續編一卷
解毒編一卷
怪疾奇方一卷
彙集經驗方一卷

*54–49/030

0143
古愚老人消夏録
（清）汪汲撰
清乾隆、嘉慶間古愚山房刻本
五册
九行二十四字，小字雙行同
白口，四周單邊
存七種十七卷
子目：
樂府標源二卷
詞名集解六卷續編二卷
宋樂類編二卷
南北詞名宫調彙録二卷
院本名目一卷
雜劇待考一卷
琴曲萃覽一卷

54–49/043

0144
船山遺書
（清）王夫之撰
清同治四年（1865）湘鄉曾氏金陵節署刻本
一百册
十行二十二字，小字雙行同
黑口，左右雙邊
子目：
周易内傳六卷
周易大象解一卷
周易稗疏四卷
周易考异一卷
周易外傳七卷
書經稗疏四卷
尚書引義六卷
詩經稗疏四卷
詩經考异一卷
詩經叶韵辨一卷
詩廣傳五卷
禮記章句四十九卷

春秋家説三卷
周易内傳發例一卷
春秋稗疏二卷
春秋世論五卷
續春秋左氏傳博議二卷
讀四書大全説十卷
四書稗疏一卷
四書考异一卷
説文廣義三卷
讀通鑑論三十卷末一卷
宋論十五卷
永曆實録二十六卷（缺卷十六）
蓮峰志五卷
張子正蒙注九卷
思問録内篇一卷外篇一卷
俟解一卷
噩夢一卷
黄書一卷
識小録一卷
老子衍一卷
莊子解三十三卷 （清）王夫之撰 （清）王敔增注
莊子通一卷
愚鼓詞一卷
楚辭通釋十四卷末一卷
薑齋文集十卷補遺三卷
五十自定稿一卷
六十自定稿一卷
七十自定稿一卷
柳岸吟一卷
落花詩一卷
遣興詩一卷
和梅花百咏詩一卷
洞庭秋詩一卷
雁字詩一卷
仿體詩一卷
嶽餘集一卷
鼓棹初集一卷二集一卷
瀟湘怨詞一卷
詩譯一卷
夕堂永日緒論内編一卷外編一卷
南窗漫記一卷
龍舟會雜劇一卷
經義一卷
王船山叢書校勘記二卷 （清）劉毓崧撰
薑齋詩賸稿一卷
龍源夜話一卷
憶得一卷
薑齋詩編年稿一卷
薑齋詩分體稿四卷
薑齋文集補遺二卷

54–49/008

0145

船山遺書

（清）王夫之撰
清同治四年（1865）湘鄉曾氏金陵節署刻本
一百十九册
十行二十二字，小字雙行同
黑口，左右雙邊
缺四卷（楚辭通釋卷九至十二）

54–49/008部二

0146

船山遺書

（清）王夫之撰
清同治四年（1865）湘鄉曾氏金陵節署刻本
五十三册
十行二十二字，小字雙行同
黑口，左右雙邊
存五十五種一百八十九卷
子目：
周易内傳六卷（缺卷一至四）
周易内傳發例一卷
周易大象解一卷
周易稗疏四卷
周易考异一卷
周易外傳七卷
書經稗疏四卷
尚書引義六卷
詩經稗疏四卷

詩經考异一卷
詩經叶韵辨一卷
春秋稗疏二卷
春秋世論五卷
春秋家説三卷
續春秋左氏傳博議二卷
讀四書大全説十卷（缺卷七）
四書稗疏一卷
四書考异一卷
説文廣義三卷
讀通鑑論三十卷末一卷（缺卷一至二十八）
宋論十五卷
永曆實録二十六卷（缺卷十六）
蓮峰志五卷
張子正蒙注九卷（缺卷一至二）
思問録内篇一卷外篇一卷
俟解一卷
噩夢一卷
黄書一卷
識小録一卷
五十自定稿一卷
六十自定稿一卷
七十自定稿一卷
柳岸吟一卷
落花詩一卷
遣興詩一卷
薑齋詩分體稿四卷
薑齋文集補遺二卷
和梅花百咏詩一卷
洞庭秋詩一卷
雁字詩一卷
仿體詩一卷
嶽餘集一卷
薑齋詩賸稿一卷
憶得一卷
鼓棹初集一卷二集一卷
瀟湘怨詞一卷
詩譯一卷
夕堂永日内編一卷外編一卷
南窗漫記一卷
龍舟會雜劇一卷
經義一卷
龍源夜話一卷
薑齋詩編年稿一卷
王船山叢書校勘記二卷 （清）劉毓崧撰
薑齋詩文集補遺二卷
莊子通一卷
楚辭通釋十四卷末一卷（缺卷二至十四、卷末）
愚鼓詞一卷

54-49/008 部三

0147
船山遺書
（清）王夫之撰
清同治四年（1865）湘鄉曾氏金陵節署刻本
十七册
十行二十二字，小字雙行同
黑口，左右雙邊
存九種八十九卷
子目：
禮記章句四十九卷（缺卷七至四十九）
春秋稗疏二卷
春秋世論五卷
春秋家説三卷（缺卷一）
續春秋左氏傳博議二卷
讀四書大全説十卷
説文廣義三卷
楚辭通釋十四卷（缺卷九至十四）
愚鼓詞一卷

54-49/008 部四

0148
船山遺書
（清）王夫之撰
清同治四年（1865）湘鄉曾氏金陵節署刻本
二十七册
十行二十二字，小字雙行同
黑口，左右雙邊

存十六種九十八卷
子目：
尚書引義六卷（缺卷一至二）
春秋稗疏二卷
春秋世論五卷
春秋家説三卷
續春秋左氏傳博議二卷
讀四書大全説十卷
詩經稗疏四卷（缺卷二至四）
永曆實録二十六卷（缺卷十六）
四書稗疏一卷
四書考异一卷
俟解一卷
噩夢一卷
黄書一卷
識小録一卷
老子衍一卷
莊子解三十三卷（缺卷四至三十三）（清）王敔曾注
54-49/008 部五

0149
魏稼孫全集
（清）魏錫曾撰
清光緒九年（1883）羊城刻本
六册
十行二十一字，小字雙行同
白口，左右雙邊
子目：
績語堂碑録不分卷
績語堂題跋一卷
績語堂詩存一卷文存一卷
51.9/001

0150
庸庵全集
（清）薛福成撰
清光緒無錫薛氏刻本
三十册
十行二十一字
白口，左右雙邊
存六種三十三卷
子目：
庸庵文外編四卷海外文編四卷
籌洋芻議一卷
浙東籌防録四卷（缺卷二至三）
出使奏疏二卷
出使公牘十卷
出使英法義比四國日記六卷
54-49/040

0151
惜抱軒全集
（清）姚鼐撰
清同治五年（1866）省心閣刻本
二十四册
十行二十一字，小字雙行同
白口，左右雙邊
子目：
惜抱軒文集十六卷
惜抱軒文後集十卷
惜抱軒詩集十卷
惜抱軒詩後集一卷
惜抱軒詩外集一卷
惜抱軒法帖題跋三卷
左傳補注一卷
穀梁傳補注一卷
公羊傳補注一卷
國語補注一卷
惜抱軒筆記八卷
惜抱軒九經説十七卷
五言今體詩抄九卷 （清）姚鼐輯
七言今體詩抄九卷 （清）姚鼐輯
54-49/011

0152
惜抱軒全集
（清）姚鼐撰
清光緒三十三年（1907）校經山房刻本
十六册
十行二十一字，小字雙行同
白口，左右雙邊
54-49/011-2

0153
惜抱軒全集
（清）姚鼐撰
清刻本
十五册
十行二十一字，小字雙行同
白口，左右雙邊
缺十四卷（九經説卷七至十二，惜抱軒文集卷一至八）
54-49/011-3

0154
中復堂全集
（清）姚瑩撰
清刻本
四册
十二行二十五字，小字雙行同
白口，四周雙邊
存三種十二卷
子目：
中復堂遺稿五卷續編二卷
東溟外集四卷
附
中復堂年譜一卷 （清）姚濬昌撰
55.1/007

0155
隨園
（清）袁枚撰
清光緒十九年（1893）倉山舊主石印本
十册
二十四行五十八字
白口，左右雙邊
存二十六種一百八卷
子目：
小倉山房尺牘十卷
牘外餘言一卷
隨園詩話十六卷（缺卷九至十六）
隨園食單一卷
續同人集十七卷 （清）袁枚輯
隨園八十壽言六卷 （清）袁枚輯
紅豆村人詩稿十四卷 （清）袁樹撰
碧腴齋詩存八卷 （清）胡德琳撰
南園詩選二卷 （清）何士顒撰
筱雲詩集二卷 （清）陸應宿撰
湄君詩集二卷 （清）陸建撰
隨園女弟子詩選六卷 （清）袁枚輯
飲水詞抄二卷 （清）納蘭成德（性德）撰 （清）袁通選
隨園瑣記二卷 （清）袁祖志撰
七家詞抄 （清）汪世泰輯
箏船詞一卷 （清）劉嗣綰撰
捧月樓詞二卷 （清）袁通撰
緑秋草堂詞一卷 （清）顧翰撰
玉山堂詞一卷 （清）汪度撰
崇睦山房詞一卷 （清）汪全德撰
過雲精舍詞二卷 （清）楊夔生撰
碧梧山館詞二卷 （清）汪世泰撰
繡餘吟稿一卷 （清）袁棠撰
閩南雜咏一卷 （清）袁綬撰
湘痕閣詩稿二卷詞稿一卷 （清）袁嘉撰
瑶華閣詩草一卷詞抄一卷補遺一卷（清）袁綬撰
涉洋管見一卷 （清）袁祖志撰
49/025

0156
章氏遺書
（清）章學誠撰
民國十一年（1922）吴興劉氏嘉業堂刻本
十五册
十一行二十一字，小字雙行同
黑口，左右雙邊
子目：
章氏遺書外集二卷
章氏遺書湖北通志未成稿一卷
章氏遺書外編
信摭一卷
乙卯劄記一卷
丙辰劄記一卷
知非日札一卷
閲書隨劄一卷
永清縣志七卷

永清文徵三卷
和州志三卷
章氏遺書補遺一卷　劉承幹輯
章氏遺書附録一卷　劉承幹輯
章氏遺書校記一卷　王秉恩撰

54-49/020

0157
章氏遺書
（清）章學誠撰
清光緒三年（1877）貴陽刻本
四册
十二行二十五字，小字雙行同
白口，四周單邊

55.1/011

0158
十髮盦類稿
程頌萬撰
清光緒二十六至二十七年（1900—1901）刻本
二册
十二行二十三字
白口，左右雙邊
存二種十六卷
子目：
楚望閣詩集十卷
美人長壽盦詞集六卷

437/063

書名字頭筆畫索引

書名筆畫索引

四畫

五畫

六畫

七畫

八畫

九畫

十畫

十一畫

十二畫

十三畫

十四畫

十五畫

十六畫

十七畫

十八畫

二十二畫

二十三畫

二十四畫

著者字頭筆畫索引

著者筆畫索引

七畫

八畫

九畫

十畫

十一畫

十二畫

十三畫

十四畫

十五畫

十六畫

十七畫

十八畫

十九畫